ABHANDLUNGEN DER AKADEMIE
DER WISSENSCHAFTEN DER DDR

Veröffentlichungen
der
Wissenschaftlichen
Räte

W 6
1978

Ökonomische und soziale Probleme des wissenschaftlich-technischen Fortschritts

3. Tagung der Gemeinsamen Kommission der Ökonomen der UdSSR und der DDR

Akademie-Verlag · Berlin

ABHANDLUNGEN
DER AKADEMIE DER WISSENSCHAFTEN DER DDR
Abteilung Veröffentlichungen der Wissenschaftlichen Räte

Jahrgang 1978 · Nr. W 6

3. Tagung
der Gemeinsamen Kommission der Ökonomen
der UdSSR und der DDR

Ökonomische und soziale Probleme des wissenschaftlich-technischen Fortschritts

Ökonomische und soziale Probleme
des wissenschaftlich-technischen Fortschritts
in der entwickelten sozialistischen Gesellschaft
und die Entwicklung der sozialen Struktur
der sozialistischen Gesellschaft

AKADEMIE-VERLAG · BERLIN · 1978

Herausgegeben im Auftrage des Präsidenten
der Akademie der Wissenschaften der DDR
von Vizepräsident Prof. Dr. Heinrich Scheel

Verantwortlich für dieses Heft:
Akademiemitglied Prof. Dr. sc. oec. Helmut Koziolek
Vorsitzender des Wissenschaftlichen Rates
für die wirtschaftswissenschaftliche Forschung
bei der Akademie der Wissenschaften der DDR

Redaktionsschluß: **10. Mai 1978**

Erschienen im Akademie-Verlag, 108 Berlin, Leipziger Str. 3–4

Lizenznummer: 202 · 100/43/78
Gesamtherstellung: IV/2/14 VEB Druckerei »Gottfried Wilhelm Leibniz«,
445 Gräfenhainichen · 5290
Bestellnummer: 753 633 9 (2001/78/6/W) · LSV 0325
Printed in GDR
DDR 21,– M

Inhaltsverzeichnis

Vorbemerkung

Vom 5. bis 10. Dezember 1977 wurde in Moskau die 3. Tagung der Gemeinsamen Kommission der Ökonomen der UdSSR und der DDR bei den Akademien der Wissenschaften der UdSSR und der DDR durchgeführt. Im Mittelpunkt des Meinungsaustausches standen die ökonomischen und sozialen Probleme des wissenschaftlich-technischen Fortschritts in der entwickelten sozialistischen Gesellschaft. Mit dieser Thematik setzte die Kommission die auf der 2. Tagung im Dezember 1976 in Berlin begonnene Diskussion über diejenigen Probleme fort, die für die sozialistische Intensivierung der gesellschaftlichen Produktion und die Beschleunigung des wissenschaftlich-technischen Fortschritts als des Schlüsselproblems der Intenvisierung von entscheidender Bedeutung sind. Im Ergebnis der 3. Tagung konnten Schlußfolgerungen für die weitere Vertiefung der Zusammenarbeit auf dem Gebiet der wirtschaftswissenschaftlichen Forschung gezogen und entsprechende Festlegungen getroffen werden. Die 3. Tagung der Gemeinsamen Kommission der Ökonomen der UdSSR und der DDR wurde damit zu einem weiteren Baustein der immer engeren wissenschaftlichen Zusammenarbeit mit der Sowjetunion.

Die Delegation des UdSSR-Teils der Kommission zur 3. Tagung wurde von Akademiemitglied Professor Dr. A. M. Rumjancev geleitet. Der sowjetischen Delegation gehörten an: Professor Dr. K. I. Mikul'skij (Institut für Ökonomik des sozialistischen Weltsystems der Akademie der Wissenschaften der UdSSR), Dr. V. M. Šastitko (Institut für Ökonomik des sozialistischen Weltsystems der Akademie der Wissenschaften der UdSSR), Korrespondierendes Mitglied der Akademie der Wissenschaften der UdSSR Professor Dr. A. I. Notkin, Professor Dr. A. S. Tolkačev (Ökonomisches Forschungsinstitut des Staatlichen Plankomitees der UdSSR), Professor Dr. Ju. V. Jakovec (Institut für Preise beim Staatlichen Komitee für Preise des Ministerrates der UdSSR), Dr. V. N. Kašin (Abteilung Wissenschaften beim Zentralkomitee der KPdSU), Korrespondierendes Mitglied der Akademie der Wissenschaften der UdSSR Professor Dr. A. I. Ančiškin, Professor Dr. A. I. Stepanov (Parteihochschule beim Zentralkomitee der KPdSU), Professor Dr. G. N. Čerkasov (Institut für sozialökonomische Probleme der Akademie der Wissenschaften der UdSSR, Leningrad), Korrespondierendes Mitglied der Akademie der Wissenschaften der UdSSR Professor Dr. L. M. Gatovskij, Professor Dr. M. A. Vilenskij (Institut für Ökonomie der Akademie der Wissenschaften der UdSSR), Dr. K. A. Efimov (Staatliches Plankomitee der UdSSR), Professor Dr. Ju. F. Kormnov (Vertretung der UdSSR beim RGW), Dr. M. P. Pavlova-Silvanskaja (Institut für Ökonomik des sozialistischen Weltsystems der Akademie der Wissenschaften der UdSSR, Wissenschaftlicher Sekretär der Kommission).

Die Delegation des DDR-Teils der Kommission zur 3. Tagung in Moskau stand unter Leitung des Kandidaten des Zentralkomitees der SED, Akademiemitglied Professor Dr. H. Koziolek. Ihr gehörten weiterhin an: Dr. K.-H. Graupner (Abteilung Wissenschaften des Zentralkomitees der SED), Korrespondierendes Mitglied der Akademie der Wissenschaften der DDR Professor Dr. W. Heinrichs (Zentralinstitut für Wirtschaftswissenschaften der Akademie der Wissenschaften der DDR), Dr. W. Krzyzanowski (Sekretär des Wissenschaftlichen Rates für die wirtschaftswissenschaftliche Forschung bei der Akademie der Wissenschaften der DDR), Professor Dr. H. Nick (Akademie für Gesellschaftswissenschaften beim Zentralkomitee der SED), Professor Dr. D. Sachse (Parteihochschule „Karl Marx" beim Zentralkomitee der SED), Professor Dr. W. Salecker (Zentralinstitut für sozialistische Wirtschaftsführung beim Zentralkomitee der SED, Wissenschaftlicher Sekretär der Kommission), Professor Dr. G. Scholl (Ökonomisches Forschungsinstitut der Staatlichen Plankommission der DDR), Professor Dr. G. Schulz (Institut für Politische Ökonomie der Akademie für Gesellschaftswissenschaften beim Zentralkomitee der SED), Professor Dr. S. Tannhäuser (Technische Hochschule „Carl Schorlemmer", Leuna-Merseburg), Professor Dr. G. Winkler (Institut für Soziologie und Sozialpolitik der Akademie der Wissenschaften der DDR).

Als Ehrengast nahm der Vizepräsident der Akademie der Wissenschaften der UdSSR, Akademiemitglied Professor Dr. P. N. Fedosejev, an der Tagung der Kommission teil.

Der Meinungsaustausch zum Thema „Ökonomische und soziale Probleme des wissenschaftlich-technischen Fortschritts in der entwickelten sozialistischen Gesellschaft" war durch schriftliche Materialien langfristig vorbereitet, darunter vier Hauptreferate, deren vollständiger Text in der „Wirtschaftswissenschaft", Heft 4/1978, veröffentlicht wurde. Das vorliegende Heft der Abhandlungen der Akademie der Wissenschaften der DDR enthält die bisher nicht veröffentlichten vollständigen Fassungen der schriftlichen Diskussionsbeiträge.

1. Beiträge des UdSSR-Teils der Gemeinsamen Kommission

A. M. Rumjancev

Zu einigen Fragen des wissenschaftlich-technischen Fortschritts im Zusammenhang mit der Errichtung der materiell-technischen Basis des Kommunismus

Gestatten Sie mir, unsere Freunde aus der DDR sowie alle Teilnehmer des Treffens zu begrüßen und die dritte Plenartagung der Gemeinsamen Kommission der Ökonomen der UdSSR und der DDR zu eröffnen.

Auf der Tagesordnung steht ein umfassendes Thema – „Ökonomische und soziale Probleme des wissenschaftlich-technischen Fortschritts in der entwickelten sozialistischen Gesellschaft und die Entwicklung der sozialen Struktur der sozialistischen Gesellschaft". Dieses Problem steht in einem unmittelbaren Zusammenhang mit jenen Fragen, die auf den vorangegangenen Tagungen der Kommission behandelt wurden. Es vertieft und erweitert die Forschungen zur Ökonomik des entwickelten Sozialismus, deren Studium Kernstück unserer gesamten Tätigkeit ist.

Allein die Bezeichnung des o. g. Themas ist von großem theoretischen und praktischen Interesse. Es ist kompliziert und vielschichtig, ist unter vielen unterschiedlichen Aspekten und Gesichtspunkten zu behandeln. Ihm sind naturwissenschaftliche, philosophisch-soziologische, historische, politökonomische und konkret-ökonomische Aspekte eigen. Es kann im Rahmen eines einzelnen Betriebes, eines Zweiges wie auch der gesamten Volkswirtschaft behandelt werden. Auf unserer Tagung geht es natürlich vor allem um den ökonomischen Aspekt. Nicht zuletzt hat dieses Thema auch einen prognostischen Aspekt – die Bestimmung der End- und der Zwischenziele bei der Vorwärtsbewegung der Gesellschaft sowie der Wege zur Erreichung der gestellten Aufgaben. Die wissenschaftliche Vorausschau ist eine unabdingbare Eigenschaft der marxistisch-leninistischen Gesellschaftswissenschaft. Die Klassiker des Marxismus-Leninismus haben stets diese Seite der materialistischen Dialektik hervorgehoben, und ausgehend davon hat W. I. Lenin wiederholt betont, daß das vorrangige Interesse der Kommunisten den Problemen des morgigen, kommenden, nicht aber des gestrigen, vergangenen Tages gilt.

Das heißt natürlich nicht, daß der Marxismus-Leninismus Vergangenheit und Gegenwart, ohne die es auch keine Zukunft geben kann, unberücksichtigt läßt. Doch die wissenschaftliche Vorausschau der Zukunft im Sozialismus ist und kann keine einfache Extrapolation spontan wirkender Prozesse sein. Die Zukunft wird nicht nur vorausgesehen, sondern auch errichtet. Geht doch die Prognose von einer allseitigen Analyse und Synthese aller Entwicklungsbedingungen der Gesellschaft, von einer Darstellung der objektiv notwendigen Hauptrichtungen des Fortschritts aus, die eine der Spontaneität entgegenwirkende, konkrete Aufgabenstellung bedingen, die zur bewußten Verwirklichung des im jeweiligen historischen Rahmen notwendigen und wissenschaftlich begründeten Endzieles führt. Das Leben selbst wirft die Frage eines Hinüberwachsens der entwickelten sozialistischen Gesellschaft in den vollen Kommunismus auf. Das ist eine reale, wissenschaftlich voraussehbare Zukunft, eine begründete prognostische Aufgabe.

Eine der ersten Etappen dieser großen, umfassenden Aufgabe ist die Errichtung der materiell-technischen Basis des Kommunismus. Diese Aufgabe wurde dem Volk der Sowjetunion auf dem XXIV. und dem XXV. Parteitag der KPdSU gestellt. Doch ist es nicht nur eine Aufgabe allein für die UdSSR. Objektiv ist es die Aufgabe aller sozialistischen Länder, sowohl jener, die den entwickelten Sozialismus bereits errichtet haben, als auch derjenigen, die ihn noch errichten. Das ist dadurch bedingt, daß die in jedem sozialistischen Land bestehende materiell-technische Basis zu jedem beliebigen Zeitpunkt eine Widerspiegelung der Erkenntnisse des modernen wissenschaftlich-technischen Fortschritts ist und diesen Fortschritt stimuliert.

Ganz allgemein bedeutet wissenschaftlich-technischer Fortschritt bekanntlich die direkte Vorwärtsbewegung der Gesellschaft zu einem immer vollkommeneren Stand von Wissenschaft, Technik und Technologie. Seiner Form nach tritt er sowohl als Evolutions- als auch als Revolutionsprozeß in Erscheinung. Die Evolutionsform des wissenschaftlich-technischen Fortschritts, die auf einer bestimmten historischen Etappe führend sein kann, schließt revolutionäre Momente in den einen oder anderen Wissenschaften, in der Technik und Technologie nicht aus. Und andererseits – ist die revolutionäre Form führend, so schließt sie die evolutionäre Form nicht aus, sondern setzt Erkenntnisse und Entwicklung in dieser Form voraus. Die Evolutionsform des wissenschaftlich-technischen Fortschritts sichert ein Akkumulieren jener Veränderungen in Wissenschaft und Technik, die, ist eine kritische Quantität erreicht, zu einem revolutionären, sprungartigen Übergang von der alten Qualität zu einer neuen führen.

Materiell (stofflich) gesehen, stellt sich der wissenschaftlich-technische Fortschritt in Form einer Bewegung der materiell-technischen Basis der Gesellschaft dar, die in jedem Land und zu jedem historischen Zeitpunkt die konkrete Gesamtheit der Hauptproduktionsmittel sowie der bestehenden Methoden ihrer Nutzung bildet. Der Übergang von einer materiell-technischen Basis zu einer anderen, qualitativ neuen ist materielle Verwirklichung der wissenschaftlich-technischen Revolution. Die Errichtung der materiell-technischen Basis des Kommunismus schließt sowohl Erkenntnisse der Evolution, wissenschaftlich-technisches Wissen als auch die wissenschaftlich-technische Revolution ein, die aus den Akkumulationen der Evolutionsetappe des wissenschaftlich-technischen Fortschritts hervorgeht. Die Errichtung der materiell-technischen Basis des Kommunismus findet letztlich ihren Abschluß mit der wissenschaftlich-technischen Revolution, die damit auch sich selbst zum Abschluß bringt. Die Errichtung der materiell-technischen Basis des Kommunismus hat somit für alle Länder des Sozialismus allgemeingültigen Charakter. Das ist ein Gesetz, das der Entwicklung der sozialistischen Gesellschaft zutiefst eigen ist.

Spricht man von der materiell-technischen Basis des Kommunismus, so ist vor allem ihr allgemeiner Inhalt zu umreißen, ein allgemein wissenschaftlich-technischer Abriß zu geben. Das ist ebenso notwendig, wie es auch bei jeder Bautätigkeit einer technischen Auflage und eines Voranschlages bedarf. Das ist Ausgangspunkt und Orientierungsgröße auf dem Wege zum gestellten Ziel. Die Charakteristik der materiell-technischen Basis des Kommunismus wird je nach dem Entwicklungsstand der sozialistischen Gesellschaft konkretisiert, d. h. anhand der gesteckten Zwischenziele auf dem Wege zum Hauptziel.

Bei der Aufgabenstellung, die materiell-technische Basis des Kommunismus zu errichten, ging die Partei des wissenschaftlichen Kommunismus von den Erfordernissen der sich entwickelnden gesellschaftlichen Produktion aus, für die der Rahmen der vorhandenen Technik zu eng wird, um die wachsenden Produktions- und Verbraucherbedürfnisse weiterhin zu befriedigen, um eine allseitige Entwicklung der Persönlichkeit jedes einzelnen als Voraussetzung zur Entwicklung aller auf einem immer höheren

Niveau zu sichern. Häufig verstehen wir dieses Gesetz oberflächlich und konsumtiv, als Befriedigung der Bedürfnisse an Existenzmitteln. Doch dieses Gesetz spricht nicht nur von Bedürfnissen an Existenzmitteln, sondern auch an all jenen Mitteln, die notwendig sind, damit jeder seine Fähigkeiten entwickeln und für alle nutzbar voll entfalten kann. Die neue materiell-technische Basis muß folglich einen unerschöpflichen Überfluß an materiellen und geistigen Gütern sichern, die für eine intensive, allseitige Entwicklung der Menschen sowie dafür notwendig sind, daß sie ihre Fähigkeiten in den Dienst der Gesellschaft stellen. Auch hat sie die echte Kollektivität der Menschen zu festigen, denn das ist eine unabdingbare Voraussetzung für die Freiheit der Menschen als schöpferische Persönlichkeiten, die ihre Assoziation leiten, ihre Zukunft bestimmen, bedeutet doch Freiheit die Herrschaft über Verhältnisse und Beziehungen ihres Lebens, was ebenfalls durch eine echte Kollektivität Verwirklichung findet. Die materiell-technische Basis des Kommunismus muß die Entwicklung der Hauptproduktivkraft der Gesellschaft, die Entwicklung der menschlichen Kraft und ihren effektiven Einsatz im Interesse der gesamten Gesellschaft gewährleisten. Die Entwicklung menschlicher Kräfte und Möglichkeiten ist im Kommunismus gesellschaftlicher Selbstzweck.

Die alte Basis ist nicht imstande, die genannten Anforderungen des Lebens voll zu befriedigen, da sie ihrem materiell-technischen Wesen nach ein Wachstum der materiellen Produktion und ein gleichzeitiges Wachstum der gesellschaftlich notwendigen Freizeit zur allseitigen Entwicklung des Menschen nicht in dem erforderlichen Maße sichern kann. Doch gleichzeitig kann nur die alte Basis die Grundlage für die Errichtung der neuen Basis sein. Die neue Basis kann nicht losgelöst von der alten geschaffen werden.

Ist das ein Widerspruch? Ja, es ist ein Widerspruch. Ein dialektischer Widerspruch des Lebens. Nichts kann aus einem Nichts entstehen. Ohne Gegenwart und Vergangenheit kann es keine Zukunft geben. Sie liefern das Material für die Zukunft. Nehmen wir z. B. die industrielle Revolution des 18. Jahrhunderts, so bedeutete sie bekanntlich den Sprung (Übergang) von der manuellen zur maschinellen Arbeit, den Sprung vom handwerklichen Instrument zur Maschine, d. h. zu den Arbeitsinstrumenten, die eine materielle Existenzform aufweisen, die es bedingt, die menschliche Arbeitskraft durch Naturkräfte, empirische, routinehafte Methoden durch die bewußte Anwendung der Naturwissenschaft zu ersetzen. Die materielle Voraussetzung für diesen qualitativen Sprung lag in dem Zweig der Wissenschaft, der sich auf handwerklicher Grundlage entwickelt hatte, in der Mechanik sowie in den akkumulierten technischen Vervollkommnungen der manuellen Arbeitsinstrumente, die die Möglichkeit schufen, diese Instrumente aus den Händen des Arbeiters, des Handwerkers in die „Hände" einer Maschine zu legen.

Es erhebt sich die Frage, zu welcher neuen Qualität von Wissenschaft und Technik man gelangen muß, um den vollen Kommunismus beim gegenwärtig erreichten Entwicklungsstand der maschinellen Großproduktion aufzubauen? Offensichtlich muß es dabei um den Sprung von einem Maschinensystem zu einem qualitativ anderen System gehen.

Die moderne maschinelle Großproduktion hat eine solche Quantität bestimmter wissenschaftlicher und technischer Mittel akkumuliert, die bereits ihre früheren Rahmen zu sprengen beginnt. Diese Quantität, um es mal so zu bezeichnen, brodelt, ruft eine Explosion, einen Sprung hervor. Letzteres hat bereits begonnen, wenn es auch erst die erste Phase eines Sprunges ist. In seiner evolutionären Form hat der wissenschaftlich-technische Fortschritt die materiellen Voraussetzungen für diesen Sprung angehäuft und die wissenschaftlich-technische Revolution hervorgerufen. In ihrem Stadium werden die Möglichkeiten einer anhaltenden Evolution in der Entwicklung von Wissenschaft und Technik deutlich, die eine Entfaltung der wissenschaftlich-technischen Revolution selbst fördern.

Gestatten Sie mir, ohne auf Einzelheiten einzugehen, die aus meiner Sicht wesentlichste Akkumulation im Rahmen der evolutionären Entwicklung des wissenschaftlich-technischen Fortschritts zu erwähnen. Ich meine die Automatisierung der Produktion. Die Automatisierung der gesellschaftlichen Produktion entstand bekanntlich zusammen mit der maschinellen Produktion: Es entstanden Maschinen – und es entstanden Produktionsautomaten. Die Maschine selbst ist in dem einen oder anderen Maße ein Automat, d. h. allgemein versteht man darunter jegliche Vorrichtung (Anlage), die ohne unmittelbare Beteiligung des Menschen, lediglich unter seiner Kontrolle, im Produktionsprozeß eingesetzt wird.

Die Automaten selbst kamen lange vor dem industriellen Umschwung des 18. Jahrhunderts auf. Ohne die Antike zu erwähnen, wurden doch z. B. im Mittelalter nicht wenig Automaten, als Spielzeug, gebaut. Zu dieser Zeit entstand auch solch ein Automat wie die Uhr. Die Maschine als Automat, bei der unterschiedliche Instrumente unter Kontrolle eines Arbeiters in Bewegung sind, brachte die Kooperation gleichartiger Maschinen und später dann das automatische System vielfältiger Arbeitsmaschinen bzw. vielfältiger Fabriken hervor.

Doch das automatische Maschinensystem in der Form, wie es im Ergebnis der industriellen Revolution des 18. Jahrhunderts entstand, war und ist eine Automatisierung, der durch die Newtonsche Mechanik Grenzen gesetzt sind. Die durch sie abgeleiteten Gesetze drückten dem Umfang, der Geschwindigkeit sowie Präzision der Arbeitsweise einer Maschine und folglich auch deren Produktivität ihren Stempel auf. Für die materiell-technische Basis des Kommunismus, die einen Überfluß an materiellen Gütern und eine maximale Verkürzung des Arbeitstages zu sichern hat, reicht eine solche Automatisierung nicht mehr aus. Gleichzeitig aber bietet nur die Automatisierung der maschinellen Produktion die Möglichkeit, die gestellte Aufgabe zu lösen. Deshalb ist es notwendig, daß die Automatisierung im Vergleich zur bisherigen eine qualitativ andere, höhere Stufe erreicht.

Für diese qualitative Umgestaltung bieten die moderne Wissenschaft und Technik genügend Material. Ich denke dabei an die Relativitätstheorie, die Quantenmechanik, die neue Theorie der Elektrizität, die Elektronentheorie, Kybernetik u. a. Voraussetzung für die Schaffung einer neuen Basis sind in der Technik die elektronischen Rechenmaschinen und andere kybernetische Anlagen. Auf dieser Basis entsteht die elektronisch-kybernetische Automatisierung, die jene Beschränkungen aufhebt, die der maschinellen Produktion durch die Newtonsche Mechnik auferlegt werden. Symbol der modernen Automatisierung sind die EDVA, die, um einen Ausspruch von K. Marx abzuwandeln, „entgegen der Bibel" nicht nur die Arme des Menschen verlängern, sondern auch seinen Verstand vergrößern.

Hervorgehend aus all dem zeichnet sich letztlich der allgemeine Inhalt der materiell-technischen Basis des vollen Kommunismus als einer maschinellen Großproduktion ab, die sich auf die elektronisch-kybernetische Automatisierung aller Zweige der Volkswirtschaft und ihrer Leitung stützt. Natürlich ist das eine verallgemeinerte Charakteristik des Inhalts der materiell-technischen Basis des Kommunismus bzw. ihr verallgemeinertes materiell-technisches Ziel. Der Weg bis zur Schaffung eines solchen Systems der maschinellen Produktion ist lang. Es gilt, Zwischenziele zu realisieren – Zielstellungen auf dem Gebiet der Energetik, der Rohstoffbasis, der Ökologie, der Information, der Leitung u. a.

Für Ökonomen ist es wichtig, eine Vorstellung vom Endziel zu haben, sei es auch nur in seinen allgemeinen Zügen, um so die Wege zu diesem Ziel zu erkennen und folglich den sozialen Auftrag an Wissenschaft und Technik formulieren zu können, um die konkreten, zwischenzeitlich zu erreichenden ökonomischen Aufgaben sowie die Wege zu ihrer effektivsten Lösung zu bestimmen. Und es ist durchaus verständlich, daß sich dabei die Wirtschaftswissenschaft nicht mit dem naturwissenschaftlichen Wesen der maschinellen Produktion beschäftigt, sondern mit der gesellschaftlichen, aus der Sicht der Interessen der gesamten Gesellschaft rationellen Nutzung all dessen, was die Naturwissenschaft erreicht hat. Sie verweist auf jene Fragen, die von der gesellschaftlichen Produktion aufgeworfen werden und eine unverzügliche Lösung durch die Naturwissenschaft verlangen, um so kontinuierlich zu gewährleisten, daß die wachsenden Bedürfnisse aller Mitglieder der sozialistischen Gesellschaft als einer Gesellschaft echter Kollektivität befriedigt werden. Das ist eine große, faszinierende Aufgabe, die es verdient, daß wir Ökonomen uns darüber den „Kopf zerbrechen". Das betrifft insbesondere den wissenschaftlich-technischen Fortschritt, gesehen in der Einheit seiner beiden Komponenten: der wissenschaftlich-technischen Evolution und der wissenschaftlich-technischen Revolution. Es gilt, die effektivsten Methoden für den Einsatz der Produktionsmittel und des Arbeitskräftepotentials zu finden, die es ermöglichen, ein Maximum an Erzeugnissen bei einem Minimum an Aufwendungen zu erzielen, die Mängel im Nutzungsprozeß aller Komponenten der materiellen Produktion herauszufinden und entsprechend exakt berechnete Maßnahmen ihrer Verteilung im lokalen wie auch globalen Maßstab vorzuschlagen. Im Grunde genommen haben die Ökonomen unter Führung der Kommunistischen Partei die Aufgabe, allgemeine Probleme des Aufbaus der kommunistischen Gesellschaft wie auch Probleme einer Steigerung der Effektivität der modernen Produktion und einer Vervollkommnung der Methoden der Wirtschaftsführung insgesamt auf die Tagesordnung zu setzen und zu lösen, die für eine erfolgreiche Errichtung der materiell-technischen Basis des Kommunismus notwendig sind.

Der Prozeß der Errichtung der materiell-technischen Basis des Kommunismus ist ein revolutionärer Prozeß, der jedoch nicht „blitzartig" erfolgt. Es ist, zeitlich gesehen, ein langwieriger Sprung, der, so meine ich, im 21. Jahrhundert seinen Abschluß finden wird. Doch wir müssen schon heute ein Maximum dafür tun, um so weit wie möglich voranzukommen. Greifen wir das Problem von allen Seiten auf, in all seinen Beziehungen und Zusammenhängen, so können wir am effektivsten zur Entfaltung des Aufbaus selbst beitragen und damit jene Aufgabe erfüllen, die der Theorie gestellt ist, d. h. wir können mit unseren theoretischen und praktischen Schlußfolgerungen den Massen Zuversicht in die eigene Kraft, Zuversicht bei der Erfüllung jener Aufgaben geben, die das Leben der sozialistischen Gesellschaft gestellt hat.

A. Ančiškin

Intensivierung der Produktion und wissenschaftlich-technischer Fortschritt

1. In einem überaus kurzen historischen Zeitraum legte die Sowjetunion den gigantischen Weg von einer relativ rückständigen zu einer hochentwickelten, fortgeschrittenen Ökonomik zurück. Die neuen Ausmaße bedingen wichtige Veränderungen im Charakter der sozialistischen erweiterten Reproduktion. Im gegenwärtigen Stadium wird ein Wachstum der Produktion in immer stärkerem Maße mittels intensiver Methoden erreicht, wobei die Nutzung der Erkenntnisse des wissenschaftlich-technischen Fortschritts eine entscheidende Rolle spielt.

Die Intensivierung der Produktion bildet das Kernstück der langfristigen Wirtschaftspolitik der KPdSU und des Sowjetstaates. Der Kurs auf Intensivierung der Produktion wurde auf dem XXIV. Parteitag festgelegt und in den Beschlüssen des XXV. Parteitages der KPdSU weiterentwickelt; er wird im Prozeß zur Erfüllung des 10. Fünfjahrplanes (1976 bis 1980) realisiert, und er wird in den kommenden Fünfjahrplänen seine Fortsetzung erfahren.

Die extensiven und intensiven Wege der ökonomischen Entwicklung sind stets gleichzeitig vorhanden, obwohl sich ihr Verhältnis zueinander prinzipiell wandeln kann. Die extensive Erweiterung der Produktion erfolgt durch eine Einbeziehung neuer materieller und natürlicher Ressourcen sowie Arbeitskräfteressourcen in die Produktion, d. h. durch eine Erweiterung der Maßstäbe beim Einsatz der Produktionsressourcen.

Die intensive Entwicklung dagegen bedeutet eine Steigerung der Effektivität der Aufwendungen durch Verbesserung der Qualität der Arbeitsmittel und -gegenstände, Erhöhung der Qualifikation der Arbeitskräfte und Verbesserung der Produktionsorganisation.

Die Entwicklung der sowjetischen Ökonomik durchlief mehrere Etappen. Und kennzeichnend für jede dieser Etappen war ihr Verhältnis zwischen den extensiven und den intensiven Quellen zur Erweiterung der Produktion. Die ökonomische Entwicklung verlief in keinem Zeitraum allein mit Hilfe extensiver Methoden, da gleichzeitig mit einem hohen Wachstumstempo der Produktionsfonds und des Zeitaufwandes eine rasche Steigerung der Effektivität der Produktion erfolgte. Mit höherem Entwicklungsniveau der Wirtschaft ist zugleich die Tendenz zu beobachten, daß die zum Einsatz kommenden Produktionsressourcen langsamer wachsen, d. h., daß die Quellen einer extensiven Entwicklung allmählich versiegen, während jedoch neue objektive Möglichkeiten für eine Intensivierung der Produktion entstehen. Der Generalsekretär des ZK der KPdSU, L. I. Breshnew, sagte dazu, daß wir „... zukünftig vor allem auf die qualitativen Faktoren des wirtschaftlichen Wachstums, auf die Steigerung der Effektivität, die Intensität der Volkswirtschaft orientieren müssen. Es geht darum, nicht allein durch neue Investitionen und eine Erweiterung der Beschäftigtenzahl die Produktion zu steigern und die Erzeugnisqualität zu verbessern, sondern vielmehr in zunehmendem Maße durch vollständige und rationelle Nutzung bereits vorhandener

Produktionskapazitäten, durch Überleitung der Erkenntnisse der modernen Wissenschaft und Technik ..."[1] diese Ziele zu errreichen.

Hauptquelle zur Intensivierung der Produktion ist die Beschleunigung des wissenschaftlich-technischen Fortschritts, seine Orientierung auf höhere Koeffizienten der Endproduktion je Aufwandseinheit. Die potentiellen Möglichkeiten von Wissenschaft und Technik sind heute praktisch unbegrenzt. Doch verfügt kein Land über ausreichende Ressourcen, um gleichermaßen erfolgreich alle wissenschaftlich-technischen Richtungen zu entwickeln. Deshalb ergibt sich die Aufgabe, auszuwählen, d. h. bei der Wahl dieser Richtungen Prioritäten zu setzen.

Sehen wir von Fragen der sozialen Orientierung ab, die zudem über den Rahmen des zu behandelnden Problems hinausgehen würden, so kann man unseres Erachtens mit vollem Recht sagen, daß diese Prioritäten allein aus der Sicht der Intensivierung der Produktion wissenschaftlich begründet werden können.

2. Die Entwicklung der Arbeitsinstrumente und die Vervollkommnung der technologischen Prozesse bilden den grundlegenden materiellen Faktor bei der Intensivierung der Produktion, da hier praktisch alle Erkenntnisse der Wissenschaft und Technik verkörpert sind. Vom technischen Niveau des Maschinenbaus, seiner Fähigkeit, die Errungenschaften der Wissenschaft und Technik in sich aufzunehmen, ist das technische Niveau des gesamten Produktionsapparates des Landes, der Intensivierungsgrad der Produktion abhängig.

Der technische Fortschritt im Maschinenbau ist ein entscheidender materieller Faktor, um die Fondsintensivität der Produktion zu senken, das Ausmaß der manuellen Arbeit zu verringern und Roh- und Brennstoffe rationeller zu nutzen. Das grundlegende ökonomische Kriterium des wissenschaftlich-technischen Fortschritts auf diesem Gebiet besteht letztlich in einem vorrangigen Wachstum der Produktivität der Anlagen und Ausrüstungen im Vergleich zu den für ihre Produktion und ihren Betrieb erforderlichen Aufwendungen. „Eine sehr wichtige Forderung bei der Entwicklung neuer Maschinen, Geräte und Apparate muß ein maximaler volkswirtschaftlicher Nutzeffekt sowie die Verringerung der Materialintensität und die Senkung der Kosten je Kapazitätseinheit (Produktivitätseinheit) sein."[2]

Auf der gegenwärtigen Entwicklungsetappe des Maschinenbaus wird – wie auf dem XXV. Parteitag der KPdSU festgelegt – die Schaffung und Vervollkommnung von Maschinensystemen, die einzelne technologische Prozesse und ganze Zweige vom Produktionsbeginn bis hin zum Ausstoß des Endprodukts erfassen, zur Hauptform des technischen Fortschritts. Dieser, allein dem Sozialismus eigene Weg des technischen Fortschritts im Maschinenbau bietet die Möglichkeit, alle Stadien des Produktionsprozesses komplex zu mechanisieren und die technisch-ökonomischen Parameter einzelner Maschinen, die Kettenglieder eines einheitlichen Produktionsprozesses sind, abzustimmen. Dabei vollzieht sich die Vervollkommnung des Ausrüstungsparks des Landes nicht als Projektierung und Entwicklung einzelner Maschinen- und Ausrüstungsarten, sondern als Prozeß zur Herausbildung einander ablösender Generationen eines jeweiligen Maschinensystems. Jede neue Generation von Maschinen stellt dabei einen Übergang zu einem qualitativ höheren technischen Niveau dar, das häufig auf einer prinzipiell neuen technischen Idee beruht, wie z. B. beim Generationswechsel der EDVA. Gleichzeitig können in den Grenzen einer jeweiligen Generation von Maschinen Teilver-

[1] L. I. Breshnew, Ob osnovnych voprosach ėkonomičeskoj politiki KPSS na sovremennom ėtape, in: Reči i doklady, Bd. 1, Moskva 1975, S. 418.

[2] Die Hauptrichtungen der Entwicklung der Volkswirtschaft der UdSSR von 1976 bis 1980, in: XXV. Parteitag der KPdSU, Dokumente, Berlin 1976, S. 41.

besserungen unterschiedlicher Art vorgenommen, kann dieses System durch neue Elemente ergänzt werden; auf der Basis des Grundmodells der Maschinen können unterschiedliche Modifikationen im Zusammenhang mit den Einsatzbedingungen vorgenommen werden (z. B. Einsatz unter extremen klimatischen Bedingungen – Gebiete im Norden des Landes, Wüstengebiete u. a.).

Die technische Politik im Maschinenbau, die auf der Bildung von Maschinensystemen beruht, ermöglicht es somit, eine elastische Verbindung zwischen Modifikationen und Vervollkommnungen traditioneller Technik im Rahmen der bestehenden Generation und der Entwicklung einer prinzipiell neuen Technik herzustellen, die den Übergang zu einer neuen Generation von Maschinen bedeutet. Auf der Basis von Maschinensystemen wird die Planung des technischen Fortschritts im Maschinenbau effektiver, erfolgt zunehmend zentralisiert, da nunmehr die Möglichkeit besteht, Projektierungs- und Konstruktionsorganisationen auf Maschinengruppen gleichartiger Zweckbestimmung zu spezialisieren, Konstruktion und Produktion einzelner Baugruppen und Einzelteile zu vereinheitlichen und zu standardisieren. Angesichts dieser Bedingungen kann der Konstruktionsprozeß der Maschinen in starkem Maße automatisiert werden, wodurch sich die Arbeitsproduktivität in diesem Bereich auf ein zehnfaches oder sogar hundertfaches erhöht.

Ist die Herausbildung und Entwicklung von Maschinensystemen das führende Prinzip der technischen Politik im Maschinenbau, so kann der technische Fortschritt auf diesem Gebiet auf zwei Hauptformen reduziert werden: auf die Vervollkommnung der Arbeitsinstrumente und der technologischen Prozesse auf der Grundlage der geltenden technischen Prinzipien im Rahmen der bestehenden Generation eines jeweiligen Maschinensystems und auf die Entwicklung einer prinzipiell neuen Technik, d. h. neuer Generationen von Maschinen.

Die Vervollkommnung der traditionellen Technik trägt dazu bei, die Effektivitätskennziffern der Produktion ständig zu verbessern. Die hauptsächliche und dominierende Richtung ist hier ein Anwachsen der Einzelleistungen und Technologien. Dieser Prozeß verläuft in der chemischen Industrie, in der Energiewirtschaft, der Metallurgie und dem Verkehrswesen besonders intensiv.

Die vorhandene Technik wird auch in Richtung einer Intensivierung der Produktionsprozesse vervollkommnet, z. B. durch Erhöhung der Geschwindigkeit, des Druckes, der Wärmeverhältnisse, der chemischen Aktivität und anderer Parameter technologischer Prozesse. Zuverlässigkeit und Langlebigkeit (Lebensdauer) der hergestellten Ausrüstungen werden sich erhöhen; dadurch wird es möglich, die Qualitätskennziffern der Produktion stabil zu halten und die Reparatur- und Betriebskosten zu senken.

Doch jedem technischen Prinzip, jedem Ausrüstungstyp sind im Hinblick auf seine Entwicklung, seine Vervollkommnung Grenzen gesetzt. Sind bestimmte Grenzen bei Einzelleistungen, bei der Intensität der jeweiligen technologischen Prozesse erreicht, so kann das eine Verschlechterung, nicht aber eine Verbesserung der Effektivitätskennziffern der Produktion zur Folge haben. So war es z. B. in der Flugzeugtechnik bei der Entwicklung der Kolbentriebwerke und beim Übergang zu Turboprop- und Strahltriebwerken, d. h., eine höhere Geschwindigkeit erforderte den Übergang von einem Triebwerktyp zu einem anderen. Ähnliche Prozesse sind bei erhöhter Tonnage der Tankerflotte, bei höheren Einzelleistungen von Energieblöcken und Kraftübertragungsleistungen, bei der Entwicklung der Metallurgie zu beobachten. Ein technisches Prinzip löst das andere ab. Es entsteht eine prinzipiell neue Technik, die es ermöglicht, Geschwindigkeits-, Druck-, Temperaturbarrieren u. a. zu überwinden. Zum Beispiel kann in der Fe-Metallurgie anstelle einer wachsenden Produktionskapazität der einzelnen

Hochöfen allmählich eine Produktion ohne metallurgische Öfen vorherrschend werden, die auf elektrotechnischen Methoden und Verfahren einer direkten Reduzierung der Eisenerze zu Roheisen beruhen; die Übertragung gewaltiger Energiemassen über sehr weite Entfernungen ist mit Erfolg sicher nur auf der Basis des Prinzips der Supraleitfähigkeit realisierbar; eine Kopplung der Geschwindigkeiten bei der Bearbeitung von Informationen in EDV-Prozessoren einerseits sowie der Ein- und Ausgabe von Informationen andererseits wird nur dann zu erreichen sein, wenn es in den Ein- und Ausgabeanlagen keine mechanischen Vorrichtungen mehr gibt, wenn die Holographie und optische Prinzipien zur Anwendung kommen.

Eine harmonische Verbindung zwischen einer allmählichen Vervollkommnung der traditionellen Technik, traditioneller Maschinen und Ausrüstungen mit qualitativ neuen, ihren Folgeerscheinungen nach revolutionären Veränderungen ist letztlich die Generallinie zur Entwicklung des Maschinenbaus und – auf dieser Grundlage – der technischen Umrüstung des Produktionsapparates des Landes.

3. Die Verbesserung der Qualität traditioneller Werkstoffe, die Entwicklung vollwertiger Austauschstoffe und Materialien mit vorprogrammierten Eigenschaften – das ist die zweite umfassende und wichtige Richtung der einheitlichen technischen Politik zur Sicherung einer allseitigen Intensivierung der Produktion. Von dieser Richtung hängt die Rohstoffversorgung des Landes ab, bei der unter den Bedingungen einer Intensivierung der Produktion die Qualitätskennziffern in den Vordergrund rücken. Qualität der Roh- und Werkstoffe, das bedeutet, daß ihre physikalisch-chemischen und mechanischen Eigenschaften den Anforderungen einer effektiven Verarbeitung von Roh- und Werkstoffen, den Anforderungen bei der Nutzung der aus ihnen hergestellten Erzeugnisse zu entsprechen haben. Das heißt z. B., daß die Fe-Metallurgie den Maschinenbau und das Bauwesen mit solchen Walzerzeugnissen zu versorgen hat, die erstens die Kosten für die Metallbearbeitung maximal senken und die zweitens die Lebensdauer und die Zuverlässigkeit der Arbeitsinstrumente und Baukonstruktionen durch eine verbesserte Metallqualität erhöhen.

Da Stahl und Stahlprodukte im gesamten überschaubaren Zeitraum Hauptkonstruktionswerkstoff bleiben werden, wird eine Verbesserung der qualitativen Charakteristika von Fe-Metallen den größten Einfluß auf die Effektivität der Produktion haben. Bekanntlich ist die UdSSR in der Stahlproduktion im neunten Planjahrfünft auf den ersten Platz in der Welt vorgerückt (141 Mio t im Jahre 1975); angesichts dieser Bedingungen sind die Hauptrichtungen des technischen Fortschritts in der Fe-Metallurgie folgende: Erhöhung der Festigkeitswerte von Fe-Metallen, Erweiterung des Sortiments und höhere Genauigkeit der Walzprofile, zusätzliche Behandlung der Stähle (Metalle), um sie vor Korrosionen, dem Einfluß chemisch aktiver Stoffe, starker Temperaturschwankungen und anderen zu schützen.

Die Verbesserung der technologischen und Einsatzmittel organischer Stoffe ist eine überaus wichtige Richtung des technischen Fortschritts in der Rohstoffbasis des Landes. Bei dieser Richtung ist vorgesehen, neue Verbindungen zu entwickeln, die über eine erhöhte bzw. superhohe Wärmebeständigkeit und Festigkeit verfügen, nicht brennbar sind, chemische und dielektrische Resistenz aufweisen, und anderes. Eine Verbesserung der Einsatzeigenschaften polymerer Werkstoffe erweitert die Möglichkeiten ihrer Anwendung auch in traditionellen Produktionsarten, sichert die Einführung prinzipiell neuer technologischer Prozesse mit besonders exaktem Arbeitsregime (Elektronik, Kosmos, Atomenergiewirtschaft und andere), bringt in einigen Fällen einen größeren ökonomischen Nutzen als die Verwendung natürlicher Werkstoffe, besonders im Maschinenbau, im Bauwesen und in der Leichtindustrie.

Die Entwicklung der Polymerchemie ermöglicht es, auf dem Gebiet der technischen Verwendung und in starkem Maße auch für den Bevölkerungsbedarf Naturfasern durch Chemiefasern zu ersetzen. Dadurch kann die Abhängigkeit der Wirtschaft von Naturfasern stark verringert werden, deren Produktionserweiterung gegenüber dem wachsenden Gesamtbedarf an Fasern um eine vielfaches langsamer verläuft.

In der Sphäre der Produktion und der Verwendung von Konstruktionsmaterialien besteht eine Hauptrichtung darin, die chemische und chemisch-mechanische Holzbearbeitung zu verbessern. Die Entwicklung der Zellstoff- und Papierindustrie ist praktisch ohne eine Erweiterung des Volumens der Holzgewinnung nicht möglich.

Insgesamt sichert der technische Fortschritt auf dem Gebiet der Produktion traditioneller und neuer Konstruktionsmaterialien eine Senkung der Materialintensität der Produktion, verringert die Abhängigkeit von den begrenzten natürlichen Rohstoffquellen.

4. Eine entscheidende Richtung des wissenschaftlich-technischen Fortschritts ist die Vervollkommnung der Methoden bei der Gewinnung, Verarbeitung, Übertragung und Nutzung von Energie, d. h. Probleme des technischen Fortschritts bei der Entwicklung des Brennstoff- und Energiekomplexes.

Die Sowjetunion ist zuverlässig mit Brennstoffressourcen versorgt, ist das einzige industriell entwickelte Land der Welt, das nicht von äußeren Brennstoff- und Energiequellen abhängig ist. Das heißt jedoch nicht, daß Fragen einer rationellen Nutzung der Energieressourcen und einer Beschleunigung des wissenschaftlich-technischen Fortschritts in diesem Bereich nicht akut und dringlich sind. Die Bedingungen der Gewinnung von Primärbrennstoff verschlechtern sich zunehmend. Die Gewinnung verlagert sich mehr und mehr in wenig erschlossene Gebiete mit erschwerten klimatischen und geologischen Bedingungen. Erdölbohrlöcher und Kohleschächte gehen immer mehr in die Tiefe. Die Erdölförderung erfolgt zunehmend in Schelfgebieten. Es wachsen die Entfernungen, über die Brennstoff transportiert und Elektroenergie übertragen werden müssen. All das bedingt die objektive Notwendigkeit, den wissenschaftlich-technischen Fortschritt im Bereich des Brennstoff- und Energiekomplexes, und zwar hinsichtlich aller seiner Elemente, zu beschleunigen: beginnend bei der Steigerung des Förderniveaus von Primärbrennstoff und endend bei einem höheren Nutzungsgrad der Energie durch den Verbraucher.

Durch die Begrenztheit und die sich verschlechternden Bedingungen der Erdöl- und Erdgasförderung erlangt die Entwicklung einer Technologie zur künstlichen Einwirkung auf die erdöl- und ergasführenden Schichten zwecks wesentlicher Anhebung des Förderniveaus große Bedeutung. Die ökonomische Nutzung von Primärbrennstoff steht im Zusammenhang mit einer Erhöhung der Koeffizienten bei der Umwandlung von Primärenergieträgern in Endenergie.

Der technische Fortschritt in der Energiewirtschaft ist verbunden mit einer qualitativen Veränderung in der Brennstoff- und Energiebilanz, der Entwicklung und Steigerung des spezifischen Anteils neuer Energiequellen. In den letzten 20 Jahren standen diese Veränderungen im wesentlichen im Zusammenhang mit einer Erhöhung des spezifischen Anteils von Erdöl und Erdgas an der Brennstoffbilanz des Landes. Die auf dem XXIV. und dem XXV. Parteitag der KPdSU erarbeitete einheitliche technische Politik orientiert in der Perspektive darauf, den Anteil der Kernenergiewirtschaft und leistungsstarker Wärmekraftwerke, die auf der Basis billiger, im Tagebau geförderter Kohle arbeiten, stark zu erhöhen.

Ein Hauptproblem des technischen Fortschritts innerhalb des Brennstoff- und Energiekomplexes des Landes ist die Schaffung leistungsstarker Hochspannungsleitungen für weite und sehr weite Entfernungen. Damit wird die Idee des GOELRO-Planes weiterentwickelt und vollständiger verwirklicht – es wird ein einheitliches Energieverbundsystem des Landes geschaffen. Andererseits steht das Problem der Elektroenergieübertragung im Zusammenhang mit der Spezifik der Standortverteilung der Produktion in der UdSSR – der Konzentration des Energieverbrauchs im europäischen Teil des Landes und der Brennstoffvorräte im asiatischen Teil. Die Übertragung gewaltiger Energiemengen aus östlichen in westliche Gebiet des Landes verlangt die Lösung technisch komplizierter Probleme, denen sich bisher noch kein Land gegenübersah.

Die Übertragung von Elektroenergie auf prinzipiell neuem technischem Niveau zu entwickeln, ist Bestandteil der Schaffung und Vervollkommnung eines einheitlichen Energieverbundsystems der UdSSR. Dieses System ermöglicht es nicht nur, das Energiedefizit im europäischen Teil des Landes erfolgreich zu überwinden, sondern es bringt auch einen großen volkswirtschaftlichen Nutzen, da der zonale Zeitfaktor ausgenutzt, die Spitzenbelastungszeiten zentral reguliert und die Havariereserven verringert werden können.

Der weitere Leistungsanstieg bei Elektroenergieübertragungen steht im Zusammenhang mit der beginnenden technischen Revolution in dieser Sphäre. Forschungen belegen, daß es prinzipiell möglich und effektiv ist, bei großen Entfernungen in der Energieübertragung von Hochspannungs- zu Kabelleitungen überzugehen (z. B. Nutzung der Kryotechnik, gasisolierte Leitungen und andere).

5. Der technische Fortschritt in der Produktion und beim Einsatz von Arbeitsinstrumenten und -gegenständen sowie Energie umfaßt entscheidende materielle Elemente der Produktivkräfte. Und im Hinblick gerade auf diese Hauptelemente gestaltet sich die einheitliche technische Politik der Kommunistischen Partei und des Sowjetstaates. Jedoch ohne eine verzweigte und technisch vollkommene Infrastruktur der Produktion ist es nicht möglich, die Produktivkräfte des Landes dynamisch zu entwickeln und ihr technisches Niveau anzuheben. Im zehnten wie auch in den kommenden Planjahrfünften ist vorgesehen, für diesen Bereich einen zunehmenden Teil an Ressourcen bereitzustellen. L. I. Breshnew sagte dazu auf dem XXV. Parteitag der KPdSU: „... daß wir in der bevorstehenden Periode mehr Ressourcen für die beschleunigte Entwicklung des Transport-, Post- und Fernmeldewesens und des Systems der Materialversorgung bereitstellen müssen, für all das, was Infrastruktur genannt wird. In der Vergangenheit konnten wir vielen dieser Bereiche, unter anderem dem Straßenbau und der Lagerwirtschaft, einfach nicht die gebührende Beachtung schenken. Jetzt wird man sich damit befassen, und zwar gründlich befassen müssen."[3]

Der technische Fortschritt in der Infrastruktur der Produktion orientiert auf deren Leistungsanstieg, auf eine Beschleunigung des Stroms materieller Güter und Leistungen zwischen den Zweigen, Gebieten, zwischen den unterschiedlichen Herstellern und Verbrauchern, auf die Erhaltung der Konsumeigenschaften der Erzeugnisse während des Transport- und Lagerungsprozesses. Dabei geht die technische Politik davon aus, daß die Einheit der einzelnen Elemente der Infrastruktur zu wahren ist. Das aber setzt voraus – wie in den Beschlüssen der Parteitage formuliert –, daß im Land ein einheitliches Transportsystem, ein einheitliches automatisiertes Post- und Fernmeldenetz, ein einheitliches Informationssystem geschaffen wird. Nur wenn dieses Grundprinzip gewahrt wird, können eine produktionsbezogene und technische Koordinierung der ein-

[3] XXV. Parteitag der KPdSU, Rechenschaftsbericht des Zentralkomitees der KPdSU und die nächsten Aufgaben der Partei in der Innen- und Außenpolitik, Berichterstatter: L. I. Breshnew, Berlin 1976, S. 54.

zelnen Transportarten, des Transports und der Lagerung von Gütern, der Weitergabe und Speicherung von Informationen, eine Mechanisierung und Automatisierung des gesamten Systems des Transport-, Post- und Fernmeldewesens erreicht werden.

Im gegenwärtigen Stadium der Vervollkommnung der Produktivkräfte des Landes ist die Schaffung eines einheitlichen Transportsystems von entscheidender Bedeutung. Sein Aufbau setzt die schrittweise Verwirklichung eines ganzen Komplexes von Maßnahmen voraus – Abstimmung der Durchlaß- und Transportkapazität, Entwicklung spezialisierter Verkehrs- bzw. Transportknotenpunkte, Knotenbahnhöfe und Stützpunkthäfen, Organisation direkter Containerstrecken für alle Transportarten. Die Bildung eines einheitlichen Transportsystems basiert auch auf der Entwicklung der Transportmittel, der Steigerung ihres Leistungsvermögens sowie auf der Einführung neuer Transportverfahren.

Gestützt auf die Erkenntnisse der modernen wissenschaftlich-technischen Revolution und unter Nutzung ihrer Ergebnisse zur Intensivierung der Produktion, geht die Sowjetunion allmählich zu einem Typ der Entwicklung über, bei dem eine Erweiterung der Produktion vorrangig durch eine Steigerung der Effektivität des materiellen und Arbeitsaufwands erreicht wird.

M. A. Vilenskij

Über die sozialökonomische Effektivität des wissenschaftlich-technischen Fortschritts

Unter den Bedingungen der ungewöhnlich stürmischen Entwicklung des wissenschaftlich-technischen Fortschritts, der zunehmenden Überführung seiner Errungenschaften in alle Zweige der Volkswirtschaft werden die sozialen Folgen dieses Fortschritts für die Gesellschaft immer spürbarer. Dabei können, auf Grund der Widersprüchlichkeit des wissenschaftlich-technischen Fortschritts, seine negativen sozialen Folgen, die besonders auf dem Gebiet der Verschmutzung der natürlichen Umwelt lawinenartig anwachsen, letzten Endes seine positiven sozialen und ökonomischen Ergebnisse zunichte machen, für deren Erreichung der hartnäckige Kampf um die beschleunigte Überführung der Errungenschaften von Wissenschaft und Technik in die gesellschaftliche Produktion geführt wird.

Der Fortschritt von Wissenschaft und Technik – das ist das immer tiefere Eindringen des Menschen in die Geheimnisse der Natur, ihre Unterwerfung und Unterordnung unter die Bedürfnisse der Menschen. Aber die Natur verhält sich nicht gleichgültig dazu, wie sie zerstückelt wird, sie rächt sich, wie Engels sagte, und dabei recht grausam. Während wir durch die Eroberung der Natur die Ergebnisse erreichen, auf die wir rechnen, die wir brauchen und die für uns positiv sind, treffen wir gleichzeitig auf unvorhergesehene Folgen, die sehr oft die Bedeutung der positiven Ergebnisse zunichte machen.

Als Aufgabe von erstrangiger Bedeutung ergibt sich hieraus, bei der Formierung der technischen Politik, aber auch bei der Auswahl von Varianten wissenschaftlich-technischer Programme und einzelner Arten neuer Technik, sich nicht nur von ihrer ökonomischen Effektivität leiten zu lassen, sondern auch von ihren sozialen Ergebnissen. Unterdessen kann man aber gegenwärtig von seiten der Entwickler neuer Technik, und in einer Reihe von Fällen auch bei Mitarbeitern der Planungsorgane noch eine gewisse Vernachlässigung der sozialen Ergebnisse der entwickelten und geplanten neuen Technik beobachten. Indem sie sich vorrangig von den ökonomischen Kennziffern dieser Technik leiten lassen, berücksichtigen sie praktisch nicht in vollem Maße ihren Einfluß auf die Arbeitsbedingungen und auf die natürliche Umwelt. Zweifellos, die Entwicklung, Herstellung und Überführung hochökonomischer Technik erhöht die Effektivität der gesellschaftlichen Produktion und schafft damit die materiellen Bedingungen für die Lösung grundlegender sozialer Aufgaben – für die Erhöhung des Lebensniveaus des Volkes, für die Überwindung der Unterschiede zwischen geistiger und körperlicher Arbeit, zwischen Stadt und Land. Man kann aber nicht übersehen, daß die neue Technik und Technologie mit ihren sich vergrößernden Parametern (Einzelleistung bestimmter Aggregate, Geschwindigkeiten, Temperatur, Druck) die Anspannung bei der Arbeit, ihre Intensität, Gefährlichkeit für die Gesundheit des Menschen erhöht, d. h., daß insgesamt in dieser neuen Technik und Technologie die Möglichkeit zu einer Verschlechterung des Komplexes der Arbeitsbedingungen und der Produktionssphäre gegeben ist. Außerdem führt die weite Verbreitung neuer Technik und Technologie, die Vergrößerung der Maßstäbe der Produktion, der verarbeiteten Massen an Naturrohstoffen, die Vertiefung ihrer Verarbeitung unausbleiblich zu einem Anwachsen der die Natur belastenden Abfälle, die sie durch schädliche Stoffe verschmutzen, deren Neutralisation durch die eigentliche Natur nicht mehr möglich ist. Das zerstört das ökologische Gleichgewicht und verschlechtert die Lebensbedingungen des Menschen, aber auch den Verlauf biologischer Prozesse in der Natur.

Diese Widersprüchlichkeit des wissenschaftlich-technischen Fortschrittes ist unausbleiblich, worüber bereits Engels sprach, aber sie ist nicht fatal, sie ist durchaus lösbar. Zu dieser Frage schrieb Engels: „... lernen wir allmählich, durch lange, oft harte Erfahrung und durch Zusammenstellung und Untersuchung des geschichtlichen Stoffs, uns über die mittelbaren, entfernteren gesellschaftlichen Wirkungen unsrer produktiven Tätigkeit Klarheit zu verschaffen, und damit wird uns die Möglichkeit gegeben, auch diese Wirkungen zu beherrschen und zu regeln. Um diese Regelung aber durchzuführen, dazu gehört mehr als die bloße Erkenntnis. Dazu gehört eine vollständige Umwälzung unsrer bisherigen Produktionsweise und mit ihr unserer gesamten gesellschaftlichen Ordnung."[1]

Nur im Sozialismus sind die Bedingungen geschaffen, unter denen die Widersprüchlichkeit des wissenschaftlich-technischen Fortschritts im Interesse und ohne Schaden für die Gesellschaft erfolgreich gelöst werden kann. Eine der wichtigsten dieser Bedingungen ist die Herrschaft des gesellschaftlichen Eigentums an den Produktionsmitteln und das auf dieser Grundlage wirkende Gesetz der Planmäßigkeit. Dank diesen Bedingungen ist im Sozialismus der antagonistische Widerspruch des Kapitalismus zwischen gesellschaftlichen Interessen und den Interessen einzelner sozialer Gruppen und Klassen überwunden. Deshalb ist in der Natur des Sozialismus die Möglichkeit eingeschlossen, im Interesse der ganzen Gesellschaft und des einzelnen Menschen die positiven sozialen Ergebnisse auszunutzen und die negativen zu überwinden. Hierin besteht einer der Vorzüge des Sozialismus gegenüber dem Kapitalismus.

Indem sie die technische Politik planmäßig formiert und leitet, hat die sozialistische Gesellschaft alle Möglichkeiten, im Interesse des sozialen und ökonomischen Fortschritts die *positiven* sozialen Ergebnisse der neuen Technik zu realisieren, und ihre negativen sozialen Ergebnisse *rechtzeitig vorauszusehen* und Maßnahmen zu ihrer Verhütung zu ergreifen. Nicht die *Liquidierung* negativer Ergebnisse, nachdem sie der Gesellschaft bereits Schaden zugefügt haben, sondern die *Voraussicht* und Verhütung ihres Erscheinens und Wirksamwerdens muß zur wichtigsten Forderung der Gesellschaft an Wissenschaft und Technik, an die Schöpfer neuer Technik und die Planungsorgane, die die technische Politik formieren, werden.

Die Möglichkeit, negative soziale Ergebnisse neuer Technik vorauszusehen und zu verhüten, liegt im planmäßigen Charakter der sozialistischen Ökonomik. Die Aufgabe besteht darin, diese Möglichkeit in höchstem Maße zu nutzen. Daraus ergeben sich konkrete Schlußfolgerungen. Wenn wissenschaftliche Forschungsinstitute und Konstruktionsbüros an die Schaffung neuer Technik und neuer technologischer Prozesse herangehen, müssen sie ihren potentiellen ökonomischen Effekt, aber auch alle möglichen sozialen, sowohl positiven als auch negativen Ergebnisse ihrer Anwendung in der Produktion bestimmen. Die Entwicklung entsprechender Komponenten neuer Technik und Technologie zur Verhütung ihres negativen Einflusses auf die Produktions- und Umweltsphäre muß verbindlich sein.

[1] F. Engels, Dialektik der Natur, in: Marx/Engels, Werke (im folgenden MEW), Bd. 20, Berlin 1962, S. 454.

Das bedeutet, daß die entwickelte neue Technik und Technologie komplex sein muß. Eine solche Ausrichtung des technischen Denkens muß zur Norm für alle Entwickler neuer Technik werden. Ebenso dürfen die Planer der technischen Entwicklung der Produktion nur solche Arten neuer Technik und Technologie in diese Pläne aufnehmen, in denen Komponenten zur Verhütung negativer sozialer Ergebnisse vorgesehen sind. Um negative soziale Ergebnisse des wissenschaftlich-technischen Fortschritts zu verhüten, müssen neue Arten von Technik und Technologie ihren technischen Parametern und ihren Neuheiten nach so beschaffen sein, daß jede Möglichkeit des Auftretens eines negativen Einflusses auf die Produktions- und Umweltsphäre ausgeschlossen ist.

Das muß eine ungefährliche Technik mit der dazugehörigen Technologie sein. Diese Forderung muß vor allem den technologischen Wissenschaften gestellt werden, und für ihre Lösung müssen Mittel aufgebracht werden.

Im Zusammenhang damit ist es notwendig, zu den Kennziffern des technischen Niveaus von Betrieben, Vereinigungen, Zweigen und auch der ganzen Volkswirtschaft eine Kennziffer hinzuzufügen, die die Produktionssphäre, die durch die neue Technik und Technologie geschaffen wird, aber auch den Einfluß ihrer Anwendung auf die natürliche Umwelt charakterisiert.

Weiterhin muß zu den Parametern neuer Technik und Technologie, welche ihre Neuheit charakterisieren, ein Parameter der Bedingungen ihres Einflusses auf die Produktions- und Umweltsphäre hinzugefügt werden. Es gibt noch viele Fälle, in denen die Entwickler neuer Technik und Technologie die oben aufgeführten Forderungen ignorieren. Bei der Schaffung hochproduktiver Technik und Technologie beachten sie nicht genügend, ob die Menschen gut damit arbeiten können, wieweit diese Technik und Technologie ungefährlich bei ihrer Anwendung und unschädlich für die natürliche Umwelt ist.

Die strenge Ausrichtung des wissenschaftlich-technischen Fortschrittes auf die Voraussicht und Verhütung negativer sozialer Ergebnisse bei der Ausnutzung seiner Errungenschaften stellt die Aufgabe der Ausarbeitung wissenschaftlich begründeter Standards oder Normative des Zustandes der Produktionssphäre und der Sauberkeit der Umwelt in solchen Grenzen, die vom Standpunkt der Gesundheit des Menschen normale Arbeits- und Lebensbedingungen garantieren würden. Solche Standards und Normative müssen unbedingt bei der Konstruktion neuer Arten von Technik zugrunde gelegt werden, ihnen müssen neue technologische Prozesse entsprechen. Die Festlegung dieser Standards oder Normative ist eine wichtige Aufgabe der Wissenschaft, darunter auch der ökonomischen. Die Teilnahme der letzteren bei der Ausarbeitung sozialer Normative der Arbeitsbedingungen und der Sauberkeit der Umwelt sind *unbedingt notwendig*.

Es ist bekannt, daß in unserem Land bereits in den 30er Jahren viele soziale Normative ausgearbeitet und in die Praxis überführt wurden, sowohl die Arbeitsbedingungen betreffend als auch den Gehalt an Schadstoffen in der natürlichen Umwelt. Diese Standards oder Normative wurden nur vom Standpunkt der Schaffung idealer Arbeitsbedingungen in der Produktion und der Erreichung einer idealen Sauberkeit der Umwelt festgesetzt, die die absolute Unschädlichkeit für die Gesundheit des Menschen garantieren sollten, aber ohne Berücksichtigung der ökonomischen Möglichkeiten ihrer Erreichung.

Die Losgelöstheit der festgesetzten Standards oder Normative von den realen ökonomischen Bedingungen ihrer Erreichung führte dazu, daß sie bei der Schaffung neuer Technik und Technologie überhaupt nicht mehr berücksichtigt werden. Offensichtlich stellen solche Standards oder Normative ein Ideal dar. Ihre Erreichung muß schrittweise vor sich gehen, in Abhängigkeit vom Heranreifen der ökonomischen Möglichkeiten dafür. Die Festsetzung solcher zwischenzeitlichen, real erreichbaren Normative und ihre periodische Überprüfung auf dem einen oder anderen Entwicklungsniveau der Produktivkräfte der Gesellschaft sind eine wichtige Aufgabe der Planer und der verantwortlichen Kader der Volkswirtschaft.

Für die erfolgreiche Lösung der Probleme, die negativen sozialen Ergebnisse des wissenschaftlich-technischen Fortschritts durch die Ausarbeitung spezieller Komponenten dieser Technik oder durch die Verwirklichung spezieller technischer Maßnahmen zu verhüten, hat die Frage ihrer Bewertung eine große Bedeutung. Die Bedeutsamkeit dieser Frage wird dadurch bedingt, daß die Aufwendungen für die aufgezeigten speziellen Komponenten oder Maßnahmen äußerst hoch sind. Die Aktualität dieser Frage wird auch dadurch verschärft, daß unter den Entwicklern neuer Technik und unter den Wirtschaftskadern die Meinung verbreitet ist, daß die Aufwendungen zur Schaffung einer speziellen Technik zur Verbesserung der Produktionssphäre und für den Umweltschutz die Effektivität der Produktion verringern, die Rentabilität senken und die Kennziffern der Wirtschaftstätigkeit des einzelnen Betriebes verschlechtern. Es wird die Meinung geäußert, daß die Aufwendungen des Staates aus Budgetmitteln zur Verwirklichung von Maßnahmen für den Umweltschutz einen direkten Abzug aus dem Nationaleinkommen darstellen.

Dieser Standpunkt ist zutiefst fehlerhaft. Seine Vertreter bemerken nicht oder ignorieren einfach das Vorhandensein einer gegenseitigen Verbundenheit und Bedingtheit des ökonomischen und des sozialen Effekts. Der soziale und der ökonomische Effekt, das sind nicht zwei selbständige Kategorien. Sie sind untereinander so eng verbunden und bedingen sich gegenseitig so, daß sie eine einheitliche Kategorie, die Kategorie der sozialökonomischen Effektivität bilden. Worin besteht ihre enge Verbindung? Diese Verbindung besteht in vielerlei Hinsicht. Vor allem, je höher der ökonomische Effekt neuer Technik, desto breiter wird die materielle Grundlage für die Lösung der wichtigsten sozialen Aufgabe – der Erhöhung des Lebensniveaus des Volkes, der Befriedigung seiner materiellen und geistigen Bedürfnisse.

Folglich ist der ökonomische Effekt die materielle Grundlage für eine der wichtigsten Erscheinungsformen des sozialen Effekts. Das wäre die eine Seite. Andererseits, je höher das Lebensniveau der Werktätigen, desto höher ist auch die Produktivität ihrer Arbeit, d. h. die ökonomische Effektivität der Produktion. Folglich ist der soziale Effekt die Grundlage für den ökonomischen Effekt. Das bezieht sich auf alle Erscheinungsformen des positiven sozialen Effektes neuer Technik. Diese Tatsache gibt uns das Recht zu sagen, daß der positive soziale Effekt neben anderen zu einem Wachstumsfaktor der ökonomischen Effektivität wird.

Demgegenüber senken negative Ergebnisse neuer Technik unmittelbar ihren ökonomischen Effekt oder, besser gesagt, sie behindern die Realisierung des in ihr enthaltenen potentiellen Effektes. Wenn die neue Technik – sogar wenn sie potentiell über eine hohe ökonomische Effektivität verfügt – den Produktionsrhythmus in den Betrieben verschärft, die Produktionssphäre verschlechtert, was vorzeitige Ermüdung der Arbeiter im Verlaufe des Arbeitstages, ein Anwachsen von Erkrankungen und Verletzungen hervorruft, dann fügt das der Ökonomik einen direkten Schaden zu, da es die Produktivität der Arbeit und folglich die ökonomische Effektivität der Produktion senkt. Weiter, wenn die neue Technik und Technologie zu einer Verschmutzung der Umwelt führt und damit die Produktionsbedingungen in einer Reihe benachbarter Zweige verschlechtert, ebenso wie die Lebensbedingungen der Menschen, dann fügt das der Volkswirtschaft Schaden zu, senkt ihre ökonomische Effektivität, d. h., daß die hohe ökonomische Effektivität neuer Technik, die in ihr potentiell enthalten ist, für die Gesellschaft nur teilweise realisiert wird.

Die Einführung einer speziellen Technik oder die Verwirklichung technischer Maßnahmen zur Verhütung negativer Folgen neuer Technik auf die Produktions- und Umweltsphäre bewahren die Gesellschaft vor ökonomischem Schaden, der ihr durch diese Folgen zugefügt wird.

Da die Verhütung des aufgezeigten Schadens entsprechende Aufwendungen für spezielle Komponenten und technische Maßnahmen erfordert, kann der ökonomische Effekt dieser Aufwendungen durch den verhüteten Schaden gemessen werden. Das Problem läßt sich auch anders, positiv formulieren. Indem wir Mittel für die Schaffung gefahrloser Technik und abfallfreier Technologien und für die Verbesserung der Arbeitsbedingungen aufwenden, erhöhen wir die ökonomische Effektivität der Produktion durch Verringerung des Ausschusses, Senkung der Erkrankungen und Verletzungen, die Liquidierung oder Verringerung der Fluktuation der Kader, durch die aus diesen Gründen wachsende Arbeitsproduktivität.

Folglich sind die Aufwendungen zur Verhütung negativer sozialer Folgen nicht verschleudert, sie geben der Volkswirtschaft einen ökonomischen Effekt.

Das Gesagte erlaubt es, praktische Schlußfolgerungen methodischen Charakters zu ziehen, nämlich die sozialen Ergebnisse der Technik indirekt, durch die Klärung des Einflusses dieser Ergebnisse auf den ökonomischen Effekt zu bewerten. Deshalb muß man zu den heute angewandten Methodiken der Bestimmung der Effektivität neuer Technik Zusätze machen, die es erlauben, den sozialökonomischen Effekt in seiner Gesamtheit zu bewerten. Das Wesen dieser Zusätze besteht darin, daß man zu dem direkten ökonomischen Effekt neuer Technik auch den verhüteten Schaden hinzuzählt, wenn in diese Technik spezielle Komponenten aufgenommen wurden oder überhaupt technische Maßnahmen verwirklicht wurden, die negative soziale Folgen dieser Technik auf die Produktions- und Umweltsphäre verhüten. Gleichzeitig mit den Investitionen für neue Technik und den laufenden Ausgaben für ihren Betrieb müssen auch Investitionen für die aufgezeigten Komponenten neuer Technik oder spezielle technische Maßnahmen hinzugefügt werden. Wenn solche Komponenten nicht in die neue Technik eingeschlossen werden und sie der Produktions- und Umweltsphäre Schaden zufügt, so ist dieser Schaden vom ökonomischen Effekt dieser Technik abzuziehen.

Als Effekt spezieller Technik oder Maßnahmen zur Verhütung eines negativen Einflusses neuer Technik auf die Produktionssphäre wirken:

a) das Wachstum der Arbeitsproduktivität durch die Verbesserung aller Elemente, die Arbeitsbedingungen bilden und die Produktionssphäre formieren (Verringerung des Gasgehaltes in den Produktionsräumen, der erhöhten oder zu niedrigen Feuchtigkeit, Verringerung des Lärms und der Vibration, Schaffung eines Mikroklimas und Einführung ästhetischer Elemente);
b) die Senkung der Lohnausgleichszahlungen durch die Verringerung der Erkrankungen infolge der Verbesserung der Arbeitsbedingungen;
c) die Verringerung der gezahlten Erschwerniszulagen;
d) die Reduzierung der gezahlten Invalidenrenten infolge der Abnahme der Verletzungen und der vorzeitigen Pensionierung;
e) die Verringerung der Ausgaben für das Gesundheitswesen infolge der Abnahme der Erkrankungen und Verletzungen.

Wenn die neue Technik keine Komponenten zur Verhütung des negativen Einflusses auf die Produktionssphäre enthält, nehmen alle aufgezählten Kennziffern einen negativen Wert an und treten als Schaden auf. Als Effekt spezieller Technik oder technischer Maßnahmen zur Verhütung eines negativen Einflusses der neuen Technik auf die natürliche Umwelt wirken:

a) die Verhütung des Schadens, der verschiedenen Zweige durch die Verschmutzung der Luft und des Wassers zugefügt wird (Senkung der Ernteerträge, Verringerung der Produktivität des Viehs, vorzeitige Korrosion metallischer Teile der in der Volkswirtschaft genutzten Maschinen und Anlagen durch übermäßigen Gehalt von Schwefel- und anderen schädlichen Verbindungen in der Luft, Verringerung der Produktivität der Wald- und Fischwirtschaft usw.);

b) die Verringerung der Aufwendungen für den Gesundheitsschutz durch die Abnahme der Erkrankungen der Bevölkerung infolge der Verschmutzung von Luft und Wasser.

Alle aufgezählten Elemente des sozialökonomischen Effektes lassen sich wertmäßig einschätzen. In einer Reihe von Zweigen wurden bereits entsprechende Methodiken ausgearbeitet. Gegenwärtig ist die Schaffung einer Typenmethodologie zu einer aktuellen Aufgabe geworden, in der einheitliche methodologische Prinzipien der Bewertung der verschiedenen Formen sozialer Ergebnisse neuer Technik ausgearbeitet werden sollten. Zweifellos ist es unmöglich, alle Formen sozialer Ergebnisse der Anwendung neuer Technik durch Wertkennziffern einzuschätzen und sie zu summieren. Es ist deshalb offensichtlich, daß zusammen mit Werteinschätzungen auch reine Naturalkennziffern benutzt werden müssen, die der jeweiligen Form des sozialen Effektes entsprechen.

Dazu muß eine Klassifizierung der sozialen Ergebnisse, aber auch der wesentlichsten Naturalkennziffern, die die jeweilige Klassifizierungsgruppe kennzeichnen, ausgearbeitet werden. Natürlich sind diese Naturalkennziffern nicht auf irgendwelche integrierte Kennziffern zu reduzieren. Vorschläge, sie mit Hilfe eines Punktsystems zu vereinigen, sind nicht aussichtsreich. Wie soll man sie dann bei der Entscheidungsfindung benutzen? Offensichtlich muß das Organ, welches die Entscheidung trifft, sie berücksichtigen, indem es neben ökonomischen Einschätzungen viele andere Faktoren in Betracht zieht.

Die Realisierung der oben dargelegten konkreten Vorschläge zur Verhütung negativer sozialer Folgen neuer Technik darf sich nicht in eine Kampagne auswachsen, sie muß untrennbarer Bestandteil der gesamten Arbeit zur Beschleunigung des wissenschaftlich-technischen Fortschrittes werden. Es muß ein solcher Zustand erreicht werden, bei dem auf allen Ebenen der Leitung der Volkswirtschaft das gesamte Problem des wissenschaftlich-technischen Fortschrittes nur als Problem der Schaffung, Produktion und Überführung solcher neuer Technik und Technologie verstanden und gelöst wird, die, indem sie die Ökonomik der Produktion verbessert, gleichzeitig der Gesundheit der Werktätigen keinen Schaden zufügt und die Umwelt nicht verschmutzt. Nur solche Technik darf entwickelt, produziert und überführt werden. Wenn man so an das Verständnis des wissenschaftlich-technischen Fortschritts herangeht, dann entfällt die Notwendigkeit des speziellen Systems von Maßnahmen zur Stimulierung der Verwirklichung praktischer Maßnahmen bei der Verhinderung negativer sozialer Folgen neuer Technik, deren Ausarbeitung große Aufmerksamkeit durch die Ökonomen geschenkt wird. Das System der materiellen Stimulierung des wissenschaftlich-technischen Fortschritts wird ein einheitliches sein, wird auf die Stimulierung der Schaffung einer neuen Technik gerichtet sein, der nur positive Züge zu eigen sind und die keine negative Seiten aufzuweisen hat. In diesem Sinne ist es notwendig, energisch alle Vorschläge zurückzuweisen, die auf die Schaffung eines speziellen ökonomischen Mechanismus gerichtet sind, der zu einer Verbesserung der Produktions- und Umweltsphäre und zur Überwindung des negativen Einflusses der neuen Technik zwingen soll. Es geht um Vorschläge, Zahlungen der Betriebe für die Verschmutzung der Umwelt einzuführen.

Diese Maßnahme wird nicht nur die Verwirklichung entsprechender technischer Maßnahmen nicht stimulieren, sondern umgekehrt, die Verschmutzung von Luft und Wasser legitimieren. Mit der Zeit werden sich die Betriebe an solche Zahlungen so sehr gewöhnen, daß sie zu einem organischen Bestandteil ihrer Wirtschaftstätigkeit und durch sie geplant werden, wie alle anderen Aufwendungen auch, während die Verschmutzung für sie zu einer gewöhnlichen Sache wird. Keine Zahlungen für die Verschmutzung können für die Gesellschaft den Schaden durch Verschmutzung kompensieren, um so mehr, da die Zahlungen selbst aus Mitteln erbracht werden, die der Gesellschaft gehören.

Es ist völlig offensichtlich, wenn es um die Verhütung des negativen Einflusses neuer Technik auf die Arbeitsbedingungen und Lebensbedingungen der Menschen sowohl in der Produktion als auch in der Umwelt geht, daß es keinen Sinn hat, die Betriebe mit ökonomischen Mitteln zur Verwirklichung entsprechender Maßnahmen zu zwingen. Hier können und müssen mehr administrative Maßnahmen angewandt werden, die eine strenge Beachtung der staatlichen Disziplin garantieren.

K. A. Efimov

Planung der Entwicklung von Wissenschaft und Technik

1. Aufgaben des Planes zur Entwicklung von Wissenschaft und Technik und Besonderheiten seiner Aufstellung

Der wissenschaftlich-technische Fortschritt stellt eine ständige Vervollkommnung aller Seiten der materiellen Produktion sowie der Sphäre der Dienstleistungen auf der Basis der Entwicklung von Wissenschaft und Technik und der Produktionserfahrungen dar. Er wird gekennzeichnet durch den Entwicklungsgrad der Produktionsstruktur, der Arbeitsmittel und Arbeitsgegenstände, der Technologie, der Leitung und des Arbeitsprozesses selbst.

Die Wissenschaft findet zunehmend als unmittelbare Produktivkraft Eingang in den Arbeitsprozeß. Wissenschaftliche Forschungen werden heute zielgerichtet durchgeführt, um neue Quellen des technischen Fortschritts zu erschließen und so ein hohes Tempo der ökonomischen Entwicklung und des Wachstums der Arbeitsproduktivität zu sichern.

Der Volkswirtschaftsplan ist ein starker Hebel des wissenschaftlich-technischen Fortschritts, erfolgt doch im Sozialismus die Nutzung der Erkenntnisse von Wissenschaft und Technik in erster Linie mittels der gesamtstaatlichen Planung. Die Pläne zur Entwicklung von Wissenschaft und Technik sind Bestandteil von langfristigen, Fünfjahr- und Jahresplänen.

Etappen bei der Planung der Entwicklung von Wissenschaft und Technik

Die Planung der Entwicklung von Wissenschaft und Technik erfolgt in zwei Etappen. In der ersten Etappe werden wissenschaftlich-technische Prognosen zu wichtigen volkswirtschaftlichen Problemen für einen Zeitraum von 15 bis 20 Jahren erarbeitet, wird der technische Stand der Produktion in den Zweigen der Volkswirtschaft im Vergleich zu den fortschrittlichen Errungenschaften der internationalen Praxis bewertet, werden die Möglichkeiten für eine Nutzung zu erwartender Ergebnisse technischer Forschungen dargestellt.

Auf der Grundlage zweiggebundener wissenschaftlich-technischer Prognosen und von Prognosen für Gruppen miteinander verflochtener Zweige wird bei der Vorbereitung von Projekten langfristiger sowie Fünfjahrpläne ein Komplexprogramm des wissenschaftlich-technischen Fortschritts und seiner sozialökonomischen Folgeerscheinungen erarbeitet. In diesem Programm werden in Übereinstimmung mit den Hauptzielen der Entwicklung des Landes und unter Berücksichtigung der wissenschaftlich-technischen Prognosen die vorrangigen Entwicklungsrichtungen von Wissenschaft und Technik, Tempo und Niveau bei der praktischen Realisierung der Erkenntnisse von Wissenschaft und Technik, die Aufschlüsselung der Ressourcen auf die einzelnen Richtungen des wissenschaftlich-technischen Fortschritts sowie der sozialökonomische Nutzen vorzusehender wissenschaftlich-technischer Maßnahmen bestimmt. Bei der Erarbeitung des Fünfjahrplanes dienen die wissenschaftlich-technischen Prognosen und das Komplexprogramm des wissenschaftlich-technischen Fortschritts als Basis für die Gestaltung der Hauptentwicklungsrichtungen von Wissenschaft und Technik und der wichtigsten wissenschaftlich-technischen Probleme, die im Planzeitraum unter Berücksichtigung der Aufgaben zur Entwicklung der Ökonomik des Landes zu lösen sind.

Prognosen und das Komplexprogramm des wissenschaftlich-technischen Fortschritts und seiner sozialökonomischen Folgeerscheinungen werden von den Forschungseinrichtungen der Akademie der Wissenschaften unter Mitwirkung der Ministerien und Ämter der UdSSR und der Unionsrepubliken unter Leitung der Akademie der Wissenschaften der UdSSR, des Staatlichen Komitees für Wissenschaft und Technik des Ministerrats der UdSSR, des Staatlichen Plankomitees der UdSSR und des Staatlichen Komitees für Bauwesen (Bau und Baumaterialien) ausgearbeitet. Diese Materialien werden bei der Erarbeitung der Hauptentwicklungsrichtungen der Volkswirtschaft der UdSSR in der Planperiode genutzt. Unter Berücksichtigung der Tendenz des wissenschaftlich-technischen Fortschritts werden in ihnen jene Hauptaufgaben bestimmt und koordiniert, auf deren Lösung im bevorstehenden Planzeitraum die wissenschaftlichen Kräfte, finanzielle und materielle Ressourcen zu konzentrieren sind. Vorgegeben wird auch das mögliche technische Entwicklungsniveau der Volkswirtschaft, das gegen Ende der Planperiode erreicht sein soll.

In der zweiten Etappe wird der staatliche Plan zur Entwicklung von Wissenschaft und Technik erarbeitet.

Der XXV. Parteitag der KPdSU und die Aufgaben zur Beschleunigung des wissenschaftlich-technischen Fortschritts

Die Hauptrichtungen der Entwicklung der Volkswirtschaft der UdSSR für den Zeitraum von 1976 bis 1980 sehen vor, die Rolle des technischen Fortschritts bei der Steigerung der Effektivität der gesellschaftlichen Produktion zu verstärken. Auf der Grundlage einer einheitlichen technischen Politik in allen Zweigen der Volkswirtschaft soll die technische Umrüstung der Produktion verwirklicht und in breitem Maße eine progressive Technik und Technologie eingeführt werden, um so die Arbeitsproduktivität zu steigern, die Erzeugnisqualität zu verbessern, die Grundfondsquote zu erhöhen, materielle Ressourcen einzusparen, die Arbeitsbedingungen zu verbessern, die natürlichen Ressourcen rationell zu nutzen und den Umweltschutz zu gewährleisten. Mit anderen Worten, der technische Fortschritt soll eine allseitige Ökonomie der lebendigen wie auch der in den Produktionsmitteln und Arbeitsgegenständen verkörperten vergegenständlichten Arbeit sichern.

Konkret zeigt sich die Beschleunigung des wissenschaftlich-technischen Fortschritts in den qualitativen Veränderungen innerhalb des Gesamtkomplexes der stofflichen Produktionselemente. Hauptrichtung zur Verwirklichung dieser Aufgabe in der gegenwärtigen Etappe ist, wie auf dem XXV. Parteitag der KPdSU festgelegt, der kontinuierliche Übergang von der Entwicklung und Einführung einzelner Maschinen und Prozesse zur Entwicklung, Produktion und breiten Anwendung hocheffektiver Maschinensysteme, Ausrüstungen, Geräte und technologischer Prozesse, die die Gewähr für die Mechanisierung und Automatisierung aller Produktionsprozesse, insbesondere der Hilfs-, Transport- und Lageroperationen, bieten. Diese Systeme neuer technischer Mittel und Prozesse müssen ihren technisch-ökonomischen Kennziffern nach besser als die besten Errungenschaften der einheimischen und der internationalen Praxis, maximal vereinheitlicht und typisiert sein. Der XXV. Parteitag der KPdSU stellte die Aufgabe, die Wissenschaft weiter zu entwickeln, ihre Effektivität zu erhöhen und die Fristen für die Überleitung von Erkenntnissen der Wissenschaft und Technik in die Produktion zu verkürzen, um so den Beitrag der Wissenschaft zur Errichtung der materiell-technischen Basis des Kommunismus zu steigern, den wissenschaftlich-technischen Fortschritt zu beschleunigen, Wohlstand und Kultur des Volkes zu heben und die kommunistische Weltanschauung der Werktätigen zu entwickeln.

Wissenschaftler und Spezialisten haben die Aufgabe, Forschungen zu betreiben, die neue Wege und Möglichkeiten für die Umgestaltung der Produktivkräfte des Landes, für die Entwicklung der Technik und Technologie der Zukunft, die weitere Vervollkommnung der Formen der Beziehung zwischen Wissenschaft und Produktion, für eine höhere Verantwortung der Wissenschaftlerkollektive und ihrer Leiter für das Niveau und die Qualität der Forschungen erschließen, und die wissenschaftliche Begründung vorzuschlagender Empfehlungen zu erarbeiten.

2. Der Inhalt des Planes zur Entwicklung von Wissenschaft und Technik

Der Prozeß wissenschaftlicher Forschungen und die praktische Nutzung ihrer Ergebnisse in der Volkswirtschaft bestehen aus mehreren, in Wechselbeziehungen zueinander stehenden Ebenen. Die Grundlagenforschungen haben zum Ziel, neue Prinzipien, Gesetze und Gesetzmäßigkeiten früher nicht bekannter Erscheinungen aufzudecken. Die angewandten Forschungen bauen auf bekannten Prinzipien und Methoden auf und verfolgen konkretere Ziele. Aufgabe der Versuchs- und Konstruktionsarbeiten sowie technologischer Entwicklungen ist es, neue Muster technischer Mittel und neue technologische Prozesse zu schaffen. Die Überleitung von Forschungsergebnissen und Versuchsarbeiten soll dazu beitragen, daß neue technische Mittel, Werkstoffe und progressive technologische Prozesse in alle Bereiche der Volkswirtschaft eingeführt werden, mit dem Ziel, die Arbeitsproduktivität zu erhöhen und die Effektivität der Produktion zu steigern.

Übereinstimmend damit sieht die festgelegte Verfahrensweise zur Planung der Entwicklung von Wissenschaft und Technik die Ausarbeitung eines komplexen Planes vor, der sowohl die Forschungen und Entwicklungen als auch die Aufnahme neuer Arten von Industrieerzeugnissen in die Produktion, die breite Anwendung neuer technologischer Prozesse und automatisierter Leitungssysteme (ASU) unter Nutzung der Rechentechnik einschließt.

Der Plan zur Entwicklung von Wissenschaft und Technik ist in elf Planteile gegliedert: Hauptaufgaben der Programme zur Lösung überaus wichtiger wissenschaftlich-technischer Probleme; Arbeitsprogramme zur Überleitung neuer Erzeugnisarten und technologischer Prozesse in die Produktion; Aufnahme der Produktion von neuen Arten an Industrieerzeugnissen; Einführung einer progressiven Technologie, der Mechanisierung und Automatisierung von Produktionsprozessen; Verkauf sowjetischer Lizenzen ins Ausland, Ankauf ausländischer Lizenzen und Muster neuer Erzeugnisse sowie ihre Nutzung in der Volkswirtschaft; Einführung der Rechentechnik in die Volkswirtschaft; staatliche Standardisierung besonders wichtiger Erzeugnisarten und metrologische Absicherung der Volkswirtschaft; Einführung der wissenschaftlichen Arbeitsorganisation; Hauptkennziffern des technisch-ökonomischen Niveaus der Produktion und der hergestellten Erzeugnisse; Finanzierung der Forschungsarbeiten; Ausbildung wissenschaftlicher und wissenschaftlich-pädagogischer Kader.

Die Planung der Entwicklung von Wissenschaft und Technik erfolgt auf allen Leitungsebenen.

Erarbeitung von Programmen zur Lösung wichtiger wissenschaftlich-technischer Probleme

Die Programme zur Lösung grundlegender wissenschaftlich-technischer Probleme werden für eine langfristige Perspektive und für das folgende Planjahrfünft erarbeitet, und zwar ausgehend von Prognosen zu wichtigen volkswirtschaftlichen Problemen, vom Komplexprogramm des wissenschaftlich-technischen Fortschritts und den Hauptentwicklungsrichtungen von Wissenschaft und Technik.

Zu jedem Problem werden die wichtigsten Aufgaben festgelegt, die vorsehen, was zu erarbeiten und für eine praktische Nutzung in der Volkswirtschaft vorzubereiten ist. Diese Aufgaben beinhalten einen breiten Komplex wissenschaftlicher Forschungen, die Entwicklung und Überprüfung neuer Arten von Industrieerzeugnissen, der fortgeschrittenen Technologie, Mechanisierung und Automatisierung von Produktionsprozessen und ASU unter Betriebsbedingungen, deren praktische Nutzung eine Hebung des technischen Niveaus der Produktion, die Verbesserung der Erzeugnisqualität, Steigerung der Arbeitsproduktivität und eine Senkung der Materialintensität der Erzeugnisse sichern soll.

In den Aufgaben werden genannt: die wichtigsten technisch-ökonomischen Kennziffern neuer Arten der Technik und technologischen Prozesse; die für die Erarbeitung der Programme wie auch der einzelnen Aufgaben verantwortlichen Ministerien, aber auch die Ämter, die entsprechend den Kooperationsbeziehungen zur Erfüllung der einzelnen Arbeiten hinzugezogen werden; die Erfüllungsfristen der Aufgaben; Voranschlagskosten der Arbeiten. Gleichzeitig ist in den Plänen der Herstellerbetriebe die Produktion von Versuchsmustern neuer Erzeugnisarten vorgesehen. Auch wird darauf verwiesen, welche Aufgaben mit Beteiligung der RGW-Länder und welche mittels Ankauf von Lizenzen für technologische Prozesse und Ausrüstungen zu lösen sind.

Die Zweckmäßigkeit der Erarbeitung eines jeden Programms wird durch Berechnungen und Begründungen der ökonomischen Effektivität bestätigt.

Wichtige wissenschaftlich-technische Probleme, zu denen im zehnten Planjahrfünft Programme erarbeitet werden können, sind zum Beispiel: die Schaffung maximal leistungsstarker Energieanlagen in den Gebieten Sibiriens und Kasachstans sowie die Entwicklung ökonomischer Verfahren für eine Elektroenergieübertragung über große Entfernungen; die Entwicklung hochproduktiver Maschinen- und Ausrüstungssysteme (einschließlich automatischer Roboteranlagen), automatischer, automatisierter und telemechanischer Systeme, von Rechen- und Steuerungsanlagen für eine komplexe Ausstattung der Produktion. Große Probleme sind auch hinsichtlich anderer Volkswirtschaftszweige zu lösen: die Entwicklung ökonomischer Synthese- und Konstruktionsmaterialien; Entwicklung von Verfahren zur Nutzung der Kernstrahlung; Vorbeugung einer Verunreinigung des Wassers und der Luft durch industrielle Abprodukte; komplexe Nutzung des Holzes; energie-technologische Nutzung des Brennstoffs und viele andere Probleme.

Die Lösung jedes großen zwischenzweiglichen Problems steht im Zusammenhang mit der Erfüllung eines großen Komplexes von Forschungs-, Projektierungs- und Konstruktions- sowie Versuchsarbeiten, die notwendig sind, um die Entwicklungen bis zur industriellen Überleitung zu führen. Die Programme sollen absichern, daß diese Arbeiten richtig organisiert und unter den Ausführenden abgestimmt sind.

Die Programme werden von den für die Lösung der entsprechenden Probleme verantwortlichen Ministerien und Ämtern ausgearbeitet und dem Staatlichen Komitee für Wissenschaft und Technik des Ministerrats der UdSSR zur Bestätigung vorgelegt. Auf der Grundlage dieser Programme werden die Fünfjahr- und Jahresarbeitspläne der Forschungs-, Projektierungs- und Konstruktionsorganisationen aufgestellt.

Überleitung neuer Erzeugnisarten, technologischer Prozesse und der wissenschaftlichen Arbeitsorganisation in die Produktion

Der Plan zur Entwicklung von Wissenschaft und Technik beinhaltet Aufgaben zur Aufnahme der Produktion neuer Erzeugnisarten, zur Inbetriebnahme neuer technologischer Prozesse, technologischer Ausrüstungen, Mechanisierungs- und Automatisierungsmittel. Die Aufgaben zur Überleitung neuer Erzeugnisarten, einer neuen Technologie, der Mechanisierung und Automatisierung von Produktionserzeugnissen werden auf der Basis fertig ausgearbeiteter Programme zur Lösung wichtiger wissenschaftlich-technischer Probleme, von Mustern neuer Erzeugnisse und Technologien festgelegt; diese Programme werden nach Plänen der Ministerien, der Ämter der UdSSR und der Unionsrepubliken erarbeitet, die zur Einführung in die Produktion bestätigt sind. Hierher gehören auch Aufgaben zur Überleitung wichtiger Erzeugnisarten und Technologien, für die ein Lizenzverkauf geplant ist, sowie Aufgaben zur Überleitung von Erzeugnissen und Technologien in die Produktion auf der Basis eines Ankaufs ausländischer Lizenzen und Muster.

Für die gesamte neu aufzunehmende Produktion werden Fristen für die Attestierung ihrer Qualität und das zu erwartende Gütezeichen angegeben. Für Erzeugnisse und Technologien, die man erstmals in den Planentwurf aufnimmt, werden Karten über das technische Niveau mit einer vollständigen technisch-ökonomischen Charakteristik und Vergleichsangaben über beste einheimische und ausländische Analogien zur Verfügung gestellt.

Wichtige Bedeutung hat die Erarbeitung von Arbeitsprogrammen zur Einführung neuer Arten von Maschinen, Werkstoffen und technologischen Prozessen in die Produktion.

Die Planung solcher Programme soll eine komplexe Lösung aller Fragen im Zusammenhang mit der Überleitung abgeschlossener wissenschaftlich-technischer Entwicklungen in die Produktion sichern, einschließlich der Aufgaben hinsichtlich des Produktionsvolumens neuer Erzeugnisse und des Umfangs technologischer Prozesse, notwendiger Projektierungsarbeiten, der Schaffung neuer sowie die Rekonstruktion und technische Umrüstung vorhandener Produktionskapazitäten, der Lieferung komplettierender Erzeugnisse und Ausrüstungen, des Investitionsvolumens, der notwendigen Arbeitskräfte- und materiellen Ressourcen, des Kaufs von Importausrüstungen und -lizenzen, der Anwendung der neuen Technik und Technologie. Für die in die Programme einbezogenen Maßnahmen werden vorrangig Materialien und Ausrüstungen zur Verfügung gestellt.

Das Verzeichnis der Programme wird vom Staatlichen Komitee für Wissenschaft und Technik des Ministerrats der UdSSR gemeinsam mit dem Staatlichen Plankomitee der UdSSR und der Akademie der Wissenschaften der UdSSR im Stadium der Erarbeitung der Hauptentwicklungsrichtungen der Volkswirtschaft der UdSSR festgelegt. Für jedes Programm wird ein Leitministerium (Amt) bestimmt, das für die Ausarbeitung des Programmentwurfs sowie für die Erfüllung des Programms verantwortlich zeichnet; für alle Aufgaben der Programme werden Termine und Ausführende festgelegt.

Es ist vorgesehen, in der Folgezeit zu einheitlichen Komplexprogrammen überzugehen, die den gesamten Zyklus der Arbeiten „Forschung-Entwicklung-Überleitung-Produktion-Anwendung" umfassen.

Der Staatsplan zur Entwicklung von Wissenschaft und Technik für den Zeitraum von 1976 bis 1980 sieht die Inbetriebnahme von Maschinen und Ausrüstungen mit einer hohen Produktivität und Rentabilität vor.

Hauptrichtung zur Vervollkommnung der Technologie in allen Zweigen der Volkswirtschaft ist die allseitige Intensivierung der Produktionsprozesse auf der Basis neuer kontinuierlicher und halbkontinuierlicher Prozesse, des Einsatzes von Aggregaten mit einer hohen Einzelleistung und einem hohen Mechanisierungs- und Automatisierungsgrad der Produktion.

Die Einführung der wissenschaftlichen Arbeitsorganisation ist im Plan durch die Verwirklichung von Maßnahmen zur Vervollkommnung der Organisation, Normung und Verbesserung der Arbeitsbedingungen vorgesehen.

Planung des Verkaufs und Kaufs von Lizenzen und Mustern neuer Erzeugnisse

Zusammenfassende Planprojekte über den Verkauf sowjetischer Lizenzen wie auch den Ankauf ausländischer Lizenzen und Muster neuer Erzeugnisse werden vom Staatlichen Plankomitee der UdSSR anhand von Vorschlägen der Staatlichen Komitees für Wissenschaft und Technik sowie Erfindungswesen des Ministerrats der UdSSR erarbeitet.

Die Planung des Lizenzverkaufs schließt eine perspektivische Lizenzthematik, vorgesehen zur Realisierung im Ausland, sowie Maßnahmen zu ihrer Nutzbarmachung in der Produktion ein. Diese Thematik basiert auf der Entwicklung neuer Erzeugnisarten und Technologien, die in ihrer Bewertung über den vorhandenen wissenschaftlich-technischen Erkenntnissen liegen.

Die Aufgaben für den Erwerb ausländischer Lizenzen und Erzeugnismuster sowie auch die Bereitstellung der für diese Zwecke notwendigen Valutamittel ergeben sich aus einer Analyse jener internationalen wissenschaftlich-technischen Errungenschaften, deren Nutzung in der einheimischen Praxis zweckmäßig erscheint. Die Aufgaben hinsichtlich des Kaufs ausländischer Lizenzen im Rahmen kompletter Ausrüstungen werden unter „Warenexport und -import" geplant.

Planung zur Einführung der Rechentechnik

Eine wichtige Richtung der technischen Vervollkommnung der Produktion ist die Anwendung der Rechentechnik zur Verbesserung der Leitung der Produktion und technologischen Prozesse sowie auch zur Lösung unterschiedlicher Plan-, Ingenieur- und anderer Aufgaben.

Die Aufgaben zur Einführung der Rechentechnik umfassen: automatisierte Systeme der Planung, Erfassung, Lenkung und Bearbeitung von Informationen (ASU), wie sie in Ministerien und Ämtern (Systeme der Zweige und Ämter), in Betrieben und Vereinigungen, territorialen Organisationen, Bahnverwaltungen, Bauorganisationen u. a. geschaffen werden; automatisierte Leitungssysteme technologischer Prozesse in Betrieben; Rechenzentren für wissenschaftliche, Ingenieur- und Planberechnungen, wie sie in Forschungs-, Konstruktions- und anderen Organisationen entstehen; einzelne elektronische Rechenmaschinen zur Lösung unterschiedlicher wissenschaftlicher, Ingenieur- und Planaufgaben.

Planung der Standardisierung

Die Aufgaben zur staatlichen Standardisierung sind Bestandteil des Fünfjahrplanes zur Entwicklung von Wissenschaft und Technik. Hauptaufgabe des Planes ist es, die Rolle der Standards bei der Verbesserung der Erzeugnisqualität zu verstärken. Die Jahrespläne der staatlichen Standardisierung werden vom Staatlichen Komitee für Standardisierung der UdSSR nach Abstimmung mit dem Staatlichen Plankomitee der UdSSR und dem Staatlichen Komitee für Bauwesen der UdSSR bestätigt.

Der Plan sieht die Lösung von Problemen einer komplexen Standardisierung von Erzeugnissen, Zulieferteilen, Halbfabrikaten, Roh- und Werkstoffen, einer zwischenzweiglichen Vereinheitlichung von Einzelteilen, Baugruppen und Aggregaten, der Typisierung technologischer Prozesse, von Kontroll- und Prüfmethoden sowie der Vorschriften für die Lagerung, Verpackung, den Transport und Einsatz der Erzeugnisse vor, damit gewährleistet ist, daß die Erzeugnisse in der geforderten Qualität hergestellt und richtig eingesetzt werden. Geplant ist auch die Entwicklung und Einführung allgemeintechnischer Standards, die einheitliche Systeme von Normativunterlagen, technologischen Dokumentationen, von Projektierungs- und Konstruktions- sowie Planungs- und Abrechnungsunterlagen und andere Dokumentationen wie auch Systeme der Klassifizierung und Kodierung der Erzeugnisse, Systeme zur Gewährleistung einheitlicher Messungen im Land einschließen. Die Aufgaben zur Festlegung von Kennziffern des technischen Niveaus der Qualitätskennziffern neuer Erzeugnisse wie auch mit den Aufgaben zur Verbesserung der Erzeugnisqualität zu koordinieren, die in den Plänen zur Entwicklung der Zweige, Vereinigungen, Betriebe, Forschungs- sowie Projektierungs- und Konstruktionsorganisationen vorgesehen werden.

Mit dem Plan für den Zeitraum von 1976 bis 1980 wurde zusätzlich die Planung „Schaffung von Eichmaßen, von Stoff- und Werkstoffmustern" eingeführt. In diesen Planteil sind auch Aufgaben zur Standardisierung der Erfüllungsmethoden, der Normen und Kennziffern für die Meßgenauigkeit, zur Vervollkommnung der Organisation und Durchführung staatlicher Prüfungen bei der Entwicklung und Produktion von Meßmitteln und Informationsmeßsystemen, zur Entwicklung von metrologischen Diensten auf staatlicher Ebene und auf der Ebene von Ämtern einzubeziehen.

Planung des technisch-ökonomischen Niveaus der Produktion

Neben den allgemeinen Kennziffern – wie Erneuerung der Erzeugnisse, Produktionsvolumen der Erzeugnisse mit staatlichem Gütezeichen, Grad der Mechanisierung und Automatisierung der Arbeit, Verringerung der Zahl der mit manueller Arbeit beschäftigten Werktätigen, Senkung der Produktionsselbstkosten der Erzeugnisse und Wachstum der Arbeitsproduktivität durch eine Anhebung des technischen Niveaus der Produktion – sieht der Plan solche Kennziffern vor, die die Hebung des technischen Entwicklungsniveaus einzelner Zweige kennzeichnen.

Diese Kennziffern, angewandt auf die Spezifik jedes Zweiges, charakterisieren: das Produktionsvolumen der Erzeugnisse unter Nutzung effektiver technologischer Prozesse und moderner Ausrüstungen (z. B. Erdölförderung mittels künstlicher Aufrechterhaltung des Schichtendrucks; Kohleförderung in komplex mechanisierten Abbauorten, ausgerüstet mit hydraulisch beweglichen Türstöcken (Schachtausbau); Erzeugnisproduktion mittels Aggregaten einer großen Einzelleistung; Gütertransport in Containern und Paketen usw.); Struktur und Qualität der Erzeugnisse (z. B. Produktion von Walzgut mit festigender Wärmebehandlung innerhalb des Gesamtproduktionsvolumens an Fertigwalzerzeugnissen; durchschnittlicher Eisengehalt in Warenerzen; Produktion von kombinierten und konzentrierten Düngemitteln innerhalb des Gesamtproduktionsvolumens an Mineraldüngern; Herstellung von elektronischen Rechenmaschinen der dritten und vierten Generation innerhalb der Gesamtproduktion von EDVA u. a.); Nutzungsniveau der Ausrüstungen (z. B. Ausnutzungskoeffizient des Nutzungsvolumens eines Hochofens; Koeffizient des Bohrfortschritts von Erdöl- und Erdgasbohrungen bei Aufschluß- und Förderarbeiten); Materialintensität der Produktion (Verbrauch an Einheitsbrennstoff zur Gewinnung von 1 kWh Elektroenergie und 1 cal Wärme; Koksverbrauch je t Walzgut; Elektroenergieverbrauch bei der Elektrolyse von 1 t Aluminium usw.); die Arbeitsproduktivität im Naturalausdruck (Förderung von Kohle, Erdgas, Erdöl, Produktion von synthetischem Kautschuk, Pro-Kopf-Leistung je Beschäftigten in der Holzgewinnung).

Um die Aufgaben des Planes zur Entwicklung von Wissenschaft und Technik mit den anderen Planteilen der Volkswirtschaftspläne zu koordinieren, werden die Kennziffern des technisch-ökonomischen Niveaus der Produktion und der Erzeugnisse von den Ministerien und Ämtern in anderen Planteilen des zweigbezogenen Volkswirtschaftsplanes berücksichtigt. So finden insbesondere im Plan über Arbeit und Kader – die Senkung des Arbeitsaufwandes, im Plan über den Gewinn – die Senkung der Selbstkosten und im Plan über die Senkung der Materialverbrauchsnormen – die Produktions- und Umlaufkosten sowie die Materialökonomie durch Inbetriebnahme der neuen Technik und Technologie Berücksichtigung.

Planung der finanziellen Absicherung der Entwicklung von Wissenschaft und Technik und der Ausbildung wissenschaftlicher Kader

Die Höhe der erforderlichen Aufwendungen für Forschungen und für die Überleitung der Forschungsergebnisse in die Produktion wird, ausgehend von den im Plan vorgesehenen Aufgaben, festgelegt. Von der Gesamtsumme an Aufwendungen für die Wissenschaft wird ein bedeutender Teil der Mittel für Erkundungs- und theoretische Arbeiten bereitgestellt. Das ist bedingt durch die Notwendigkeit, ein ständiges Wachstum des Wissenschaftspotentials des Landes zu sichern, das heißt die Basis für neue Entdeckungen zu schaffen.

In den Plänen zur Finanzierung von Forschungsarbeiten sind die Aufgaben hinsichtlich des Umfangs der Aufwendungen für die Durchführung der Forschungen vorgesehen, wobei der Lohnfonds für Mitarbeiter von Forschungseinrichtungen wie auch die Finanzierungsquellen dieser Arbeiten getrennt aufgeführt sind.

Die Finanzierung der Forschungen, die Entwicklung neuer Maschinen, Ausrüstungen, Werkstoffe, technologischer Prozesse und ihrer Überleitung in die Produktion erfolgt auf der Basis von finanziellen Zuwendungen aus dem Staatshaushalt, Abführungen von den Erzeugnisselbstkosten, aus dem Fonds Neue Technik, dem Fonds für die Entwicklung der Produktion, auf der Basis von Bankkrediten. Die Zuwendungen aus dem Haushalt betragen annähernd 40 Prozent des Gesamtumfangs der Aufwendungen und werden für die Finanzierung besonders wichtiger, vor allem zwischenzweiglicher Forschungs-, Versuchs- und Konstruktionsarbeiten bereitgestellt.

Die zunehmende Zahl und Kompliziertheit der Probleme, die durch die Erfordernisse zur Entwicklung der Volkswirtschaft und die Anforderungen der wissenschaftlich-technischen Revolution aufgeworfen werden, sowie die wachsende Rolle der Wissenschaft beim Aufbau des Kommunismus erfordern die entsprechende Ausbildung hochqualifizierter wissenschaftlicher und wissenschaftlich-pädagogischer Kader. Deshalb sind im Plan Aufnahme und Beendigung einer Aspirantur nach Ausbildungsarten (planmäßig und extern) sowie auch Berechnungskennziffern für die Verteidigung von Dissertationen durch Bewerber und Aspiranten der Vorjahre vorgesehen.

Die Aufnahme zur Aspirantur erfolgt, ausgehend von dem zusätzlichen Bedarf an Kandidaten der Wissenschaften, berechnet für das Jahr der Beendigung der Aspirantur. Die Pläne werden nach Wissenschaftszweigen und Fachgebieten erarbeitet. In den letzten Jahren steigt der spezifische Anteil externer Aspiranten; Ziel ist die Heranbildung hochqualifizierter Kader aus dem Kreis von Spezialisten mit praktischem Erfahrungsschatz. Große Bedeutung erlangt die Ausbildung von Wissenschaftskadern, die zielgerichtet für neue, vor allem entlegene Wissenschaftzentren eingesetzt werden sollen; in diesem Zusammenhang wurde eine Kennziffer für die Planung der Ausbildung wissenschaftlicher Kader innerhalb der zielgerichteten Aspirantur eingeführt.

Das bestehende Planungssystem zur Entwicklung von Wissenschaft und Technik ist ein wichtiges Mittel zur Hebung des technisch-ökonomischen Niveaus der Produktion und der Schaffung eines wissenschaftlich-technischen Vorlaufs. Doch erfordern die Methoden und Kennziffern der Planung eine weitere Vervollkommnung.

D. N. Karpuchin/Ju. P. Kokin

Die materielle Stimulierung der Werktätigen für Leistungen auf dem Gebiet des wissenschaftlich-technischen Fortschritts

Der XXV. Parteitag der KPdSU hob in seinen Beschlüssen hervor: Das höchste Ziel der Wirtschaftspolitik der Partei in der entwickelten sozialistischen Gesellschaft „war und bleibt der stetige Aufschwung des materiellen und kulturellen Lebensniveaus der Bevölkerung".[1] Unter den Mitteln und Wegen, die zu den gestellten Zielen führen, werden genannt: „... die dynamische und proportionale Entwicklung der gesellschaftlichen Produktion, die Steigerung ihrer Effektivität, die Beschleunigung des wissenschaftlich-technischen Fortschritts, die Erhöhung der Arbeitsproduktivität, die größtmögliche Verbesserung der Qualität der Arbeit in allen Bereichen der Volkswirtschaft".[2]

Die ökonomische Grundlage für die Steigerung der Effektivität der gesellschaftlichen Arbeit und für die Verbesserung der Qualität der hergestellten Erzeugnisse ist die Beschleunigung des technischen Fortschritts, die konsequente Verwirklichung einer einheitlichen technischen Politik. Die Aufgabe der Beschleunigung des wissenschaftlich-technischen Fortschritts zählte Genosse Leonid Breshnew auf dem XXV. Parteitag der KPdSU zu den Schlüsselproblemen der Entwicklung der Wirtschaft der UdSSR in der gegenwärtigen Etappe.

Die Vervollkommnung des Systems der Stimulierung der Schaffung und Einführung einer neuen Technik ist eine wesentliche Voraussetzung für die erfolgreiche Lösung dieses Problems. Wie bereits im Rechenschaftsbericht des ZK der KPdSU an den XXIV. Parteitag festgestellt wurde, hat diese Arbeit in folgenden Richtungen zu verlaufen: „... die Schaffung der wirtschaftlichen Bedingungen, die erstens die Betriebe dazu anregen, optimale Verpflichtungen zu übernehmen, das heißt angespannte Pläne aufzustellen sowie die Grundmittel und die Arbeitskräfte besser zu nutzen, die zweitens maximal die Beschleunigung des wissenschaftlich-technischen Fortschritts sowie die Steigerung der Arbeitsproduktivität stimulieren und die drittens zu einem konsequenten Kampf um die Erhöhung der Qualität der Erzeugnisse beitragen"[3].

Die Gestaltung der materiellen Interessiertheit an der Schaffung und Einführung einer neuen Technik und Technologie berührt einen breiten Kreis ökonomischer Probleme. Sie ist verbunden mit der Verwendung solcher Hebel wie der Struktur des Grundlohns, der Verwendung der Stimulierungsfonds zur Prämiierung der Werktätigen, Preis, Gewinn, finanzieller Beziehungen und Beziehungen der wirtschaftlichen Rechnungsführung. Das System der Stimulierung des wissenschaftlich-technischen Fortschritts hat den Zusammenhang zwischen den Arbeitsergebnissen der Kollektive und

[1] XXV. Parteitag der KPdSU, Rechenschaftsbericht des Zentralkomitees der KPdSU und die nächsten Aufgaben in der Innen- und Außenpolitik, Berichterstatter: L. I. Breshnew, Berlin 1976, S. 50.

[2] Ebenda.

[3] XXIV. Parteitag der KPdSU, Rechenschaftsbericht des Zentralkomitees der KPdSU an den XXIV. Parteitag der Kommunistischen Partei der Sowjetunion, Referent: L. I. Breshnew, Moskau/Berlin 1971, S. 95.

der einzelnen Werktätigen und der Höhe ihrer Stimulierung zu gewährleisten. Diese Abhängigkeit ist, im Maßstab der ganzen gesellschaftlichen Produktion gesehen, das Verhältnis zwischen dem Zuwachs an Nationaleinkommen durch den technischen Fortschritt und der Größe der Stimulierungsfonds, die für seine Stimulierung verwendet werden.

Bei einem beschleunigten Tempo des technischen Fortschritts ist die Vervollkommnung der ökonomischen Hebel zu seiner Steuerung eine der wichtigsten Richtungen der Effektivität der gesellschaftlichen Produktion. Die Erfolge auf diesem Gebiet hängen von dem Grad ab, in dem die ökonomische Interessiertheit aller Glieder des Komplexes „Wissenschaft-Technik-Produktion" gewährleistet ist.

Indem wir das Hauptziel in der Aufdeckung des Mechanismus der materiellen und moralischen Stimulierung der Werktätigen für die Schaffung und Einführung einer neuen Technik, die Steigerung der Arbeitsproduktivität und die Vergrößerung der Qualität der hergestellten Erzeugnisse auf dieser Grundlage sehen, wollen wir eine Reihe von Problemen nennen, deren Lösung die Weiterentwicklung der Prinzipien der wirtschaftlichen Rechnungsführung zur weiteren ökonomischen Stimulierung des technischen Fortschritts notwendig macht.

Das *erste Problem* besteht darin, die Abhängigkeit der Höhe der Stimulierung von der Effektivität der neuen Technik zu schaffen und zu gewährleisten. Diese ergibt sich daraus, daß sich die Effektivität des wissenschaftlich-technischen Fortschritts wesentlich aus den Forderungen ableitet, die in der gegenwärtigen Etappe an die neue Technik gestellt werden.

In diesem Zusammenhang ergibt sich das Problem, ein System der materiellen Stimulierung der Kollektive und einzelnen Werktätigen für die Entwicklung und Einführung einer neuen Technik zu schaffen, das den Erfordernissen der gegenwärtigen Entwicklungsetappe des technischen Fortschritts in höchstem Maße entspricht. Zur Zeit wird eine neue Technik auf dem Niveau von Weltstandards und eine Technik lokalen Charakters (betrieblicher Zweckbestimmung) – Modernisierung, Vornahme unbedeutender konstruktionsmäßiger Veränderungen in der Technik, Vervollkommnung der technologischen Verfahren usw. – nicht selten gleich stimuliert. Ein solches gleichmacherisches Herangehen an die Beurteilung der Maßnahmen des technischen Fortschritts nach einem einzigen Kriterium – der Größe der ökonomischen Effektivität ohne Differenzierung nach qualitativen Kennziffern wie Neuheit, Progressivität, volkswirtschaftliche Bedeutung – stimuliert die schöpferische Aktivität und die materielle Interessiertheit der Kollektive an der Schaffung prinzipiell neuer Muster der Technik nicht in genügendem Maße, sondern orientiert auf einen leichteren Weg, die Vornahme unbeträchtlicher Neuerungen an den bisherigen Maschinen, Aggregaten, Apparaten und technologischen Verfahren.

Das *zweite Problem* besteht darin, durch welche Methoden es möglich ist, eine maximale Interessiertheit der Betriebe und Organisationen an der Schaffung und Einführung einer neuen Technik zu gewährleisten. Die Interessiertheit der Betriebskollektive an der Entwicklung und Herstellung einer neuen Technik, an einer Verbesserung der Qualität, Zuverlässigkeit und Langlebigkeit der von ihnen produzierten Erzeugnisse, an der Vornahme von Veränderungen an den einzelnen Erzeugnissen gemäß den Wünschen des Kunden läßt sich nur dann vergrößern, wenn der zusätzliche Aufwand zur Durchführung dieser Arbeiten voll und rechtzeitig kompensiert wird.

Die Praxis zeigt, daß die Mittel, die den Betrieben für die Kompensierung der erhöhten Kosten der Überleitungsperiode zugewiesen werden, in einer Reihe von Fällen nicht den Erfordernissen entsprechen, und Gewinn und Kredit für diese Zwecke nur ungenügend genutzt werden. Die Grundlage zur Regulierung der ökonomischen Wechselbeziehungen zwischen dem Hersteller und dem Nutzer der neuen Technik bei der Ersetzung der Kosten und Umverteilung des zusätzlichen Gewinns, der durch die Anwendung der neuen Technik beim Verbraucher entsteht, muß – so scheint es – überall ein Vertrag nach den Prinzipien der wirtschaftlichen Rechnungsführung werden.

Das *dritte Problem,* das einer Lösung bedarf, ist die Vervollkommnung der Methodik zur Bestimmung der ökonomischen Effektivität der Kosten für die Durchführung der Maßnahmen des technischen Fortschritts. Die Aufgabe besteht darin, die Relationen der Kosten für die Schaffung und Einführung einer neuen Technik und des erzielten ökonomischen Nutzens aus der geschaffenen und eingeführten neuen Technik klar zu definieren.

In der sozialistischen Wirtschaft setzt die Bestimmung der ökonomischen Effektivität dieser oder jener technischen Lösungen den Vergleich des volkswirtschaftlichen Nutzeffekts aus der Einführung der neuen Technik mit dem volkswirtschaftlichen Aufwand voraus. Der Lösung dieses Problems soll die im Februar 1977 verabschiedete „Methodik (Grundsätze) zur Bestimmung der ökonomischen Effektivität des Einsatzes der neuen Technik, von Erfindungen und Rationalisierungsvorschlägen in der Volkswirtschaft" dienen. Ziel der neuen Methodik ist die Festlegung einheitlicher Methoden der Beurteilung der ökonomischen Effektivität in allen Stadien der Schaffung und Einführung einer neuen Technik und der Analyse ihres Einflusses auf die Steigerung der Effektivität der Produktion.

Das *vierte Problem* ist die Suche nach rationellen Methoden zur Bestimmung des Anteils an der Schaffung des ökonomischen Nutzens und – auf dieser Grundlage – zur Verteilung der Prämienmittel, die zur Stimulierung für die Leistungen auf dem Gebiet des technischen Fortschritts für die Mitausführenden der Arbeiten ausgeschüttet werden. Wichtig ist diese Frage in Verbindung damit, daß in der gegenwärtigen Etappe der technischen Revolution bei der Schaffung großer Maschinenkomplexe sowie von Ausrüstungen für technologische Prozesse in der Regel viele Produktions- und wissenschaftliche Kollektive beteiligt sind. Die Ausarbeitung von Kriterien für die Bestimmung des anteilmäßigen Beitrages jedes Gliedes des Zyklus „Wissenschaft-Technik-Produktion" ist eine wichtige Aufgabe, von deren Lösung die Effektivität des Systems selbst abhängt.

Das *fünfte Problem* ist die rationelle Verknüpfung des Systems der Stimulierung für die Schaffung und Einführung einer neuen Technik mit dem System der ökonomischen Stimulierung der anderen Kennziffern der Wirtschaftstätigkeit der Betriebe (Vereinigungen).

Von wesentlicher Bedeutung ist neben der ökonomischen Stimulierung der Betriebe die materielle Stimulierung der mit der technischen Vervollkommnung der Produktion Beschäftigten durch die in den Betrieben geltenden Formen und Systeme der Entlohnung. Diesen Zielen haben in wesentlichem Maße die Stimulierungsfonds der Betriebe zu dienen, deren Zweckbestimmung, Mechanismus der Bildung und Verfahren der Verausgabung in immer größerem Maße den Aufgaben des wissenschaftlich-technischen Fortschritts, der Steigerung der Effektivität der Produktion und der Verbesserung der Erzeugnisqualität entsprechen sollen.

Wenn der ganze Mechanismus der ökonomischen Stimulierung der Betriebe und der materiellen Stimulierung der Werktätigen unmittelbar mit der technischen Vervollkommnung der Produktion verbunden sein wird, entfällt die Notwendigkeit einer speziellen Stimulierung der Mitarbeiter für die Schaffung und Einführung einer neuen Technik, sind die Bedingungen für ein integrales Stimulierungssystem gegeben.

Die Gestaltung des Systems der materiellen Interessiertheit der Mitarbeiter an der technischen Vervollkommnung der Produktion, an einer Steigerung der Arbeitsproduktivität und der Erhöhung der Qualität der hergestellten Erzeugnisse auf dieser Grundlage setzt einen Zusammenhang aller Seiten der Lohnstruktur mit diesen wichtigsten Elementen zur Steigerung der Effektivität der gesellschaftlichen Produktion voraus. Da in der Lohnstruktur der Arbeiter und Angestellten der Produktionsbetriebe (Vereinigungen) zu 70 bis 75 % eine Entlohnung nach Tarifsätzen und Gehältern erfolgt, muß offenbar auch über diese Lohnelemente auf den wissenschaftlich-technischen Fortschritt Einfluß genommen werden.

Die Methoden der materiellen Stimulierung der Werktätigen für den wissenschaftlich-technischen Fortschritt *über den Grundlohn* sind überaus vielfältig.

Bei der Einführung neuer Entlohnungsbedingungen in den Produktionszweigen der Volkswirtschaft der UdSSR in den Jahren 1972 bis 1975 waren eine Reihe von Veränderungen in der Lohnstruktur der Werktätigen direkt mit einer Vergrößerung ihrer Wirksamkeit bei der technischen Vervollkommnung der Produktion verbunden.

Von den wichtigsten Maßnahmen in dieser Richtung sind zu nennen: die Einführung eines Tarifsystems mit progressiver Zunahme der Zwischenkategorienrelationen in den Tarifsätzen, was eine Interessiertheit der Werktätigen an einer Qualifizierung schafft; die vorrangige Zunahme der Tarifsätze bei Werktätigen mit leitender Tätigkeit und die Festlegung eines höheren Niveaus der Tarifsätze (gleicher Lohngruppe) in den Zweigen, die den technischen Fortschritt bestimmen, wie Metallurgie, Maschinenbau, chemische Industrie, als die Sätze in anderen Zweigen; Gewährung weitgehender Rechte für die Betriebe bei der Stimulierung von Zweitberufen und einer Mehrmaschinenbedienung, was zur Vergrößerung der Arbeitsproduktivität und des Produktionsausstoßes mit einer geringeren Beschäftigtenzahl beiträgt.

Zur Versorgung der mit einer neuen Technik ausgerüsteten Produktionsabschnitte mit qualifizierten Kadern werden in einer Reihe von Industriezweigen für die Arbeiter, die komplizierteste und hochleistungsfähige Maschinen, Vorrichtungen und Aggregate bedienen, erhöhte Sätze festgelegt, die um 12, 5 % über den entsprechenden Sätzen der sechsten Lohngruppe liegen. Für einzelne Arbeiter mit einer besonders hohen Qualifikation werden Monatsbezüge bis 200 Rbl. innerhalb von 0,2 % des geplanten Lohnfonds festgelegt.

Im System der Vergütung leitender und ingenieurtechnischer Mitarbeiter erfolgt die materielle Stimulierung für die Teilnahme am wissenschaftlich-technischen Fortschritt über das Grundgehalt mit Hilfe

- der Schaffung von Vergünstigungen in der Entlohnung für jene Kategorien von ingenieurtechnischen Kräften, von denen in erster Linie der wissenschaftlich-technische Fortschritt abhängt;
- der Berücksichtigung des technischen Niveaus (Schwierigkeitsgrades) der hergestellten Erzeugnisse, des Anteils der Produkte der höchsten Kategorie, der Qualität, der Kennziffern der Arbeitsproduktivität bei der Kategorisierung der Betriebe und Struktureinheiten für die Entlohnung der Leitungskräfte.

In den geltenden Schemata der Vergütungen sind nach dem Gehaltsniveau die Leiter solcher Abteilungen wie die technologische, die Konstruktions-, die technische, die Produktionsabteilung, die Abteilung des Hauptmechanikers und die des Hauptenergiebeauftragten unterschieden. Höhere Gehälter im Vergleich zu anderen Spezialisten werden für Konstruktionsingenieure und Ingenieurtechnologen festgelegt. Jetzt gehören bei gleichen Volumenkennziffern zur höheren Lohngruppe der Leitungskader jene Betriebe, bei denen das Niveau der Arbeitsproduktivität und die Auslastung der

Produktionsfonds über dem Zweigdurchschnitt liegen, sowie diejenigen, bei denen der Anteil der Erzeugnisse mit hoher Qualität größer ist.

Die Möglichkeiten einer Vervollkommnung des Grundlohns und -gehaltes bei der Lösung der Aufgaben in Verbindung mit dem technischen Fortschritt sind aber bei weitem noch nicht erschöpft.

Eine wesentliche Bedeutung erlangt neben dem bisher Gesagten unter den gegenwärtigen Bedingungen das Problem der Vervollkommnung der Arbeitsnormung der ingenieurtechnischen Kräfte, die Entwicklung von Zeitnormativen für die Arbeiten, die von Spezialisten und technischen Kräften ausgeführt werden. Ohne solche Normative läßt sich ein Zusammenhang zwischen der Entlohnung und der Arbeitsleistung der Werktätigen zu den Gesamtergebnissen praktisch nur schwer gewährleisten. In den meisten Betrieben, die bei der Entlohnung Systeme der Bewertung der Tätigkeit der ingenieurtechnischen Kräfte verwenden, werden Zeit- (Bedienungs-) Normen oder Arbeitskräftenormative für die verschiedenen Arbeiten entwickelt, die als eines der wichtigsten Kriterien für die Beurteilung der Arbeitsergebnisse der ingenieurtechnischen Kräfte auftreten.

Das Problem der Berücksichtigung der persönlichen Arbeitsleistung der Werktätigen bei der Festlegung der Vergütungen ist auch für die Mitarbeiter wissenschaftlicher Einrichtungen aktuell. Gegenwärtig ist seine Lösung in zwei Richtungen geplant: Erweiterung der qualifikations-funktionsmäßigen Gradation der wissenschaftlichen Mitarbeiter und Differenzierung der Gehälter entsprechend den Arbeitsergebnissen. In diesen beiden Richtungen laufen Versuche auf dem Gebiet der Gehaltsstruktur der wissenschaftlichen Arbeitskräfte.

In einer Reihe von wissenschaftlichen Forschungsinstituten wurde in den letzten Jahren ein Gehaltssystem erprobt, das anstelle der in den meisten Instituten verwendeten Gradation in zwei Hauptkategorien jüngerer und älterer wissenschaftlicher Mitarbeiter die Einführung von fünf Gehalts- (Funktions-) Stufen wissenschaftlicher Mitarbeiter vorsieht: jüngerer wissenschaftlicher Mitarbeiter, wissenschaftlicher Mitarbeiter, älterer wissenschaftlicher Mitarbeiter, leitender Forscher, Chefforscher. Ein solches System gestattet es, die Unterschiede im konkreten Inhalt und Schwierigkeitsgrad der ausgeführten Arbeiten differenzierter zu berücksichtigen und das Gehalt entsprechend der Arbeitsleistung auf der Grundlage periodischer Attestierungen zu differenzieren, nach deren Ergebnissen dem Betreffenden die konkrete Dienstbezeichnung zuerkannt wird.

Bei der Differenzierung der Gehälter der wissenschaftlichen und ingenieurtechnischen Mitarbeiter der Forschungsorganisationen ist das ebenfalls gegenwärtig erprobte System der Festlegung eines garantierten Dienstbezugs mit der Gewährung des Rechts an den Leiter, die Höhe des Gehalts entsprechend der Einschätzung der Arbeitsergebnisse während der periodischen Attestierung herauf- oder herabzusetzen, von Interesse. Erstmals wurde dieses System im Physikalisch-Chemischen Institut „L. Ja. Karpov" angewandt und findet gegenwärtig in mehr als siebzig wissenschaftlichen Forschungsinstituten verschiedener Ministerien und Dienststellen Anwendung. Das „Karpover Experiment" hat bei der wissenschaftlichen Öffentlichkeit der UdSSR eine insgesamt positive Beurteilung gefunden.

Gegenwärtig gilt in der Praxis der Entlohnung der Mitarbeiter wissenschaftlicher Einrichtungen die Festlegung, daß der Leiter der Organisation das Recht hat, durch Einsparung an Mitteln des Lohnfonds innerhalb von 2 % seines Umfangs die Vergütungen jener Mitarbeiter zu erhöhen, die keinen wissenschaftlichen Grad besitzen, sich jedoch als hochqualifizierte Spezialisten ausgezeichnet haben. Die Gehälter können mit Hilfe persönlicher Zulagen bis zu 30 % erhöht werden. Die Leiter machen von diesem Recht Gebrauch, doch sind die Einsparungen im Lohnfonds in der Regel nicht groß und können nur bei einem unbeträchtlichen Teil der Mitarbeiter eine Erhöhung der Vergütungen gewährleisten.

Diese Situation ruft die Notwendigkeit hervor, nach neuen Wegen zu suchen, die zu einer elastischeren Verwendung des Lohnfonds führen, unter gleichzeitiger Gewährung großer Rechte für den Leiter der Organisation zur objektiven Einschätzung der Tätigkeit der ihm unterstellten Mitarbeiter und für eine Entlohnung in einer Verknüpfung an die individuellen Arbeitsleistungen des einzelnen.

Insbesondere schlagen eine Reihe von Ökonomen vor, den Lohnfonds für jede Struktureinheit (Produktionsabteilung, Abschnitt, wissenschaftliche Abteilung, Konstruktionsabteilung usw.) für einen längeren Zeitraum – ein bis fünf Jahre – je nach Stabilität der Produktions- oder wissenschaftlichen Pläne festzulegen und auf eine Planung des Durchschnittsgehalts unter diesen Bedingungen zu verzichten, wodurch der Leiter imstande ist, die Lohnfondseinsparungen in Verbindung mit einer Freisetzung von Arbeitskräften zur Stimulierung jener zu verwenden, die einen größeren Arbeitsumfang mit besserer Qualität der Ergebnisse bewältigen. Unter Berücksichtigung der demographischen Situation der nächsten 10 bis 15 Jahre könnte eine derartige Maßnahme in bestimmtem Umfange zu einer Steigerung der Arbeitsproduktivität bei wachsender Effektivität des Gehalts in bezug auf Arbeitsmenge und -qualität und individuelle Arbeitsleistung beitragen.

Entsprechend den Hauptrichtungen der Entwicklung der Volkswirtschaft der UdSSR in den Jahren 1976 bis 1980, die vom XXV. Parteitag der KPdSU bestätigt worden sind, werden zur weiteren Hebung des Wohlstandes der Werktätigen, zur Verstärkung der Interessiertheit der Mitarbeiter der Wissenschaft, der Projektierungs-, Konstruktions- und technologischen Organisationen an einer Erhöhung der Effektivität und Qualität der wissenschaftlichen Forschungen, der Konstruktions-, technologischen und Projektentwicklungen und zur beschleunigten Einführung der Errungenschaften von Wissenschaft und Technik in der Volkswirtschaft ab 1976 Maßnahmen zur konsequenten Vergrößerung der Vergütungen und Tarifsätze der Mitarbeiter der wissenschaftlichen Forschungs-, Konstruktions-, technologischen, Projektierungs- und Rechercheorganisationen, Rechenzentren, Informations- und maschinellen Rechenzentren, der Zentren (Laboratorien) für wissenschaftliche Arbeitsorganisation und Leitung der Produktion sowie anderer wissenschaftlicher Einrichtungen durchgeführt. Die Vergütungen der Mitarbeiter der Forschungs- und Entwicklungseinrichtungen werden im Durchschnitt um 10 bis 15 % erhöht, gleichzeitig wird das ganze Lohn- und Gehaltssystem, insbesondere die Praxis der Prämiierung der Mitarbeiter, vervollkommnet. Die durchzuführenden Maßnahmen zur weiteren Vervollkommnung der Entlohnung sind ein wesentlicher Faktor zur Erhöhung der Effektivität der gesellschaftlichen Produktion, zur Entwicklung des wissenschaftlich-technischen Fortschritts unter den Bedingungen der entwickelten sozialistischen Gesellschaft.

Die Vervollkommnung des *Systems der Prämiierung* der Werktätigen für die Schaffung und Einführung einer neuen Technik im Zyklus „Wissenschaft-Technik-Produktion" ist mit der Lösung einer Reihe überaus wichtiger Probleme verbunden:

- Ist das Vorhandensein eines speziellen Prämiensystems (System der materiellen Stimulierung) der Werktätigen für die neue Technik notwendig?
- Wie ist die Vorrangstellung der progressiven und folglich für die Volkswirtschaft auch bedeutungsvollsten technischen Entwicklungen bei der Stimulierung zu gewährleisten?

- Hat man sich bei der Beurteilung der Effektivität der neuen Technik auf die ökonomische Seite der Frage zu beschränken oder ist auch der soziale Nutzeffekt zu berücksichtigen?
- Welches sind die rationellsten Arten der Aufteilung der Prämienmittel auf die gemeinsam ausführenden Organisationen des Komplexes an Arbeiten zur technischen Vervollkommnung der Produktion und die einzelnen Gruppen von Werktätigen, die die Durchführung des ganzen Umfangs der Maßnahmen gewährleisten?

Bei der Untersuchung der Frage der Notwendigkeit eines speziellen Prämiensystems muß man daran denken, daß es in der UdSSR seit mehreren Jahren parallel zwei Systeme der materiellen Stimulierung gibt. Das eine betrifft die allgemeinen Ergebnisse der Wirtschaftstätigkeit, das andere ist ein spezielles System der Prämiierung für die Schaffung und Einführung einer neuen Technik. Gleichzeitig wurde in zehn Industriezweigen sowie im Transportwesen die Überführung der Betriebe und Organisationen zu neuen Methoden der ökonomischen Stimulierung der Arbeiten für eine neue Technik vorgenommen(erstmals wurde das neue Stimulierungssystem 1969 in der elektrotechnischen Industrie eingeführt). Im Grunde setzt dieses System die Vereinigung eines speziellen Systems der Prämiierung für eine neue Technik und eines Systems der Stimulierung für die allgemeinen Ergebnisse der Wirtschaftstätigkeit auf der Grundlage neuer Prinzipien der wirtschaftlichen Rechnungsführung voraus. Dabei wird davon ausgegangen, daß die Schaffung und Einführung einer neuen Technik und einer progressiven Technologie im wesentlichen einen unmittelbaren Einfluß auf die Steigerung der Effektivität der ganzen gesellschaftlichen Produktion, insbesondere auf die Erhöhung der technisch-ökonomischen Kennziffern der Haupttätigkeit der Betriebe (Vereinigungen), ausübt.

Das noch vor dem Übergang der Industrie zu den neuen Methoden der Planung und ökonomischen Stimulierung (1965) eingeführte spezielle System der Prämiierung für die Schaffung und Einführung einer neuen Technik hat nicht nur zur Verwirklichung einer einheitlichen technischen Politik in der Industrie beigetragen, sondern auch die Grundlage für die Schaffung einer Interdependenz (Verflechtung) der Interessen der Werktätigen der Forschungs- und Entwicklungseinrichtungen und -betriebe, die auf dem Gebiet des wissenschaftlich-technischen Fortschritts arbeiten, gebildet, ist zur Hauptmethode der Kompensierung der Zeitverluste bei der Bildung der Stimulierungsfonds der Betriebe in der Periode der Aneignung der neuen Technik geworden.

Im Laufe der Wirtschaftsreform, bei der Überführung der Industriebetriebe zu den neuen Methoden der Planung und ökonomischen Stimulierung, haben sich die Fonds der materiellen Stimulierung für die Ergebnisse der Haupttätigkeit wesentlich vergrößert, hat die Höhe der Zahlungen nach den Systemen der laufenden Prämiierung die Höhe der Stimulierung für die Schaffung und Einführung einer neuen Technik wesentlich überstiegen. Gleichzeitig traten die schwachen Seiten des speziellen Prämiensystems zutage, zu denen vor allem die Bildung der Prämienmittel für die neue Technik in Abhängigkeit von der Größe der Lohnfonds der Betriebe, die Verwendung der Selbstkosten der Erzeugnisse als Quelle für die Mittel sowie die Unvollkommenheit der Skala zur Bestimmung der Prämienhöhe in Abhängigkeit von der Größe der ökonomischen Effektivität zu zählen sind. Die genannten Momente waren der Grund für eine ungenügende Nutzung der speziellen Prämienfonds, für Disproportionen in der Bewegung des ökonomischen Nutzeffekts und für bestimmte Widersprüche, die schon während der Wirtschaftsreform auftraten. Das Wesen dieser Widersprüche bestand darin, daß die Größe der Stimulierungsfonds der Größe des Lohnfonds direkt proportional war, was bedeutete, daß der Lohnfonds und folglich auch der Stimulierungsfonds immer kleiner wurden, je mehr Mitarbeiter in Verbindung mit der Einführung von Maßnahmen des technischen Fortschritts freigesetzt wurden. Auf diese Weise standen die Betriebsinteressen der wirtschaftlichen Rechnungsführung der Vergrößerung der Produktion einer neuen Technik gleichsam entgegen.

Die genannten schwachen Seiten des speziellen Systems der Prämiierung für eine neue Technik, die hauptsächlich in seiner ungenügenden Verknüpfung mit dem allgemeinen Mechanismus der Leitung des wissenschaftlich-technischen Fortschritts nach den Prinzipien der wirtschaftlichen Rechnungsführung zum Ausdruck kommen, führten zur Suche nach neuen, effektiveren Lösungen des Problems der Stimulierung auf der Basis der wirtschaftlichen Rechnungsführung. Die Praxis hat gezeigt, daß an der Schaffung, Überleitung und Einführung der neuen Technik in der Regel das ganze Kollektiv der Beschäftigten interessiert ist, da von der Effektivität der Produktion die Größe der Fonds für die materielle Stimulierung abhängt. Die Interdependenz zwischen der Einführung der neuen Technik und der Vergrößerung der technisch-ökonomischen Kennziffern der Haupttätigkeit schafft die logische Voraussetzung für die Verschmelzung des speziellen Prämiensystems für die neue Technik mit der Stimulierung der Hauptproduktionstätigkeit. Gleichzeitig kann die Vereinigung der beiden parallelen Prämiensysteme zu einem einzigen zu einer Schwächung der Aufmerksamkeit seitens der Betriebe gegenüber der Entwicklung und Einführung einer neuen Technik führen, da die Herstellung übergeleiteter Erzeugnisse nach dem Hauptplan vom Betrieb stets als die führende Kennziffer der produktionswirtschaftlichen Tätigkeit betrachtet wird. Infolgedessen sollte ein Komplexsystem der Stimulierung geschaffen werden, das sowohl an den laufenden Ergebnissen der Wirtschaftstätigkeit als auch an einer technischen Vervollkommnung der Produktion und der hergestellten Erzeugnisse eine Interessiertheit hervorruft.

In den Zweigen, die zu den neuen Methoden der Planung und ökonomischen Stimulierung der neuen Technik übergeführt worden sind, erfolgt die Entwicklung des Systems der Stimulierung des wissenschaftlich-technischen Fortschritts in Richtung auf die Verwandlung des speziellen Systems der Stimulierung der Kollektive und Werktätigen, die mit der Überleitung und Einführung der neuen Technik beschäftigt sind, in ein Untersystem des allgemeinen Systems der materiellen Stimulierung für die Ergebnisse der Wirtschaftstätigkeit.

In den Zweigen, die neue Prinzipien der Stimulierung der Betriebe und Organisationen für Arbeiten auf dem Gebiet des wissenschaftlich-technischen Fortschritts anwenden, ist der Gewinn die Quelle für die Bildung der Stimulierungsfonds, und die Höhe der Abführungen für die Stimulierung ist mit der tatsächlichen ökonomischen Effektivität der neuen Technik verknüpft.

Als Quellen für die Bildung der Stimulierungsfonds sind festgelegt:

– die Gewinnabführungen auf Grund einer tatsächlichen Senkung der Selbstkosten der Erzeugnisse im Ergebnis der Anwendung neuer wissenschaftlich-technischer Lösungen, die von den Organisationen und Betrieben des Ministeriums vorgeschlagen worden sind;

– die Abführungen vom zusätzlichen Gewinn auf Grund von Zuschlägen zu den Großhandelspreisen für neue Erzeugnisse, die in bezug auf ihre Parameter und Kennziffern den besten in- und ausländischen Mustern entsprechen oder diese übertreffen;

– die in den geplanten Kosten jener Forschungs- und Entwicklungsarbeiten enthaltenen Mittel, die auf Grund von Bestellungen anderer Ministerien und Dienststellen ausgeführt werden;

– die in den Kosten der Grundlagen- und theoretischen Arbeiten, der wissenschaftlichen Forschungs-, Projektierungs- und Konstruktionsarbeiten enthaltenen Mittel (bis 20 % des Lohnes bzw. Gehalts der unmittelbar an der Entwicklung Beteiligten) zur Schaffung von Ausrüstungen, Vorrichtungen und Systemen auf dem Niveau der weltbesten wissenschaftlich-technischen Leistungen, zur Entwicklung von Standards und zur Durchführung ökonomischer Untersuchungen entsprechend den Aufgabenstellungen des Volkswirtschaftsplans, wenn der ökonomische Nutzeffekt der genannten Arbeiten sich nicht berechnen läßt.

Ergänzend zu den oben als Quelle für die Bildung der Stimulierungsfonds gezeigten Formen wird, wenn die Fristen für die Entwicklung und Überleitung der neuen Technik zwei, drei Jahre überschreiten, eine Abschlagszahlung in Höhe von 30 % der in den Kosten der Arbeiten enthaltenen Mittel geleistet, die nach dem garantierten ökonomischen Nutzeffekt (mit ihrer anschließenden Kompensierung) bestimmt werden.

Das neue Verfahren der Bildung der Stimulierungsfonds verändert in grundlegender Weise die Wechselbeziehungen zwischen den Schöpfern und Benutzern der neuen Technik.

Da die Quelle der Prämienzahlungen Betriebsmittel (Einsparungen oder Gewinn) sind, haben die Betriebe ein Interesse an einem hohen wissenschaftlichen und technischen Niveau der neuen Technik, an einer Vergrößerung des tatsächlichen Nutzens, an einer Verbesserung der ökonomischen Kennziffern ihrer Arbeit. Dies wiederum erhöht die Verantwortung der Entwicklungskräfte für die Neuheit der geschaffenen Technik, für die Qualität der Musterherstellung und die Termine ihrer Einführung in die Produktion. Stärker wird auch die Bedeutung der Planmäßigkeit der Einführung der neuen Technik, denn vom Gleichmaß der Einführung hängen die Höhe und der systematische Charakter der Abführungen der Mittel an die Stimulierungsfonds ab.

In den Zweigen, die nach den neuen Bedingungen der Planung und der ökonomischen Stimulierung für die Schaffung und Einführung einer neuen Technik arbeiten, wird – neben den neuen Prinzipien der Bildung der Stimulierungsfonds – auch die Frage der Festlegung der Größe der Stimulierungsmittel für konkrete Maßnahmen des technischen Fortschritts auf andere Art und Weise gelöst.

Der Bestimmung des Umfangs der Mittel liegt der erzielte tatsächliche ökonomische Nutzeffekt zugrunde, der sich aus der Anwendung der wissenschaftlich-technischen Entwicklungen und der neuen Technik ergibt. Früher waren die wissenschaftlichen Forschungs-, Projektierungs-, Konstruktions- und technologischen Organisationen ungenügend an den Endergebnissen der Tätigkeit der Betriebe interessiert, die ihre Entwicklungen realisieren, da die Summe der Prämienmittel auf der Grundlage des kalkulierten ökonomischen Nutzeffekts bestimmt wurde. Unter diesen Bedingungen waren die Entwicklungsorganisationen nur an der Durchführung bestimmter Arbeitsetappen, die mit der Herstellung wissenschaftlich-technischer Dokumentation verbunden sind, materiell interessiert. Die Orientierung auf den tatsächlichen ökonomischen Nutzen beim Verbraucher ermöglicht es nun, die Interessen der ganzen Kette „Wissenschaft-Technik-Produktion" miteinander zu verknüpfen, und der jährliche ökonomische Nutzeffekt aus der Einführung der neuen Technik in die Produktion stieg in den Jahren 1970 bis 1975 insgesamt um das beinahe Anderthalbfache.

Die Erhöhung der Effektivität der gesellschaftlichen Produktion als unerläßliche Bedingung setzt die Schaffung und Produktionseinführung prinzipiell neuer Arbeitsinstrumente, Materialien und technologischer Prozesse voraus, die in bezug auf ihre technisch-ökonomischen Kennziffern die besten Leistungen im In- und Ausland übertreffen. Infolgedessen müssen, um sie zu entwickeln, Prioritätsstimuli geschaffen werden, d. h. es muß eine größere Stimulierung für die progressivsten technischen Entwicklungen gewährleistet sein. Lösen läßt sich diese Aufgabe auf dem Wege einer Vervollkommnung der Skala der Abführungen an die Stimulierungsfonds Neue Technik. Vor allem ist es notwendig, eine klare Definition des Begriffs „Neue Technik" zu geben und eine Klassifikation der Technik und der Arbeiten zu ihrer Schaffung nach solchen höchst wichtigen Merkmalen wie Neuheit, Progressivität, Bedeutung für die Volkswirtschaft, Kompliziertheitsgrad usw. zu erarbeiten und die Höhe der Abführungen an die Stimulierungsfonds danach zu differenzieren.

Um die Effektivität der materiellen Stimulierung zu erhöhen und die Kollektive und einzelnen Werktätigen an der Entwicklung und Schaffung einer prinzipiell neuen, progressiven Technik, die eine hohe volkswirtschaftliche Bedeutung besitzt und eine größere ökonomische Effektivität aufweist, zu interessieren, ist nach Ansicht der sowjetischen Ökonomen als eine neue Technik jene anzusehen, die erstmals im Lande produziert wird und in bezug auf ihre technisch-ökonomischen Kennziffern den Weltstand übertrifft oder ihm entspricht sowie prinzipielle Veränderungen oder wesentliche Verbesserungen des Grundkonstruktionsschemas (des technologischen Hauptprinzips der Arbeit) enthält, sich durch eine hohe ökonomische Effektivität auszeichnet und die Arbeitsbedingungen wesentlich verbessert. Eine neue geschaffene Technik ist nach diesen Merkmalen nicht ein und diesselbe. In diesem Zusammenhang läßt sich die neue Technik in Gruppen mit einer entsprechenden Differenzierung der materiellen Stimulierung einteilen.

Als einen der möglichen Wege zur Gewährleistung einer Differenzierung der Höhe der Prämiensummen in Abhängigkeit von der ökonomischen Effektivität der neuen Technik unter Berücksichtigung ihrer Qualitätsmerkmale Neuheit, Bedeutung, Progressivität lassen sich, ohne die Skala zu verändern, Korrekturkoeffizienten für jede Gruppe der neuen Technik einführen. Ein solches Herangehen schützt vor Subjektivismus bei der Festlegung der Prämienhöhe und ergibt eine neue Begründung für die Skala der Abführungen des ökonomischen Nutzens der neuen Technik zur materiellen Stimulierung der Werktätigen.

Bekanntlich sollen die neue Technik und Technologie nicht nur einen ökonomischen Nutzen in Verbindung mit einer rationelleren Verwendung der Elemente der lebendigen und vergegenständlichten Arbeit erbringen – und erbringen ihn tatsächlich –, sondern auch einen *sozialen Nutzen.* Die Produktionseinführung neuer Maschinen und anderer Arbeitsinstrumente sowie einer progressiven Technologie erleichtert die körperlich schwere Arbeit, verbessert wesentlich die Arbeitsbedingungen, trägt zur Qualifizierung der Werktätigen bei, erhöht den Inhalt und folglich auch die soziale Attraktivität der Arbeit. Aber die Methoden der Erfassung des von der neuen Technik und progressiven Technologie geschaffenen sozialen Nutzens sind noch nicht erarbeitet, und diese Frage könnte neben anderen Problemen Gegenstand der gemeinsamen Forschung seitens der wissenschaftlichen Kollektive der RGW-Länder sein. Die Zweckmäßigkeit der Berücksichtigung des sozialen Nutzens neben dem ökonomischen bei der Stimulierung der Kollektive und einzelnen Werktätigen, die die neue Technik schaffen und einführen, steht außer Zweifel, denn es sind Fälle möglich, wo ungenügend ökonomisch vorteilhafte Maßnahmen einen wesentlichen sozialen Nutzen erbringen.

Die Lösung großer technischer Probleme und die Schaffung von Objekten der neuen Technik erfolgt durch viele wissenschaftliche und Produktionskollektive. Aktuell ist folglich *das Problem der Bestimmung des anteilmäßigen Beitrags der mitwirkenden Organisationen* und innerhalb dieser der mitwirkenden Abteilungen und einzelnen Werktätigen an der Schaffung des ökonomischen Nutzens der neu geschaffenen Technik. Die Lösung dieses Problems ist deshalb wichtig, weil von der Größe des Arbeitsbeitrags zum Gesamtergebnis der Umfang der Mittel abhängt, die für die Stimulierung der konkreten Kollektive und einzelnen Ausführungen bereitgestellt werden.

Die bisherige Praxis der Bestimmung des anteilmäßigen Beitrags und dementsprechend der Verteilung der Prämienmittel beruht auf dem Vergleich der Größe der Lohnfonds der mitwirkenden Organisationen wie ihrer Struktureinheit mit der Zeit, die für die Schaffung dieses oder jenes Objekts benötigt wird. Die zweite Methode basiert auf dem Vergleich der Arbeitsaufwendigkeit der durchgeführten Arbeitsvolumen. Das eine wie das andere Prinzip entbehrt nicht einer subjektiven Betrachtungsweise und spiegelt nicht in vollem Maße den wirklichen Beitrag der Mitwirkenden am Endergebnis wider. Das hängt damit zusammen, daß die Größe des Lohnfonds nicht mit der Größe des von diesem oder jenem Kollektiv geschaffenen ökonomischen Nutzens vergleichbar ist. Häufig leistet ein kleines Kollektiv schöpferischer Mitarbeiter einen beträchtlichen Beitrag zur Schaffung einer ökonomisch effektiven neuen Technik mit Hilfe ihrer Neuheit, Progressivität und großen volkswirtschaftlichen Bedeutung, während bei erheblicherem Aufwand an Löhnen und Gehältern andererseits ein geringerer Nutzeffekt erzielt werden kann, wenn die Anstrengungen der Betreffenden auf wenige progressive Entwicklungen konzentriert sind. Das Problem besteht in der Schaffung eines optimalen Systems der Bestimmung der anteilmäßigen Beteiligung der Mitwirkenden an der Schaffung des Nutzeffekts und der Verteilung der Prämienmittel auf dieser Grundlage.

Die Arten des Herangehens an seine Lösung können verschieden sein. Ein möglicher Weg könnte der Vergleich des schöpferischen Beitrags der Mitwirkenden von den Positionen der Neuheit und Progressivität der vorgeschlagenen technischen und Ingenieurlösungen sein. Die Ausarbeitung der konkreten Methoden der Bestimmung des Beitrags auf dieser Grundlage macht die Durchführung spezieller wissenschaftlicher Untersuchungen notwendig.

Ju. F. Kormnov

Die ökonomische Zusammenarbeit der RGW-Mitgliedsländer als Reserve zur Beschleunigung des wissenschaftlich-technischen Fortschritts

1. Die Schlüsselaufgabe sowohl im Fünfjahrplan der UdSSR als auch in den Fünfjahrplänen der anderen Bruderländer ist die Beschleunigung des Tempos des wissenschaftlich-technischen Fortschritts. Sie ist die entscheidende Bedingung für die Erhöhung der Effektivität der gesellschaftlichen Produktion und die Verbesserung der Qualität der Erzeugnisse. Das wird in den Materialien der vergangenen Parteitage der kommunistischen und Arbeiterparteien deutlich bestätigt. Die Führer der kommunistischen und Arbeiterparteien der Bruderländer unterstrichen in ihren Reden auf dem XXV. Parteitag, daß der Kurs auf die allseitige Erhöhung der Effektivität der Produktion, die Beschleunigung des wissenschaftlich-technischen Fortschritts die erstrangige Aufgabe und Hauptrichtung der ökonomischen Entwicklung aller Länder der sozialistischen Gemeinschaft ist, die den kürzesten Weg zur weiteren Erhöhung des Wohlstandes des Volkes gewährleistet.

Die RGW-Länder haben einheitliche strategische sozialökonomische Ziele, die die prinzipielle Zielrichtung des wissenschaftlich-technischen Fortschritts, die allgemeinen Grundlagen der für jedes Land einheitlichen technischen Politik in der Volkswirtschaft und folglich die Übereinstimmung der Richtungen dieser Politik im System der RGW-Mitgliedsländer sowie der Zusammenarbeit in der wissenschaftlichen und Produktionssphäre festlegen.

Der wissenschaftlich-technische Fortschritt in den RGW-Ländern beeinflußt nicht nur die Veränderung der Struktur der Produktion und der technisch-ökonomischen Parameter der Erzeugnisse, die in einen wechselseitigen Austausch gelangen, sondern auch die Formen und Methoden der Planung und Leitung des wissenschaftlich-technischen Fortschritts sowie die Formen und Methoden der Zusammenarbeit, die die erwähnten Veränderungen in der Organisation der gesellschaftlichen Produktion widerspiegeln.

2. Die Außenwirtschaftsbeziehungen und die Zusammenarbeit der RGW-Länder gestalteten sich in der Vergangenheit und werden sich auch in der Zukunft nicht nur unter dem Einfluß des wissenschaftlich-technischen Fortschritts, sondern auch einer Reihe anderer wichtiger Faktoren gestalten. Es handelt sich um innerstaatliche Faktoren sozialökonomischer und politischer Natur, um die vorhandenen und perspektivischen Ressourcen jedes einzelnen Landes (Natur-, Arbeitskräfte-, wissenschaftlich-technische, Produktionsressourcen u. a.), um die zweigliche, territoriale und ökonomisch-organisatorische Struktur des Maschinenbaukomplexes, die entstanden ist bzw. im Entstehen begriffen ist; es handelt sich weiter um die bestehenden wirtschaftlichen Verbindungen zu den kapitalistischen und Entwicklungsländern, um die Rentabilität der Export-Import-Beziehungen.

Jedes einzelne Land berücksichtigt bei der Bestimmung der perspektivischen Entwicklungsrichtungen und des Platzes seiner Industrie im System der internationalen sozialistischen Arbeitsteilung solche Fragen wie Material- und Arbeitsaufwand, Fonds-

und Wissenschaftsintensität, Rentabilität, technisch-ökonomische Progressivität u. a.

Es wäre unbegründet, wollte man diese Überlegungen in eine für alle RGW-Mitgliedsländer gleiche „Rangordnung" einpassen, sie in „wichtige" und „zweitrangige" einteilen. Richtiger wäre es, alle Faktoren unter Beachtung der zeitlichen Veränderung ihres Gewichtes zu berücksichtigen.

Alle RGW-Mitgliedsländer werden, wie bereits zuvor, bei der Auswahl ihrer Beteiligung an der internationalen Spezialisierung und Kooperation in erster Linie die Besonderheiten des bestehenden Maschinenbaukomplexes, seines Profils, berücksichtigen. Wie die Erfahrungen der vergangenen 25 Jahre zeigen, kann diese Basis in den nächsten 10 bis 15 Jahren nicht grundlegend umgestaltet werden.

3. Unter dem Einfluß des technischen Fortschritts erfolgt – und wird auch in Zukunft erfolgen – die schnelle und kontinuierliche Erweiterung der Nomenklatur des Ausstoßes neuer Erzeugnisse in jedem einzelnen RGW-Land, wobei hinsichtlich ihres Wachstumstempos die Zahl der neuen Betriebe um vieles überschritten wird.

Diese allen Industrieländern der Welt innewohnende Gesetzmäßigkeit wird beibehalten. Dieser Prozeß ist an sich positiv. Gleichzeitig beinhaltet er jedoch eine negative Seite für die Erzeuger, vor denen das Problem der Erweiterung der Nomenklatur des Produktionsausstoßes in den einzelnen Betrieben steht, sowie die Probleme der Verkleinerung der Serien, der Begrenzung der Möglichkeiten, die die Technik und Technologie bei Massen- und Großserienproduktion hat.

Können die negativen Seiten dieses Prozesses abgeschwächt oder beseitigt werden, indem die Formen der sozialistischen Integration ausgenutzt werden? Gibt es dafür reale Möglichkeiten? Ja, es gibt sie.

Dazu ist meiner Meinung nach folgendes erforderlich:

Konsequente Befolgung der Linie zur freiwilligen Profilierung und Einschränkung der nationalen Maschinenbaukomplexe der RGW-Mitgliedsländer auf der Grundlage der abgestimmten internationalen Wissenschafts- und Produktionsspezialisierung und Kooperation, die eine Konzentration des begrenzten wissenschaftlich-technischen und Produktionspotentials jedes RGW-Mitgliedslandes auf ausgewählte Gebiete gewährleistet und ermöglicht, auf diesen Gebieten schneller feste Positionen zu erkämpfen und an die Spitze des wissenschaftlich-technischen Fortschritts in der Welt zu gelangen.

Entfaltung der Spezialisierung der Betriebe innerhalb der RGW-Länder bei technologisch und konstruktionsmäßig gleichartigen Maschinen- und Ausrüstungsgruppen auf der Basis von Betrieben, die auf Einzelteile und Baugruppen spezialisiert sind, und von Montagebetrieben mit breiter internationaler Produktionskooperation. Das erhöht die Operativität und Manövrierfähigkeit der Produktion, die Möglichkeit, sich schnell von der Herstellung von Maschinen des einen Typenmaßes auf andere, vollkommenere Maschinen umzustellen, die die gleiche Konstruktion und Fertigungstechnologie haben, wobei keine großen Ausgaben für die Umstellung der Produktion entstehen, die für Werke universeller Art charakteristisch sind.

Freiwillige Einschränkung des Profils des Maschinenbaus der einzelnen RGW-Länder stellt nach meiner Auffassung eine Aufgabe für eine nicht weit entfernte Zukunft dar. Dieser Weg erfordert unausweichlich den Ersatz der einzelnen Maschinen und Ausrüstungen nationaler Produktion durch Importe aus anderen RGW-Ländern auf der Grundlage der internationalen Spezialisierung der Produktion.

4. Die breite Entwicklung der Baugruppen- und internationalen Spezialisierung und Kooperation, die vergrößerten Maßstäbe des wechselseitigen Austausches von Maschinen- und Ausrüstungsteilen ermöglicht, einen riesigen Effekt der Produktivkraft

Kooperation ohne Investitionen zu erreichen, das sich für alle RGW-Länder verschärfende Problem der wachsenden Fondsintensität der Maschinenbauproduktion radikal zu lösen, indem diese entscheidend gesenkt wird.

Die Kooperationsform der Organisation der Maschinenbauproduktion ist in starkem Maße zur Aufrechterhaltung eines hohen Tempos des wissenschaftlich-technischen Fortschritts geeignet. Bei beliebigen, selbst jährlichen Vervollkommnungen der Endprodukte, sind die Baugruppen in der Regel keinen besonders großen Veränderungen unterworfen, da sie bei großer Stabilität gleichzeitig die größte Fähigkeit haben, schnell und im maximalen Umfang in sich die entstandenen Neuerungen aufzunehmen. Und das bedeutet, daß die Fristen für die Erneuerung der Technik ohne Behinderung des Tempos des technischen Fortschritts in den nach Baugruppen und Einzelteilen spezialisierten Betrieben um ein vielfaches länger sein werden.

Die Entwicklung der Kooperation ermöglicht bereits jetzt und in der Perspektive, die kleinen und mittleren Betriebe der RGW-Länder, die über qualifizierte Kader verfügen, für die Organisation spezialisierter Großproduktion mit geringer Erzeugnisnomenklatur auszunutzen, und zwar speziell für Baugruppen, Aggregate, Einzelteile, die in konstruktionsmäßiger und technologischer Hinsicht gleichartig sind und deshalb die Anwendung moderner technologischer Prozesse und von Maschinensystemen ermöglichen.

Die Aufgabe der Umgestaltung des Maschinenbaus durch Vertiefung und Erweiterung progressiver Formen der Spezialisierung (Baugruppen und Einzelteile) und Kooperation der Produktion steht in der Perspektive vor allen RGW-Ländern. Selbstverständlich sind große Anstrengungen und bestimmte Investitionen erforderlich. Aber die Ausgaben zahlen sich hundertfach aus, wenn die Umgestaltung von Anfang an mit der internationalen Spezialisierung, Profilierung und Kooperation des Maschinenbaus jedes RGW-Landes im Rahmen der sozialistischen Gemeinschaft verbunden wird und diese Spezialisierung durch ein System langfristiger Verträge von hoher Zuverlässigkeit untermauert ist. Vor allem ist eine weitere Erziehungsarbeit nötig, um den subjektiven Faktor zu schaffen, um die Menschen zu lehren, nicht nur an die Interessen und in den Maßstäben des eigenen Betriebes, Ministeriums oder Landes zu denken, sondern an die gesamten internationalen Interessen der sozialistischen Gemeinschaft.

Um Werke zur Erzeugung von Baugruppen und Einzelteilen für den Export in die RGW-Länder zu schaffen, steht meines Erachtens als Aufgabe, die Investitionsprobleme auf neue Art zu lösen. Hier zeichnen sich zumindest drei mögliche Wege ab:

– Durchführung der Investitionen in jedem Lande auf eigene Kosten; Verwirklichung der Belieferung mit Erzeugnissen auf der Grundlage langfristiger Kooperationsverträge;

– Schaffung neuer oder Modernisierung der alten Produktionsfonds unter Einbeziehung von Krediten der interessierten Länder. Der Betrieb bleibt hierbei Eigentum des Landes, auf dessen Territorium er sich befindet. Die Importeure kaufen für den Kredit die Baugruppen mit Preisvergünstigungen oder mit Zahlung von Prozenten auf den Kredit;

– Schaffung gemeinsamer Betriebe. Ihre Erzeugnisse werden von den kooperierenden Ländern entsprechend den auf sie entfallenden Ausgaben erworben, die auf Grundlage abgestimmter Prinzipien errechnet werden.

Die erste dieser genannten Möglichkeiten wird von den RGW-Ländern bei der Zusammenarbeit auf dem Gebiet des Maschinenbaus angewandt. Das „Neue" besteht hierbei in der Notwendigkeit, die Preisfrage neu zu lösen. Die RGW-Länder versuchen heute in der Regel, die Kooperation auf den Außenhandelspreisen für Baugruppen und Einzelteile aufzubauen, die an den Weltmarktpreisen für Ersatzteile „festhalten", die zwei- bis viermal höher sind als die Kosten der Baugruppe im Bestandteil des Preises der fertigen Maschine. Solche Versuche sind in der Mehrzahl der Fälle erfolglos, was den nach meiner Auffassung noch zu geringen Austausch von Halbfertigerzeugnissen durch die RGW-Länder erklärt. Der Weg zur Lösung dieses Problems besteht unserer Ansicht nach in der Anwendung eines besonderen Systems von Integrations- (Kooperations-) Preisen.

Den zweiten Weg nutzen die RGW-Länder in breitem Maße für die Realisierung von Objekten der Brennstoff- und Rohstoffzweige aus, was sich zum Beispiel in dem abgestimmten Plan der mehrseitigen Integrationsmaßnahmen für die Jahre 1976–1980 widerspiegelt. Es geht darum, diese Form der Zusammenarbeit auch für den Maschinenbau anzuwenden.

Am wenigsten sind die Maschinenbauer der RGW-Länder für eine solche Form der Zusammenarbeit wie gemeinsame Betriebe vorbereitet, wie sie vom Komplexprogramm der sozialistischen ökonomischen Integration empfohlen werden, obwohl diese besonders große Reserven für das Wachstum der Effektivität der Produktion beinhalten. Aus meiner Sicht sind daran zum Teil auch die Wirtschaftswissenschaft und die Rechtswissenschaft schuld, die es lange Zeit nicht genügend verstanden haben, die schöpferische Ausarbeitung des Problems optimaler Formen der internationalen sozialistischen Konzentration der Produktion, der Schaffung gemeinsamer internationaler sozialistischer Produktionen in Angriff zu nehmen. Die Aufgaben, die auf diesem Gebiet durch Genossen L. I. Breshnew auf einem Treffen mit den Leitern der Akademien der sozialistischen Länder dargelegt wurden, erfordern bei ihrer Ausarbeitung besonders energische Anstrengungen der Ökonomen der Bruderländer.

Die Schaffung gemeinsamer „zentraler Gießereien", „zentraler Stanzereien" und „zentraler Fertigungen" in naher Zukunft durch die RGW-Länder, z. B. in der UdSSR oder in anderen Mitgliedsländern, die in der RGW-Gemeinschaft arbeiten, kann man schon nicht mehr nur als eine Hypothese ansehen. Dadurch würde ein größerer praktischer Effekt erzielt als durch zwei bis drei neue Koordinierungszentren. Das würde zu einer wirksamen Erhöhung der Effektivität der Maschinenbauproduktion führen, zu einer Verringerung der Kosten und Außenhandelspreise, die niedriger wären als in den Importländern. Und das würde seinerseits die für die gegenwärtige Zeit typische Verteuerung der Fertigerzeugnisse bremsen, die anstelle von Baugruppen importiert werden, was durch die Bedingungen des kapitalistischen Weltmarktes diktiert wird; das würde zu einer Verstärkung der konsolidierenden Kräfte im Maschinenbaukomplex der RGW-Gemeinschaft führen.

5. Zur Bestimmung der Entwicklungsrichtung ihres Maschinenbaus haben die RGW-Länder den vergleichbaren Nutzeffekt der Exportproduktion in konkreten Zweigen des Maschinenbaus berücksichtigt und werden diesen weiterhin berücksichtigen.

Vor allen RGW-Ländern steht unter den Bedingungen der Inflation und der Währungsinstabilität auf dem kapitalistischen Markt und der gleitenden Preisbasis auf dem RGW-Markt das schwierige Problem der Prognostizierung der beschleunigten Entwicklung „vorteilhafter" Maschinenbauproduktionen.

Da dieses Problem auf Grund der Kompliziertheit der Prognose von Außenhandelspreisen schwer zu lösen ist, könnte es dazu kommen, daß sich das eine oder andere Land von der Produktion eines „vorteilhaften" Produktes, das diese Eigenschaft verloren hat, auf ein anderes „wirft" und daß dadurch der Nutzeffekt geringer wird.

Deshalb ist es wichtig, das eigene Exportprofil zu bestimmen, abgestimmt zu handeln, die Disziplin der gegenseitigen Lieferungen und speziell die Sanktionen in den Verträgen über die Produktionsspezialisierung und -kooperation straff einzuhalten.

6. Die Annahme ist begründet, daß die RGW-Länder unter den Bedingungen des sich verschärfenden Defizits an Metall und anderem Material, an Brennstoffen und Energie sowie der wachsenden Weltmarktpreise keine metallaufwendigen Erzeugnisse für die Spezialisierung ihres Maschinenbaus auswählen werden.

Das Kriterium des Metallaufwandes wurde und wird bei der Entwicklung der Produktion und des Exports weder in der Vergangenheit noch in der Zukunft als Hauptkriterium in Betracht gezogen in solchen Fällen, wenn das Land, das über keine eigenen Erz- und Metallressourcen verfügt, schon vor langer Zeit geschaffene Betriebe, eine erprobte Technologie und Erfahrungen bei der Herstellung schwerer Maschinen und Ausrüstungen hat (z. B. Walzstraßen, schwere Werkzeugmaschinen in der DDR, ČSSR u. a.).

Die Rentabilität dieser Produktion und des Exportes der Erzeugnisse war in der Vergangenheit sehr hoch und rückte Überlegungen über den Metalleinsatz in den Hintergrund. Unseres Erachtens sind inverse Veränderungen auf diesem Gebiet auch in Zukunft schwerlich zu erwarten. Ein zusätzliches Argument für die Aufrechterhaltung solcher Produktionen sind die nicht auszugleichenden Investitions- und Gewinnverluste im Ergebnis der Einstellung einer Produktion, die in diesen Werken über Jahre hinweg gelaufen ist. Zu diesen Argumenten gehört weiterhin, daß es unmöglich ist, die Ausrüstung, ja selbst die Einrichtungen außerhalb der produktiven Sphäre für andere Produktionstypen zu nutzen. Dazu gehört auch das komplizierte Problem der Umschulung der Kader.

Es ist möglich, das Problem der Erhöhung der Effektivität der Produktion in diesen Werken durch Vergrößerung des Produktionsausstoßes und durch Verbesserung der Qualität zu lösen. Dazu ist unserer Meinung nach die allseitige Entwicklung der Spezialisierung nach Baugruppen und sogar nach Einzelteilen bei der metallaufwendigen Produktion erforderlich sowie die internationale Kooperation, wodurch die Lieferungen an Rohstoffen, Metall und Energie speziell aus der UdSSR eingeschränkt und statt ihrer die Lieferungen von metallaufwendigen Baugruppen, die mehr Arbeit in sich vereinigen, erhöht werden. Diese werden in großen Maßstäben unter Anwendung der am meisten vervollkommneten und progressivsten Technik und Technologie in der Produktion eingesetzt.

Der Ersatz des Exportes von unbearbeitetem Metall und Erz durch metallaufwendige Baugruppen und Einzelteile entspricht den Tendenzen des wissenschaftlich-technischen Fortschritts, die in den industriell am meisten entwickelten Ländern der Welt zutage treten. Diese Linie sollte vor allem in bezug auf die metallurgische, Transport-, Straßenbau-, energetischen sowie eine Reihe anderer metallaufwendiger Zweige und Produktionen verfolgt werden. Dadurch könnte man gleichzeitig wichtige Probleme lösen und vor allem folgende Dinge einschränken:

- den Import von teurer werdendem Erz, Agglomerat, Koks, anderen Heiz- und Energiearten, die für die Metallgewinnung aus sowjetischem Erz notwendig sind;
- die Energieverluste (und folglich die sich verteuernden importierten Brennstoffe) bei der Metallbearbeitung;
- die Verluste an importiertem Metall bei der Herstellung von Einzelteilen;
- die Investitionsverluste bei teurer, defizitärer und unter den Bedingungen der Kleinproduktion der europäischen RGW-Länder nicht effektiv genutzter Guß-, Schmiede- und Stanzausrüstung;

– die Güterströme in der Richtung UdSSR – RGW-Länder, die große Ausmaße annehmen. Das würde die Transportverluste je Einheit Metallgewicht, das in der Baugruppe ausgeführt wird, im Vergleich zum Gewicht des Erzes, Agglomerates und selbst des einfachen Metalls umgerechnet je kg Baugruppe oder Werkstück verringern.

Das Umstellen der Beziehungen der RGW-Länder auf den wechselseitigen Import würde meines Erachtens erlauben, auf neue Art und Weise an die Preisbildung für fertige Maschinen und Ausrüstungen heranzugehen, in denen diese Baugruppen montiert werden. Es werden prinzipiell neue Möglichkeiten der Vervollkommnung der Preisbildung im Außenhandel eröffnet; der negative Einfluß der inflationären Tendenzen des kapitalistischen Weltmarktes auf die Maschinenbauproduktion der RGW-Länder wird verringert.

Das Problem der Preise für die Baugruppen muß so gelöst werden, daß allen mitarbeitenden Partnern reale Vorteile gesichert werden, und zwar nicht nur von der reinen Marktseite, von den kommerziellen Positionen her.

7. Bei der Auswahl der Zweige oder Maschinen- und Ausrüstungsgruppen zur Entwicklung in den einzelnen RGW-Ländern auf der Grundlage der internationalen Spezialisierung und Kooperation der Produktion für einen langen Zeitraum erlangt der Faktor des Arbeitsaufwandes deshalb große Bedeutung, weil sich die Bilanz der Arbeitskräfteressourcen in allen diesen Ländern verschlechtert hat.

Unter diesen Bedingungen ist und wird auch in der Perspektive keines der RGW-Länder zur Entwicklung arbeitsaufwendiger Maschinenbauproduktionen stimuliert, wenn sich nicht die eine oder andere konkrete Produktion durch eine besonders hohe Exportrentabilität auszeichnet.

Die teilweise noch vorhandenen Unterschiede in der Qualifikation der Kader, in den Fertigkeiten und Traditionen der Arbeiter in den einzelnen RGW-Ländern, mit denen in der Vergangenheit gerechnet werden mußte, werden aus folgenden Gründen allmählich ihre Bedeutung verlieren:

– In allen RGW-Ländern wuchs eine neue Generation junger Arbeiter, Ingenieure und Techniker heran, die in der Produktion tätig sind und die ein einheitliches allgemeines und fachliches Bildungsniveau haben; bis zum Jahre 2000 wird sich diese Nivellierung verstärken;

– die Technik aller RGW-Länder hat sich auf Grund der Erweiterung der internationalen Spezialisierung der Produktion „auf einen Durchschnitt reduziert", und dieser Prozeß wird – allerdings bereits auf einem höheren Niveau – fortgesetzt, wobei auch die entsprechenden Anforderungen an die Menschen als Anwender der Technik bestimmt werden;

– die immer breitere Einführung der Automatisierung, der Fließfertigung, der Spezialisierung nach Einzelteilen und Baugruppen innerhalb der Gemeinschaft des RGW wird die Anforderungen an die Arbeiter in allen Ländern hinsichtlich eines hohen Ausbildungsstandes einander angleichen und gleichzeitig die Rolle des individuellen Beitrages und der Fertigkeiten der einzelnen Arbeiter in den verschiedenen Betrieben der RGW-Länder verringern, die vor 25–30 Jahren eine nicht geringe Bedeutung hatte.

8. Die strategischen Aufgaben des ökonomischen Wettbewerbs des Sozialismus mit dem Kapitalismus um die höchste Effektivität der Produktion und die höchste Produktivität der gesellschaftlichen Arbeit, die – wie W. I. Lenin unterstreicht – von entscheidender Bedeutung für den Sieg des Sozialismus ist, arbeiten als Hauptkriterium für die Auswahl einer Produktion zur Entwicklung eines beliebigen Zweiges des Ma-

schinenbaus und der internationalen Spezialisierung der RGW-Länder auf diesem Gebiet die technisch-ökonomische Progressivität der Produktion heraus, d. h. ihr positives Ergebnis für den Verbraucher, die Qualität der Erzeugnisse im breitesten Sinne des Wortes.

Dieses Kriterium entspricht in höchstem Maße den Interessen jedes Mitgliedslandes und der sozialistischen Gemeinschaft insgesamt. Allerdings benötigen die RGW-Länder weder jetzt noch in der Zukunft „extreme" Dinge, weder eine „supermoderne", dafür übermäßig teure Technik noch eine zurückgebliebene Technik von vorgestern, so billig diese auch sein mag.

9. Den einzelnen RGW-Ländern ist es nicht möglich, für sich allein das Problem einer prinzipiellen, qualitativen Umgestaltung der Produktion im gesamten Maschinenbaukomplex zu lösen. Die vorrangige Erhöhung der Qualität auf einem beliebigen Gebiet durch das eine oder andere RGW-Land für sich allein kann sich als nicht durch das „Hinterland" abgesichert erweisen; d. h. in den anderen vor- oder nachgelagerten Zweigen des Maschinenbaus, der Metallurgie, chemischen Industrie oder den Importstrecken. Die Erhöhung und das Angleichen der Qualität der Erzeugnisse des Maschinenbaus wird deshalb in der Perspektive zu einer internationalen Aufgabe.

Die Angleichung der Qualität der Erzeugnisse des Maschinenbaus der RGW-Länder insgesamt kann in Zukunft unserer Vorstellung nach auf folgenden, miteinander verbundenen Wegen erfolgen:

– durch eine breite Entwicklung der wissenschaftlich-technischen Kooperation und deren Weiterführung bis zur Spezialisierung nach Baugruppen und bis zur Produktionskooperation mit Montage der Fertigerzeugnisse in einigen Ländern;

– durch die breite und beschleunigte Einführung eines einheitlichen RGW-Standards in die Ökonomie der RGW-Länder;

– durch die Ausbildung der Arbeiter und die Umschulung des ingenieurtechnischen Personals, wobei übereinstimmende hohe Anforderungen gestellt werden;

– durch die im wesentlichen gleichartige Umgestaltung der ökonomischen Stimuli und der Sanktionen, um die Qualität auf dem erforderlichen Niveau zu halten;

– durch die Bezugnahme auf die objektiven Anforderungen des Weltmarktes bei der Bewertung der Qualität der Erzeugnisse und nicht nur durch eine Bewertung nach Punkten durch die Experten;

– durch den koordinierten Erwerb von Lizenzen bei Firmen in kapitalistischen Ländern und basierend darauf durch die Ausrichtung der Produktion auf die Maßstäbe des RGW-Marktes auf der Grundlage der internationalen Spezialisierung und Kooperation der Produktion.

Um das Tempo des wissenschaftlich-technischen Fortschritts in Zukunft zu beschleunigen und die ständige technisch-ökonomische Vervollkommnung der Maschinen und Ausrüstungen zu gewährleisten, sind unseres Erachtens bei der Zusammenarbeit der RGW-Länder folgende Maßnahmen zweckmäßig:

– Verlagerung des Schwerpunktes der Arbeit der RGW-Länder zur Entwicklung der internationalen Spezialisierung und Kooperation der Produktion von der im Einsatz befindlichen und in der Regel faktisch produzierenden Technik auf neue Erzeugnisse;

– Vereinigung der Arbeiten zur wissenschaftlich-technischen und wissenschaftlichen Produktionskooperation, einschließlich der gemeinsamen Experimental- und halbindustriellen Fertigung, Ausführung des gesamten Komplexes der Arbeiten durch wissenschaftlich-technische und Produktionsorganisationen der RGW-Länder;

– Erhöhung der jeweiligen Anforderungen an die Qualität der gegenseitig gelieferten Technik, Schaffung realer ökonomischer Stimuli (vor allem Preisstimuli) für die Exporteure und Anwender der neuen Technik bei Ausnutzung der besten innerstaatlichen Erfahrungen der RGW-Länder, und zwar der gleitenden Preise, Aufschläge, Abminderungen u. a.;

– schnelle Intensivierung und Vergrößerung der Maßstäbe der Einführung von Ausrüstungsreihen mit bestimmten Abmessungen und ihrer Hauptbaugruppen durch breite internationale Unifizierung und Standardisierung der letzteren, denn ohne diese Maßnahmen ist eine effektive Großserien- und Massenproduktion in den RGW-Ländern sowie eine Automatisierung in ausreichend großen Maßstäben selbst in ihren einfachsten nichtkomplexen Formen unmöglich.

Auf diesem Wege wird es möglich sein, die Verluste der Maschinenbauproduktion um 20 bis 25 Prozent zu senken und die Überleitungszeit für neue Erzeugnisse des Maschinenbaus um ein vielfaches zu verkürzen und in den meisten Fällen auf zwei Jahre zu bringen. Schon das gestattet es, viele Millionen Rubel für die gegenwärtig in großem Umfang in den Lagern anwachsenden veralteten Ersatzteile für die nicht unifizierte Technik, die aus anderen Ländern importiert wurde, zu sparen. Das ermöglicht, die Investitionsaufgaben für die Lagerwirtschaft von Ersatzteilen, die einen Metallgehalt von Millionen Tonnen haben, zu verringern und die Aufgabe der optimalen Lenkung dieser Ersatzteilvorräte zu vereinfachen, deren Nomenklatur bereits in die Hunderttausende geht.

10. Von nicht geringer Bedeutung für die Beschleunigung des wissenschaftlich-technischen Fortschritts in der RGW-Gemeinschaft ist die Aktivierung der Handels- und Kooperationsbeziehungen zu den kapitalistischen Ländern, die die materielle Basis für den Prozeß der internationalen Entspannung darstellen. Die Aufgabe besteht darin, den Prozeß der Kooperation mit den kapitalistischen Ländern in eine Bahn zu bringen, die für die sozialistischen Länder vorteilhaft ist und die gleichzeitig unseren Partnern ökonomische Vorteile bringt. Hierbei ist die Vervollkommnung der Leitung der Kooperationsbeziehungen mit kapitalistischen Ländern erforderlich. Es müssen Methoden der gemeinsamen Ausrichtung dieser Prozesse sowohl auf zweiseitiger als auch mehrseitiger Grundlage durch die RGW-Mitgliedsländer gefunden werden.

Der Aufnahme von Kooperationsbeziehungen mit kapitalistischen Firmen, die in der Regel für einen längeren Perspektivzeitraum angelegt sind (15 bis 20 Jahre), muß nicht nur eine Bewertung ihrer volkswirtschaftlichen Effektivität, sondern auch eine Bewertung der konstruktionsmäßigen technologischen Übereinstimmung der in die Produktion einzuführenden Technik mit den in den RGW-Ländern vorhandenen Standards vorausgehen. Das würde zur Entwicklung und Festigung der sozialistischen ökonomischen Integration beitragen und die Gefahr ihrer Unterwanderung abwenden. Die feste Verbindung der industriellen Kooperation mit kapitalistischen Ländern mit der Entwicklung der Kooperation im Rahmen des RGW muß in der Perspektive kontinuierlich verstärkt werden, was auch die Notwendigkeit abgestimmter oder gemeinsamer Käufe von Lizenzen beinhaltet.

Damit die Verbindungen zu den kapitalistischen Firmen den wissenschaftlich-technischen Fortschritt der Gemeinschaft beschleunigen, müssen sie auf eine technisch progressive Produktion ausgerichtet sein. Dabei darf nicht vom Standpunkt der heutigen Bedingungen im Maschinenbau des RGW-Landes, das die entsprechende Technik und Dokumentation importiert, ausgegangen werden, sondern von den Perspektiven der weiteren Entwicklung der gegebenen Technik und Technologie in der ganzen Welt.

Die Einbeziehung der westlichen Technologie und Technik muß meines Erachtens eine wichtige, nicht aber die bestimmende Rolle bei der Beschleunigung des wissenschaftlich-technischen Fortschritts in den RGW-Ländern spielen. Die Ausnutzung des wissenschaftlich-technischen Fortschritts in den RGW-Ländern sowie der Vorzüge des sozialistischen Wirtschaftssystems und der sozialistischen ökonomischen Integration ist die Haupttriebkraft des wissenschaftlich-technischen Fortschritts der Bruderländer für einen langen Zeitraum.

Die Erweiterung der Wirtschaftsbeziehungen zu entwickelten kapitalistischen Ländern kann nicht als die Herausbildung eines gesonderten Sektors betrachtet werden, der eine Lücke im Maschinenbaukomplex der RGW-Gemeinschaft ausfüllt. Die Verbindungen zu den kapitalistischen Ländern dürfen nicht zum Entstehen strategisch und taktisch verwundbarer Stellen in der sozialistischen Gemeinschaft führen.

Ju. V. Kurenkov

Die Hauptrichtungen und die ökonomische Effektivität des wissenschaftlich-technischen Fortschritts in der Industrie der entwickelten kapitalistischen Länder

1. Als Hauptrichtungen des wissenschaftlich-technischen Fortschritts in der Industrie bleiben in der gegenwärtigen ökonomischen Entwicklungsetappe die Automatisierung, Elektrifizierung und Chemisierung der Wirtschaft bestehen.

An und für sich existieren diese Richtungen als Hauptfaktoren bereits einige Jahrzehnte. In den letzten 10–20 Jahren haben sie jedoch einen neuen Inhalt bekommen. Das hängt in erster Linie mit der Entwicklung einer Gruppe neuer und neuester Zweige zusammen, die ständig wissenschaftlich-technische Errungenschaften hervorbringen.

In den entwickelten kapitalistischen Ländern waren eine Beschleunigung der *Automatisierung von Produktion und Leitung*, die Erweiterung ihres Wirkungsbereiches, der Übergang zu höchsten Formen der elektronischen Automatisierung und eine Verstärkung des Komplexcharakters dieses Prozesses zu verzeichnen.

Die Hauptsache bei den sich auf diesem Gebiet vollziehenden Veränderungen besteht im Übergang von den traditionellen Formen der Automatisierung zu ihrer höchsten Stufe – der elektronischen Automatisierung auf der Basis multiprogrammierter EDV, die nach dem Prinzip automatisierter Verteilung der Maschinenzeit von automatischen elektronisch-technologischen Ausrüstungen (numerisch gesteuerte Werkzeugmaschinen, elektronische Haspelautomaten usw.) sowie von Industrierobotern arbeiten. Diese drei in ihrem Wesen neuen Elemente der technologischen Basis der Produktion bedeuten nicht nur ein höheres Niveau der Automatisierung, sondern auch ein prinzipiell neues – diesem Niveau adäquates – System der kybernetischen Leitung der Wirtschaft. Es liegt auf der Hand, daß auch die neuen Entwicklungsmöglichkeiten der kapitalistischen Ökonomik auf der Grundlage der elektronischen Produktionsautomatisierung und der Kybernetisierung der Leitung im staatlichen Maßstab durch die privatkapitalistische Eigentumsform an Produktionsmitteln und die auf das Erzielen von Maximalprofiten eng begrenzten privatmonopolistischen Interessen beschränkt werden.

Der Maschinenpark an elektronischen Datenverarbeitungsanlagen (EDVA) beträgt in den USA gegenwärtig etwa 220 000 Stück. Sie finden breite Anwendung in automatischen ökonomischen und wissenschaftlich-technischen Informationsverarbeitungssystemen sowie in der letzten Zeit bei der Automatisierung des Produktionsprozesses und seiner Leitung.

Der EDVA-Bestand wurde in den letzten Jahren bedeutend erneuert und besteht in den entwickelten kapitalistischen Ländern zu 70–90 % aus Maschinen der dritten Generation. Insgesamt hat der Bestand an EDVA in der kapitalistischen Welt etwa 450 000 Stück erreicht.

Gegenwärtig bewegt sich die Zahl der Werkzeugmaschinen und Schmiedepressen mit numerischer Steuerung in den USA in einer Größenordnung von ca. 40 000 Stück. Der Bestand entsprechender Maschinen wächst in Japan und anderen entwickelten kapitalistischen Staaten schnell an. Einen immer größeren Anteil an den numerisch gesteuerten Ausrüstungen nehmen Bearbeitungszentren ein- mit Mehrspindel- und Revolverautomaten. Die unmittelbare Steuerung von NC-Werkzeugmaschinen durch EDVA findet immer breitere Anwendung.

Der Bestand an NC-Werkbänken betrug gegen Ende des Jahres 1976 in den kapitalistischen Ländern etwa 60–65 000 und an Industrieobjekten 10 000.

In der verarbeitenden Industrie der USA sind die Aufwendungen für teil- und vollautomatische Ausrüstungen sowie Automatisierungsmittel von 8,4 Mrd. Dollar im Jahre 1963 auf 21,0 Mrd. Dollar im Jahre 1976 gestiegen und machen fast 40 % aller Investitionen aus.

Der Maschinenbaukomplex bleibt die Grundlage für die elektronische Automatisierung aller Bereiche der Wirtschaft. Die Hauptrichtungen des wissenschaftlich-technischen Fortschritts in der näheren und weiteren Perspektive werden in diesem Komplex sein:

– der schnelle Fortschritt in der elektronischen Rechentechnik, die Einführung von EDVA der vierten Generation, die beschleunigte Entwicklung der Mikroelektronik;

– die Erhöhung der Produktion von NC-Werkzeugmaschinen und die Erweiterung ihrer Nomenklatur bei einer Hebung ihres Anteils an der Gesamtproduktion von Werkzeugmaschinen bis zu 50 % (wertmäßig);

– die Schaffung eines Zweiges für Industrieroboterbau;

– die Zusammenfassung von Werkzeugmaschinen mit numerischer Programmsteuerung, Robotern und EDV (der zentralen Leitung sowie autonome EDVA) in flexiblen technologischen Systemen zur Produktion von Erzeugnissen sowohl in Massen- als auch in Kleinserienfertigung; auf dieser Grundlage die Schaffung von automatischen Werkstätten und Betrieben mit „menschenleerer" Technologie.

Die gewaltigen Perspektiven des Übergangs zu den höchsten Formen der Produktionsautomatisierung bedeuten gleichzeitig eine Erhöhung der sozialen Spannungen in den kapitalistischen Ländern, die permanente Existenz eines gewaltigen Arbeitslosenheeres und die sich immer mehr verringernden Möglichkeiten zu seinem Abbau.

2. Die intensive *Elektrifizierung* aller Bereiche der Wirtschaft stellt eine der Hauptrichtungen des wissenschaftlich-technischen Fortschritts und eine sehr wichtige Bedingung für die weitere Entwicklung der Automatisierung und Chemisierung dar. Eine der Grundtendenzen bestand in der Vergangenheit im schnelleren Ansteigen des Elektroenergieverbrauchs im Vergleich zum Energieverbrauch insgesamt. Es spricht alles dafür, daß sich diese Tendenz auch in Zukunft fortsetzen wird. Wenn gegenwärtig in den entwickelten kapitalistischen Ländern etwa 30 % der Primärenergieressourcen in den universellen Energieträgern umgewandelt werden, so wird dieser Anteil innerhalb von zwei Jahrzehnten nach gewissen Schätzungen über 50 % betragen. Die Industrie, die städtische und Kommunalwirtschaft werden die Hauptverbraucher der Elektroenergie bleiben.

Die 1973 in der kapitalistischen Welt ausgebrochene Energiekrise zeigte deutlich die Nachteile einer auf billigem Erdöl und -gas basierenden Monoenergetik. Hieraus ergab sich die Aufgabe einer komplexen Entwicklung der Energetik insgesamt und die Einbeziehung eines breiten Kreises von Energiequellen für die Erzeugung von Elektroenergie. Der Vergrößerung der Blindleistungsgeneratoren in traditionellen Wärmekraftwerken sind bestimmte technische Grenzen gesetzt. Die Entwicklung von wirtschaftlicheren MHD-Generatoren kann kaum als Generalrichtung für die Kapazitätserweiterung von Kraftwerken dienen.

Einen neuen Inhalt des Elektrifizierungsprozesses stellt seine „atomare" Orientierung dar, die bei gleicher Form des Endproduktes die Technik und Technologie der Elektroenergieerzeugung revolutioniert.

Die Hauptrichtungen des wissenschaftlich-technischen Fortschritts auf dem Gebiet der Elektroenergieerzeugung sind:

– die beschleunigte Entwicklung der Atomenergie, die Verbesserung der Parameter der Atomreaktoren der ersten Generation auf der Basis der Wärmeneutronen, die Schaffung und industrielle Erschließung von Brutreaktoren der zweiten Generation auf der Basis von schnellen Neutronen, die Erschließung der Kernfusion;

– die komplexe Nutzung der Atomtechnologie, -technik und -energie für die metallurgische Industrie, den Schiffbau, die Wärmeversorgung von Städten, die Entsalzung von Meereswasser und andere technologische Ziele;

– die Erschließung nichttraditioneller Energieressourcen der Sonnenenergie, der geothermischen und der Windenergie, Gezeitenenergie – zur Erzeugung von Elektroenergie (erste Kraftwerke dieser Typen sind in Betrieb).

Es ist offensichtlich, daß die Zukunft der Atomenergetik äußerst widersprüchlich ist. Hier überschneidet sich der sehr komplizierte Komplex ökonomischer, politischer, militärischer und sozialer Entwicklungsprobleme des modernen Kapitalismus. Es reicht aus, die Aufmerksamkeit auf das Energieprogramm Carters hinsichtlich der Charakteristik der atomenergetischen Unterprogramme zu richten.

3. Die *Chemisierung* ist untrennbar mit der Entfaltung der wissenschaftlich-technischen Revolution verbunden. Der Anwendungsgrad von chemischer Technologie und Produktion (Chemieintensität gemessen am industriellen Bruttoprodukt) wurde zu einem wichtigen Indikator für den Entwicklungsstand der Wirtschaftsstruktur, für die Intensität des wissenschaftlich-technischen Fortschritts, für das Maß der Nutzbarmachung wissenschaftlich-technischer Errungenschaften. Die Chemieintensität, gemessen am industriellen Bruttoprodukt von sechs führenden kapitalistischen Ländern, schwankte 1975 von 19,3 Dollar/1000 Dollar in Frankreich bis 48,5 Dollar/1000 Dollar in der BRD. Das Wesen der sich auf dem Gebiet der Chemisierung vollziehenden Veränderungen besteht im Übergang von der Kohlechemie zur Erdölchemie, zu einer breiten Polymerisierung der Wirtschaft und zur Verdrängung natürlicher Materialien durch synthetische auf der Basis der Polymere, im Ersatz von Naturrohstoffen durch industriell erzeugte Materialien. Das Niveau der Nutzung polymerisierter Materialien in der Wirtschaft – und vor allen Dingen der Plaste – wurde zu einem der wichtigsten Kriterien für die Kennzeichnung der Intensität der Chemisierung und des wissenschaftlich-technischen Fortschritts insgesamt.

Von 1960–1975 stieg die Pro-Kopf-Produktion von Plasten in den entwickelten kapitalistischen Ländern auf das 3- (USA) bis 9fache (Japan). Die Entwicklung der chemischen Industrie wird sich im Vergleich zum Wachstumstempo der Industrieproduktion insgesamt auch weiterhin beschleunigt vollziehen.

Als größte Verbraucherzweige für Plastmaterialien bleiben in der Perspektive bestehen das Bauwesen, die Produktion von Verpackungsmaterialien, die Leichtindustrie und der Maschinenbau, speziell die Elektrotechnik, Radioelektronik und der Automobilbau.

Zu den neuen Richtungen des technischen Fortschritts auf dem Gebiet der Chemisierung, die aus den Grenzbereichen der Wissenschaften hervorgegangen sind, muß man solche wie die Chemie der biologisch aktiven organischen Verbindungen und der Eiweißprodukte zählen, die Chemie der metallorganischen Verbindungen, die Foto-, Bio- und Plasmachemie. Die Vervollkommnung der Produktionsstruktur in der Chemie wird mit der Entwicklung der Vakuumtechnik und der Beherrschung von überhohen Drücken sowie mit der Verwendung hocheffektiver Katalysatoren verbunden sein.

Die Entwicklung der Chemisierung und ihrer materiellen Basis – der chemischen Industrie – wird sich in einem bestimmten Konkurrenzkampf mit der metallurgischen Industrie vollziehen, besonders hinsichtlich der Versorgung der Wirtschaft mit gegenseitig austauschbaren Materialien – darunter auch Konstruktionsmaterialien.

In der Metallurgie wird im nächsten Jahrzehnt die Verdrängung der Siemens-Martin-Öfen durch die Konverter (75–80 %) und die Elektrostahlschmelzöfen (20–25 %) vollzogen sein. Eine beschleunigte Entwicklung werden der Strangguß von Rohlingen, das Strangwalzen und -nachbehandeln, Stahlbearbeitungsverfahren ohne Ofenprozesse und die Prozesse der direkten Koks-Hochofenumwandlung erfahren. In der Buntmetallurgie werden sich besonders entwickeln: neue hydrometallurgische Prozesse, die Elektrolyse, das Vakuum-Umschmelzen, der Druckguß und das kontinuierliche Abstichverfahren. Möglich ist eine industrielle Entwicklung neuer Methoden der Metallgewinnung direkt aus den Erzen.

4. Das Tempo und die Maßstäbe des technischen Fortschritts hängen in immer größerem Maße von der *Entwicklung neuer „wissenschaftsintensiver" Zweige* ab. Nach Angaben aus dem Jahre 1972 betrug der Anteil neuer Zweige an der ausgelieferten Produktion der verarbeitenden Industrie in den USA 18 %, bezogen auf die Beschäftigtenzahl – 20 %, auf die Investitionen – 34 % und auf die Ausgaben für Forschung und Entwicklung – 83 %. Die neuen Zweige boten erstmalig nicht nur industrielle, sondern auch wissenschaftliche Produktion in großem Maßstab auf dem Markt an. Die neuen Zweige zeichnen sich durch eine hohe Dynamik ihrer Entwicklung aus: Die mittlere Jahreszuwachsrate an ausgelieferter Produktion lag in den neuen Zweigen um das 1,3fache höher als in der verarbeitenden Industrie insgesamt. Die neuen Zweige sind gekennzeichnet durch eine erhöhte Investitionsintensität, die 1972 das Niveau der verarbeitenden Industrie um das 3,8fache übertraf. Die Verstärkung der Rolle neuer Zweige ist eine gesetzmäßige Etappe der Entwicklung der Produktivkräfte. Die Einwirkung neuer Zweige auf die Sphäre der materiellen Produktion ist äußerst vielfältig und vollzieht sich in erster Linie über die Verbreitung neuer wissenschaftlich-technischer Errungenschaften in anderen Zweigen. Gleichzeitig birgt die beschleunigte Entwicklung wissenschaftsintensiver Zweige, für die ein hoher Anteil an Aufwendungen für F/E-Arbeiten und eine erhöhte Investitionstätigkeit charakteristisch sind, die Gefahr neuer Strukturkrisen in sich, da für eine große Gruppe traditioneller Zweige die Möglichkeiten für ein ökonomisches Wachstum immer mehr eingeschränkt werden.

5. Die Potenzen des wissenschaftlich-technischen Fortschritts sind ausreichend groß, die wissenschaftlich-technische Revolution ist von ihrem Wesen her unendlich. Die wissenschaftlich-technische Revolution ist ein zweieinheitlicher Prozeß der weiteren Vorbereitung neuer Techniken und Technologien, die auf der Basis von grundlegenden Entdeckungen und vorher vollendeten F/E-Arbeiten entwickelt wurden, und ein Prozeß der Akkumulation neuer theoretischer Kenntnisse und neuer F/E-Arbeiten und der Einführung auf dieser Grundlage neuer Experimentaltechnologien. Man kann voraussetzen, daß bis zum Ende dieses Jahrhunderts der Hauptinhalt der wissenschaftlich technischen Revolution in der Realisierung der wissenschaftlich-technischen Errungenschaften bestehen wird, die bis zu Beginn der 70er Jahre gemacht wurden. Das schließt nicht die Möglichkeit neuer Sprünge in der Grundlagenforschung aus, die in ihrer Bedeutung den „technologischen Durchbrüchen" der 50er und 60er Jahre nicht nachstehen.

6. Die Entwicklung der wissenschaftlich-technischen Revolution stellte den Hauptfaktor für die Erhöhung der Effektivität der gesellschaftlichen Produktion dar.

6.1. In der Nachkriegszeit wurde das Wachstum der Arbeitsproduktivität in der Industrie der kapitalistischen Länder nach unserer Einschätzung zu 50–70 % durch den technischen Fortschritt gewährleistet. Durch die Erhöhung der Arbeitsproduktivität wurden ihrerseits etwa 80 % des Zuwachses an Industrieproduktion erreicht. Man kann voraussetzen, daß der Beitrag des wissenschaftlich-technischen Fortschritts zur Steigerung der Arbeitsproduktivität und zum ökonomischen Wachstum in den industriell entwickelten kapitalistischen Ländern auch in der näheren Perspektive kaum geringer werden wird.

6.2. Der wissenschaftlich-technische Fortschritt übte einen unmittelbaren Einfluß auf die Senkung der Materialintensität der Industrieproduktion aus, die im Zeitraum von 1960–1975 in der verarbeitenden Industrie der USA und Japans ungefähr um 10–25 % sank, in der BRD um 3 %. Einen entscheidenden Einfluß darauf hatten solche Faktoren wie die Entwicklung des materialsparenden wissenschaftlich-technischen Fortschritts, die Verringerung des spezifischen Materialverbrauchs je Produktionseinheit, das Entstehen neuer synthetischer Materialien und die Verbesserung ihrer Qualität. Die Chemisierung der Wirtschaft war eine der Grundlagen für die Senkung der Materialintensität der Produktion. Die Veränderungstendenzen der Materialintensität der Produktion in der Perspektive sind widersprüchlich. Einerseits werden in allen Ländern Programme zur Sicherung der Unabhängigkeit auf dem Rohstoff- und Energiesektor ausgearbeitet sowie die staatlichen Subventionen und die Regulierung materialsparender Technologien verstärkt. Andererseits setzt sich der Preisanstieg für die wichtigsten Roh- und Brennstoffe fort. Trotzdem ist es wahrscheinlich, daß sich die erste Gruppe von Faktoren als wirksamer erweisen wird.

6.3. Die Dynamik der Fondsintensität der Produktion war in den kapitalistischen Ländern ungleichmäßig. Zu ihrer Senkung kam es gewöhnlich in Perioden mit hohen Wachstumsraten der Kapazitäten, während im Verlauf von Wirtschaftskrisen die entgegengesetzte Tendenz eintrat.

Einen unmittelbaren Einfluß auf ihre Dynamik übte die Intensität der Einführung wissenschaftlich-technischer Errungenschaften aus. Die Dynamik der Fondsintensität in der verarbeitenden und der extraktiven Industrie der USA ist dank dem intensiveren, weniger kapitalaufwendigen Entwicklungsweg der entsprechenden Zweige der amerikanischen Industrie sowie dank den reicheren natürlichen Ressourcen günstiger als in der BRD oder Japan. Insgesamt kann man nur in bezug auf die USA von einem eindeutigen Überwiegen des kapitalsparenden Entwicklungsweges sprechen. Für die erste Hälfte der 70er Jahre ist ein Anstieg der Kapitalintensität in allen drei Ländern charakteristisch. Gründe dafür sind neben der Wirtschaftskrise die Erweiterung der Kapitalinvestitionen in der Infrastruktur, in Objekten mit nichtproduktiver Bestimmung, im Umweltschutz, das Ansteigen der Kosten für die Verbesserung der Arbeitsbedingungen unter dem Einfluß des Kampfes der Werktätigen usw.

7. Unter allen kapitalistischen Ländern nahmen die USA in den Maßstäben und im Entwicklungstempo des wissenschaftlich-technischen Fortschritts während der Nachkriegsperiode die führende Stellung ein. Der Hauptgrund für die Vorrangstellung der USA auf diesem Gebiet besteht in der verstärkten und komplexen Entwicklung der Wissenschaft, des Bildungs- und Leitungssystems. Das sind vollkommen neue Aufgaben, die die amerikanische Wirtschaft in der Nachkriegszeit löste. Im Jahre 1975 wurden für die Entwicklung von Wissenschaft und Technik in den entscheidenden kapitalistischen Ländern schätzungsweise 60–65 Mrd. Dollar ausgegeben, von denen der Anteil der USA daran 55–60 % betrug. Von der Gesamtsumme der Zuwendungen für wissenschaftliche Arbeiten nimmt in den USA die Industriethematik 84 % ein.

In der verarbeitenden Industrie beläuft sich der Anteil von 5 Zweigen auf über 80 % der Zuwendungen für F/E-Arbeiten: der elektrotechnischen Industrie und der Produktion von Nachrichtenmitteln, der Raumfahrtindustrie, des Transportwesens und der chemischen Zweige sowie des allgemeinen Maschinenbaus. Eine der Haupterscheinungen des wissenschaftlich-technischen Fortschritts ist die Beschleunigung der Produktionserneuerung, das Wachstum neuer Zweige. Im letzten Jahrzehnt hat ein Drittel der Industriefirmen der USA mehr als die Hälfte ihres Sortiments erneuert.

In den USA hatte der wissenschaftlich-technische Fortschritt in den letzten Jahren den ernstesten Einfluß auf die Veränderung der Mikroproportionen in einzelnen Komplexen, Zweigen und Industriegruppen. Der Anteil neuer Zweige wie der Raketentechnik, Rechenmaschinen und -geräte, wissenschaftlicher Meßinstrumente, Feininstrumente und synthetischer Produkte an der Produktion der verarbeitenden Industrie der USA stieg in der Nachkriegszeit auf das 4- bis 5fache. In den USA war eine hohe Produktionseffektivität durch die breite Einführung der Ergebnisse des wissenschaftlich-technischen Fortschritts zu verzeichnen. Insgesamt betrug die jährliche Zuwachsrate der integralen Effektivität von 1955–1973 in der Industrie der USA 2 %. Dabei wurden 51 % des Effektivitätszuwachses durch die Steigerung der Arbeitsproduktivität, 44 % durch die Erhöhung der Materialeffektivität und 5 % durch die Hebung der Fondseffektivität erzielt. Der intensive wissenschaftlich-technische Fortschritt kam im ressourcensparenden Typ der ökonomischen Entwicklung der USA zum Ausdruck.

8. Ungeachtet dessen, daß die entwickelten kapitalistischen Länder Westeuropas sowie Japan seit Beginn der 60er Jahre fest den Weg der Entwicklung eines eigenen wissenschaftlichen Forschungspotentials beschreiten, bleiben sie in den Maßstäben und im Entwicklungstempo des wissenschaftlich-technischen Fortschritts weit hinter den USA zurück. Der Anteil der Aufwendungen für F/E-Arbeiten am Bruttosozialprodukt beträgt in diesen Ländern in den letzten Jahren von 1 % (Italien) bis 1,9 % (Frankreich). Zu Beginn der 70er Jahre setzte sich Japan – gemessen an den absoluten Aufwendungen für F/E-Arbeiten – an die 3. Stelle in der kapitalistischen Welt hinter den USA und der BRD, bleibt aber hinter den USA um etwa das 10fache zurück.

Für alle betrachteten Länder stimmen die Hauptrichtungen des wissenschaftlich-technischen Fortschritts im wesentlichen überein. In der Zweigstruktur der F/E-Arbeiten dominieren die Elektrotechnik, Nachrichtentechnik, der Werkzeugmaschinenbau, die Atom- und Kernernergetik und die Chemie. Die spezifischen Bedingungen der ökonomischen Entwicklung in den einzelnen Ländern drücken der Struktur der F/E-Arbeiten ihren Stempel auf. Der Strukturwandel unter dem Einfluß des wissenschaftlich-technischen Fortschritts in der Industrie der anderen kapitalistischen Länder vollzog sich später als in den USA und mit einem geringeren Tempo, führte jedoch im Endeffekt zur Erhöhung des Anteils der Grundzweige der modernen Industrie, des Maschinenbaus, der Chemie und der Elektroenergetik.

Die mittlere jährliche Zuwachsrate der integralen Effektivität in der Industrie Japans lag höher als in den USA: 3,7 % (1957–1971) und in der BRD annähernd dem Stand der USA – 2,1 % (1950–1974). Dabei wurden 61 % des Effektivitätszuwachses durch die Steigerung der Arbeitsproduktivität getragen und 40 % durch die Erhöhung der Materialeffektivität, wobei die Fondseffektivität um 1 % sank. In den europäischen kapitalistischen Ländern war die Dynamik der Effektivität unterschiedlich und spiegelte die Besonderheiten der Entwicklung dieser Länder in der Nachkriegszeit wider. In der BRD waren ein ständiges Anwachsen der Arbeitsproduktivität und seit Beginn der 60er Jahre ein Absinken der Fondseffektivität zu beobachten. Zeitweise traf das auch für die Materialeffektivität zu, was als zeitweilige Erscheinung mit dem intensiven Entwicklungsweg der Wirtschaft zusammenhängt und auch damit erklärt werden kann, daß bis in die jüngste Vergangenheit die F/E-Arbeiten weniger mit Problemen der Herabsetzung des Aufwands an materiellen Ressourcen verbunden waren, sondern sich im wesentlichen auf die Vervollkommnung der Arbeitsmittel konzentrierten. In der BRD wurden sämtliche 100 % Effektivitätszuwachs durch die Steigerung der Arbeitsproduktivität erreicht.

9. Insgesamt lassen sich für die entwickelten kapitalistischen Länder verschiedene Entwicklungsstufen der Intensität des wissenschaftlich-technischen Fortschritts feststellen, die sich unterschiedlich auf die Effektivität der Wirtschaftsfunktion im ganzen auswirken. Im Prinzip muß man den ressourcenintensiven und den ressoucensparenden Typ des technischen Fortschritts unterscheiden, differenziert nach allen Ressourcenarten (Arbeit, Kapital, Energie, Materialien), die neben dem Grad der Progressivität der Wirtschaftsstruktur, d. h. dem Anteil der Zweige mit unterschiedlicher Ressourcenintensität und Effektivität, letzten Endes die gesellschaftliche Effektivität der Produktion bestimmen. Die Erfahrungen der Nachkriegsentwicklung der kapitalistischen Länder zeigt der insgesamt ressourcensparende Typ der wissenschaftlich-technischen Entwicklung der USA, was neben den positiven Verschiebungen in der Struktur der amerikanischen Wirtschaft die ausreichende Effektivität der Wirtschaftsentwicklung dieses Landes bestimmte. In den westeuropäischen Ländern trug der wissenschaftlich-technische Fortschritt vor allem arbeitssparenden Charakter, wobei jedes Prozent an Arbeitsproduktivitätszuwachs mit dem höheren „Preis" des Anstiegs der Fondsausstattung bezahlt werden mußte und im Zusammenhang damit die Fondsintensität der Produktion stieg. Auf Grund dessen, daß sich in der Mehrzahl der Länder Westeuropas die Materialintensität erhöhte, diente die Steigerung der Produktivität der lebendigen Arbeit als einziger die Effektivitätsverringerung bei der Verwertung der vergangenen Arbeit kompensierender Faktor für die Erhöhung der Gesamteffektivität. Man muß diesen Weg als die Anfangsphase der Produktionsintensivierung und eine unzureichend entwickelte Form des wissenschaftlich-technischen Fortschritts betrachten.

Als kompensierende Faktoren für die Erhöhung der Fondsintensität dienten in Japan die Steigerung der Arbeitsintensität und die Erhöhung der Materialeffektivität. Das entspricht einem höheren Niveau der Intensivierung der Produktion und des wissenschaftlich-technischen Fortschritts als z. B. in einer Reihe westeuropäischer Länder, bleibt aber unter dem Niveau der USA.

Es liegt auf der Hand, daß die für die gegenwärtige Entwicklungsetappe der wissenschaftlich-technischen Revolution in den kapitalistischen Industrieländern charakteristischen Probleme und Widersprüche bedeutend vielfältiger sind, als es in diesen kurzen Thesen dargestellt wurde.

I. A. Stepanov

Wissenschaftlich-technischer Fortschritt in der Landwirtschaft

Die sozialistische Landwirtschaft geht gegenwärtig konsequent den Weg der Industrialisierung. Einen führenden Platz in der Versorgung des Landes mit Nahrungsgütern und Rohstoffen einnehmend, verfügt sie über große Land-, Material- und Finanzressourcen. Daher ist auch die volkswirtschaftliche Bedeutung der Beschleunigung des Wachstumstempos der Produktion landwirtschaftlicher Produkte und der Erhöhung der ökonomischen Effektivität der Wirtschaftsführung, der Umwandlung der Landwirtschaft in einen hochentwickelten Zweig, verständlich.

Die Intensivierung der Landwirtschaft, die Entwicklung ihrer progressivsten Richtungen – der industriellen – basiert auf den Errungenschaften des wissenschaftlich-technischen Fortschritts in der Volkswirtschaft des Landes: auf der neuen hochleistungsfähigen Technik, dem Bauwesen, der Entwicklung der Landwirtschaftswissenschaft, der Vervollkommnung der Technologie der landwirtschaftlichen Produktion und den Formen ihrer Organisation, auf der Lösung einer Reihe sozialer Probleme des sowjetischen Dorfes. Die Entwicklung der Industrie, des Transports und anderer Zweige der Volkswirtschaft führt zur immer größeren Vertiefung der Arbeitsteilung und zur Erweiterung der zwischenzweiglichen Verbindungen der Landwirtschaft, zur Erhöhung des Niveaus der Vergesellschaftung. Die Landwirtschaft produziert für sich selbst einen immer geringeren Anteil an Produktionsmitteln, der Anteil an Produktionsmitteln, der durch die Industrie bereitgestellt wird, wächst systematisch. Gegenwärtig hat die Landwirtschaft ein solches Niveau erreicht, „... daß die Agrikultur die Bedingungen ihrer eigenen Produktion nicht mehr in sich, naturwüchsig vorfindet, sondern daß diese als selbständige Industrie außer ihr existiert".[1]

Die Steigerung der Effektivität der landwirtschaftlichen Produktion unter den gegenwärtigen Bedingungen hängt in entscheidendem Maße von der Beschleunigung des wissenschaftlich-technischen Fortschritts ab, der den Kern der ökonomischen Politik der Partei darstellt, ein gewaltiger Hebel der allseitigen Intensivierung der gesellschaftlichen Produktion, des bedeutenden Wachstums der Arbeitsproduktivität und der Verbesserung der Qualität der erzeugten Produkte ist.

Der wissenschaftlich-technische Fortschritt in der Landwirtschaft stützt sich auf das Fundament der wissenschaftlichen Kenntnisse. Die Entwicklung der Produktivkräfte der Landwirtschaft hängt vom Niveau der Entwicklung von Wissenschaft und Technik im Ganzen und insbesondere von ihrer Anwendung in den Industriezweigen, die die Landwirtschaft versorgen, sowie von den Errungenschaften der Naturwissenschaften ab.

Der wissenschaftlich-technische Fortschritt stellt ständig quantitative und revolutionäre qualitative Veränderungen in Wissenschaft, Technik und anderen Lebenssphären der menschlichen Gesellschaft dar. Er widerspiegelt die fortschreitende Entwicklung der Wissenschaft und auf deren Basis die ständige Vervollkommnung der materiell-

1 K. Marx, Grundrisse der Kritik der Politischen Ökonomie, Berlin 1974, S. 426.

technischen Basis der gesellschaftlichen Produktion. Nur im Sozialismus sind alle Bedingungen für die uneingeschränkte Entwicklung des wissenschaftlich-technischen Fortschritts geschaffen, für die Anwendung seiner Errungenschaften und Ergebnisse zur Befriedigung der gesellschaftlichen Bedürfnisse und der allseitigen, harmonischen Entwicklung des Menschen.

Eine grundlegende Besonderheit des wissenschaftlich-technischen Fortschritts in der Landwirtschaft ist das weite Gebiet seiner Einflußnahme. Erstens, in der landwirtschaftlichen Produktion wird neben den technischen Produktionsmitteln der Boden genutzt. Darum ist eine der grundlegendsten Aufgaben der Entwicklung des technischen Fortschritts in der Landwirtschaft die Ausarbeitung effektiver Mittel und Methoden der Reproduktion des Bodenfonds, richtiger der Reproduktion seiner ökonomischen Fruchtbarkeit. Zweitens, in der landwirtschaftlichen Produktion werden neben den technischen Mitteln lebende Organismen genutzt. Im Ergebnis dessen verflechten sich hier technologische Prozesse mit biologischen Prozessen. Darum hat die Umsetzung von Erkenntnissen der biologischen Wissenschaften, der Genetik, Selektion, Saatzucht, Mikrobiologie, Veterinärwesen u. a. gleichzeitig mit der Vervollkommnung der Technik und Produktionstechnologie eine große Bedeutung. Drittens, der wissenschaftlich-technische Fortschritt in der Landwirtschaft endet nicht im Stadium der Produktion des Rohprodukts, sondern erfährt seine logische Fortsetzung und Vollendung in der Sphäre der Verarbeitung landwirtschaftlicher Produkte. Schließlich, der wissenschaftlich-technische Fortschritt in der Landwirschaft muß sich mit vorrangigem Tempo im Vergleich zu anderen Zweigen der materiellen Produktion entwickeln, um in historisch kurzer Zeit die materielle Grundlage für die Beseitigung der schweren Handarbeit in diesem Zweig, für die Senkung nicht nur des relativen Arbeitsaufwandes zur Herstellung des Produktes zu schaffen, sondern auch für die Reduzierung der absoluten Anzahl der Beschäftigten, die in der genossenschaftlichen und staatlichen Produktion beschäftigt sind.

Gegenwärtig sind an der Erzeugung der Finalprodukte der Landwirtschaft in dem einen oder anderen Maße, direkt oder indirekt 90 bis 100 Zweige beteiligt, darunter arbeiten rund 60 Industriezweige mit ihren Rohstoffen oder Halbfabrikaten. Wie eine zwischenzweigliche Bilanz zeigt, sind an der Herstellung der für den Verbrauch fertigen Produktion landwirtschaftlicher Herkunft 60 % der Produktionsgrundfonds der Landwirtschaft selbst um 40 % der Grundfonds anderer Zweige beteiligt; für die Erfüllung dieser Arbeit werden 63 % an materiell-finanziellen Ausgaben durch die Landwirtschaft und 37 % durch andere Zweige realisiert. Ein charakteristisches Merkmal in der gegenwärtigen Periode der Industrialisierung der Landwirtschaft, der Überführung einer Reihe Zweige auf industrielle Basis ist das schnelle Wachstum des Investitionsvolumens. So entfallen von den 352 Milliarden Rubel Investitionen, die für die Entwicklung der Landwirtschaft in den Jahren der Sowjetmacht bereitgestellt wurden, 224 Milliarden Rubel auf den Zeitraum nach dem Märzplenum des ZK der KPdSU (1965). Folglich erhielt dieser Zweig der Volkswirtschaft in den letzten 11 Jahren 2,3mal mehr Mittel als in allen vorangegangenen Jahren. Dank dieser Mittel vergrößern sich die funktionsfähigen Grundfonds, verändert sich ihre materiell-stoffliche Struktur, vervollkommnen sich die Produktivkräfte.

Die landwirtschaftlichen Produktionsfonds der Kolchosen, Sowchosen und anderer staatlicher Betriebe betrugen zu Beginn des Jahres 1975 auf gegenwärtiger Preisbasis 141 Milliarden Rubel, die Fondsausstattung einer Arbeitskraft 5500 Rubel, und die Fondsausstattung je 100 ha landwirtschaftlicher Nutzfläche 24 800 Rubel.

Die Landwirtschaft geht zuversichtlich den Weg der dynamischen Entwicklung. Im

Vergleich zum 7. Fünfjahrplan wurden im 8. Fünfjahrplan 186 Mill. Tonnen Getreide mehr produziert, und im 9. Fünfjahrplan, der durch zwei witterungsmäßig ungünstige Jahre gekennzeichnet war (1972 und 1975) 256 Mill. Tonnen mehr. Auf das eineinhalbfache stieg in diesem Zeitraum die Rohbaumwollproduktion, im Zeitraum 1971 bis 1975 betrug sie 7,7 Mill. Tonnen jährlich. Die jährliche Fleischproduktion stieg von 9,3 Mill. Tonnen im 7. Fünfjahrplan auf 11,6 Mill. Tonnen im 8. und 14 Mill. Tonnen im 9. Fünfjahrplan. In all diesen Jahren wuchs die Produktion von Milch, Eiern und anderen Produkten. Insgesamt erhöhte sich die landwirtschaftliche Produktion im Zeitraum 1966 bis 1975 je Einwohner um fast ein Viertel bei einem Zuwachs der Bevölkerung in dieser Zeit von 23 Millionen Menschen.

In der Landwirtschaft zeigt sich in der gegenwärtigen Entwicklungsetappe der Einfluß des wissenschaftlich-technischen Fortschritts vor allem in der komplexen Mechanisierung aller Bereiche der Pflanzen- und Tierproduktion, in der beschleunigten Annäherung an die optimalen Anwendungsnormen chemischer Mittel, in der grundlegenden Verbesserung der landwirtschaftlichen Nutzfläche durch komplexe Meliorationsmaßnahmen, in der Einführung hochproduktiver Sorten landwirtschaftlicher Kulturen und Tierrassen, die weitgehend den Standortbedingungen angepaßt sind, in der allseitigen Elektrifizierung der Arbeiten, in der Entwicklung von Transportmitteln und Mitteln für den Dispatcherdienst und Mechanisierung der Verwaltungsarbeit, in der Durchsetzung einer progressiven Kooperation und Spezialisierung der Produktion, in effektiven Formen der Arbeitsorganisation und -vergütung.

Der wissenschaftlich-technische Fortschritt beeinflußt alle Bereiche der landwirtschaftlichen Produktion, alle Elemente seiner materiell-technischen Basis und alle Sphären der gesellschaftlichen Tätigkeit der Landbevölkerung. Dabei erfolgt eine weitere Vertiefung der Verflechtung der Landwirtschaftsbetriebe und der gesamten Volkswirtschaft im einheitlichen Agrar-Industrie-Komplex.

Im 10. Fünfjahrplan ist es auf der Grundlage der einheitlichen technischen Politik in allen Zweigen der Volkswirtschaft, der beschleunigten technischen Umsetzung, der breiten Einführung progressiver Technik und Technologien in die landwirtschaftliche Produktion möglich, die Fondsausstattung je Beschäftigten auf 9300 Rubel im Jahr 1980 gegenüber 2400 Rubel im Jahr 1965 zu erhöhen.

Bedeutend nimmt auch die Energieausstattung der Beschäftigten in der Landwirtschaft zu, die 1980 je Arbeitskraft 29,6 PS gegenüber 17,0 PS im Jahre 1975 und 8,2 PS im Jahre 1965 aufweisen wird.

Im Fünfjahrplan steigt die Elektroenergieausstattung der in der Landwirtschaft Tätigen um 1,8mal und wird Ende 1980 4000 kWh gegenüber 2200 kWh im Jahre 1975 und 1100 kWh 1970 betragen.

Ein charakteristisches Merkmal in der gegenwärtigen Etappe der Entwicklung der materiell-technischen Basis der Landwirtschaft ist der Übergang zur komplexen Mechanisierung aller Bereiche, ihre Überführung auf industriemäßige Grundlage bei breiter Anwendung chemischer Mittel.

Die komplexe Lösung dieser komplizierten Aufgabe kann nicht isoliert von anderen Bestandteilen der materiell-technischen Basis erfolgen. Allerdings kommt den Fragen der Entwicklung der landwirtschaftlichen Technik die wichtigste Bedeutung zu. Das bezieht sich in erster Linie auf das Niveau der technischen Ausrüstung der Landwirtschaft: ununterbrochene Vervollkommnung der landwirtschaftlichen Technik, Konstruktion, Produktion und Einführung neuer Maschinen und Mechanismen für die Komplettierung der Maschinensysteme in allen landwirtschaftlichen Bereichen; Entwicklung des geschaffenen klassischen dreigliedrigen Maschinensystems in ein viergliedriges (automatisiertes) als wichtige Erscheinung der wissenschaftlich-technischen Revolution in der Landwirtschaft. Der wichtigste Bestandteil der Agrarpolitik der Partei ist die allseitige Erhöhung der technischen Ausrüstung der Landwirtschaft. Die Maschinenbauer des Landes steigerten in den letzten Jahren die Produktion und Lieferung von Technik und Ausrüstungen an die Landwirtschaft. Die Gesamtkapazität des Traktorenbestandes z. B. betrug 163 Mill. PS gegenüber 78 Mill. PS im Jahre 1965. Jährlich wachsen die Lieferungen an neuer und neuester landwirtschaftlicher Meliorationstechnik. Zur Zeit produziert unsere Industrie für das Land 1608 Typen und eine Vielzahl verschiedener Ausrüstungen. Ende des 10. Fünfjahrplanes soll sich das Sortiment der hergestellten Maschinen auf 3000 erhöhen.

Die quantitative Steigerung der Lieferungen an landwirtschaftlicher Technik ist verbunden mit einer Verbesserung der Qualität, mit einer Erhöhung der Leistungen der Traktoren, der Nutzlast der LKW sowie mit einer Leistungssteigerung anderer Arten von Maschinen und Ausrüstungen.

Das Problem der ökonomischen Leitung des wissenschaftlich-technischen Fortschritts steht besonders scharf in der Landwirtschaft, wo die Fragen ihrer Einführung im Zusammenhang mit den sozialökonomischen Besonderheiten dieser umfangreichen Sphäre der materiellen Produktion besonders kompliziert sind.

Das Niveau der Entwicklung der Technik wird durch den Grad der Ablösung der menschlichen Funktion mit Hilfe der Maschine im Reproduktionsprozeß bestimmt. Wie bekannt, unterscheidet man zwei große Gruppen der menschlichen Produktionsfunktion: die physische – hierzu gehören bewegende, transportierende und technologische (das Produkt verändernde Arbeit) und die logische oder lenkende. Das Wesen der technischen Revolution besteht darin, daß sie sich in den wichtigsten Industriezweigen vollzog und dabei die physische menschliche Produktionsfunktion durch Maschinen ersetzt wurde; dies zog einen bedeutenden Sprung in der Steigerung der gesellschaftlichen Arbeitsproduktivität nach sich.

Das Wesen der gegenwärtigen wissenschaftlich-technischen Revolution, die die Schaffung der materiell-technischen Basis des Kommunismus gewährleisten muß, kommt darin zum Ausdruck, daß die logischen Funktionen des Menschen zur Steigerung der Produktion der Maschine selbst übertragen werden, und von diesem Moment an beginnt die Epoche der Entwicklung der Technik – der automatisierten Technik. Der Mensch als Hauptagent der Produktion, wie Marx sagte, stellt sich neben sie, beobachtet, kontrolliert und steuert die Arbeit automatisierter Systeme, der Produktionsprozeß verläuft automatisch, ohne Teilnahme des Menschen.

Der Automatisierung der Produktion geht eine ganze Reihe von wissenschaftlichen Erfindungen, eine Kette wissenschaftlich-technischer Veränderungen voraus. Somit ist die Grundlage der gegenwärtigen wissenschaftlich-technischen Revolution der wissenschaftlich-technische Fortschritt. Die Produktion von Maschinen und Ausrüstungen für die Landwirtschaft ist z. Z. noch unzureichend. Wie auch vor vielen Jahren erhält die Landwirtschaft einzelne Typen und Arten voneinander isolierter Maschinen und Ausrüstungen, die eine Einführung von Maschinensystemen nicht ermöglichen. Wenn früher ein solches Vorgehen im Niveau der Entwicklung von Wissenschaft und Technik begründet lag und einen bestimmten ökonomischen Nutzen brachte, so entspricht unter den Bedingungen der Industrialisierung der Landwirtschaft ein solches Vorgehen nicht den Aufgaben zur schnellen Steigerung der Effektivität der gesellschaftlichen landwirtschaftlichen Produktion.

Es ist erforderlich, die Produktion der Industrieprodukte für die Landwirtschaft unter Berücksichtigung der Sicherung einer planmäßigen Einführung von Maschinensystemen in die Bereiche zu reorganisieren. Im Zusammenhang damit hat die Beschleunigung der Produktion von Arbeitsgeräten eine wichtige Bedeutung.

Gegenwärtig hat sich eine Kluft zwischen den energetischen Maschinen und Arbeitsaggregaten herausgebildet. Für eine normale Auslastung des Traktorenparkes müssen auf jeden Rubel Kosten des Traktors nicht weniger als 2,5 Rubel Kosten der Arbeitsmaschine kommen, statt 1,6 Rubel gegenwärtig. Für den Traktor K 700 z. B. besteht der Komplex an Arbeitsmaschinen aus 55 Arten. Die Industrie liefert nur etwas mehr als die Hälfte. Für den Traktor F 150 sind es entsprechend 25, von denen 10 geliefert werden. Demzufolge werden leistungsstarke Traktoren mit Serienmaschinen geringer Arbeitsbreite ausgerüstet, die eigentlich für die Arbeit der Traktoren älterer Typen bestimmt sind. Dadurch sinkt ihre Arbeitsproduktivität um 30 bis 50 %. Im weiteren ist die Vervollkommnung der Struktur des Traktorenparkes erforderlich. Eine Analyse zeigt, daß unter den gegenwärtigen Bedingungen, bei einer Vergrößerung der Dörfer, mit der Entwicklung des Wegenetzes, der Melioration, der Bedarf an Radtraktoren sogar in Gebieten steigt, die einen hohen Anteil feuchter Flächen haben. Sie sind universal und kommen fast das ganze Jahr zum Einsatz, sind rentabler in der Unterhaltung, sie haben bessere Arbeitsbedingungen für den Mechanisator, und für ihre Fertigung und Reparatur wird weniger Material verbraucht.

In diesem Zusammenhang ist es wichtig – unter Nutzung der modernen elektronischen Rechentechnik und mathematischer Methoden –, den perspektivischen Bedarf an Radtraktoren und Kettenschleppern für jede Landeszone zu ermitteln und danach die Produktion zu planen.

Eine ernsthafte Vervollkommnung erfordert die Technik im Rübenanbau. Das arbeitsintensivste Glied bleibt das Verziehen und die Bestandsdichte der Anpflanzung. Diese Arbeit basiert noch vorwiegend auf Handarbeit. Wie internationale Erfahrungen zeigen, haben die automatisierten Pflanzenverziehmaschinen eine hohe Effektivität. Ihre Anwendung in Verbindung mit Herbiziden und der Saatgutpelletierung ermöglicht, den Arbeitszeitaufwand für die Dichte der Anpflanzung und das Verziehen um das 5- bis 6fache zu senken. Sie befinden sich allerdings noch in der Entwicklung. Die Kolchosen und Sowchosen in den Rübenanbaugebieten haben einen großen Bedarf an Sämaschinen mit genauer Aussaat, an 6reihigen Rübenerntemaschinen, an hochproduktiven Ladegeräten für Rüben. Der Übergang zu einer neuen Technologie des Zuckerrübenanbaues erfordert eine grundlegende Erhöhung der Qualität des Saatgutes. Die Versorgung der Kolchosen und Sowchosen, die Rüben anbauen, mit siliertem Saatgut, das mit wachstumsstimulierenden und schützenden Mitteln pelletiert ist sowie hohe Ertragsfähigkeit besitzt, das ist eine herangereifte Aufgabe. Ohne ihre Lösung kann eine hohe Effektivität im Rübenanbau nicht erzielt werden.

Ein schwach mechanisierter Bereich ist nach wie vor der Kartoffelanbau. Besonders hoher Handarbeitsaufwand ist bei der Beschickung der Pflanzmaschinen, bei der Kartoffelernte, bei der Beladung der LKW erforderlich.

Im Interesse der Steigerung der Effektivität des Kartoffelanbaus ist es notwendig, die Kolchosen und Sowchosen beschleunigt mit einem Maschinenkomplex auszurüsten, der die Einführung einer modernen Anbautechnologie dieser Kultur ermöglicht. Besonders wichtig ist die Ausstattung der Kolchosen und Sowchosen mit 6reihigen Kartoffelpflanzmaschinen und 4reihigen Kartoffelvollerntemaschinen. Die Anwendung dieser Maschinen ermöglicht, den Arbeitsaufwand im Kartoffelanbau fast auf die Hälfte zu senken.

Die Effektivität des technischen Fortschritts in den Tierproduktionsanlagen wird stark gehemmt durch die nichtkomplexe Technik und besonders durch die extensiven

Verfahren ihrer Anwendung. Wie vor Jahren entspricht der Einsatzzeitraum von Maschinen und Ausrüstungen in den Formen im wesentlichen dem Zeitraum der Produktionszyklen Fütterung der Tiere, Entmistung der Stallanlagen, Melken der Kühe. Da die Zeit, die für diese Zyklen benötigt wird, vorrangig durch natürliche Faktoren bestimmt wird und diese Maschinen nur einige Stunden am Tag benötigt werden, kommt die Technik auch nur so lange zum Einsatz. Im Ergebnis dessen arbeiten komplizierte, teure Maschinen nur 3 bis 4 Stunden am Tag. Unter den Bedingungen der Industrialisierung der Tierproduktion führt das zu einer investitionsintensiven Produktion, niedriger Fondsrückführung und Erhöhung der Selbstkosten der Produktion. Gestützt auf die Erfahrungen der fortgeschrittensten Betriebe, der industriemäßigen Komplexe, wäre es zweckmäßig, überall in den neuen und rekonstruierten Stallanlagen mit der Konzentration der Produktion zu einer fließenden Nutzung der Technik überzugehen und danach die Arbeit und den Arbeitsrhythmus in den Anlagen zu organisieren. Bei einer wechselseitig fließenden Nutzung der Technik erhöht sich der Auslastungskoeffizient der Ausrüstungen um das dreifache und verringert sich der Bedarf an Investitionen bedeutend. So beträgt, umgerechnet auf 100 Milchkühe, der Bedarf an Milchleitungen bei traditionellem Melkvorgang und Fütterung 200 Meter, bei mehrschichtiger Nutzung nur 5 Meter; auf die Hälfte verringert sich die Anzahl der Futterverteilungstransportbänder. Beim Melken in Melkständen wird neben einem hohen Mechanisierungs- und Automatisierungsgrad der Arbeit die Technik in mehreren Schichten genutzt. Somit kann mit der gleichen Ausrüstung eine doppelte Anzahl Tiere versorgt werden, und entsprechend verringern sich die Investitionen. Bei der Lösung dieser Aufgaben kann die verstärkte Zentralisation im Prozeß der Leitung des technischen Fortschritts in der Landwirtschaft eine große Bedeutung erlangen.

Die Analyse zeigt, daß die Effektivität des technischen Fortschritts durch die Erhöhung des Standardisierungsgrades bedeutend verbessert werden kann. Obwohl in den letzten Jahren bemerkenswerte Fortschritte in dieser Frage erreicht wurden, setzt die Traktoren- und Landmaschinenindustrie weiterhin die Produktion und Lieferung einer umfangreichen Nomenklatur an Maschinen und Ausrüstungen mit annähernd gleichen technischen Parametern, aber verschiedenen Konstruktionen fort. Die Vielfalt erhöht den Bedarf an Ersatzteilen, erschwert die Organisation einer laufenden technischen Betreuung, erhöht die Aufgaben für Reparatur und technische Betreuung des Maschinen-Traktoren-Parkes.

Obwohl in den zurückliegenden Jahren die Zuführung von technischen Mitteln für die Landwirtschaft intensiviert wurde, überwiegt in vielen Bereichen noch die Handarbeit. Darum dient jede neue Maschine der Produktionssteigerung, der Arbeitseinsparung, verbessert seine Bedingungen. Die Klassiker des Marxismus-Leninismus haben den Zeitspannen der Nutzung der Technik als einem Faktor des ökonomischen Wachstums große Aufmerksamkeit gewidmet. „Je öfter es (das Produktionsmittel, der Übersetzer) erneuert werden müßte, desto kostbarer; desto größrer Teil des Kapitals müßte an es nutzlos verwandt werden. Seine Dauer ist sein Dasein als Produktionsmittel. Seine Dauer ist Vermehrung seiner Produktivkraft."[2]

Um die Nutzungsdauer der Technik zu vergrößern, ist es in erster Linie erforderlich, die Qualität der Maschinen und Ausrüstungen, ihre Zuverlässigkeit und Langlebigkeit zu erhöhen.

In Übereinstimmung mit dem technischen Fortschritt ist es notwendig, das Qualifikationsniveau der Mechanisatoren bedeutend zu heben und gleichfalls die materielle In-

[2] Ebenda, S. 598.

teressiertheit der Kolchosen und Sowchosen an der Verlängerung der Nutzungsdauer der Technik zu erhöhen.

Der Prozeß der Schaffung der materiell-technischen Basis des Kommunismus beginnt für die Landwirtschaft erst mit der Vollendung der komplexen Mechanisierung, weil sie bereits Elemente einer Automatisierung beinhaltet, d. h., es wird der Anfang des Übergangs von maschineller zur automatisierten Technik durch die technische Revolution beschritten. Die Einführung letzterer muß ein höheres Wachstum der Arbeitsproduktivität in der Landwirtschaft sichern, als es beim Aufbau des entwickelten Sozialismus erreicht wurde. Nach Angaben wissenschaftlicher Forschungseinrichtungen könnte die Einführung von Maschinensystemen in die Landwirtschaft schon in naheliegender Perspektive zu einer Senkung des Arbeitsaufwandes im Vergleich mit dem gegenwärtigen Niveau führen: in der Getreideproduktion um das 10fache, in der Kartoffelproduktion um das 15fache, in der Rübenproduktion um das 3fache, in der Schweinemast um das 14fache.

Im Sozialismus erweitern sich bedeutend die sozialökonomischen Funktionen der Technik. In der sozialistischen Produktion wird die Technik in erster Linie mit dem Ziel eingeführt, die Produktivität der lebendigen Arbeit zu erhöhen und vergegenständlichte Arbeit einzusparen. Das ermöglicht nicht nur das Wachstum der Rentabilität, sondern auch in ökonomisch begründeten Maßstäben eine Erhöhung der Arbeitsvergütung für Beschäftigte in Betrieben mit wirtschaftlicher Rechnungsführung. Mit dem staatlichen Fünfjahrplan zur Entwicklung der Volkswirtschaft 1976 bis 1980 ist vorgesehen, das Niveau der Entlohnung je Arbeiter der Sowchosen um 22 % und die Einkünfte der Kolchosmitglieder aus der gesellschaftlichen Wirtschaft um 26 % zu erhöhen. Dieses Wachstum soll in erster Linie durch die Schaffung und effektive Nutzung technischer Mittel erreicht werden. Je schneller und effektiver technische Mittel eingeführt werden, desto schneller wächst der Erlös der Betriebe und das Einkommen der in der Landwirtschaft Beschäftigten.

Die Erläuterung dieses Sachverhalts hat große Bedeutung für eine aktive Einbeziehung der Werktätigen bei der beschleunigten Einführung der Errungenschaften des wissenschaftlich-technischen Fortschritts. Hinzu kommt, daß die technischen Mittel und die Elektrotechnik den Arbeitsprozeß verbessern und erleichtern, mehr Zeit freisetzen für die allseitige harmonische Entwicklung der Werktätigen.

Vor uns steht eine gewaltige Arbeit auf dem Wege zur komplexen Mechanisierung der landwirtschaftlichen Produktion: Die Lieferungen an Maschinen und Ausrüstungen sind zu erhöhen, besonders für den Futteranbau, die Kartoffel- und Gemüseproduktion, Meliorationsmaschinen, Maschinen für die komplexe Mechanisierung in der Tierproduktion, für die Transportarbeiten; die Qualität der Maschinen ist zu verbessern – sie müssen leistungsfähiger, langlebiger, billiger sein und mehr Komfort für die Werktätigen sichern. In seiner Rede in Alma-Ata sagte Genosse Breshnew: „Wir brauchen beispielsweise immer mehr Maschinen für die Landwirtschaft. Aber nicht einfach Maschinen. Wir brauchen neue und neueste Technik, die den Ansprüchen der großen spezialisierten Produktion entspricht, die es ermöglicht, fortgeschrittene Technologien einzuführen."[3]

Zu den progressivsten Tendenzen im Landmaschinenbau zählen: die Produktion leistungsstarker (150–300–400 PS) Traktoren mit hoher Geschwindigkeit, kombinierte

[3] Eine große Tat der Partei und des Volkes, Rede des Generalsekretärs des ZK der KPdSU, Leonid Breshnew, auf der Festsitzung in Alma-Ata, in: Presse der Sowjetunion, 14/1974, S. 12.

hochleistungsfähige Maschinen für den Ackerbau und die Pflanzenproduktion mit großer Tragfähigkeit, störfrei arbeitende Maschinen und Ausrüstungen für die Mechanisierung der Produktion tierischer Produkte und anderer stationärer Prozesse auf industriemäßiger Grundlage, Nutzung der neuesten Errungenschaften von Wissenschaft und Technik bei der Ausrüstung der Landwirtschaft (Atom- und Lasertechnik, Fotoenergetik u. a.), Schaffung von Maschinen und Ausrüstungen, die bequem zu bedienen sind, die die Gesundheit der Mechanisatoren erhalten, die die landwirtschaftliche Arbeit attraktiver gestalten. Diese Tendenzen müssen durch die Konstrukteure und Produzenten der Landtechnik berücksichtigt werden.

Vor den Werktätigen der Landwirtschaft stehen große Aufgaben auf dem Gebiet der Mechanisierung der Produktion: Notwendig ist, die Technik effektiver einzusetzen, sie besser zu pflegen, einen maximalen Effekt durch jede Maschine, jedes Gerät zu erzielen. In vorbildlichen Betrieben wird sehr viel in dieser Hinsicht getan. Die Reparaturbasis wird verstärkt, eine beispielhafte Ordnung beim Abstellen der Technik wird durchgesetzt, in breitem Umfang werden progressive Formen der technischen Betreuung eingeführt, die organisatorischen und technischen Maßnahmen des Technikeinsatzes werden vervollkommnet, hohe Leistungsfähigkeigt und Lebensdauer werden garantiert.

Das System der sozialistischen gesellschaftlichen Beziehungen sichert die Nutzung der Technik für eine maximale Befriedigung der Bedürfnisse der Menschen, zur Ablösung schwerer körperlicher Arbeit durch Maschinen, zur Erleichterung der Ttätigkeit und allseitigen Entwicklung der Persönlichkeit. Deshalb eröffnen die sozialistischen Produktionsverhältnisse einen breiten Raum für die Einführung der Technik und für die Beschleunigung des wissenschaftlich-technischen Fortschritts.

Wenn Maschinen und Elektroenergie in der Landwirtschaft in erster Linie der Steigerung der Arbeitsproduktivität und der Einsparung von Arbeit dienen, so sind die chemischen Mittel im wesentlichen für die Steigerung der Erträge und für die Erhöhung der Produktivität der Tiere, für den Schutz der Saaten vor Unkräutern, Krankheiten und Schädlingen bestimmt. Während die Technik den Ertragszuwachs und seine Stabilität dank der Durchführung der Arbeiten zu optimalen Terminen sichert, fördern die chemischen Mittel den Ernteertrag der verschiedenen Produkte.

Der führende Platz unter den chemischen Mitteln, die in der Landwirtschaft zur Anwendung gelangen, kommt den Mineraldüngemitteln zu. Ihre Bereitstellung wächst in außerordentlichem Tempo. So erhielt die Landwirtschaft 1960 11,4 Mill. t Mineraldüngemittel (umgerechnet auf Bezugseinheiten), 1965 27 Mill. t, 1970 bereits 45,6 Mill. t, 1975 75,2 Mill. t. In fünfzehn Jahren erhöhten sich die Lieferungen auf das 7fache.

Für ein normales Wachstum und die Entwicklung der landwirtschaftlichen Kulturen sind chemische Elemente verschiedener Bestimmung notwendig, die in optimalen Verhältnissen anzuwenden sind. Das spricht für die Kompliziertheit des Chemisierungsprozesses, besonders in Verbindung mit anderen ertragsbildenden Faktoren. Allerdings werden in der Praxis immer noch Einnährstoffdünger mit verhältnismäßig niedrigem Nährstoffgehalt angewendet. Die Erfahrungen in der Welt orientieren immer mehr auf die Entwicklung und Produktion granulierter, kombinierter Düngemittel mit hohem Nährstoffgehalt. Das führt zu einer aktiven Einwirkung auf die Bodenfruchtbarkeit, auf die Verbesserung der Arbeit von Düngerstreuern und zu einer bedeutenden Senkung der Transportkosten für die Düngemittel vom Produktionsort zum Verbrauchsort.

Eine immer breitere Anwendung erlangen chemische Mittel in den Bereichen der Tierproduktion: Verbesserung und Gewinnung von industriellem Futter, Stimulierung der Produktivität und Trächtigkeit der Tiere, Durchführung von Heil- und sanitären Maßnahmen. Synthetische chemische Substanzen ersetzen in bedeutendem Maße Substanzen pflanzlicher Herkunft.

In der gegenwärtigen Etappe des kommunistischen Aufbaus handelt es sich bei der Melioration hauptsächlich um die allseitige Verbesserung der Qualität der Meliorationsarbeiten und die Erhöhung ihrer Effektivität: Erzielung eines höchstmöglichen Ertrages für das Land notwendiger landwirtschaftlicher Produktion je Rubel, je verausgabter Arbeitszeit, je eingesetzter Materialreserven. Die wichtigste Richtung in der Melioration besteht in der Erhöhung der Getreideproduktion, ihrer Stabilisierung gegenüber Trockenheit und anderen ungünstigen Witterungsfaktoren sowie in der Festigung der Futterbasis für die Tierproduktion.

Die meliorierten Flächen, die ca. 8 % des Ackerlandes und der mehrjährigen Kulturarten umfassen, liefern ein Viertel der gesamten Pflanzenproduktion, die in der gesellschaftlichen Wirtschaft der Betriebe geerntet wird. Das heißt, 1 ha meliorierte Fläche ist im Durchschnitt 3mal produktiver als normales Ackerland.

Von der Schafhaltung, die bewässerte Weiden nutzt, erhält die Volkswirtschaft ca. 60 % der Wolle und des Hammelfleisches und fast alle Karakulfelle.

Gegenwärtig können bereits mehrere in den letzten Jahren geschaffene Zonen eines hocheffektiven Ackerbaues auf der Grundlage meliorierter Flächen genannt werden.

In der Zone des Nord-Krim-Kanals werden 45 dt Getreide/ha und mehr geerntet. 50 bis 55 dt Futtereinheiten und 40 bis 45 dt Getreide werden je bewässerten Hektar im Krimgebiet erzielt. Sie ernten von diesen Flächen über 50 % der gesamten Produktion der Kolchose und Sowchose in der Zone. Für den Bau des Nord-Krim-Kanals wurden 535 Mill. Rubel investiert. Der gesamte Reinerlös von den bewässerten Flächen im Bereich dieses Kanals beträgt 420 Mill. Rubel.

Im Gebiet von Krasnodar wurde auf Schwemmböden das größte einheimische Reisanbaugebiet geschaffen. In nicht weiter Zukunft wird das Gebiet 1 Mill. t Reis liefern. Die Effektivität der Investitionen ist hier sehr hoch.

Für die Bewässerung und Bewirtschaftung von Flächen der Hungersteppe in Mittelasien wurden 2,2 Mrd. Rubel investiert; auf diesen neuen Flächen werden bereits 2,7 Mill. t Rohbaumwolle produziert. Der gesamte Reinerlös in dieser Zeit betrug ca. 1,8 Mrd. Rubel.

Zu einer wichtigen Zone der Tierproduktion wird die Belorussische Poles'e. Von den entwässerten Flächen werden hier bereits jährlich für 150 Mill. Rubel Ackerbauprodukte erzeugt, im Zeitraum seit der Erschließung wurden 1,5 Mrd. Rubel erzielt. Der gesamte Reinerlös betrug 0,8 Mrd. Rubel. Eingesetzt wurden 1 Mrd. Rubel für die Melioration.

Gegen Ende des 10. Fünfjahrplanes soll die meliorierte Fläche 32 Mill. ha erreichen, darunter bewässerte fast 20 Mill. ha. Im 10. Fünfjahrplan soll die Bruttoproduktion auf melioriertem Ackerland um 46 % steigen und ca. 15 Mrd. Rubel erreichen. Außerdem werden von den bewässerten Weiden, Wiesen und anderen meliorierten Flächen über 40 Mill. t Futtereinheiten geerntet.

Der wissenschaftlich-technische Fortschritt in der Melioration zeigt sicht in erster Linie im geschlossenen Bewässerungssystem mit automatisierter Steuerung und mechanisierter Wasserzufuhr, in der Anwendung vollkommenerer Bau- und Betriebstechnik, das ist letztlich Steigerung der Erträge auf den meliorierten Flächen.

Die Rolle der Wissenschaft bei der Züchtung neuer hochproduktiver Sorten und Hybride landwirtschaftlicher Kulturen, bei der Ausarbeitung progressiver Technologien ist gewachsen. Große Autorität haben die bekannten hochproduktiven Sorten des Winterweizens Bezostaja I und Mironovskaja 808, die fast 90 % der Wintergetreidefläche einnehmen. Nur durch den Anbau dieser Sorten erhält das Land jährlich bis zu 5 Mill. t Getreide zusätzlich. Stark verbreitet sind die Sonnenblumensorten mit hohem Ölgehalt aus der Selektion von V. S. Pustovojt. Dadurch konnte die Ölausbeute aus den Sonnenblumenkernen von 27,9 % im Jahre 1940 auf 43,9 % im Jahre 1965 und auf 46,3 % im Jahre 1975 oder auf das 1,7fache im Vergleich zur Vorkriegszeit erhöht werden. Außerdem führten diese Sorten in Verbindung mit der erweiterten Düngemittelanwendung, mit der verbesserten Agrotechnik und anderen Faktoren zu einer Ertragssteigerung von 7,4 dt/ha im Jahre 1940 auf 12,3 dt/ha im Jahre 1975. All das ließ es zu, den Ölertrag pro Hektar Anbaufläche Sonnenblumen von 206 kg im Jahre 1940 auf 487 kg im Jahre 1965 und 569 kg im Jahre 1975 oder auf das 2,8fache zu steigern.

Eine komplizierte Aufgabe steht vor den Wissenschaftlern bei der Schaffung solcher Sorten landwirtschaftlicher Kulturen, die sich durch einen Komplex wertvoller biologischer Besonderheiten und wirtschaftlich vorteilhafter Qualitäten auszeichnen, die hohe Erträge bringen, schnell reifen, winterfest, widerstandsfähig gegen Trockenheit, Krankheiten und Schädlinge sind und den Anforderungen eines intensiven Ackerbaus entsprechen.

Gegenwärtig sind Maßnahmen zur weiteren Verbesserung des Saatzuchtwesens vorgesehen sowie seine Überführung auf industriemäßige Grundlagen mit dem Ziel, die Einführung hochproduktiver Sorten und Hybride in die Produktion zu beschleunigen, den Anbau des biologisch wertvollsten Saatgutes und die jährliche Bildung des Saatgutfonds in Höhe des vollen Bedarfs zu sichern. Es ist vorgesehen, die Produktion des Saatgutes in spezialisierten Saatzuchtbetrieben bzw. Abteilungen und Brigaden zu konzentrieren bei gleichzeitiger Schaffung der erforderlichen materiell-technischen Basis für den Anbau, die Ernte, Nachbehandlung und Lagerung des Saatgutes.

Große Bedeutung hat das durch Spezialisten aus Kasachstan bereits auf vielen Millionen Hektar eingeführte bodenschützende Ackerbausystem.

Große Aufgaben gibt es auch auf dem Gebiet der Tierproduktion zur Verbesserung der bestehenden sowie zur Züchtung neuer hochproduktiver Rassen und Linien landwirtschaftlicher Nutztiere. Der Übergang der Tierproduktion zur industriemäßigen Produktion stellt die Aufgabe der Vervollkommnung der Herden nach Merkmalen ihrer Eignung für die maschinelle Technologie und die Erreichung einer hohen Einheitlichkeit.

In der gegenwärtigen Etappe richtet sich die Agrarpolitik unserer Partei im wesentlichen auf die verstärkte Spezialisierung und Konzentration der landwirtschaftlichen Produktion auf der Grundlage der zwischenbetrieblichen Kooperation und Agrar-Industrie-Integration.

Mit dem Wachstum des ökonomischen und industriellen Potentials des Landes, das den Beginn einer materiell-technischen Umrüstung ermöglichte, beschleunigt und vertieft sich der Prozeß der weiteren Spezialisierung und Konzentration und die Überführung einzelner Bereiche auf eine industriemäßige Basis. Unter den Bedingungen des entwickelten Sozialismus, der wissenschaftlich-technischen Revolution haben die Prozesse der Spezialisierung und Konzentration, der zwischenbetrieblichen Kooperation und Integration einen qualitativ neuen Inhalt; verbunden mit der neuesten materiellen Basis realisieren sich diese Prozesse auf höherer Stufe. Bei der Konzentration der Produktion in großen spezialisierten Betrieben, in Produktions-, Wissenschafts-Produktions- und Agrar-Industrie-Vereinigungen werden die Investitionen, das materielle, finanzielle und Arbeitspotential mit höherer Effektivität genutzt, werden die neuesten

Errungenschaften von Wissenschaft und Technik schneller eingeführt und auf dieser Grundlage das Wachstum der Produktion, die Erhöhung ihrer Qualität, die Senkung der Selbstkosten und die Erhöhung der Arbeitsproduktivität gewährleistet. In der Regel sind in den großen spezialisierten Betrieben die Erträge der profilbestimmenden Kulturen und die Leistung der vorrangigen Bereiche der Tierproduktion um das 1,5- bis 2fache größer, die Selbstkosten der erzeugten Produkte um die Hälfte niedriger und die Arbeitsproduktivität je Arbeitskraft um das 2,5- bis 3fache höher.

Gegenwärtig sind im Land über 7000 verschiedene zwischenbetriebliche Einrichtungen tätig. Am verbreitetesten sind solche Einrichtungen im Bauwesen, in der Tierproduktion, in der Futterproduktion, im Gartenbau u. a. Bereichen. Es entwickelt sich und erstarkt der Integrationsprozeß der landwirtschaftlichen Produktion mit der Lagerung, Bearbeitung, dem Transport und dem Absatz der Fertigerzeugnisse. Das verkürzt den Weg und die Zeit der Produktbewegung vom Feld oder dem Stall bis zum Tisch des Verbrauchers, senkt die Verluste, erhöht die Qualität und verringert den gesellschaftlichen Produktionsaufwand.

Die Schaffung und breite Entwicklung großer spezialisierter zwischenbetrieblicher Einrichtungen und Vereinigungen bedeutet eine neue Etappe der sozialistischen gesellschaftlichen Produktion in der Landwirtschaft. Die zwischenbetriebliche Kooperation schafft allen Betrieben, unabhängig vom Niveau ihrer Ökonomie, verschiedene Möglichkeiten des schrittweisen Übergangs zu einer hochintensiven spezialisierten Produktion. Die Vertiefung der Spezialisierung und Konzentration der Produktion auf der Grundlage der zwischenbetrieblichen Kooperation und der Agrar-Industrie-Integration ist ein gewaltiger Faktor zur Entwicklung der Produktivkräfte, einer umfangreichen Nutzung der Errungenschaften von Wissenschaft und Technik, einer weiteren Steigerung der landwirtschaftlichen Produktion. Die zwischenbetriebliche Kooperation und die Agrar-Industrie-Integration sind auf die erfolgreiche Lösung der großen Probleme gerichtet, die mit der weiteren Vervollkommnung der Produktionsverhältnisse auf dem Lande, mit der schrittweisen Annäherung der zwei Formen des sozialistischen Eigentums und ihrem perspektivischen Hinüberwachsen in gesamtgesellschaftliches Eigentum und mit der Überwindung der wesentlichen Unterschiede zwischen Stadt und Land verbunden sind. Das wachsende Niveau der Vergesellschaftung der Produktion, die verstärkten Kooperationsprozesse haben einen aktiven Einfluß auf den Charakter und die Organisation der Arbeit, schaffen bessere Bedingungen für die Herausbildung kommunistischer gesellschaftlicher Beziehungen, für die allseitige Entwicklung der Persönlichkeit.

A. TOLKAČEV

Integration der Prozesse der wissenschaftlich-technischen und sozialökonomischen Entwicklung und Methoden ihrer Widerspiegelung in der Volkswirtschaft

1. Problemstellung

Der XXIV. und der XXV. Parteitag der KPdSU begründeten den Inhalt und die wichtigsten Parameter der ökonomischen Strategie in Einheit mit den Richtungen des sozialen und wissenschaftlich-technischen Fortschritts. Die Verwirklichung der strategischen Politik in diesen bestimmenden Bereichen des gesellschaftlichen Fortschritts sichert die weitere Entwicklung der materiell-technischen Basis der Volkswirtschaft, die Erhöhung des Reifegrades der Produktionsverhältnisse, das Voranschreiten auf dem Wege der Schaffung eines vorwiegend intensiven Typs der erweiterten Reproduktion und der Lösung der wichtigsten sozialen Aufgaben der Steigerung des Niveaus des materiellen Wohlstandes und der geistigen Bereicherung des gesamten Volkes. Die erfolgreiche Lösung der sozialökonomischen Entwicklungsprobleme ist nur möglich bei einer Erhöhung der Effektivität der lebendigen und der vergegenständlichten Arbeit, bei einem progressiven Wachstumstempo der Arbeitsproduktivität. Die wissenschaftliche Begründung eines solchen Charakters der Effektivität der Ressourcennutzung muß auf einer globalen Berücksichtigung des wissenschaftlich-technischen Fortschritts beruhen, was erstens eine Einschätzung aller wissenschaftlich-technischen Richtungen und zweitens in allen Reproduktionssphären bedeutet.

1.1. In der marxistisch-leninistischen Wirtschaftstheorie gilt als grundlegendes methodologisches Prinzip der Forschungsarbeit das Prinzip der Einheit der Prozesse der wissenschaftlich-technischen, ökonomischen und sozialen Entwicklung. Die dialektische Wechselbeziehung dieser gesellschaftlichen Erscheinungen bildet das wissenschaftliche Fundament der Einheit von sozialökonomischer und wissenschaftlich-technischer Politik der KPdSU, der Hauptrichtungen der Leitungs- und der wirtschaftlich-organisatorischen Tätigkeit des Sowjetstaates.

1.2. Das Erkennen der Erscheinungen in Natur und Gesellschaft in der Forschungsarbeit sowie die Nutzung der Entdeckungen von Wissenschaft und Technik in der Praxis des sozialistischen Aufbaus waren bis vor kurzem noch mit einem Vorherrschen der Methoden der Analyse und der Zerlegung der Natur in ihre spezifischen Teile[1] verbunden und in der Produktion mit einer Aufgliederung des technologischen Zyklus in die elementaren Produktionsprozesse und die Erzielung des Endprodukts als Ergebnis der Durchführung der elementaren Operationen durch eine große Anzahl von Beschäftigten.

1.3. Bei dem modernen wissenschaftlich-technischen Fortschritt unter den Bedingungen der Entfaltung der wissenschaftlich-technischen Revolution und des erreichten hohen Niveaus der ökonomischen und technologischen Vergesellschaftung der Repro-

[1] Vgl. F. Engels, Herrn Eugen Dührings Umwälzung der Wissenschaft („Anti-Dühring"), in: MEW, Bd. 20, Berlin 1962, S. 20.

duktionsprozesse werden die Tendenzen der Integration vorherrschend; in der Forschung und in wissenschaftlichen Ausarbeitungen – die Methoden der Modellierung (der Nachbildung) von Erscheinungen der Natur und Gesellschaft im gesamten System der kausalen und funktionalen Zusammenhänge; in der gesellschaftlichen Produktion – die Erweiterung der technologischen Prozesse der Synthese der Ausgangsstoffe (Komponenten) im Endprodukt sowie chemischer Methoden der Einwirkung auf die Arbeitsgegenstände bei einem relativen Rückgang der Methoden ihrer mechanischen Bearbeitung; in der planmäßigen Leitung – das komplexe Herangehen an die Begründung und Lösung sozialökonomischer Probleme, die bis zur effektiven Bilanziertheit der Entwicklung gebrachte Sphäre der erweiterten Reproduktion.

1.4. Die Integration der Prozesse der wissenschaftlich-technischen und sozialökonomischen Entwicklung in der planmäßigen Leitung kann wie folgt definiert werden: Es ist der globale Ausdruck der objektiv im gesellschaftlichen Reproduktionsprozeß existierenden Wechselbeziehungen und Abhängigkeiten von Wissenschaft und Technik, Ökonomie und Zielstellungen der sozialen Entwicklung und des Wachstums des Volkswohlstandes im System der Plankennziffern und Normative. Als Methode der wissenschaftlichen Planung dient sie dazu, im Plan die objektiv wirkenden Proportionen und die kausalen Zusammenhänge zwischen ihnen, auf deren Grundlage die Logik der Planausarbeitung bestimmt werden muß, wiederherzustellen.

Integration – das ist ein komplizierter Begriff, der komplex die produktionstechnischen und sozialökonomischen Prozesse in ihrer organisatorischen Einheit widerspiegelt. Die Bedingtheit ihrer produktionstechnischen Voraussetzungen setzt eine strenge quantitative Formbestimmtheit der Widerspiegelung der Prozesse in den qualitativen Kennziffern der Planproportionen voraus.

Integrationstendenzen sind auch jeder der zu analysierenden gesellschaftlichen Erscheinungen immanent.

Der innere Zusammenhang aller Richtungen und Zweige des wissenschaftlich-technischen Fortschritts verkörpert sich in der einheitlichen, ihrem Inhalt nach komplexen Erscheinung, die „wissenschaftlich-technischer Fortschritt" oder „wissenschaftlich-technische Revolution" genannt wird. Die Vorwärtsbewegung des wissenschaftlich-technischen Fortschritts erfolgt unter der Einwirkung sowohl der ihm immanent innewohnenden Gesetzmäßigkeiten als auch unter der Einwirkung der gesellschaftlichen Entwicklungsgesetze.

Die Prozesse des ökonomischen Wachstums und der sozialen Veränderungen koexistieren im System der erweiterten Reproduktion. Ihre Bewegung befindet sich unter der Einwirkung der Gesetzmäßigkeiten der erweiterten Reproduktion und zugleich der objektiven ökonomischen Gesetze.

Die sozialökonomischen Aufgaben der Vorwärtsbewegung der Gesellschaft werden vorausbestimmt durch das ökonomische Grundgesetz des Sozialismus. Die praktische Lösung der Aufgaben aber, vor denen die Gesellschaft in den verschiedenen Etappen ihrer Entwicklung steht, sind auf bestimmende Weise mit dem Fortschritt der Produktivkräfte verbunden. Unter den Bedingungen der wissenschaftlich-technischen Revolution erweist sich das Potential der letzteren am abhängigsten von der Ausnutzung ihrer Errungenschaften.

1.5. Die Integration kommt nach unserer Auffassung und Interpretation nur beim Vorhandensein von ihrem Wesen nach adäquaten Bedingungen zur Auswirkung, folglich in einer bestimmten Etappe des sozialistischen Aufbaus.

Voraussetzungen für ihr Bestehen sind:

– die Umwandlung der Wissenschaft in eine unmittelbare Produktivkraft, wodurch sich der wissenschaftlich-technische Fortschritt als bestimmender Faktor eines optimalen Tempos, progressiver Strukturveränderungen und der realen Möglichkeit der gleichzeitigen und komplexen Entwicklung aller Bereiche der erweiterten Reproduktion, aber auch der Objektivierung der Prozesse der Arbeit durchsetzt;

– die Entwicklung der Tendenz der technologischen und organisatorischen Gemeinsamkeit der verschiedenen Produktionen, deren Wirken – neben der Konzentration spezialisierter Produktionen – die Grenzen der zwischenzweiglichen Kooperation der Arbeit und der Produktionsmittel sowie ihrer technologischen Vergesellschaftung bedeutend erweitert hat: Wesentlich wuchsen die Kapazitäten der einzelnen Maschinen, Apparate, Aggregate und einzelner Betriebe; die geschaffenen riesigen Energiesysteme und das sich herausbildende einheitliche Transportnetz sichern das normale Funktionieren der großen Zahl von Betrieben der verschiedenen Zweige; es werden viele Zweige tangierende territoriale Produktionskomplexe geschaffen;

– die Verstärkung der Planmäßigkeit im Wirken der objektiven ökonomischen Gesetze in der Periode des entwickelten Sozialismus entsprechend der Erhöhung des Reifegrades der Wirtschafts- und Produktionsverhältnisse, auf deren Grundlage die Wirtschaftswissenschaft und die Planungspraxis erfolgreich die Probleme des Wirkungsmechanismus der ökonomischen Gesetze und der Bewertung des quantitativen Grades ihres Wirkens ausarbeiten.

Eine wichtige Rolle spielen hier erstens die Vervollkommnung der Methodologie der politökonomischen Analyse im Aspekt der Einheit von Produktionsverhältnissen und Produktivkräften, zweitens die Ausarbeitung moderner Methoden der Modellierung der Erscheinungen, die Anwendung der EDV und die Schaffung einer Bank von technisch-ökonomischen analytischen und normativen Informationen, drittens die breitere Anwendung von Bilanzmethoden in der Planung, die Verbindung der Volkswirtschaftsbilanz mit der Verflechtungsbilanz zwecks Erlangung von Bilanzstrukturen im Aspekt der sozialen Sektoren der Wirtschaft, der ökonomischen Struktur der Reproduktion und der produktionstechnischen Verflechtungsanalyse;

– die Erweiterung des Zeithorizonts der Pläne und wissenschaftlichen Prognosen. Die Erhöhung der Planmäßigkeit im Wirken der ökonomischen Gesetze und der Objektivierung der Produktionsprozesse in Verbindung mit einer Verbesserung der Methoden der Planbegründungen sichern eine Verringerung des Grades des Wahrscheinlichkeitscharakters und die Erhöhung der wissenschaftlichen Genauigkeit bei der Begründung der Dynamik der Kennziffern der Integration des wissenschaftlich-technischen Fortschritts, des ökonomischen Wachstums und der sozialen Entwicklungsprogramme. Für die Entwicklung der Integrationstendenzen ist diese Besonderheit der gegenwärtigen Periode des sozialistischen Aufbaus sehr wichtig, da sie sehr oft die komplexe Lösung nicht so sehr der laufenden wie der strategischen Probleme widerspiegeln, welche Wachstum und Strukturveränderungen der Erscheinungen, die notwendigen Aufwendungen und den möglichen Effekt einschließen.

1.6. Die Tendenz der Integration zeigt sich in allen Sphären der erweiterten Reproduktion. In der Produktionssphäre wird sie nachstehend beleuchtet. In den anderen Sphären widerspiegelt sich ihr Auftreten auf eine für jeden dieser Bereiche spezifische Weise.

1.6.1. In der Distributionssphäre kommt die Integrationstendenz erstens im schnellen Anwachsen der Aufwendungen für die Wissenschaft und im Erreichen eines hohen Niveaus ihrer Rolle im Nationaleinkommen zum Ausdruck. Die Ausgaben für die Wissenschaft aus dem Staatshaushalt und aus anderen Quellen beliefen sich 1940 auf 0,3 Mrd. Rubel, 1960 auf 3,9 Mrd., 1970 auf 11,7 Mrd. und 1975 auf 17,4 Mrd.

Rubel[2], während ihr Anteil am produzierten Nationaleinkommen folgende Entwicklung hatte:

1940 = etwa 0,1 %, 1960 = 2,7 %, 1970 = 4 % und 1975 = 4,5 %[3].

Die Integrationstendenz zeigt sich zweitens in der Schaffung einer mächtigen Industrie für die wissenschaftliche Forschung (Gerätebau, Versuchsproduktionen der Forschungsinstitute und dergleichen mehr), drittens ist sie im steilen Anwachsen der Ausmaße der Produktionsgrundfonds und der Zahl der auf dem Gebiet der Forschung, Projektierung und Konstruktion Beschäftigten erkennbar.

1.6.2. In der Zirkulationssphäre sind für das Auftreten der Integrationstendenz charakteristisch: erstens das Verschmelzen einer Reihe ihrer Zweige, die zur materiellen Produktion zählen (Transport- und Nachrichtenwesen), unmittelbar mit Produktionszweigen und die Bildung territorialer Produktionskomplexe; zweitens die gewaltige Entwicklung der Information, die gemeinsam mit der sie gewährleistenden materiell-technischen Basis (EDV-Anlagen, Nachrichtenlinien, Rechenzentren und dergleichen) zu einem äußerst wichtigen Faktor des ökonomischen Wachstums wurde.

1.6.3. In der Konsumtionssphäre bedingt die Tendenz der Integration ein beschleunigtes Wachstum neuer Bedürfnisse und in diesem Zusammenhang die Dynamik der Strukturveränderungen. Mit der Entfaltung der wissenschaftlich-technischen Revolution seit Mitte der fünfziger Jahre wurden in der UdSSR Großproduktionen von langlebigen Gebrauchsgütern geschaffen. Erwerben konnte man sie in größerem Umfang ab Ende der fünfziger Jahre, in den siebziger Jahren sind sie zu Massenbedarfsgütern geworden. Im Jahre 1960 entfielen auf je 100 Familien 8 Fernsehgeräte, 1975 aber waren es 74, bei Kühlschränken betrug dieser Anteil entsprechend 4 und 62, bei Waschmaschinen 4 und 65. Der Erwerb von Personenkraftwagen für den persönlichen Gebrauch erhöhte sich von 1965 bis 1975 auf das 15fache.

Nach Berechnungen von W. F. Maier wuchs in den 25 Jahren von 1950 bis 1975 in der UdSSR der Pro-Kopf-Verbrauch an Grundnahrungsmitteln auf das 1,8- bis 3,5fache, bei einem Rückgang des Verbrauchs von Getreideprodukten um 17 %, bei Kartoffeln sogar auf die Hälfte. Der Erwerb von Industriewaren – Kleidung, Schuhwerk – wuchs etwa im gleichen Tempo wie bei den Lebensmitteln. Die Anschaffung langlebiger Gebrauchsgüter wuchs um 50 bis 100 % schneller und bei jenen, die mit Entdeckungen der wissenschaftlich-technischen Revolution verbunden sind, betrug die Steigerung ein Vielfaches.

1.7. Integrationstendenzen traten auch in den Wechselbeziehungen der gesellschaftlichen Produktion und des ökonomischen Milieus zutage. Die erweiterte Reproduktion der materiellen Güter und Leistungen wird immer mehr untrennbar und abhängig von der Reproduktion der natürlichen Bedingungen: der Fruchtbarkeit des Bodens, der Sauberhaltung der Umwelt, der Wiederherstellung von Fauna und Flora und anderem mehr.

2. Die Integration bedingt neue Methoden und Prinzipien in der Planung

In der Planungsmethodik wird die Kontinuität der Grundprinzipien in allen Phasen beibehalten: bei der Errichtung der Grundlagen des Sozialismus, im Sozialismus und

[2] Narodnoe obrazovanie, nauka i kul'tura v SSSR, Statističeskij sbornik, Moskva 1977, S. 315.

[3] Rasčet, Ustočnik to že, Narodnoe chozjajstvo SSSR 1922–1972, Jubilejnyj statističeskij

in der Phase des reifen Sozialismus. Zugleich aber werden auf der Basis qualitativ neuer Bedingungen und jener Aufgaben, die vor der Gesellschaft in der Periode des reifen Sozialismus und der Schaffung der materiell-technischen Basis des Kommunismus stehen, in der Planung auch neue Prinzipien angewandt. Ausgehend vom Gegenstand unseres Vortrags, möchten wir folgende Prinzipien und Besonderheiten der Planung hervorheben:

2.1. Das Prinzip der globalen Integration aller Richtungen des wissenschaftlich-technischen Fortschritts, in ihrem ganzen Umfang und in allen Bereichen, durch die sich das Herangehen an die Planaufstellung und ihre Logik verändern.

„Zu einem mächtigen Hebel des wissenschaftlich-technischen Fortschritts muß der Volkswirtschaftsplan werden. Bis heute finden die Fragen der Nutzung der Errungenschaften von Wissenschaft und Technik in der Volkswirtschaft nicht den gebührenden Niederschlag in unseren Plänen ... Man muß anders an die Sache herangehen: ein komplexes Programm zur weiteren Entwicklung der Technik und Technologie ausarbeiten, und davon ausgehend, alle Abschnitte des Planes, seine wichtigsten Kennziffern festlegen."[4]

2.2. Die objektiv notwendige und praktisch mögliche komplexe, bilanzierte Entwicklung aller Sphären der Reproduktion mit Orientierung auf die Zielsetzung der Pläne, ausgehend vom Programm der sozialen Entwicklung und des Wachstums des Volkswohlstandes bei Beibehaltung eines hohen Wachstumstempos der Produktion und der notwendigen Stärkung der Verteidigungsfähigkeit des Landes.

Die Lösung dieser Aufgaben setzt die Notwendigkeit einer globalen Widerspiegelung des wissenschaftlich-technischen Fortschritts und die Berücksichtigung seiner ökonomischen und sozialen Auswirkungen im Plan voraus.

Bis in die jüngste Zeit wurde die Widerspiegelung des wissenschaftlich-technischen Fortschritts in den Plänen für die Entwicklung der Volkswirtschaft beschränkt:

– Im GOELRO-Plan konzentrierte man sich auf die Entwicklungsprobleme der Energiebasis der Volkswirtschaft;

– in den Fünfjahrplänen erfolgte die Berücksichtigung des technischen Fortschritts bis 1940 im Produktionsprogramm, ab 1940 in einem speziellen Abschnitt, der früher „technischer Plan" genannt wurde und heute als „Planung der Entwicklung von Wissenschaft und Technik" bezeichnet wird und in dem nur die wichtigsten Maßnahmen enthalten sind;

– im System der Normative des Ressourcenaufwands bei der Aufstellung der Materialbilanzen, die durch die Nomenklatur der letzteren begrenzt sind.

2.3. Die Planung, ausgehend von der Zielorientierung der Planentscheidungen. Dazu gehören: die Planung der Endaufgabe, einen Überfluß an materiellen und kulturellen Gütern zu schaffen, sowie die Planung der Bedürfnisse, die mit der Veränderung der sozialen Bedingungen der Arbeit zusammenhängen, die Überwindung der Disproportionen in der Volkswirtschaft auf der Grundlage einer Ausbilanzierung der produktions-technischen Ressourcen (Energie, Brennstoffe, Rohstoffe und Arbeitsmittel) mit den Bedürfnissen; die Schaffung der ökonomischen Bedingungen für eine gleichbedeutende Einwirkung der Verbraucher und der Produzenten auf die Struktur und die Qualität der Produktion und der Leistungen. Zu diesem Zweck müssen in der Planungsmethodologie folgende Prinzipien eine weitere Entwicklung erhalten: das Prinzip

ežegodnik, Moskva 1972, S. 359; Narodnoe chozjajstvo SSSR v 1975, Statističeskij ežegodnik, Moskva 1976, S. 563.

[4] XXIV. Parteitag der KPDSU, Rechenschaftsbericht des Zentralkomitees der Kommunistischen Partei der Sowjetunion, Referent: L. I. Breshnew, Moskau/Berlin 1971, S. 77/78.

der Intensivierung und der Erhöhung der sozialökonomischen Effektivität der Prozesse der gesellschaftlichen Reproduktion; das Prinzip der zeitlichen Einordnung der Lösung der Aufgaben zur Erlangung eines Überflusses an den verschiedenen Arten von Gütern und Leistungen; das Prinzip der vorrangigen Entwicklung von Produktionszweigen, Dienstleistungsbereichen und Forschungsrichtungen, ausgehend vom Kriterium des größten Nutzeffekts und der Proportionalität; das Prinzip der Programmplanung bei der Bildung von Produktionskomplexen und der Lösung sozialer Aufgaben.

2.4. Allgemeine Erhöhung des technischen Produktionsniveaus in den produzierenden Zweigen der Volkswirtschaft, in der Forschung, in der Projektierungs- und Konstruktionstätigkeit sowie bei der planmäßigen Leitung auf der Grundlage der staatlichen wissenschaftlich-technischen Politik; Angleichung der produktionstechnischen Bedingungen für die Steigerung der Arbeitsproduktivität in den verschiedenen Zweigen der Volkswirtschaft als ökonomische Voraussetzung für die Verringerung der Unterschiede im Einkommensniveau; Schaffung der produktionstechnischen und ökonomischen Bedingungen für die Überwindung der Unterschiede im Niveau des materiellen Wohlstandes sowie der kulturellen und Lebensbedingungen der Arbeiter in der Landwirtschaft und in der Industrie, für die Überwindung der wesentlichen Unterschiede zwischen der körperlichen und der geistigen Arbeit; Sicherung der Bilanziertheit der Arbeitskräfteressourcen bei einem jähen Rückgang ihres Zuwachstempos und der weiteren Umverteilung im Interesse einer beschleunigten Entwicklung der Dienstleistungssphäre.

2.5. Verwirklichung der Integration der wissenschaftlich-technischen und sozialen Entwicklungsprozesse im System der sozialistischen internationalen Arbeitsteilung.

2.6. Reale Sicherung einer wirksamen Verbindung der Errungenschaften der wissenschaftlich-technischen Revolution mit den Vorzügen des Sozialismus auf der Grundlage eines volkswirtschaftlichen Herangehens an die Bewertung dieser Errungenschaften und einer planmäßigen Koordinierung der wissenschaftlichen Forschung sowie der Nutzung wissenschaftlich-technischer Entdeckungen. Hierfür ist es notwendig, die Entwicklung von Wissenschaft und Technik in der Volkswirtschaft global zu planen und ihre ökonomischen und sozialen Auswirkungen einzuschätzen.

3. Methoden der globalen Widerspiegelung der Integrationsprozesse im Plan

Die Integrationsprozesse werden praktisch im Volkswirtschaftsplan auf der Grundlage der Ausarbeitung entsprechender Methoden realisiert.

Im Ökonomischen Forschungsinstitut beim Staatlichen Plankomitee der UdSSR werden Methoden und Normative der Integrationsprozesse bei der Entwicklung von Wissenschaft und Technik, der Ökonomik, der Lösung sozialer Prozesse und dem Wachstum des Volkswohlstandes ausgearbeitet. Im Prozeß der Vorbereitung einer Komplexprognose der Entwicklung der Volkswirtschaft unter Berücksichtigung des wissenschaftlich-technischen Fortschritts für den Zeitraum 1976 bis 1980 durch das Kollektiv des Ökonomischen Forschungsinstituts werden sie einer experimentellen Überprüfung unterzogen. Unsere Arbeit schöpft bei weitem nicht die möglichen Aspekte der Forschungsarbeit auf diesem Gebiet aus. Wir betrachten sie als eine Etappe der wissenschaftlichen Bearbeitung der aktuellen methodologischen Probleme der Integration der sozialökonomischen und technischen Seiten der Entwicklung und Vervollkommnung der Volkswirtschaftsplanung auf dieser Grundlage.

3.1. Die Prozedur oder Methodik der Integration des wissenschaftlich-technischen Fortschritts mit den gesellschaftlichen Bedürfnissen und den Ressourcen im Plan umfaßt folgende Etappen: Vor allem ist es notwendig, alle Hauptrichtungen des wissenschaftlich-technischen Fortschritts nach Zweigen der Volkswirtschaft, der Industrie und der Grundlagenforschung sowie die wichtigsten Maßnahmen zur Einführung bestimmter Arten der Technik, Technologie und Leitungssysteme in die Produktion und die Leitung zu bestimmen. Ein zum Zeitpunkt der Planausarbeitung vorhandener wissenschaftlicher Vorlauf kann die Möglichkeiten seiner vollen Ausnutzung erhöhen.

Wenn man diesen Umstand sowie die große Anzahl der Richtungen des technischen Fortschritts auf allen Gebieten und den unterschiedlichen Grad der Fertigstellung der Forschungs- und Projektierungsarbeiten in jeder dieser Richtungen berücksichtigt, ist es notwendig, sie zu ordnen und nach einer begrenzten Anzahl von Gruppen zu klassifizieren.

3.2. In der Praxis der Einordnungs- und Gruppierungsarbeiten wenden wir die Zeitkriterien an: Nutzungsbeginn jeder Art von Technik und Technologie in der Produktion oder in der Leitung sowie Beginn ihres moralischen Verschleißes. Von diesen Kriterien ausgehend, wird es möglich, alle Maßnahmen auf dem Gebiet des wissenschaftlich-technischen Fortschritts in fünf Gruppen zusammenzufassen.

Die erste Gruppe sind progressive technische Lösungen, deren Anwendung in der Basisperiode des Plans begonnen wurde. Hierzu zählen beispielsweise die Erweiterung der Maßstäbe der Anwendung des Sauerstoff-Aufblasverfahrens in der Metallurgie, der Turbinen mit ultrahohen Parametern des Dampfdruckes und der Dampftemperatur, der Technologie des kontinuierlichen Stahlgießens und dergleichen mehr. Die Effektivität dieser technischen Neuerungen unterlag keinerlei Zweifel.

Im Plan werden festgelegt die Volumen der Einführung von Neuerungen, ihre technisch-ökonomischen Parameter, ihr ökonomischer Gesamteffekt, die strukturellen Veränderungen in der Produktion sowie die sozialen Auswirkungen. Als Kennziffern der ökonomischen Effektivität werden bei diesen Bewertungen angewandt die Veränderungen der Arbeitsintensität, des Materialaufwands, der Fondsintensität, der Fertigung der Erzeugnisse und des spezifischen Investitionsaufwandes. Das System der Effektivitätskennziffern muß bei mittelfristigen Prognosen und bei Prognosen für einen langfristigen Plan unterschiedlich sein.

Im Prozeß der Begründungen wird eine Prognose angestellt über den Beginn des moralischen Verschleißes der Technik, besonders bei der langfristigen Planung. Sie ist äußerst notwendig, da eine hohe Effektivität technischer Neuerungen einen Anziehungspunkt für große Investitionen bildet. Unerläßlich ist eine begründete Einschätzung der Zeitdauer des effektiven Funktionierens, damit keine überflüssigen Investitionen zugelassen und dadurch große Verluste bei der Abbuchung auf Abriß noch nicht amortisierter Produktionsfonds vermieden werden.

Zur zweiten Gruppe zählen die technischen Lösungen, welche die Erprobung im Labor und die Ausarbeitung der ersten Versuchsmodelle durchlaufen haben. Sie benötigen noch den letzten Schliff in der Versuchsproduktion vor ihrer Anwendung in der Industrie. Ein Beispiel hierfür ist das Überschall-Passagierflugzeug. In dieser Gruppe wird insbesondere der wahrscheinliche Zeitpunkt des Beginns der Serien- oder Massenproduktion prognostiziert, die möglichen technisch-ökonomischen Parameter, die Volumen der Einführung und der Effekt in der Periode ihrer Nutzung im Planungszeitraum.

Die dritte Gruppe bilden wissenschaftlich-technische Projektierungs- und Konstruktionsvorhaben, die sich im Stadium der Projektierung befinden, aber noch nicht die endgültige Gestaltung erfahren haben. Hierzu kann man auch beispielsweise solche Richtungen zählen wie schnelle Brüter in der Gewinnung von Kernenergie, Luftkissen-Fahrzeuge, das Elektroautomobil und andere. Für diese Gruppe müssen im langfristigen Plan Fristen und Volumen der Einführung, die technisch-ökonomischen Parameter und der mögliche Nutzeffekt bestimmt werden. Bei der mittelfristigen Planung ist vorgesehen, in der Planungsperiode die Bedingungen für ihre erfolgreiche Vollendung zu schaffen.

Die vierte Gruppe sind die Probleme, die sich noch im Stadium der wissenschaftlichen Untersuchung befinden und noch keine Lösung gefunden haben: beispielsweise die drahtlose Übertragung von Elektroenergie, die gesteuerte thermonukleare Reaktion und einige andere. Für diese Gruppe können Zeitdauer der wissenschaftlichen Lösung und der technischen Meisterung, die möglichen ökonomischen und sozialen Auswirkungen über die Grenzen des Planungszeitraums hinaus prognostiziert werden. Im Plan werden die für ihre Realisierung notwendigen finanziellen und materiellen Ressourcen sowie die benötigten Kader festgelegt.

Die fünfte Gruppe umfaßt das Gebiet der vorwiegenden Grundlagenforschung. Im Plan werden die notwendigen Bedingungen für ihre erfolgreiche Durchführung vorgesehen. Eine Bewertung ihrer Parameter für den Prognosezeitraum ist nicht möglich.

Auf der Grundlage dieser Gruppierung ist der Aufbau eines Graph-Modells des wissenschaftlich-technischen Fortschritts zweckmäßig, das die Hauptobjekte der Prognose und ihre Wechselbeziehungen charakterisiert.

3.3. Der funktionale Zusammenhang der Maßstäbe und des technischen Niveaus der Produktion bestimmt in Abhängigkeit von dem gesellschaftlichen Bedürfnis im voraus die benötigten Ressourcen an Investitionen, Baumaterialien, Ausrüstungen und Arbeitskräften für die Schaffung und den Betrieb neuer Kapazitäten.

Die Information über die möglichen Volumen der gesellschaftlichen Bedürfnisse an wichtigen Erzeugnisarten und Ressourcen wird vom Staatlichen Plankomitee der UdSSR ausgearbeitet, das sie rechtzeitig an die Ministerien und Ämter weiterleitet.

Eine derartige Information sowie die vorher ausgearbeiteten Prognosen sowie das Komplexprogramm des wissenschaftlich-technischen Fortschritts erlauben es, eine Hypothese aufzustellen über die Entwicklung der materiell-technischen Basis der Volkswirtschaft und ihrer Zweige, über das Wachstum der Produktion und die Erzeugnisstruktur und die qualitativen Kennziffern der Entwicklung der Zweige festzulegen. Auf der Grundlage der Hypothese über die Entwicklung der Zweige werden die spezifischen Kennziffern (Koeffizienten) der Senkung des Aufwands an Arbeit, Materialien, Produktionsgrundfonds und Investitionen bestimmt.

Diese Koeffizienten stellen den quantitativen Ausdruck der technologischen Verfahren dar (unter Berücksichtigung der ökonomischen Bedingungen), die im Prognosezeitraum für die Produktion dieser Erzeugnisart angewandt werden. Insofern wir uns auf die progressiven Lösungen in der technischen Politik orientieren, verkörpern diese Koeffizienten quasi die Ergebnisse der Anwendung der besten technischen und organisatorischen Produktionsmethoden. Zugleich widerspiegeln sie auch die ökonomischen Entwicklungsbedingungen der Produktion, insoweit bei der Bestimmung ihrer Volumen die Begrenzungen der Ressourcen berücksichtigt wurden, über die die Volkswirtschaft im Planungszeitraum verfügt, sowie die Volumen und die Struktur des gesellschaftlichen Bedarfs und die ihnen entsprechende Konzentration der Produktion in einzelnen Betrieben.

3.4. Der wissenschaftlich-technische Fortschritt tritt in der Ökonomik als Faktor nicht nur der Senkung des Kostenniveaus für die Herstellung der Erzeugnisse, sondern auch progressiver Veränderungen der Struktur und der Proportionen der gesellschaftlichen Produktion in Erscheinung. Dadurch entstehen günstige Voraussetzungen für eine solche Kombination progressiver Richtungen der gesellschaftlichen Arbeitsteilung, die die größte Einsparung an den eingesetzten Ressourcen, die Optimierung der Planentwürfe nach dem Kriterium der sozialökonomischen Effektivität ergibt.

Durch praktische Berechnungen wurde ein Schema optimierter Begründungen ausgearbeitet, das die Logik der Ausarbeitung eines langfristigen Plans widerspiegelt und in allgemeinen Zügen durch folgende Momente charakterisiert wird.

Das Ausgangsmoment stellen die Normativaufgaben zur Erhöhung des Lebensniveaus der Bevölkerung dar, die als ein Element des Endprodukts oder des Zielblocks in der Verflechtungsbilanz angesehen werden. Hiervon ausgehend, werden durch die Methoden der Verflechtungsbilanz das notwendige Tempo und die Struktur der Produktion und des Bedarfs an Ressourcen bestimmt. Als Verbindungsglied zwischen der Zielfunktion des Plans (dem Zielblock der Bilanz, vertreten durch den Fonds des laufenden Verbrauchs und die nichtproduktiven Investitionen in der Endproduktion) und dem Bedarf an Ressourcen dienen die Normative (Koeffizienten) des Aufwands an Arbeit, Produktionsgrundfonds, Materialien und Investitionen. Sie werden für den Perspektivplan auf der Bewertungsbasis der Prognosen und des Komplexprogramms des wissenschaftlich-technischen Fortschritts festgelegt.

3.5. Wir empfehlen die Methode der Ressourcenbewertung der Gesamteffektivität, d. h. auf der Grundlage der eingesetzten Ressourcenvolumen, und als Maßgröße des ökonomischen Effekts – das produzierte Nationaleinkommen (das Nettoprodukt). In den Effektivitätsberechnungen nach dieser Methode befindet sich das Nettoprodukt in Korrelation mit der Zahl der Beschäftigten und der Summe der eingesetzten Produktionsgrundfonds, reduziert auf den Arbeitsausdruck nach der Formel

$$E = \frac{p^t(1 - M^t - A^t F^t)}{L^t + \Pi K^t}$$

wobei

P^t – Bruttoprodukt im Jahre t,
M^t – Materialaufwand,
A^t – Amortisationsrate der Produktionsgrundfonds,
F^t – Fondsintensität der Produktion,
L^t – Anzahl der Beschäftigten,
K^t – Produktionsgrundfonds,
Π – Koeffizient der Austauschbarkeit der Arbeit durch Fonds im Basiszeitraum (in unseren Berechnungen 1971 bis 1975)

verkörpern.

Der Koeffizient der Austauschbarkeit kann nach folgender Formel bestimmt werden:

$$\Pi = \frac{\left[\left(\frac{P}{L}\right)^t : \left(\frac{P}{L}\right)^o\right] - 1}{k^t - k^o}$$

wobei

$\left(\frac{P}{L}\right)^t$ und $\left(\frac{P}{L}\right)^o$ = die Arbeitsproduktivität am Ende und am Anfang des Basisfünfjahrplans der langfristigen Planungsperiode,

k^t und k^0 = die Fondsausstattung der Arbeit zu den gleichen Zeitpunkten sind.

Bei der Anwendung dieser Methode wird die Kennziffer Π, welche das Verhältnis des Zuwachses der Arbeitsproduktivität zum Zuwachs der Fondsausstattung, berechnet für das Basis-Planjahrfünft, charakterisiert, zur Reduzierung der Arbeits- und Fondsressourcen auf eine Dimension in den Parametern dieses Fünfjahrplans benutzt. Die Veränderung der Parameter der Effektivität der Reproduktion und der Ressourcennutzung werden bestimmt durch technisch-ökonomische Berechnungen auf der Grundlage der technisch-ökonomischen Information des Planprojekts für die langfristige Periode.

3.6. Die Integration der Prozesse des wissenschaftlich-technischen Fortschritts mit den Bedürfnissen und Ressourcen der Volkswirtschaft muß auf die Weise erfolgen, daß die Bilanzierungen im Plan den effektivsten Proportionen der Ressourcenverteilung nach Zweigen, Regionen und Reproduktionssphären entsprechen. Diese Aufgabe wird von uns mit Hilfe der Verflechtungsbilanz in ihrem dynamischen und ihrem naturalstofflichen Modell gelöst. Die Verflechtungsmodelle besitzen die notwendigen Eigenschaften für die Einführung der Funktion des Bindegliedes zwischen der Prognose des wissenschaftlich-technischen Fortschritts und der Hypothese über die Entwicklung der Zweige oder Produktionskomplexe mit dem ökonomischen Plan für die Entwicklung der Volkswirtschaft sowie mit dem Sozialprogramm und dem Wachstum des Volkswohlstandes.

Die Möglichkeit einer solchen Art wissenschaftlich-technischer Planausarbeitungen für die Volkswirtschaft und ihre Zweige stellt einen wichtigen Aspekt der Vorzüge des sozialistischen Wirtschaftssystems dar. Sie zeigt die reale Möglichkeit, in einem ganzen ökonomischen System, in einem einheitlichen Volkswirtschaftsplan die Entwicklungsperspektiven von Wissenschaft und Technik zu vereinen und die volkswirtschaftlichen Ressourcen für ihre Realisierung zu konzentrieren im Interesse der sozialen Entwicklung, des Wachstums des Volkswohlstandes und der Stärkung des Wirtschaftspotentials der Gesellschaft.

G. N. Čerkasov

Der wissenschaftlich-technische Fortschritt und die Formierung der sozialistischen Lebensweise

1. Zur Definition des Begriffes „Lebensweise" und den Richtungen seiner Erforschung

Das Problem der sozialistischen Lebensweise und ihrer progressiven Veränderungen unter dem Einfluß wichtiger Faktoren der sozialökonomischen Entwicklung gehört zu den wichtigsten integralen, komplexen Problemen der reifen sozialistischen Gesellschaft. Es ist natürlich, daß diesem Problem ein tiefes Interesse entgegengebracht wird von einem breiten Kreis von Vertretern aller Gesellschaftswissenschaften – vor allem der Politischen Ökonomie, der Philosophie, der Soziologie, des Rechtes, der sozialen Psychologie u. a. –, die bestrebt sind, dieses Problem im Lichte der Beschlüsse des XXV. Parteitages der KPdSU theoretisch zu durchdenken und mögliche Ebenen und Aspekte der wissenschaftlichen Wechselwirkung dieser Wissenschaften bei seiner Erforschung zu bestimmen.

Es muß aber festgestellt werden, daß meines Erachtens heute noch keine eindeutige, allgemein anerkannte Auffassung der Kategorie Lebensweise an sich herausgearbeitet wurde und die Positionen verschiedener Autoren sich wesentlich voneinander unterscheiden, sogar in den Grenzen des Systems von Ansichten ein und derselben wissenschaftlichen Disziplin.

So gibt es Definitionen, die den Begriff der Lebensweise mit dem System der in der Gesellschaft herrschenden Beziehungen zwischen Menschen[1] oder mit der ökonomischen Gesellschaftsformation[2] identifizieren.

Einige Autoren reduzieren diesen Begriff auf die materiellen Bedingungen der Lebenstätigkeit der Menschen.[3] Nicht selten wird die Lebensweise als Gesamtheit der verschiedenen Formen des alltäglichen Verhaltens der Menschen interpretiert.[4] Die Mehrheit der Autoren betrachtet die Lebensweise als Gesamtheit der für die gegebene Gesellschaft typischen Formen der Lebenstätigkeit, die durch die Gesellschaftsordnung bei entscheidender Rolle der Produktionsweise bedingt werden.[5]

Wir stehen gleichfalls auf der Position der Anerkennung der Integrität, Kompliziertheit, Vielschichtigkeit der Kategorie Lebensweise und sind der Meinung, daß sie umfaßt: die materiellen Bedingungen der Lebenstätigkeit der Menschen, ihre eigentliche Tätigkeit in der Sphäre der Arbeit und das Tätigsein außerhalb der Arbeit und die Denkweise der Menschen, d. h. ihre Weltanschauung, das System der Wertorientie-

[1] M. P. Kim, Sovetskij narod – novaja istotičeskaja obščnost', Moskva 1972, S. 238.

[2] G. M. Borisov, Obraz žizni kak kategorija marksistskoleninskoj filisofii. V. sb. Aktual'nye voprosy dialektiki obščestvennogo razvitija, Leningrad 1974, S. 210.

[3] N. I. Efimov, Dva mira dva obraza žizni, Moskva 1976, S. 3.

[4] S. G. Strumilin, Ė. E. Pisarenko, Sozialističeskij obraz žizni: Metodologija issledovanija, in: Voprosy filosofii, 2/1974 S. 27.

[5] Siehe z. B. A. P. Butenko, Preimuščestva sozialističeskogo obraza žizni, in: Problemy socialističeskogo obraza žizni, Moskva 1977, S. 42.

rungen und Verhaltensmotive. Die Kategorie der Lebensweise kann mit dem größten Recht für die Widerspiegelung der Lebenstätigkeit großer sozialer Gruppen angewandt werden (Klassen, soziale Berufsgruppen, soziale Gruppen nach dem Siedlungsgebiet, d. h. Stadt- und Landbevölkerung). Als kleinste Zellen der Formierung der Lebensweise muß in diesem Sinne das Arbeitskollektiv und die Familie anerkannt werden.

In bezug auf das einzelne Individuum sollte nach meiner Auffassung der spezifische personifizierte Begriff des „Lebensstils" angewandt werden.

Eine der Richtungen der Erforschung der Lebensweise ist ihre Analyse im Rahmen der ökonomischen Wissenschaft. So ist beispielsweise E. I. Kapustin, der die Lebensweise als sozialökonomische Kategorie betrachtet, der Meinung, daß die „Lebensweise" ein untrennbares Element der Politökonomie werden muß.[6]

Am intensivsten wird die Kategorie „Lebensweise" durch die Soziologen ausgearbeitet. So faßt beispielsweise I. V. Bestužev-Lada die Lebensweise als philosophisch-soziologische Kategorie auf, deren Erforschung sich auf folgende sechs soziologische Kategorien stützen kann: soziale Bedürfnisse, soziale Struktur, soziale Organisation, soziale Leitung, soziale Zeit, sozialer Raum.[7]

In ausgesprochen praktischer Hinsicht stellt sich die Lebensweise als Gesamtheit, als System der wichtigsten quantitativen und qualitativen Kennziffern dar. Dieses System von Kennziffern stellt das Basismodell der Lebensweise dar, auf dessen Grundlagen prognostische Such- und Normativmodelle konstruiert werden, mit dem Ziel ihrer Gegenüberstellung bei der Ausarbeitung von Empfehlungen in der Sphäre der sozialen Planung und Leitung. Am aussichtsreichsten scheint die Ausarbeitung von Kennziffern der Lebensweise nach Komplexen zu sein, die zu den einzelnen Sphären der Lebenstätigkeit der Gesellschaft in Beziehung stehen. Die sowjetischen Soziologen schlagen im allgemeinen ein sehr entwickeltes System von komplexen Charakteristiken der Lebensweise vor.

Eines der vollständigsten Systeme wurde von M. N. Rutkevič aufgestellt (Arbeit, Wohlstand, häusliche Sphäre, Bildung, Kultur, Gesundheit, gesellschaftspolitische Tätigkeit).[8] Obwohl einzelne Autoren auch die Fragen nach der Möglichkeit der Konstruktion einer verallgemeinerten (einheitlichen) Kennziffer der Lebensweise stellten, scheinen uns diejenigen Forscher mehr im Recht zu sein, die das auf Grund der qualitativen Inhomogenität der Elemente, die in diesen verallgemeinerten Begriff eingehen, für nicht zweckmäßig erachten. Aus dem oben Gesagten wird klar, daß der Grad der Erforschtheit der Kategorie Lebensweise insgesamt und besonders in empirisch-praktischer Hinsicht es heute nicht gestattet, eine in qualitativer und quantitativer Beziehung strenge Analyse des Einflusses irgendeines einzelnen Faktors auf die Veränderung der Lebensweise der Gesellschaft insgesamt oder einer großen sozialen Schicht zu geben. In bedeutendem Maße bezieht sich das auch auf das Problem der Wechselwirkung zwischen wissenschaftlich-technischem Fortschritt und Lebensweise, welches nur auf ausreichend hohem Niveau analysiert werden kann.

6 E. I. Kapustin, Socialističeskij obraza žizni, Ėkonomiceskie aspekt, Moskva 1976.

7 I. V. Bestužev-Lada, Prognozirovanie obraza žizni, in: Problemy socialističeskogo obraza žizni, Moskva 1977, S. 221.

8 M. Rutkevič Social'naja struktura razvitnogo socialističeskogo obščestva, in: Kommunist, 2/1974, S. 77.

2. Das Verhältnis von wissenschaftlich-technischem Fortschritt und Lebensweise

Ausgehend von der marxistischen Methodologie über die Bedingtheit der sozialen, politischen und geistigen Lebensprozesse durch die Produktionsweise der materiellen Güter, ist es notwendig, die bestimmende Rolle des wissenschaftlich-technischen Fortschritts bei der Formierung und Entwicklung der Lebensweise zu unterstreichen. Diese Logik wurde in breitem Maße von K. Marx bei der Analyse der industriellen Revolution in England und von W. I. Lenin bei der Analyse der Prozesse der Entwicklung des Kapitalismus in Rußland angewandt. Hinweisend auf die oben angeführte Abhängigkeit, schrieb W. I. Lenin:

„... die maschinelle Großindustrie ist (es), die eine vollständige und entscheidende Umwälzung in den Lebensbedingungen der industriellen Bevölkerung herbeiführt, indem sie diese endgültig von der Landwirtschaft und von den der Landwirtschaft anhaftenden jahrhundertealten Traditionen des patriarchalischen Lebens loslöst".[9]

Betrachten wir die Grundrichtungen des Einflusses des wissenschaftlich-technischen Fortschritts auf progressive Veränderungen in der Lebensweise der sozialistischen Gesellschaft.

2.1. Progressive Veränderungen im Charakter der Arbeit großer sozialer Schichten

Ungeachtet der Herrschaft einer einheitlichen Produktionsweise und allgemeiner sozialökonomischer Grundlagen der Arbeit in verschiedenen Sphären der sozialistischen Volkswirtschaft können wesentliche Unterschiede im Charakter der Arbeit großer sozialer Schichten festgestellt werden. Zu diesen gehören die Unterschiede zwischen geistiger und körperlicher Arbeit, zwischen der Arbeit in der Industrie und in der Landwirtschaft, zwischen der Arbeit in der Sphäre der Produktion materieller Güter und der Sphäre der Dienstleistungen, der geistigen Kultur, der staatlich-administrativen Tätigkeit u. a.

Diese Unterschiede widerspiegeln nicht nur den Unterschied im funktionellen Inhalt der Arbeit, sondern vor allem im Grad ihrer Teilung, Kooperation und Konzentration, der technischen Ausstattung und Organisation.

Auf der Grundlage der Ausstattung der Produktion mit neuer Technik und der breiten Anwendung industrieller Prinzipien bei der Organisation in allen Zweigen gehen vor sich: a) die Beseitigung von Berufen der manuellen und nichtqualifizierten Arbeit; b) das Anwachsen der allgemeinen und speziellen Bildung der Werktätigen (heute gibt es allein in der Industrie mehr als 280 Berufe, zu deren Aneignung mindestens der Mittelschulabschluß notwendig ist); c) die Überwindung der Eintönigkeit, der Monotonie, des ausschließlich ausführenden, nichtschöpferischen Charakters der Arbeit in einer Reihe von Berufen; d) die Entwicklung der Möglichkeiten zum Wechsel der Tätigkeit, zur Auswahl der Arbeit in Übereinstimmung mit den Bedürfnissen des Menschen; e) es wächst die Rolle der Wissenschaft und des wissenschaftlichen Schöpfertums in allen Zweigen, und es geht eine Annäherung der Produktions- und wissenschaftlichen Tätigkeit vor sich, aber auch der Tätigkeit, die früher unter-

[9] W. I. Lenin, Die Entwicklung des Kapitalismus in Rußland, in: Werke, Bd. 3, Berlin 1956, S. 557.

schiedlichen Zweigcharakter trug (beispielsweise Industrie und Landwirtschaft).

Diese Tendenzen entbehren nicht einiger gegensätzlicher Faktoren. Trotzdem sind gerade sie bestimmend bei den progressiven Veränderungen der Sozialstruktur der sozialistischen Gesellschaft.

Andererseits liegt das Verwischen der Unterschiede zwischen den Klassen, sozialen Schichten und sozialen Berufsgruppen, die Bildung der sozialen Homogenität den integrativen Tendenzen in der Lebensweise verschiedener Schichten der Gesellschaft zugrunde.

2.2. Progressive Veränderungen im konkreten Arbeitsinhalt und in der Beziehung der Werktätigen zur Arbeit

Der Grad der Mechanisierung der Arbeit und ihre Komplexität, die sozialökonomische Notwendigkeit einzelner Arten der Technik oder technischer und technologischer Systeme, der Charakter der durch die Technik hervorgerufenen Organisationsformen und Produktionsbedingungen der Arbeit haben entscheidenden Einfluß auf die Struktur der Arbeitsfunktionen, die Länge und die Vollständigkeit der Ausnutzung der Arbeitszeit, die Intensität der Arbeit, die Gesundheit des Werktätigen, das Verhältnis der Aufwendungen von physischer und geistiger Arbeit, die schöpferischen Möglichkeiten der Arbeit und damit auch auf das Verhältnis des Werktätigen zur Arbeit.

Veranschaulichen wir das an Hand von Materialien Leningrader Betriebe und von Angaben konkreter sozialer Forschungen, die vom Institut für sozialökonomische Probleme der Akademie der Wissenschaften der UdSSR in der Leningrader Industrie durchgeführt wurden.

In den Betrieben, wo der konsequenten Ausrüstung der Arbeit mit moderner Technik unter komplexer Berücksichtigung der ökonomischen und sozialen Ziele die notwendige Aufmerksamkeit geschenkt wird, beobachten wir ein schnelles Wachstum der progressiven Formen der Organisation der Arbeit und vor allem der kollektiven Formen. So wurde, dank der großen organisatorischen Arbeit der Parteiorganisation der Vereinigung „Kirovskij zavod", die Initiative der Schlosser- und Montagebrigade I. V. Zacharov bekannt, die vorschlug, mit einem einheitlichen Arbeitsauftrag zu arbeiten. Nach dieser Methode arbeiten heute in Leningrad tausende von Arbeitskollektiven mit hoher Produktivität. Sie stützt sich auf die Schaffung „durchgehender" Prinzipien der Arbeitsorganisation für alle Schichten, auf die vielseitige Einsetzbarkeit der Arbeiter, auf die Aneignung einer Reihe von Berufen, auf die enge Verbindung und Wechselwirkung benachbarter Kollektive. Eine gewaltige Rolle spielen hier die komplexen Pläne zur Erhöhung der Effektivität der Arbeit der Brigaden, die eine umfangreiche Anwendung technischer Neuerungen vorsehen. Zur Entwicklung dieser Arbeit in solchen führenden Vereinigungen, wie „Svetlans", „Pozitron", „Ėlektrosila", „LOMO", „Kirovskij zavod", wird zum technischen Schöpfertum jeder 4. bis 5. Arbeiter herangezogen. So wurde z. B. in der Brigade von I. V. Zacharov im Jahre 1976 die Arbeitsproduktivität durch Ausnutzung von 3 Rationalisierungsvorschlägen um fast 4 % erhöht, bei einem Gesamtzuwachs pro Jahr um 15 %. Es ist wichtig festzustellen, daß auch nach repräsentativen Angaben unserer Forschungen das Ausmaß der Arbeitsproduktivität untrennbar verbunden ist sowohl mit dem Niveau der technischen Ausrüstung der Produktion als auch mit den Möglichkeiten der Entfaltung der schöpferischen Initiative des Werktätigen.

So sind z. B. bei jungen Leningrader Arbeitern, die an Automaten arbeiten oder als Einrichter tätig sind, fast 3,5mal mehr Rationalisatoren als in einer Gruppe von Arbeitern, die schwere körperliche Arbeit verrichten oder mit manuellen Arbeiten an Fließbändern beschäftigt sind. Von der ersten Gruppe kommen um ein vielfaches mehr verschiedene Vorschläge zur Verbesserung der Arbeit als von den Vertretern der letzten beiden Gruppen. Wesentlich höher ist auch der Grad des Zufriedenseins mit dem Beruf und der ausgeführten Arbeit in Abhängigkeit vom Niveau der Mechanisierung der Arbeit. Zur Veranschaulichung nehmen wir Angaben über 3 charakteristische Gruppen der modernen Industriearbeit (vgl. Tabelle 1, Angaben in % zur Zahl der Befragten).

Tabelle 1

Grad der Zufriedenheit mit dem Beruf und der ausgeführten Arbeit

Berufsgruppen und Jahre der Befragten	Zufriedenheit mit dem Beruf			Zufriedenheit mit der Arbeit		
	nicht zufrieden	neutral	zufrieden	nicht zufrieden	neutral	zufrieden
1. Arbeiter mit schwerer körperlicher Arbeit						
1962	29,7	26,6	43,8	31,3	21,7	47,0
1976	17,3	39,8	42,9	21,3	28,9	49,3
2. Dreher						
1962	12,4	34,4	70,4	17,2	21,5	61,3
1976	10,8	38,4	63,1	15,7	21,4	62,9
3. Automatenbedienende Arbeiter und Einrichter						
1962	19,6	27,6	52,7	20,6	23,0	51,3
1976	8,1	21,0	71,0	15,8	15,9	68,3

Aus der Tabelle 1 ist ersichtlich, daß bei allgemeiner positiver Tendenz (Verringerung des Anteils der nicht durch den Beruf und die Arbeit Befriedigten in allen Gruppen) diese am deutlichsten hervortritt in der Gruppe mit dem höchsten Anteil an den Errungenschaften des technischen Fortschritts, bei den automatenbedienenden Arbeitern und Einrichtern (größter Zuwachs der Befriedigten, Senkung des Anteils der Neutralen).

Genauso deutlich und stabil hängen im Verlaufe von 1½ Jahrzehnten die Momente der subjektiven Einschätzung des Wertes der Arbeit vom Inhalt der Arbeit und folglich von ihrer technischen Ausstattung ab, entsprechend den Kennziffern der Orientierung auf Verdienst oder auf den Sinn der Arbeit (vgl. Tabelle 2, Angaben in % zur Zahl der Befragten).

Wenn wir über die Rolle der technischen Ausstattung der Produktion bei der Formierung des Verhältnisses zur Arbeit sprechen, müssen wir das Problem der Arbeitsbedingungen besonders hervorheben, darunter solche wichtigen Elemente, wie das Regime von Arbeit und Erholung (Länge und Grad der Ausnutzung der Arbeitszeit, Rhythmus der Auslastung der Arbeit, Überstunden), das Niveau der Intensität der Arbeit (Größe und Struktur der Aufwendungen an physischer und nervlich-geistiger Energie je Zeiteinheit), den Zustand der sanitärhygienischen und ästhetischen Arbeitsbedingungen und den Arbeitsschutz.

Unter den Bedingungen der sowjetischen Wirklichkeit wurde die Sorge um die grundlegende Verbesserung der Arbeitsbedingungen schon lange zu einem organischen Bestandteil des gesamten Systems der technischen und organisatorischen Vervollkommnung der Produktion. Jährlich werden allein in der Industrie mehr als 120 000 Maßnahmen zur Schaffung günstiger Arbeitsbedingungen durchgeführt. Für

Tabelle 2

Einschätzung des Wertes der Arbeit nach Kennziffern der Orientierung

Berufsgruppen	Vorwiegende Orientierung auf Verdienst		Vorwiegende Orientierung auf Sinn der Arbeit und gesellschaftliche Nützlichkeit	
	1962	1976	1962	1976
1. Arbeiter mit schwerer körperlicher Arbeit	57,8	46,7	43,2	53,3
2. Dreher	46,9	43,1	53,1	56,9
3. Automatenbedienende Arbeiter und Einrichter	39,3	19,3	63,3	80,7

diese Zwecke wurden in der vergangenen Fünfjahrplanperiode etwa 15 Milliarden Rubel verausgabt.[10] Allein im Maschinenbau erlaubte ein Komplex von Maßnahmen des Arbeitsschutzes, der Mechanisierung und Automatisierung der Produktionsprozesse und der Einführung progressiver Technologien die Arbeitsbedingungen für mehr als 1,3 Millionen Arbeiter zu verbessern, mehr als 220 000 Menschen aus der Produktion mit schweren und schädlichen Arbeitsbedingungen herauszulösen.

Die Berufskrankheiten gingen in diesem Zweig in der Fünfjahrplanperiode um 26 % zurück, die Arbeitsunfälle um 22 %.[11]

Die Arbeitsbedingungen haben einen wesentlichen Einfluß auf die Arbeitsproduktivität, auf die Gesundheit der Werktätigen und reihen sich gegenwärtig in die Zahl der entscheidenden Faktoren ein, die das Verhältnis der Werktätigen zur Arbeit, das Niveau ihrer Arbeitsproduktivität, Diszipliniertheit und der Fluktuation bestimmen.

Eine Vielzahl konkreter sozialer Forschungen der letzten Jahre zeigte mehrfach eine wichtige Abhängigkeit auf: Die meisten der modernen sowjetischen Arbeiter sind bereit, eine Verbesserung der Arbeitsbedingungen der Verkürzung der Arbeitszeit oder sogar einem wesentlichen Anwachsen des Lohnes vorzuziehen. Diese Abhängigkeit verstärkt sich besonders bei jungen Arbeitern, Arbeitern mit hohem Bildungsniveau und werktätigen Frauen.

Die vielseitige Berücksichtigung der Forderungen nach der Verbesserung der Arbeitsbedingungen ist eines der wichtigsten gegenwärtigen Kriterien der komplexen sozialökonomischen Effektivität aller technischen Maßnahmen und Neuerungen. Seine konsequente Berücksichtigung erlaubt es, nicht nur einen Schutz der Arbeit vor der Einwirkung der für den Menschen schädlichsten Produktionsfaktoren zu erreichen, sondern auch die Arbeit als Hauptquelle der allseitigen physischen und geistigen Entwicklung der Persönlichkeit zu betrachten.

[10] Vgl. Kommunist, 17/1976, Moskva, S. 5.
[11] Vgl. Mašinostroitel, 12/1976, S. 4/5.

In seiner Rede auf dem XXVI. Kongreß der Sowjetgewerkschaften unterstrich L. I. Breshnew die erstrangige Bedeutung der ständigen Sorge um die Verbesserung der Arbeitsbedingungen und hob hervor: „Die technische Neuausrüstung von Industrie und Landwirtschaft, des Bau- und Verkehrswesens, für die gewaltige Summen bereitgestellt werden, wird von der Partei als ein entscheidendes Mittel zur Verbesserung der Arbeitsbedingungen und zur Umwandlung aller Betriebe in sichere und für den Menschen bequeme Produktionsstätten betrachtet. Unser Ziel kann man so formulieren: von der Sicherheitstechnik zur sicheren Technik. Wir haben diesen Weg beschritten und werden ihn unbeirrbar weitergehen."[12]

2.3. Veränderungen in der ökologischen Komponente der Lebensweise

Der wissenschaftlich-technische Fortschritt wirkt in globalen Maßstäben auf die Wohnumwelt des Menschen. Diese Einflüsse führen einerseits zu einer Erschöpfung der Ressourcen der Erde, andererseits zu einer Verschlechterung der Wohnumwelt (des Bodens, des Wassers, der Luft) und bringen schließlich das Problem der Abfälle hervor, mit dem die Natur selbst bereits nicht mehr fertig wird.

Der wissenschaftlich-technische Fortschritt gebiert aber nicht nur die Widersprüche und Konflikte des Menschen mit der Umwelt, sondern er fördert auch eine spezielle Technik und Technologie des Überwindens dieser Widersprüche, der Verbesserung der Umwelt und ihrer Reproduktion (abfallose Technologie, Technologie der Regenerierung und des Arbeitsschutzes usw.). Der wissenschaftlich-technische Fortschritt schafft beispielsweise die Voraussetzung zur Erhöhung der Effektivität der Produktion und zu einer wesentlichen Verbesserung der Lebensbedingungen der Stadtbevölkerung. Nach Experteneinschätzungen wird in den nächsten Jahren die Ausarbeitung und Einführung einer Reihe technischer Neuerungen verwirklicht, die in der Lage sind, das Gesicht der modernen Stadt grundlegend zu verändern und eine Reihe komplizierter Probleme zu lösen, die mit dem Umweltschutz verbunden sind. Im einzelnen wird angenommen, daß man von 1985 ab in allen Zweigen der Industrie zu „sauberen" technologischen Prozessen übergeht, die die Umwelt nicht verschmutzen. In der Periode bis 1980 beginnt der Einsatz von Automobilen mit geringerer Luftverschmutzung durch Abgase, und bis zum Jahre 1990 wird ein wesentlicher Teil des innerstädtischen Transports durch Elektromobile verwirklicht werden. Im Jahre 1982 wird die Ausarbeitung von ökonomisch effektiven Methoden zur Verarbeitung fester Abfälle in den Städten erwartet.

2.4. Veränderung der sozialen Infrastruktur und der Organisation des Lebens

Der wissenschaftlich-technische Fortschritt, der sich vor allem auf dem Gebiet der Produktivkräfte entfaltet, hat gleichzeitig einen direkten Einfluß auf die unmittelbare Wohnumwelt des Menschen (Siedlungen, äußere Lebensbedingungen usw.). Zu den wichtigsten Aspekten hierbei zählen der Wohnungsbau, das öffentliche Verkehrs- und Nachrichtenwesen, die Organisation der medizinischen Betreuung, die Bildung, die

[12] L. I. Breshnew, UdSSR steuert unbeirrt den Leninschen Kurs des Friedens, in: Neues Deutschland vom 22. März 1977, S. 3.

Dienstleistungssphäre usw. Der soziale Effekt zeigt sich hierbei durch die Reproduktion des Menschen und die Struktur der Freizeit, wichtige Komponenten der Lebensweise.

Forschungen zeigen, daß die soziale Infrastruktur (Transport, Dienstleistungssphäre und die eigentliche Führung des Haushaltes am stärksten auf die Ressourcen der freien Zeit der Bevölkerung einwirkt. Dabei entstehen auch soziale Ungleichheiten zwischen der Bevölkerung in verschiedenen Siedlungen (Großstadt, Kleinstadt, Siedlung), zwischen geschlechtlichen und Altersgruppen der Bevölkerung usw. So haben die größten zeitlichen Aufwendungen für den Transport die Einwohner von Moskau, Leningrad, Städten mit einer Bevölkerung von mehr als 1 Million, aber auch von Städten mit einer Bevölkerung bis zu 10 000 Einwohnern zu tragen, was mit der schwachen Entwicklung des kommunalen Transports in diesen kleinen Städten zusammenhängt.

In Moskau und Leningrad wenden 44 % der Werktätigen mehr als 1 Stunde für den Transport auf und 12 % von ihnen mehr als 2 Stunden.

Komplizierte Aufgaben stehen heute bei der Entwicklung der Dienstleistungssphäre. Sie sind verbunden mit den bedeutenden Maßstäben der nichtproduktiven Verluste an Freizeit, mit der Verbreitung von gesellschaftlich unerwünschten Formen ihrer Ausnutzung. Es reicht aus zu sagen, daß nur im Einzelhandelsnetz die Zeitaufwendungen der Käufer 30 Milliarden Menschen-Stunden/pro Jahr betragen.[13] Soziologische Forschungen, die vom Institut für Ökonomik und Organisation der Industrieproduktion der Sibirischen Abteilung der Akademie der Wissenschaften der UdSSR durchgeführt wurden, zeigten, daß die Wartezeit im Handel von 35 % (für Industriewaren) bis zu 87 % (für Lebensmittel) der allgemeinen Zeit des Aufenthaltes in den Geschäften beträgt. Nach einigen Einschätzungen betragen diese Verluste heute bis zu 30 % der Zeit bei der Inanspruchnahme von Dienstleistungen.

Schließlich werden, nach einer Einschätzung von V. A. Grušin, für die Hauswirtschaft etwa 100 Milliarden Menschen-Stunden im Jahr aufgewandt: für die Hälfte der Bevölkerung mehr als 2 Stunden am Tag. Der größte Anteil, mehr als 3 Stunden, entfällt auf die Hausfrauen zu 87 %, auf Rentner zu 55 %, auf werktätige Frauen zu 45 %.[14]

Der Ausweg aus den aufgezeigten Schwierigkeiten besteht nur in der Suche nach sowohl in ökonomischer als auch in sozialer Hinsicht effektiveren Arten der Technik. Die prinzipielle Möglichkeit dazu besteht. Als Beispiel hierzu können die perspektivischen Entwicklungen der Transportprobleme dienen. So ist beispielsweise das Entstehen beschleunigter billiger Methoden zum Bau von unterirdischen Tunneln (1980 bis 1990) in der Lage, den Charakter der Transportprobleme einer Großstadt wesentlich zu verändern. Zum Jahre 1985 werden vollautomatisierte Systeme des städtischen Transportes und die Entwicklung von Rohrleitungsnetzen für den Gütertransport erwartet.[15] Prinzipielle Veränderungen in den Systemen der Energieversorgung der Städte können mit der Einführung kriogener Kabelsysteme (1982–1990) erwartet

13 L. Samsonov, Problemy razvitija rozničnoj torgovli, in: Voprosy ėkonomiki, 12/1971, S. 28.

14 Vgl. V. A. Grušin, Svobodnoe vremja. Aktual'nye problemy, Moskva 1967.

15 Gegenwärtig funktionieren bereits in Schweden und in der ČSSR Versuchssysteme der Lieferung von Lebensmitteln und Industriewaren, Medikamenten und Postsendungen in Containern über Rohrleitungsnetze direkt in die Wohnungen. Die Bestellung wird durch das Wählen des Codes der Ware in Übereinstimmung mit einem Katalog vorgenommen. Die Ausführung der Bestellung beträgt 10 bis 12 Minuten.

werden, grundlegende Veränderungen werden im Bauwesen im Zusammenhang mit der Entwicklung neuer Baumaterialien, neuer Technik und neuer Baumethoden vor sich gehen.

Der Einfluß des wissenschaftlich-technischen Fortschritts auf die Lebensweise ist nicht eindeutig. Er vereint in sich unausbleiblich eine Reihe widersprüchlicher Tendenzen, die objektive Prozesse der Entwicklung der Produktivkräfte der Gesellschaft und subjektive Aspekte der Leitung dieser Entwicklung widerspiegeln.

Zur Erhöhung der Effektivität des Einflusses des wissenschaftlich-technischen Fortschritts auf die Lebensweise ist es unserer Meinung nach notwendig, eine Reihe von Bedingungen zu beachten. Am wichtigsten von ihnen sind folgende.

1. Es müssen bewußt soziale Ziele für die Schöpfer neuer Technik und Technologien gestellt werden. Bis heute werden nicht selten im Prozeß der technischen Entwicklung überwiegend technisch-ökonomische Ziele gestellt und erreicht, während die sozialen Ergebnisse nur als Folge des wissenschaftlich-technischen Fortschritts bewertet werden. Es ist die Notwendigkeit herangereift, einen umfassenden „sozialen Auftrag" gegenüber dem wissenschaftlich-technischen Fortschritt zu formulieren, mit der Bestimmung der Kriterien, Kennziffern, sozialen Normen und Methoden der quantitativen Einschätzung sowohl einzelner technischer Neuerungen als auch großer wissenschaftlich-technischer Programme.

Das stellt den Vertretern der Gesellschaftswissenschaften ernste und vorläufig noch nicht vollständig formulierte theoretische und angewandte Aufgaben. Für die Leiter der technischen Politik in den Zweigen und bei zwischenzweiglichen Problemen wirft das die Notwendigkeit eines breiten Heranziehens von Ökonomen, Soziologen, Physiologen, Hygienikern, Psychologen bei der Bestimmung der Aufgaben der technischen Entwicklung auf.

2. Zur Erreichung des Komplexes der sozialökonomischen Ziele ist es notwendig, noch breiter neue effektive Formen der Planung und Leitung heranzuziehen, die sich in den letzten Jahren herausgebildet haben. Zu ihnen gehören vor allem Methoden der Ziel-Programm-Planung, Systeme wissenschaftlich-technischer Programme (zweiglicher, zwischenzweiglicher, territorialer) und Methoden der komplexen Planung der ökonomischen und sozialen Entwicklung auf den verschiedenen Ebenen (Arbeitskollektive, Zweige, Regionen).

Ju. V. Jakovec

Die Effektivität des wissenschaftlich-technischen Fortschritts und die Preisbildung

Hohe und stabile Tempi des ökonomischen Wachstums und des Aufschwungs des Volkswohlstandes, die den Bedingungen der entwickelten sozialistischen Gesellschaft entsprechen, kann man auf der Grundlage der Erhöhung der Effektivität des wissenschaftlich-technischen Fortschritts gewährleisten. Das schafft die Möglichkeit – indem man die Auswirkungen ungünstiger natürlicher und anderer verteuernder Faktoren überwindet –, eine ständige Verringerung der Aufwendungen an gesellschaftlicher Arbeit (lebendiger und vergegenständlichter) je Einheit des Endprodukts, eine Senkung ihrer Selbstkosten zu erreichen und ungeachtet der immer spürbareren Begrenztheit der Produktionsressourcen die ständig wachsenden und komplizierter werdenden Bedürfnisse der Mitglieder der Gesellschaft umfassender zu befriedigen.

Die vom XXV. Parteitag der KPdSU gestellten grundlegenden Aufgaben für das Wachstum der Effektivität der Produktion und die Erhöhung der Qualität der Erzeugnisse sind untrennbar miteinander verbunden und werden auf der Basis der organischen Vereinigung der Errungenschaften der wissenschaftlich-technischen Revolution mit den Vorzügen des sozialistischen Wirtschaftssystems gelöst. Je höher die Effektivität der Produktion ist, desto umfangreichere Ressourcen können für die Verwirklichung großer wissenschaftlich-technischer Programme, für die technische Umrüstung der materiellen Basis der Produktion, für die Herstellung qualitativ hochwertiger Erzeugnisse bereitgestellt werden.

Gleichzeitig dienen die neue Technik und die Technologie als Grundlage für das Wachstum der gesellschaftlichen Arbeitsproduktivität, für die Einsparung an Arbeitszeit, für eine rationelle Nutzung der Ressourcen.

Die planmäßigen Preise (es handelt sich vor allem um die Großhandelspreise) spielen eine doppelte Rolle im komplexen System der Leitung des wissenschaftlich-technischen Fortschritts. Einerseits treten die Preise als *Maßstab der Effektivität* der neuen Technik und Technologie auf, sie helfen die Aufwendungen für deren Schaffung und Einführung mit dem erzielten volkswirtschaftlichen Effekt zu vergleichen, zu bestimmen, in welchem Maße das von K. Marx formulierte Ziel der Einführung von Maschinen verwirklicht wird – die Verringerung des Wertes und folglich auch des Preises der mit ihrer Hilfe produzierten Waren, d. h. die Senkung der Arbeitszeit, die für die Produktion einer Wareneinheit erforderlich ist.[1] Andererseits treten die Preise, die einen bedeutenden Platz im System der Bewertungskennziffern, der ökonomischen Stimuli und der Handlungsmotive der nach der wirtschaftlichen Rechnungsführung arbeitenden Produktionskollektive einnehmen, als eines der aktiven *Instrumente zur Einwirkung* auf die Tempi und die Effektivität des technischen Fortschritts

[1] K. Marks, Ėkonomičeskaja rukopis' 1861–1863, Process proizvodstva kapitala, in: K. Marks i F. Engels, Bd. 47, Moskva 1972, S. 351.

auf, sie können seine Beschleunigung fördern oder im Gegenteil eine Verlangsamung bewirken (wenn die Preise nicht richtig festgelegt oder veraltet sind).

Worin zeigt sich die Effektivität des wissenschaftlich-technischen Fortschritts?

Erstens in der *absoluten Verbilligung* der hergestellten Maschinen, Materialien u. a. im Ergebnis des Wachstums der Konzentration und Spezialisierung der Produktion, der Erhöhung der Arbeitsproduktivität.

Als Kennziffer dafür können die Indizes der Großhandelspreise der Betriebe dienen, die die direkten Veränderungen der Preise der hergestellten Erzeugnisse widerspiegeln. In den 21 Jahren, von 1956 bis 1976, hat sich der von der Staatlichen Zentralverwaltung für Statistik der UdSSR berechnete Index der Großhandelspreise für Erzeugnisse des Maschinenbaus und der Metallverarbeitung um 38 %, für die chemische und die petrolchemische Industrie um 7 % verringert.[2]

Zweitens in der *relativen Verbilligung* der Maschinen bei Erneuerung ihres Sortiments. Neue, produktivere und kompliziertere Maschinen sind gewöhnlich teurer im Vergleich zu den ersetzten, jedoch müssen sie, umgerechnet je Einheit Nutzeffekt (unter dem Gesichtspunkt der Wertgröße, die übertragen wird oder je Einheit des hergestellten Produkts), billiger sein. Die Aufgabe der Senkung der Preise für die neue Technik je Einheit ihres Nutzeffekts wurde in den Beschlüssen des XXV. Parteitages der KPdSU formuliert.

Drittens in der *Senkung des Wertes* der hergestellten Erzeugnisse als Endeffekt des technischen Fortschritts. Das findet im Wachstum der gesellschaftlichen Arbeitsproduktivität (oder Vergrößerung der Produktion von Nationaleinkommen je Beschäftigten in den Zweigen der materiellen Produktion) seinen Ausdruck: In der Nachkriegsperiode (1946 bis 1976) wuchs sie in der UdSSR auf das 9,7fache, in den letzten 11 Jahren um 85 %.[3] Obgleich diese Kennziffer die Veränderung der Kompliziertheit der Arbeit nicht berücksichtigt, der zufolge jeder Arbeiter im Durchschnitt je Zeiteinheit einen größeren Wert schafft, werden nichtsdestoweniger die Tendenzen der Wertbewegung im allgemeinen richtig charakterisiert, wenn sie auch keine exakte Widerspiegelung in der Dynamik der Preise finden (auf Grund des Wirkens einer Reihe von Faktoren, die zur Abweichung der Preisdynamik von der Wertbewegung führen; in einzelnen Perioden kann sich sogar eine Situation herausbilden, in der bei sinkendem Wert die Preise steigen).

Die Erneuerung der technischen Basis der Produktion hat die *Gesetzmäßigkeit des technischen Zyklus* zur Grundlage. Sie drückt die objektive Notwendigkeit eines periodischen Übergangs zu neuen Richtungen der Technik, zu neuen Generationen und Modellen von Maschinen aus. Der Übergang selbst ist mit einer Umgestaltung der Produktion, mit zusätzlichen, erhöhten Aufwendungen für die Entwicklung der neuen Technik und für ihre Aneignung verbunden, mit um so größeren und langfristigen, je tiefer die Grundlagen der bestehenden Technik und Technologie berührt werden. Aber dadurch wird auf der Basis des Übergangs zu einer prinzipiell neuen Technik und Technologie ein qualitativer Sprung in ihrer Effektivität, im Wachstum der Arbeitsproduktivität erreicht.

Mit der Zeit verringert sich dieser zusätzliche Effekt und verschwindet im Ergebnis des moralischen Verschleißes der Technik, es reift die Notwendigkeit des Übergangs zu einem neuen technischen Zyklus heran. Dabei wäre es falsch, den Übergang zum neuen Zyklus zu verzögern, indem man eine veraltete technische Idee nutzt und

[2] Berechnet nach: Narodnoe chozjajstvo SSSR za 60 let, Jubilejny statističeskij ežegodnik, Moskva 1977, S. 197.

[3] Ebenda, S. 14.

danach strebt, einen Ausweg in der Verbesserung der Parameter bereits seit langem hergestellter Maschinen zu finden (z. B. indem man die Kapazität von Dampfkesseln, die Produktivität von EDVA der zweiten Generation u. a. erhöht), was allmählich die Effektivität der zusätzlichen Investitionen senkt, sowie zu versuchen, zu einer neuen Generation oder einem neuen Modell von Maschinen überzugehen, ohne die in der hergestellten Technik liegenden Reserven und Möglichkeiten auszunutzen.

Die moderne Produktion zeichnet sich durch eine wachsende Kapitalintensität aus. Eine festzustellende Tendenz ist die Verringerung des durchschnittlichen Zeitraums für die Erneuerung der Technik, besonders in den neuen Zweigen, der Radioelektronik, der Rechen- und der Lasertechnik u. a. Gleichzeitig sind für die Entwicklung neuer technischer Ideen und die Konstruktion sie verkörpernder technischer Muster, für die Umgestaltung der Produktion auf die Herstellung der neuen Technik sowie für ihre Einführung bei den Anwendern eine verhältnismäßig lange Zeit und große Aufwendungen erforderlich. Unter diesen Bedingungen sind eine Perspektivplanung der Erneuerung der Technik unter Berücksichtigung der Gesetzmäßigkeiten ihrer zyklischen Entwicklung und genaue Kriterien für die Bewertung der Effektivität dieses Prozesses erforderlich.

Erstens ist ein differenziertes Herangehen an das neue Erzeugnis unter Berücksichtigung dessen, welche Phase des technischen Zyklus es repräsentiert, notwendig. Häufig werden unter dem Terminus „neue Technik" alle neuen Erzeugnisse vereinigt, sowohl diejenigen, welche den Übergang zu einem qualitativ neuen technischen Niveau der Produktion zum Ausdruck bringen, und die, nachdem sie das Bedürfnis nach großen einmaligen Aufwendungen in der ersten Zeit hervorrufen, in der Perspektive eine bedeutende und langanhaltende Einsparung versprechen, als auch diejenigen Erzeugnisse, die eine einfache Modernisierung bereits hergestellter Modelle darstellen, weniger Aufwendungen erfordern, aber keinerlei wesentlichen zusätzlichen Effekt versprechen (und die ein anderes Mal zu einer absoluten und relativen Verteuerung neuer Maschinen oder Ausrüstungen führen können).

Es können sich sowohl die Quellen für den Ersatz der zeitweilig höheren Aufwendungen im Zeitraum der Aneignung der neuen Technik und Technologie unterscheiden (beim Übergang zu einer neuen Richtung der Wissenschaft – im wesentlichen Mittel aus dem Staatshaushalt; bei der Überführung neuer Generationen und Modelle von Maschinen – zentralisierte zweigliche Fonds; als Quelle für die Mittel zur Modernisierung bereits produzierter Modelle werden im wesentlichen die Fonds der nach der wirtschaftlichen Rechnungsführung arbeitenden Betriebe und Vereinigungen dienen) als auch die Methoden der Preisbildung (unterschiedliche Preise für die prinzipiell neue Technik und für Erzeugnisse, die bereits hergestellte ersetzen, die Erzeugnisreihen ergänzen oder erweitern). Gerechtfertigt ist ein unterschiedliches Herangehen an die Stimulierung der Entwickler, der Produzenten und der Anwender beim Übergang zu Technik mit Pioniercharakter, zur Eröffnung neuer Wege des Fortschritts von Wissenschaft und Technik und bei der weiteren Modifizierung bereits bekannter technischer Ideen.

Zweitens wird in immer breiterem Maße die komplexe Bestimmung der Effektivität und der Ermittlung der Preise für *Maschinensysteme* genutzt, die entweder eine Gesamtheit von Maschinen, Aggregaten, Zubehör repräsentieren, die für die Produktion eines bestimmten Finalerzeugnisses (z. B. einen Satz von Straßenbaumaschinen, Walzstraßen, Ausrüstungen für ein Atomkraftwerk) eingesetzt sind oder die eine parametrische Reihe von Modellen einer Maschinengeneration bilden (z. B. verschiedene Modelle der EDVA der dritten Generation des einheitlichen Systems „ESER").

Es ist notwendig, eine strenge Abhängigkeit in den Relationen von Aufwendungen und Preisen der einzelnen Elemente aufrechtzuerhalten, die in ihrer Gesamtheit das Maschinensystem bilden. Die Nutzung von normativen und parametrischen Methoden der Preisbildung gestattet es, eine derartige Abhängigkeit in der Preisliste aufzudecken und zu fixieren. Man kann nicht willkürlich die Preise für einzelne Erzeugnisse verändern, die zu einem System gehören, ohne zu berücksichtigen, wie sich das auf die Preisrelationen miteinander verbundener Erzeugnisse und auf den Gesamtpreis des ganzen Komplexes auswirkt.

Drittens muß man bei der Berechnung der Effektivität der neuen Technik und der Festlegung der Preise für sie von den *gesellschaftlich normalen* Bedingungen für ihre Produktion und Anwendung ausgehen. Als Preisbasis werden die Produktionskosten im Zeitraum der beherrschten Serienproduktion genommen; die Aufwendungen für die Meisterung neuer Erzeugnisse werden nicht in ihren Preis eingeschlossen, sondern in der Regel aus zentralisierten Fonds gedeckt. Besonders kompliziert ist die Aufgabe, die gesellschaftlich normalen Bedingungen für die Anwendung der neuen Technik zu bestimmen.

Häufig erscheint eine neue Maschine als uneffektiv und ihr Preis als überhöht, wenn die optimalen Bedingungen nicht gegeben sind, um in vollem Maße die potentiellen Möglichkeiten neuer Generationen oder Modelle von Maschinen auszunutzen. Zum Beispiel kann die Anwendung des leistungsfähigen Traktors K–700 ohne die vollständige Schleppe der für ihn notwendigen Maschinen, einer modernen Werkzeugmaschine mit numerischer Programmsteuerung, die in einen veralteten technologischen Prozeß „eingebaut" wurde und nicht voll ausgelastet ist, zur Verteuerung der hergestellten Erzeugnisse führen. Neue Generationen von Maschinen erfordern eine komplexe Umgestaltung der Anwendungssphäre, ohne welche ein zusätzlicher Effekt nicht realisiert werden kann.

Grundprinzip der Preisbildung für neue Technik ist ihre relative Verbilligung, die Senkung ihres Preises, bezogen auf jede Einheit des Nutzeffektes. Das bedeutet, daß es, um begründet den Preis eines neuen Erzeugnisses zu bestimmen, notwendig ist, nicht nur die Kosten für seine Herstellung zu analysieren und zu normieren, sondern auch den *Nutzeffekt* der Anwendung des betreffenden Erzeugnisses und ihn mit der Effektivität der früher produzierten Technik zu vergleichen. Folglich sind die Herausbildung des Gebrauchswerts und des Wertes und ihrer Repräsentanten an der Oberfläche des Wirtschaftslebens der Gesellschaft – des Standards und des Preises – organisch miteinander verbunden (was jedoch keine Identität dieser Kategorien oder den Ersatz des Wertes als der objektiven Grundlage des Preises durch die gesellschaftliche Nützlichkeit bedeutet).

Bei der qualitativen Bestimmung und der qualitativen Bewertung des Nutzeffekts der Technik muß man eine Reihe von Faktoren berücksichtigen:

1. Nicht immer ist es möglich, direkt den Nutzeffekt bereits hergestellter oder neuer Erzeugnisse zu vergleichen, besonders wenn es sich um prinzipiell neue Technik handelt, die früher nicht entstandene Bedürfnisse befriedigt. In diesem Falle bildet sich eine neue Vergleichsbasis bei Weiterentwicklung der Mittel zur Befriedigung des betreffenden Bedürfnisses heraus. Wenn eine neue technische oder technologische Art und Weise der Befriedigung eines bereits bekannten Bedürfnisses erfunden und in Betrieb genommen wird (z. B. die Atomenergetik, MHD-Generatoren u. a.), so ist ein Vergleich der Kosten je Einheit Endprodukt (z. B. je Kilowattstunde abgegebener Energie bei verschiedenen Arten ihrer Gewinnung) immerhin möglich.

2. Häufig dienen gegenseitig ersetzbare Gebrauchswerte der Befriedigung einiger

unterschiedlicher Bedürfnisse, wobei die Relation ihres Nutzeffekts dabei unterschiedlich ist. Zum Beispiel Erdöl und Erdölprodukte, Gas und Kohle können sowohl als Brennstoff (energetischer oder technologischer) als auch als Rohstoff für die Gewinnung einer ganzen Skala von Chemieprodukten auftreten. Dabei haben Erdöl, Begleitgas und Erdgas eine höhere Wertigkeit als Chemierohstoffe wie die Kohle. Unter diesen Bedingungen ist es notwendig, alle Hauptanwendungsgebiete von gegenseitig substituierbaren Erzeugnisarten zu analysieren und die Effektivität der Gesamtheit der aus ihnen gewonnenen Produkte zu bewerten, wobei man dem wertvollsten Rohstoff den Vorrang gibt und mit Hilfe der Preise seine Anwendung auf den Gebieten beschränkt, wo er weniger effektiv ist.

3. Bei der Bewertung der gesellschaftlichen Nützlichkeit untereinander zu vergleichender Arten von Technik ist es notwendig, nicht nur den direkten ökonomischen Effekt zu berücksichtigen, der sich in der Einsparung von Rohstoffen, Materialien, Brennstoff, Amortisationen, Arbeitslohn und von Ausgaben mit sozialem Charakter je Einheit des hergestellten Erzeugnisses ausdrückt, sondern auch andere Arten von Nutzeffekt:

– den sozialen Effekt (die Schaffung weniger gefährlicher, komfortabler und anziehender Arbeitsbedingungen, die Beseitigung von Vibration, Lärm, Monotonie der Arbeit, Verleihung eines schöpferischen Charakters an sie); das beeinflußt unmittelbar die Arbeitsproduktivität und die Qualität der Arbeit und bedeutet zugleich die schrittweise Herausbildung der materiellen Bedingungen für das Hinüberwachsen der sozialistischen Arbeit in die kommunistische;

– den ökologischen Effekt, der mit der Verbesserung der Ausnutzung der natürlichen Ressourcen und mit dem Umweltschutz verbunden ist;

– den außenwirtschaftlichen Effekt, der die Möglichkeit widerspiegelt, ein zusätzliches Einkommen für den Staat beim Export von relativ billigeren Erzeugnissen, die dem Niveau der besten Muster im Weltmaßstabe entsprechen oder dieses übertreffen (und sich durch Patentreinheit auszeichnen), oder beim Verkauf von Lizenzen zu erhalten sowie mit geringeren Aufwendungen durch den Import teure inländische Technik zu ersetzen.

Die Erreichung eines höheren sozialen ökologischen und außerwirtschaftlichen Effekts ist gewöhnlich mit zusätzlichen Aufwendungen verbunden, deren Anteil an den Gesamtkosten für die Entwicklung und Schaffung der neuen Technik wächst. Jedoch wurden noch keine Methoden zur quantitativen Messung dieser Arten von Effekt bei der Bewertung der Effektivität der neuen Technik erarbeitet, was zuweilen die ökonomischen Grenzen für die Anwendung von Maschinen einengt, die der Lösung wichtiger Aufgaben der Wirtschaftspolitik des sozialistischen Staates dienen. Es ist notwendig, die wissenschaftliche Ausarbeitung einer Methodik zur quantitativen Bewertung des sozialen, ökologischen und außenwirtschaftlichen Effekts für die begründete Festlegung von Standards und Preisen für die neue Technik zu beschleunigen.

4. Eine wichtige Bedeutung für die Bewertung des Nutzeffekts hat die Berücksichtigung des *Zeitfaktors.* Das bezieht sich sowohl auf die Erzeugnisse, die als Vergleichsbasis genommen werden, als auch auf die neuen Erzeugnisse. Wenn das Basiserzeugnis bereits seit langem hergestellt wird und moralisch verschlissen ist, sein Preis aber nicht gesenkt wurde, ist es zweckmäßig, ein modernes Erzeugnis zu wählen oder eine entsprechende Korrektur vorzunehmen, andernfalls kann sich der Preis für das neue Erzeugnis als überhöht erweisen. Je progressiver das neue Erzeugnis, je tiefgreifender die Umwälzung, die es in der Technik und Technologie der Produktion hervorruft, desto länger sind der Zeitraum für die Meisterung der neuen Technik

und die Zeitdauer, während deren die prinzipiell neue Technik der Gesellschaft eine zusätzliche Einsparung erbringen wird. Man darf nicht mit einer gleichen Elle, mit einem gleichen Maßstab an ein Erzeugnis herangehen, das eine neue technische Idee ausdrückt, und an Erzeugnisse, die eine Modifikation bereits in der Produktion befindlicher Modelle von Maschinen darstellen.

Im ersten Falle muß die Stützungsfrist für den Ersatz der zeitweilig höheren Aufwendungen und für die zusätzliche Stimulierung der Kollektive der Projektierungs- und Konstruktionsorganisationen, der Produzenten und der Anwender der neuen Technik aus zentralen staatlichen Fonds wesentlich länger sein als im zweiten.

Desgleichen kann auch die Zeitdauer für die Anwendung der Technik, die zur Bestimmung der Masse des Nutzeffekts verwandt wird, unterschiedlich sein.

Nachdem der Nutzeffekt richtig berechnet wurde, entsteht die Aufgabe seiner begründeten *Verteilung* zwischen den Konstrukteuren, den Produzenten und den Anwendern der neuen Technik.

Die relative Verbilligung der neuen Technik kann nicht gewährleistet werden ohne die Übergabe eines begründeten Teils des zusätzlichen Nutzeffekts an ihre Anwender. Gerade auf dieser Grundlage wird die Interessiertheit an der periodischen technischen Umrüstung aller Zweige der Volkswirtschaft geschaffen, werden eine Senkung der Arbeitsaufwendungen je Einheit Endprodukt und die Möglichkeit erreicht, eine immer umfassendere Befriedigung der gesellschaftlichen Bedürfnisse bei den gegebenen Ressourcenbeschränkungen zu gewährleisten.

Diese Aufgabe wird in der UdSSR wie auch in der Mehrzahl der anderen sozialistischen Länder mit Hilfe einer Reihe von methodischen Verfahren gelöst:

Bestimmung von Limitpreisen (in der DDR – Preis- und Kostenlimite) und kalkulierten Selbstkosten in den ersten Stadien der Projektierung neuer Erzeugnisse (bei der Herausgabe der technischen Aufgabenstellung) mit einer solchen Berechnung, daß das Niveau der Selbstkosten und des Preises des neuen Erzeugnisses relativ niedriger sind als für ein analoges hergestelltes Erzeugnis (berechnet auf den vergleichbaren Nutzeffekt).

Festlegung von Großhandelspreisen für neue Erzeugnisarten, wobei man sich an der Preisuntergrenze orientiert, und Begrenzung der Höhe des Zusatzgewinns für ein hocheffektives Erzeugnis, der in den Preis aufgenommen werden kann; Deckung zeitweilig erhöhter Kosten im Zeitraum der Einführung der neuen Erzeugnisse in die Produktion aus zentralisierten Fonds, um nicht die Kosten für die Einführung in die Produktion den Anwendern der Erzeugnisse aufzuerlegen.

Gleichzeitig ist es offensichtlich, daß ein Teil des zusätzlichen Nutzeffekts der neuen Technik als garantierter Anteil ihren Entwicklern und Produzenten zur Verfügung gestellt werden muß, weil sie sonst nicht an der Suche nach den effektivsten Lösungen interessiert sein werden. Dieser Teil wird in Form eines Zusatzgewinns fixiert, der entweder infolge der Anwendung eines erhöhten Rentabilitätsnormativs (das in dem Maße wächst, wie die Effektivität der neuen Erzeugnisse erhöht wird, das aber das Grundnormativ nicht um mehr als das Doppelte übersteigt), oder als zeitweiliger Stimulierungszuschlag zum Preis (vor allem für Erzeugnisse der höchsten Qualitätskategorie). Der Zusatzgewinn wird so verteilt, daß einen Teil von ihm die Projektierungs- und Konstruktionsorganisationen erhalten, die an der Ausarbeitung und Einführung der neuen Technik beteiligt sind, ein beträchtlicher Teil wird für die Stimulierung des Kollektivs der Produzenten der neuen Technik verwandt.

In den ersten Jahren der Herstellung neuer Erzeugnisse werden ihre Selbstkosten gewöhnlich schnell gesenkt, und die Masse des über den Preis realisierten Reineinkommens wird erhöht. Periodisch entsteht die Notwendigkeit, die Preise zu senken, was den Bereich für eine effektive Anwendung der neuen Technik in der Volkswirtschaft erweitert und neue Möglichkeiten für eine Verbilligung der Maschinen im Ergebnis der Vergrößerung ihres Produktionsmaßstabes (bis zur optimalen Höhe) schafft. Jedoch darf eine solche periodische Senkung der Preise nicht zur Unbestimmtheit in den Preisen führen, indem sie auf einmal dem Kollektiv den Zusatzgewinn entzieht, der im Ergebnis der Kostensenkung, der sparsameren Ausnutzung der Ressourcen erzielt wurde und wodurch die Betriebe, die die größten Ergebnisse bei der Einsparung von gesellschaftlicher Arbeit erreicht haben, in eine schlechtere Lage versetzt werden.

In der UdSSR werden verschiedene Experimente durchgeführt, die auf die Überwindung des angeführten Widerspruchs gerichtet sind: Planung und Bewertung der Produktionsvolumina und der Arbeitsproduktivität nach stabilen Normativen der Nettoproduktion nach Abzug der Materialkosten; Bestimmung der Normative der Rentabilität der Erzeugnisse im Verhältnis zum Wert der Eigenleistung (zu den eigenen Aufwendungen) oder zum vollen Arbeitslohn. Das Ziel dieser Experimente besteht darin, die Interessiertheit der nach der wirtschaftlichen Rechnungsführung arbeitenden Kollektive an der Produktion teurerer Erzeugnisse zu mindern, günstige ökonomische Bedingungen für die Senkung der Materialintensität der Erzeugnisse und die Einführung von Modellen der neuen Technik (welche sich in der ersten Zeit durch eine größere Arbeitsintensität auszeichnen können) zu schaffen.

Die Bestimmung des Nutzeffektes ist auch notwendig bei einer Differenzierung der Preise in Abhängigkeit von der Qualität der hergestellten Erzeugnisse. Dabei geht es um gleichzeitig hergestellte Arten von Brennstoffen, Rohstoffen und Materialien mit unterschiedlichen Gebrauchseigenschaften oder mit unterschiedlicher Bedeutung; um die Verbesserung einzelner Parameter der gleichen Modelle der hergestellten Technik (zum Beispiel um die Zuverlässigkeit und Langlebigkeit von Maschinen); um die Produktion von Erzeugnisreihen, die der Befriedigung eines Bedürfnisses dienen, aber sich in der Höhe der einen oder anderen Parameter unterscheiden. In den angeführten Fällen wird, wie auch bei der ökonomischen Bewertung des Gebrauchswertes der neuen Technik quantitativ (sowohl bei der Festlegung der Standards als auch bei der Bestätigung der Preise) die Effektivität des Gebrauchs von Erzeugnissen mit unterschiedlicher Qualität ermittelt und verglichen. Jedoch wird hier in der Regel nicht die Aufgabe einer relativen Verbilligung der qualitativ hochwertigen Erzeugnisse im Vergleich zu denen mit geringerer Qualität gestellt.

Die Preisrelationen von Erzeugnissen mit unterschiedlicher Qualität oder einer parametrischen Reihe müssen den Relationen ihrer Nützlichkeit, der Effektivität des Gebrauchs proportional sein. Dieses Prinzip wird sowohl für die Differenzierung der Preise nach den Sorten, Marken u. a. der Erzeugnisse angewandt als auch für die Bestimmung der Höhe der Zuschläge und Abschläge bei Abweichung der tatsächlichen Qualität der Rohstoffe, Brennstoffe u. a. von der in der Preisliste vorgesehenen Qualität. Es liegt den Methoden der Parameterpreisbildung zugrunde. Die Anwendung des betreffenden Prinzips bedeutet keine Abweichung der Preise vom Wert, im Gegenteil, gerade die Messung der vergleichbaren Gebrauchswerte und ihrer Grundparameter gestattet es, die Qualität der Arbeit zu bewerten, die individuellen Aufwendungen auf die gesellschaftlich notwendigen zurückzuführen. Da die Höhe des Warenwertes die gesellschaftlich notwendigen Arbeitsaufwendungen für die Produktion einer Ware von bestimmter Qualität ausdrückt, wird der Wert jeder Ware, wie Karl Marx hervorhob, aber bestimmt durch die Arbeitszeit, erfordert, um sie in normaler Güte zu liefern.[4] Eine Ware, deren Qualität höher oder niedriger als die normale Qualität ist, hat dementsprechend einen größeren oder kleineren gesellschaftlichen Wert.

Der Vergleich der Produktionskosten und der Effektivität des Gebrauchs von Erzeugnissen, die sich durch die Gebrauchseigenschaften unterscheiden, gestattet es, die ökonomischen Grenzen für die Verbesserung der Qualität zu ermitteln, und dient als Basis für die Begründung der Anforderungen der Standards bei deren Überprüfung und Verschärfung. Überflüssige Qualität, die beim Gebrauch keinen Effekt erbringt, führt im Grunde zu einer Vergeudung gesellschaftlicher Arbeit, zur Senkung ihrer realen Produktivität. Es ist notwendig, nach der Erreichung einer optimalen Qualität für die gegebenen Bedingungen der Produktion und der Konsumtion zu streben. Gleichzeitig schafft eine begründete Differenzierung der Preise in Abhängigkeit von den Gebrauchseigenschaften der Erzeugnisse Stimuli für die Verbesserung ihrer Qualität (in einem ökonomisch begründeten Rahmen), für die Senkung der Kosten je Einheit des Nutzeffekts und für eine (für eine Gruppe vergleichbarer Erzeugnisse) abgestimmte Verbilligung der Technik, umgerechnet je Einheit des Nutzeffekts.

Das oben Gesagte bezieht sich im wesentlichen auf Erzeugnisse für produktionstechnische Zwecke. Die Effektivität des technischen Fortschritts wird auch in den Enderzeugnissen realisiert – in Konsumgütern, Dienstleistungen, in Ausrüstungen und Geräten, die in der Volksbildung, im Gesundheitswesen, in der Wissenschaft, der Leitung und der Verteidigung angewandt werden. In jedem dieser Bereiche gibt es eigene Besonderheiten in den Methoden der Ermittlung und Berücksichtigung des Nutzeffekts der Erzeugnisse in der Preisbildung.

Zum Beispiel erlangen bei der Qualitätsbewertung und der Preisfestlegung für Konsumgüter die ästhetischen Eigenschaften der Erzeugnisse erstrangige Bedeutung, ihre Übereinstimmung mit der Mode, deren Anforderungen sich häufig verändern, die spezifischen Anforderungen einzelner Verbrauchergruppen besondere Bedeutung. Bei der Preisbildung für neue Konsumgüter wird die Aufgabe einer konsequenten Beachtung der Stabilität der staatlichen Einzelhandelspreise für die Standardwaren bei gleichzeitiger Stimulierung der Herstellung von verbesserter Qualität, nach der erhöhte Nachfrage besteht, gestellt. Für eine Reihe von Gruppen der Haushaltstechnik und für Waren aus synthetischen Rohstoffen entsteht periodisch die Möglichkeit und Notwendigkeit einer Senkung der Einzelhandelspreise, der Verbilligung der Erzeugnisse in dem Maße, wie sich ihre Produktion erweitert, die Selbstkosten und die Großhandelspreise sinken, wie die Marktsättigung eintritt.[5] Im Ergebnis wird der Effekt des technischen Fortschritts in der Vergrößerung des Realeinkommens der Bevölkerung realisiert, die solche Waren kauft.

Die Erhöhung der Effektivität des wissenschaftlich-technischen Fortschritts in den Mitgliedsländern des RGW und die Annäherung der in den Ländern angewandten Methoden zur Bestimmung und Berücksichtigung des Nutzeffekts der neuen Technik fördern die Realisierung des Komplexprogramms der sozialistischen ökonomischen Integration.

4 Vgl. K. Marr, Das Kapital, Erster Band, in: MEW, Bd. 23, Berlin 1962, S. 187.

5 So ist für den Zeitraum 1971 bis 1976 der Index der staatlichen Einzelhandelspreise bei Fernsehgeräten um 22 %, bei Schulheften, Schreibpapier und Schreibwaren um 11 %, bei Fahrrädern und Mopeds um 5 %, bei Motorrädern und Motorrollern sowie bei Trikotagenerzeugnissen um 4 %, bei Strümpfen und Socken um 3 % gesunken.
Vgl. Narodnoe chozjajstvo SSSR za 60 let, Jubilejnyj statističeskij ežegodnik, Moskva 1977, S. 556.

Es wird die Möglichkeit geschaffen, planmäßig auf der Grundlage der internationalen Arbeitsteilung und Kooperation wissenschaftlich-technische Entwicklungen, die den Übergang zu einer höheren technischen Basis der Produktion, zu einem neuen technischen Zyklus vorbereiten, und eine Produktionsspezialisierung durchzuführen, damit jedes Land optimale Produktionsmaßstäbe, ein hohes technisches Niveau und vergleichsweise niedrigere Selbstkosten der hergestellten Erzeugnisse gewährleisten kann. Ein überzeugendes Beispiel für die Effektivität einer solchen Zusammenarbeit ist die Verwirklichung des Programms für die Entwicklung und die Einführung der einheitlichen Serie von elektronischen Rechenmaschinen der dritten Generation in die Produktion, die Zusammenarbeit bei der Schaffung mathematischer Voraussetzungen für ihre Anwendung.

Die Annäherung der Methoden zur Bewertung des technischen Niveaus und der Qualität der in den sozialistischen Ländern hergestellten Erzeugnisse fördert die Ausarbeitung und Einführung einheitlicher Standards der Mitgliedsländer des RGW. Dadurch werden moderne, den Anforderungen der wissenschaftlich-technischen Revolution entsprechende Charakteristika der in den Ländern hergestellten wichtigsten Erzeugnisse abgestimmt, was die Annäherung des technischen Entwicklungsstandes der sozialistischen Länder fördert.

Im Rahmen der Beratung der Leiter der Preisämter der Mitgliedsländer des RGW und ihres Arbeitsorgans – der Beratung der Direktoren der wissenschaftlichen Forschungsinstitute – werden Arbeiten zur Annäherung der Methoden der inneren Preisbildung durchgeführt.

Gemeinsam erarbeitet man einen Entwurf für methodische Bestimmungen zur Stimulierung des technischen Fortschritts und zur Erhöhung der Qualität von Produktionsmitteln, Konsumgütern und landwirtschaftlichen Erzeugnissen mit Hilfe der Preise. Dadurch wird es möglich, nicht nur die in den Ländern vorhandenen Erfahrungen auf diesem Gebiet zu verallgemeinern, sondern auch wissenschaftlich begründete Empfehlungen auszuarbeiten und in Etappen zu verwirklichen, die die Schaffung eines der Ökonomik des entwickelten Sozialismus adäquaten Mechanismus der planmäßigen Leitung des wissenschaftlich-technischen Fortschritts fördern.

2. Beiträge des DDR-Teils der Gemeinsamen Kommission

H. Koziolek

Wissenschaftlich-technischer Fortschritt und Intensivierung

In voller Übereinstimmung mit den Beschlüssen des XXV. Parteitages der KPdSU bekräftigte der IX. Parteitag der SED erneut die hervorragende Bedeutung des wissenschaftlich-technischen Fortschritts für die Lösung aller grundlegenden Fragen der weiteren Gestaltung der entwickelten sozialistischen Gesellschaft und der Schaffung der Voraussetzungen für den allmählichen Übergang zum Kommunismus. Das schließt die Aufgabe ein, die dem Wesen des entwickelten Sozialismus eigenen Vorzüge noch stärker zur Wirksamkeit zu bringen, und bedeutet, daß auch künftig im Zentrum der Politik der SED die Verwirklichung der Hauptaufgabe steht, „das materielle und kulturelle Lebensniveau des Volkes auf der Grundlage eines hohen Entwicklungstempos der sozialistischen Produktion, der Steigerung der Effektivität, des wissenschaftlich-technischen Fortschritts und des Wachstums der Arbeitsproduktivität weiter zu erhöhen".[1]

Die weitere Hebung des materiellen und kulturellen Lebensniveaus des Volkes ist vor allem ein Anspruch an eine höhere Effektivität der gesellschaftlichen Arbeit, die über die entscheidende Vertiefung der Intensivierung und höhere Wirksamkeit des wissenschaftlich-technischen Fortschritts erreicht werden muß. Das bekräftigte Genosse Honecker erneut in seiner Rede auf dem 9. Kongreß des Freien Deutschen Gewerkschaftsbundes: „Mit der Effektivität unserer Produktion entscheiden wir über den Spielraum unserer Sozialpolitik. Das Verhältnis von Aufwand und Ergebnis zu verbessern, darauf zielt deshalb alles ab, was wir in unserer Ökonomie tun."[2]

Der Kampf um höhere Effektivität vor allem auf der Grundlage des wissenschaftlich-technischen Fortschritts ist also ein wesentlicher Bestandteil der Strategie der SED bei der weiteren Durchführung der Hauptaufgabe in ihrer Einheit von Wirtschafts- und Sozialpolitik; sie ist prinzipiell eine Kernfrage der Gesellschaftspolitik und zugleich der Weg, um unter zum Teil komplizierter gewordenen Reproduktionsbedingungen die konkreten sozialpolitischen Ziele zu verwirklichen.

Unter Effektivität ist das Verhältnis von Aufwand und Ergebnis zu verstehen, d. h., volkswirtschaftlich gesehen, charakterisiert sie das Verhältnis der unmittelbaren gesellschaftlichen, für die Befriedigung der Bedürfnisse der Gesellschaft und ihrer Mitglieder bestimmten Produkte zu den Gesamtaufwendungen an Ressourcen. Unterstellt man eine bedarfsgerechte Struktur des Produkts, so hängt die Effektivität in erster Linie von der Senkung der Materialintensität, der Grundfondsintensität, von der Qualität der Produktion und vom rationellen Einsatz des gesellschaftlichen Arbeitsvermögens ab. Die entschiedene Orientierung auf die systematische Erhöhung des

[1] Bericht des Zentralkomitees der Sozialistischen Einheitspartei Deutschlands an den IX. Parteitag der SED, Bericherstatter: Genosse Erich Honecker, Berlin 1976, S. 7.

[2] E. Honecker, Wir haben ein Programm des Wachstums, des Wohlstandes und der Stabilität, in: Neues Deutschland vom 10. Mai 1977, S. 3.

Volkswohlstandes und die damit eng verbundene Konsequenz der Steigerung der Effektivität der Produktion führt dazu, daß die Frage nach den Endresultaten der Produktion wesentlich höheres Gewicht in der politökonomischen Betrachtung erhält. Was den Maßstab zur Messung des volkswirtschaftlichen Endresultats anbetrifft, so besteht Übereinstimmung darin, wie die in der marxistisch-leninistischen Literatur vertretenen Auffassungen und die praktische Handhabung in der Leitung und Planung der Volkswirtschaft zeigen, daß das Nationaleinkommen bzw. das volkswirtschaftliche Endprodukt – das um die realisierten Amortisationen und den Außenhandelssaldo modifizierte Nationaleinkommen – das entscheidende Kriterium des volkswirtschaftlichen Nutzeffekts ist. In bezug auf den Nutzeffekt wissenschaftlich-technischer Arbeit gilt auch hier, daß das von Jahr zu Jahr bedeutend wachsende Potential in der Tendenz einen spürbar steigenden, und zwar überproportional steigenden Beitrag zur Intensivierung der volkswirtschaftlichen Reproduktion leisten muß.

Damit verbunden muß auch das ökonomische Wachstum vor allem am Volumen, der Struktur und der Qualität dieser Kategorien gemessen werden. Zwischen ökonomischem Wachstum und der Entwicklung des Volkswohlstandes besteht ein untrennbarer Zusammenhang. Das Volumen des Wachstums entscheidet über die quantitative Erweiterung der Bedürfnisbefriedigung; die Struktur (d. h. das Sortiment) entscheidet über die gebrauchswertmäßigen Möglichkeiten der Bedürfnisbefriedigung und die Qualität über ihre Güte.

Je größer unser ökonomisches Potential ist, um so mehr wächst die Verantwortung für seine komplexe Nutzung, damit mit geringstmöglichem Ressourceneinsatz hohe ökonomische Ergebnisse erreicht werden. Für die vertiefte Nutzung der qualitativen Faktoren des Wirtschaftswachstums ist wesentlich, den inneren Zusammenhang aller mit der Intensivierung verbundenen Faktoren zu erkennen und im Komplex wirksam zu machen.

Deshalb sind alle entscheidenden Gesichtspunkte der Intensivierung – angefangen von der Beschleunigung des wissenschaftlich-technischen Fortschritts über eine höhere Materialökonomie, die verstärkte Erneuerung und Modernisierung der technischen Basis, die Verbesserung der Investitionstätigkeit, die höhere Auslastung der Grundmittel und die stärkere Ausnutzung der Arbeitszeit, die Senkung der Selbstkosten und eine effektivere Außenhandelstätigkeit, die planmäßige Verbesserung der Versorgung der Bevölkerung bis zur immer wirkungsvolleren Entwicklung der schöpferischen Fähigkeiten der Werktätigen – auf eine noch breitere Basis als bisher zu stellen und in den Vordergrund der gesamten theoretischen und praktischen Arbeit zu rücken.

Der Weg der vertieften Intensivierung und Beschleunigung des wissenschaftlich-technischen Fortschritts ist aufs engste mit der Qualifizierung der Leitungstätigkeit und der wirkungsvolleren Wahrnehmung der persönlichen Verantwortung der Leiter für die ständige Erhöhung der Leistungsfähigkeit der Betriebe und die Verbesserung der Arbeits- und Lebensbedingungen der Werktätigen verbunden. Dabei muß davon ausgegangen werden, daß der wissenschaftlich-technische Fortschritt als Einheit von evolutionären und revolutionären Vorgängen ein permanenter Prozeß ist, ein Vorgang, in dem wir uns mitten drin befinden und dessen Dynamik noch gar nicht voll zu übersehen ist.

Vereinfacht gesagt: Es gibt Fortschritte bei der Miniaturisierung, im Leichtbau, in der Fertigungs- und Produktionsorganisation und auf anderen Gebieten. Das darf aber niemanden abhalten, z. B. Leichtes noch leichter zu konstruieren, Kleines noch kleiner zu machen oder eine zunächst reibungslose Organisation noch effektiver zu gestalten. Ohne Anspruch auf Vollständigkeit zu erheben: Eine solche ideologische

Grundhaltung ist u. a. von großer Bedeutung für das praktische Herangehen an schonungslose Weltstandsvergleiche, für die Orientierung auf die Grundlagenforschung und für die Organisierung des wissenschaftlich-technischen Vorlaufs auch in der angewandten Forschungs- und Entwicklungsarbeit.

Zu den entscheidenden Fragen der Haltung der Leiter in den Betrieben, Kombinaten und Forschungseinrichtungen gehört auch, das eigene Potential – angespannte Zielstellungen eingeschlossen – nüchtern einzuschätzen und sich der „Schwellwerte" bewußt zu sein, die es notwendig machen, im eigenen Land und im Rahmen der sozialistischen ökonomischen Integration die erforderliche Wissenschafts- und Produktionskooperation zu organisieren.

Eine solche Einstellung ist eine Vorbedingung für das persönliche Engagement der Leiter in der Wirtschaft und in der Forschung, mit der sie die Arbeit der Forschungs- und Entwicklungskollektive – einschließlich der Technologie – und die Masseninitiative der Werktätigen inspirieren und praktisch gestalten. Bewußtheit über die notwendig hohen Zielstellungen wissenschaftlich-technischer Arbeit und absoluter Realismus in der Einschätzung des gegebenen eigenen Leistungsvermögens und der Wege zu seiner Steigerung sind wichtige Voraussetzungen, um praktisch durch die Gewinnung und ökonomische Verwertung wissenschaftlich-technischer Erkenntnisse in größerer Breite bei Erzeugnissen und Technologien das Weltniveau mitzubestimmen und auf ausgewählten Gebieten Spitzenleistungen zu erzielen. Das aber sind die grundlegenden Wege zur Intensivierung der Volkswirtschaft, zur Erhöhung der Effektivität und Qualität der Produktion und somit zur Erfüllung der durch die Parteibeschlüsse gestellten sozialökonomischen Aufgaben überhaupt. Letztlich kommt es darauf an, jede Stufe im arbeitsteiligen Prozeß rationell zu vollziehen, d. h. den gesamten ökonomischen Kreislauf, wie ihn Karl Marx allgemeingültig im zweiten Band des „Kapital" dargestellt hat, unter unseren konkret historischen Bedingungen und für unsere Ziele so effektiv, also mit geringstmöglichem Einsatz von Ressourcen und Kosten und in kürzester Zeit zu vollziehen. Also je besser es uns gelingt, den Zeitablauf im Kreislaufprozeß zu beherrschen, desto weniger Ressourcen, d. h. akkumulierte Produktionsmittel, Arbeitskräfte, Rohstoffe und Materialressourcen werden gebunden. Es gehört zum Wesen der Intensivierung, die Zeitspanne zwischen Aufwand und Ergebnis tendenziell zu verkürzen.

Im Fünfjahrplan 1976–1980 ist festgelegt, daß sich das Nationaleinkommen auf 127,9 % und die industrielle Warenproduktion auf 134 % entwickeln werden und die Arbeitsproduktivität in der Industrie auf 130 %. Hinter diesen Angaben steht, daß das stabile Wachstum des Nationaleinkommens und der industriellen Warenproduktion vor allem in den vorhandenen Betrieben und in der Regel mit der gleichen Zahl der Beschäftigten bzw. mit ihrem relativ geringen Anwachsen erzielt werden muß. Der Schlüssel dazu ist und bleibt der wissenschaftlich-technische Fortschritt. Mit anderen Worten: Die zielstrebige Steigerung der Effektivität der gesellschaftlichen Produktion durch eine Vertiefung der Intensivierung und durch die höhere ökonomische Wirksamkeit des wissenschaftlich-technischen Fortschritts ist die wichtigste materielle Voraussetzung für die Lösung aller wesentlichen ökonomischen, sozialen und geistig-kulturellen Aufgaben im Prozeß der weiteren Gestaltung der entwickelten sozialistischen Gesellschaft.

Unter sozialistischen Bedingungen ist der wissenschaftlich-technische Fortschritt besonders stark sozialökonomischen Forderungen untergeordnet, sein Tempo und seine Hauptrichtungen leiten sich immer stärker von den vorausschaubaren gesellschaftlichen Bedürfnissen ab. Es vollzieht sich praktisch ein qualitativer Wandel in der Funktion des wissenschaftlich-technischen Fortschritts für das Wirtschaftswachstum. Der ökonomische Fortschritt wird stärker durch den wissenschaftlich-technischen Fortschritt bestimmt, der an die erste Stelle der Wachstumsfaktoren rückt und in wachsendem Maße alle anderen Faktoren beeinflußt.

Die Wissenschaft bildet – so betonte Karl Marx – eine eigenständige von der Größe des fungierenden Kapitals relativ unabhängige Produktionspotenz. Diese Potenz voll zu erschließen, wissenschaftliche Ideen mit geringsten Aufwendungen hervorzubringen und in großer Breite anzuwenden, macht es so wichtig, das schöpferische Niveau wissenschaftlich-technischer Leistungen bedeutend zu erhöhen.

Unsere Untersuchungen in Betrieben und Kombinaten bestätigen, daß wesentliche Fortschritte bei der besseren Beherrschung der Neuerungsprozesse erzielt wurden, und zwar:

Erstens: Die General- und Kombinatsdirektoren nehmen ihre Verantwortung für die Leitung von Wissenschaft und Technik persönlich wahr und stellen sich an die Spitze des Kampfes um hohe wissenschaftlich-technische Leistungen und Ergebnisse.

Zur persönlichen Verantwortung dieser Leiter gehört es,

– dafür zu sorgen, daß der erreichte wissenschaftlich-technische Stand der Erzeugnisse und Verfahren im Vergleich zu den internationalen Bestwerten kritisch eingeschätzt wird,

– für die wissenschaftlich-technische Arbeit hohe anspruchsvolle Ziele zu stellen, die das langfristige erforderliche Effektivitäts- und Qualitätswachstum der Produktion sichern,

– die Voraussetzungen für die aktive Mitarbeit aller Werktätigen am wissenschaftlich-technischen Fortschritt ständig zu verbessern, insbesondere durch die umfassende und gründliche Information über die Aufgaben und Probleme auf dem Gebiet von Forschung und Technik und die Marktbewährung der Erzeugnisse,

– die Durchführung der wissenschaftlich-technischen Aufgaben und Neuererideen auf hohem schöpferischem Niveau tatkräftig zu unterstützen und die rasche und breite Nutzung der Ergebnisse zu gewährleisten.

Es muß überall die Erkenntnis gefestigt werden, daß die Erhöhung des Leistungsniveaus in Wissenschaft und Technik von der ehrlichen, sachlich fundierten Einschätzung des erreichten Standes gegenüber den internationalen Bestwerten auszugehen hat, verbunden mit der Vorgabe von klaren Zielstellungen für die wissenschaftlich-technische Arbeit, die weit vorausschauend und konsequent aus den volkswirtschaftlichen Effektivitätserfordernissen abzuleiten sind.

Zweitens: Die ständige Qualifizierung der langfristig-konzeptionellen Arbeit zur Herausarbeitung und Verwirklichung der einheitlichen wissenschaftlich-technischen Politik des Staates ist ein Haupterfordernis der weiteren Vervollkommnung der Leitung und Planung von Wissenschaft und Technik auf allen Ebenen der Volkswirtschaft. Dabei kommt es darauf an, die Hauptrichtungen des wissenschaftlich-technischen Fortschritts und die Schwerpunktaufgaben festzulegen und von den zweitrangigen Aufgaben abzugrenzen. Damit sind besser die Voraussetzungen gegeben, die wissenschaftlich-technischen Aufgabenstellungen auf den einzelnen Ebenen der Industriezweige in das Gesamtsystem der Leitung und Planung von Wissenschaft und Technik einzuordnen.

Mit der Auswahl und volkswirtschaftlichen Einordnung der wissenschaftlich-technischen Aufgaben wird besser gewährleistet, daß die gesellschaftlichen Zielstellungen erreicht, die Ressourcen optimal verteilt werden und die breite Nutzung ihrer Ergebnisse in der Volkswirtschaft gesichert wird.

Die Herausbildung einer einheitlichen wissenschaftlich-technischen Politik trägt wesentlich zur Erhöhung des Niveaus der Planung von Wissenschaft und Technik bei und muß sich in den wissenschaftlich-technischen Programmen, im Plan Wissenschaft und Technik der VVB und Kombinate widerspiegeln. Dazu dienen auch langfristige Zielprogramme (in der Regel bis zum Jahre 1990), die die Komplexität und die Durchgängigkeit der Aufgaben bei der Realisierung, unabhängig von der Unterstellung und der Leitungsebene, sichern helfen. Es hat sich dabei in den Betrieben und Kombinaten bewährt, den langfristig konzipierten Übergang zu einer neuen Erzeugnisgeneration eng mit einer ständigen Arbeit an der Erzeugnisrationalisierung, mit entsprechenden Festlegungen zur Entwicklung ihrer Qualität und Zuverlässigkeit zu verbinden.

In diesem Zusammenhang muß auch der Anteil der langfristig-strategischen Arbeit der zentralen staatlichen Organe, insbesondere der Fachministerien bei der Verwirklichung der einheitlichen wissenschaftlich-technischen Politik, bedeutend verstärkt werden.

Drittens: Eine entscheidende Voraussetzung für die weitere Beschleunigung des wissenschaftlich-technischen Fortschritts ist die bessere leitungs- und planmäßige Beherrschung aller jener Prozesse, die sich im Zyklus „Wissenschaft – Technik – Produktion" vollziehen, also jener gesamten Kette, die von der neuen Idee über ihre technische Realisierung in neue Erzeugnisse und Verfahren bis zu deren Überführung in die Produktion und umfassenden Nutzung in der Volkswirtschaft reicht.

Es überwiegt jedoch in vielen Fällen noch eine Planung von Einzelthemen und Zwischenergebnissen (Forschung und Entwicklung, Investitionen, Projektierung usw.) bzw. die Planung einzelner Phasen des Reproduktionsprozesses (Forschung und Entwicklung, Produktion, Absatz). Damit gelingt es nur unvollständig, die eng zusammenhängenden Neuerungsaufgaben innerhalb des Zyklus „Wissenschaft – Technik – Produktion" einheitlich zu leiten und zu planen.

Deshalb müssen die Anstrengungen erhöht werden, stärker die Endresultate des Neuerungsprozesses und ihre Erfordernisse (z. B. Zulieferungen auf hohem wissenschaftlich-technischem Niveau) in den Mittelpunkt der Planung zu stellen. Es geht auch darum, eine durchgängige Verflechtung und Bilanzierung des Planes Wissenschaft und Technik mit den anderen Planteilen des komplexen Planes zu sichern, insbesondere mit der Investitionsplanung und den Plänen der wichtigsten Zulieferbereiche.

Viertens: Die Erzielung von Spitzenleistungen und konstruktiv neuartigen technischen Lösungen wird entscheidend von den Ergebnissen der Vorlaufforschung bestimmt.

Mit anderen Worten: Weitgesteckte Grundlagenforschung und zügige Überführung wissenschaftlicher Erkenntnisse in die Produktion, das sind die beiden Säulen des wissenschaftlichen Arbeitsprozesses, auf dessen Grundlage ein entscheidender Beitrag geleistet werden muß, um die ökonomische und soziale Wirksamkeit des wissenschaftlich-technischen Fortschritts zu erhöhen. Unsere Analysen bestätigen, daß Betriebe mit einem beständig hohen Leistungs- und Effektivitätszuwachs permanent am wissenschaftlich-technischen Vorlauf arbeiten und keine Mühe scheuen, um langfristige Kooperationsbeziehungen mit Akademieeinrichtungen und Hochschulen herzustellen.

Fünftens: Die Technologie ist ein entscheidender Vermittler für die Wirksamkeit der Wissenschaft in der Produktion und gewinnt entsprechend dem gegenwärtig erreichten Produktionsniveau immer mehr an Bedeutung.

In welchem Maße Wissenschaft und Technik dazu beitragen, menschliche Arbeit einzusparen und zu erleichtern, sie produktiv und interessanter zu gestalten, wird wesentlich vom Leistungsbeitrag der Technologie bestimmt. Ist es doch letztlich die Technologie, die nach Worten von Marx als planmäßige und je nach dem bezweckten Nutzeffekt systematische Anwendung der Naturwissenschaft auf die Produktionsprozesse, die über das „Wie" der gegenwärtigen und zukünftigen Produktion entscheidet.[3]

Dieses „Wie" der Herstellung der Erzeugnisse und die im Produktionsprozeß wirkenden materiell-technischen Mittel werden in entscheidendem Maße durch die Gesetzmäßigkeiten der Technologie und ihre Ausnutzung in der materiellen Produktion bestimmt. Ihre Entwicklung ist untrennbar mit dem Niveau der wissenschaftlichen Arbeitsorganisation, der Arbeitsgegenstände und der Arbeitsmittel verbunden. Bedeutende Leistungsreserven können erschlossen werden, wenn es gelingt, die Forschung und Entwicklung wesentlich stärker auf die Lösung technologischer Aufgaben zu richten, um wirksame Veränderungen im technologischen Niveau der Produktion zu erzielen. Obwohl Partei und Regierung seit langem auf die Lösung dieses Problems aufmerksam machen, ist es in den letzten Jahren noch nicht zufriedenstellend gelungen, das Niveau und den Umfang der technologischen Forschung in ausreichendem Maße zu entwickeln. Deshalb kommt es darauf an, den technologischen Fortschritt zu einem festen Glied in der gesamten Kette der wissenschaftlich-technischen Arbeit zu gestalten.

Was lehren progressive Erfahrungen von Betrieben und Kombinaten bei der Beschleunigung des technologischen Fortschritts?

– Das Berufsansehen der Technologen muß – das lehren auch sowjetische Erfahrungen – weiter erhöht werden, und es muß sich eine gleichrangige Wertschätzung, Qualifikation und auch Bezahlung von Konstrukteuren und Technologen durchsetzen. In diesem Zusammenhang muß der Kaderentwicklung – fachlich wie politisch – in diesem Bereich die größte Aufmerksamkeit geschenkt werden. Deshalb müssen die besten Facharbeiter für ein Studium als Technologen gewonnen werden. Erstmalig wurde mit dem Plan 1977 für ca. 40 Aufgabenkomplexe des Staatsplanes „Wissenschaft und Technik" der Einsatz von Technologen, Projektanten und Konstrukteuren zentral und verbindlich festgelegt. Das ist zunächst eine Frage der zahlenmäßigen Verstärkung der technologischen Bereiche. Zum anderen ist das aber auch eine Frage der systematischen Qualifizierung der bereits tätigen Technologen und ihres konzentrierten Einsatzes zur spürbaren Hebung des technologischen Niveaus der Produktion. In nicht wenigen Betrieben werden Technologen vielfach aus Kadern gewonnen, die über eine reiche Berufserfahrung als Facharbeiter verfügen. Ihnen ist durch gezielte Maßnahmen – zumeist in der Verantwortung der Zweigleitungsorgane selbst – die erforderliche wissenschaftlich-technische Qualifikation zu vermitteln.

– Die qualitativ höheren Ansprüche an die wissenschaftlich-technische und technologische Arbeit drängen nach komplexen Lösungen als Grundlage höherer Effektivität und schnellerer Einstellung auf die Bedürfnisse der Märkte. Das erfordert in vielerlei Hinsicht eine grundlegend neue Arbeitsweise bei der Vorbereitung und Durchführung des Reproduktionsprozesses. Erfahrungen aus dem Werkzeugmaschinenbau der DDR z. B. weisen aus, daß sich der Aufwand in den produktionsvorbereitenden Bereichen etwa im Quadrat zur Steigerung der industriellen Warenproduktion entwickeln wird. Deshalb ist die Aufgabe gestellt, durch Rationalisierung der technischen Produktionsvorbereitung mehr und mehr die Routineprozesse zu reduzieren und den Anteil der geistig-schöpferischen Tätigkeit bedeutend zu erhöhen. Das erfordert, die in Technologie und Konstruktion noch gut bekannten Arbeitsmittel, wie Reißbrett, Rechenschieber, Bleistift und umfangreichen Tabellenwerke durch den Einsatz der EDV,

[3] Vgl. K. Marx, Das Kapital, Erster Band, in: MEW, Bd. 23, Berlin 1962, S. 510/511.

der Mikrofilmtechnik, der Datenfernübertragung, des industriellen Fernsehens u. a. zu ergänzen bzw. zu ersetzen.

– Es sind vielfältige Überlegungen notwendig, um alle Möglichkeiten der Beschleunigung des technologischen Fortschritts voll auszuschöpfen. Besonders in der metallverarbeitenden Industrie – aber auch in anderen Bereichen – gilt es, Voraussetzungen für eine engere Verzahnung von Erzeugnis- und technologischer Entwicklung zu schaffen. Der große Anteil der zeitaufwendigen Montageprozesse erfordert eine wirksame Rationalisierung. Die Möglichkeiten der Vereinheitlichung und Unifizierung der Erzeugnisprogramme bis hin zu der Mechanisierung der Produktionshaupt-, -hilfs- und -nebenprozesse sind bei weitem nicht ausgeschöpft. Hiermit können von der Erzeugnisseite wesentliche Voraussetzungen für die Einführung moderner, hochproduktiver, technologischer Prozesse geschaffen werden. Nicht nur der Erzeugnisentwickler und -konstrukteur bedarf der Zusammenarbeit mit den Technologen, sondern auch die Technologie bedarf des „technologischen Denkens" der Konstrukteure. Ihre Zusammenarbeit ist für beide vorteilhaft.

Eine generelle Aufgabe besteht darin, den wissenschaftlich-technischen Fortschritt in den Gesamtprozeß der gesellschaftlichen Entwicklung, ihrer Leitung und Planung einzuordnen, eine zwingendere und zielstrebigere ökonomische und soziale Orientierung des wissenschaftlich-technischen Fortschritts zu erreichen. Die Wachstumsfaktoren wirken stets als Einheit, als dynamische Kombination. Daraus ergibt sich objektiv die Notwendigkeit, sie komplex zu erfassen und aufeinander abgestimmt zu entwickeln und die vielschichtigen Verflechtungen des wissenschaftlich-technischen Fortschritts besser zu beherrschen. In hohem Maße geht es hierbei auch um den Einfluß des wissenschaftlich-technischen Fortschritts auf die Rohstoff- und Materialökonomie.

Die Verwirklichung der wachsenden Ökonomik der Arbeitsgegenstände ist überhaupt ein prinzipielles Gebot sozialistischen Wirtschaftens und zugleich ein Intensivierungsfaktor, der für die Erhöhung der Effektivität in der Volkswirtschaft immer mehr Gewicht erhält. Der wachsenden Effektivität dienen die Maßnahmen im Rahmen der sozialistischen ökonomischen Integration zur gemeinsamen Sicherung einer langfristigen Rohstoff- und Energieversorgung, die Erschließung und der Ausbau der eigenen Rohstoff- und Energiequellen in der DDR zur Gewährleistung der proportionalen und dynamischen Entwicklung der sozialistischen erweiterten Reproduktion und die Erhöhung des Wirkungsgrades in allen materialökonomischen Prozessen. Es kommt darauf an, die Steigerung der Arbeitsproduktivität stets als einen Prozeß der Ökonomisierung der gesellschaftlichen Gesamtarbeit aufzufassen, in dessen Ergebnis sowohl der spezifische Aufwand an lebendiger Arbeit als auch an vergegenständlichter Arbeit sinkt.

Diese grundlegende wirtschaftspolitische Orientierung berücksichtigt die Konsequenzen aus dem Wachstum der materiellen Produktion und der Befriedigung der Bedürfnisse für die Reproduktion der Naturressourcen und für den Schutz der natürlichen Umwelt. Unter den Bedingungen der weiteren Gestaltung der entwickelten sozialistischen Gesellschaft ist die Aufgabe zu lösen, den ständigen Leistungsanstieg auf der Grundlage des beschleunigten wissenschaftlich-technischen Fortschritts zu verbinden mit der Vervollkommnung der Relation zwischen den eingesetzten Stoffmengen der Arbeitsgegenstände und den damit erzeugten Gebrauchswerten.

Die Lösung dieser – zunächst aus den Erfordernissen der wachsenden Ökonomie der Arbeitsgegenstände abgeleiteten – Aufgaben ist von weitreichender Bedeutung für die Vervollkommnung der Reproduktion der Grundfonds.

Der Einsatz eines erheblichen Teils der Investitionen für die Entwicklung der fondsintensiven Energie- und Rohstoffwirtschaft stellt hohe Anforderungen an die Durchführung der Intensivierung in anderen Zweigen mittels der konsequenten Sicherung der einfachen Reproduktion der Grundfonds durch Maßnahmen des technischen Fortschritts bzw. des Ersatzes verschlissener Grundfonds durch technisch höherwertige.

Schon Karl Marx hat darauf verwiesen, daß der intensiven einfachen Reproduktion, d. h. der vollen Nutzung und der Vervollkommnung der vorhandenen Produktionsfonds, großes Gewicht zukommt.

Aus dieser Sicht ist auch die prinzipielle Bedeutung der Rekonstruktion als ein entscheidendes Kettenglied der wirtschaftlichen Entwicklung in der DDR zu sehen. Eine große Verantwortung tragen hierbei die Zweige, die Ausrüstungen und Rationalisierungsmittel herstellen, und das Industriebauwesen. Umfang und Struktur sowie das wissenschaftlich-technische Niveau der Maschinen und Ausrüstungen, die Kosten ihrer Herstellung und Anwendung bestimmen sehr wesentlich die Fortschritte bei der Intensivierung.

Eine vordringliche Aufgabe besteht darin, die gesamte Investitionstätigkeit selbst zu intensivieren, d. h. die Erschließungs- bzw. Baufristen zu verkürzen, die Qualität der Bauausführungen zu verbessern, das technische Niveau des Bauwesens zu erhöhen. Überall, wo es möglich ist, muß darauf hingewirkt werden, daß die Investitionseffektivität größer sein muß als die Grundfondseffektivität.

Die neuen Fonds müssen pro Leistungseinheit eine größere Wirksamkeit haben als die Gesamtheit der eingesetzten Fonds. Dies ist ein wesentlicher Punkt zur Stabilisierung bzw. Erhöhung der Grundfondsquote.

Ein zunehmender Anteil der Investitionen wird dazu eingesetzt, die Wirksamkeit der vorhandenen Grundfonds zu erhöhen. Er wird also vor allem zur Modernisierung der Produktionsanlagen in vorhandenen Bauten sowie zur Rekonstruktion bestehender Produktionsstätten eingesetzt und, verbunden mit der Anwendung moderner Technologien und Verfahren sowie der mehrschichtigen Auslastung hochproduktiver Maschinen und Anlagen, auf kürzestem Wege zur Leistungssteigerung führen. Dabei müssen die neuesten wissenschaftlich-technischen und arbeitsorganisatorischen Erkenntnisse genutzt werden.

Von der Wirksamkeit der lebendigen Arbeit, also vom Leistungsvermögen der Arbeiter, der Genossenschaftsbauern und der Intelligenz, hängt letztlich die Ergiebigkeit aller anderen Maßnahmen ab. Die Wirksamkeit der lebendigen Arbeit des gesellschaftlichen Arbeitsvermögens umschließt letzten Endes alle Faktoren der Intensivierung. Sie hängt bekanntlich ab von der Qualifikation und der Erfahrung, vom Stand der Wissenschaft und der Technologie, vom Niveau der Arbeitsteilung, Kooperation und Kombination, dem Umfang, dem Niveau und der Ausnutzung der Produktionsmittel sowie von den Naturverhältnissen.[4]

Wichtige Aufgaben im Zusammenhang mit der Erhöhung des Wirkungsgrades des gesellschaftlichen Arbeitsvermögens sind darüber hinaus die bessere Ausnutzung der Arbeitszeit, das Lenken der Initiative der Werktätigen auf die wissenschaftlich-technischen, technologischen und organisatorischen Möglichkeiten der Produktivitäts- und Effektivitätssteigerung, um vor allem durch die Anwendung der Erkenntnisse der wissenschaftlichen Arbeitsorganisation bei gleichzeitiger Verbesserung der Arbeits- und Lebensbedingungen in den Betrieben Arbeitskräfte für die Erhöhung der

[4] Vgl. ebenda, S. 54.

Schichtarbeit und für die Lösung volkswirtschaftlicher Schwerpunktaufgaben zu gewinnen. Eine wesentliche Aufgabe der Leitungstätigkeit ist es, die günstigsten Bedingungen für den kontinuierlichen Ablauf des Reproduktionsprozesses zu schaffen. Kontinuität ist ein wesentliches Erfordernis der intensiv erweiterten Reproduktion. Es ist klar: Je mehr die Vergesellschaftung der Produktion und die Verflechtung zwischen den Zweigen zunimmt, um so mehr gewinnt die Kontinuität an Bedeutung. Unterbrechungen, Störungen des Produktionsablaufes wirken um so negativer, je größer die Dimensionen und die Kooperation im gesellschaftlichen Produktionsprozeß sind.

Ordnung, Disziplin und Sicherheit im Arbeitsprozeß spielen dabei eine große Rolle. Kontinuität schließt aber auch das reibungslose proportionale Zusammenspiel, d. h. planmäßige Kooperation zwischen den Zweigen, Betrieben und Kombinaten ein. Hier liegen noch große Möglichkeiten für die notwendige Leistungssteigerung.

Der wissenschaftlich-technische Fortschritt muß in letzter Konsequenz darauf gerichtet werden, extensive Tendenzen, gleichwohl objektiv bedingte wie auch subjektiv verursachte, zu überwinden bzw. abzuschwächen. Dazu gehört z. B., durch die Wirkungen des wissenschaftlich-technischen Fortschritts, einschließlich der wissenschaftlichen Arbeitsorganisation, eine solche Senkung des Arbeitsaufwandes zu erzielen, daß die Arbeitsproduktivität mehr und mehr steigt und zugleich auch der Anteil vergegenständlichter Arbeit, vor allem der Ausrüstungs- und Maschinenkosten sowie der Rohstoffe, Energie und des Materials je Produkt, sinkt. Insgesamt ist festzustellen, daß es sich bei der komplexen Nutzung der Ergebnisse des wissenschaftlich-technischen Fortschritts um gewissermaßen mehrdimensionale Beziehungen handelt. Durch die Leitung und Planung müssen sowohl seine unmittelbaren Wirkungen auf die Arbeitsgegenstände, die Arbeitsmittel und auf das gesellschaftliche Arbeitsvermögen beachtet und planmäßig organisiert werden als auch deren untereinander verkettete Wirkungen.

Die zunehmende Komplexität im entwickelten Sozialismus ergibt sich ursächlich aus den wachsenden Maßstäben von Produktion und Konsumtion; sie ist ein Ergebnis der weiteren Vervollkommnung des Vergesellschaftungsprozesses der Produktion und der Arbeit im nationalen, wie im Maßstab der sozialistischen ökonomischen Integration unter den Bedingungen der wissenschaftlich-technischen Revolution. Die bessere Beherrschung der Komplexität durch die Leitung, Planung und ökonomische Stimulierung erfordert zugleich die Erweiterung des Planungshorizonts und präzisere Zielbestimmung, sie bedeutet Verkürzung der Zeitspanne zwischen Aufwand und Ergebnis, vor allem auch im Zyklus „Wissenschaft – Technik – Produktion", sie bedeutet letztlich einen wesentlichen Beitrag von Organisation und Leitung zur immer engeren Verbindung der Errungenschaften der wissenschaftlich-technischen Revolution mit den Vorzügen des Sozialismus.

Worin bestehen die wichtigsten Ansatzpunkte für die weitere Vervollkommnung der Leitung von Wissenschaft und Technik?

Erstens: Die breitere Entfaltung der schöpferischen Leistungen der Wissenschaftler, Ingenieure, Neuerer und Arbeiter ist die wichtigste Aufgabe, um das Niveau der wissenschaftlich-technischen Arbeit zu erhöhen.

Die entscheidende Gewähr für dauerhafte Höchstleistungen in der Forschung und Entwicklung sind beständige, in der Formierung und Durchsetzung ihrer Ideen erprobte und leistungsstarke Forschungs- und Entwicklungskollektive. Sie zeichnen sich durch einen engen Kontakt und echte Arbeitsbeziehungen zu den Produktionskollektiven, zu den anderen Struktureinheiten des Betriebes und anderen Forschungseinrichtungen aus. Neben der Sicherung einer schöpferischen Atmosphäre geht es dabei um die Herausbildung solcher Maßstäbe, die auf ein hohes Leistungsniveau orientieren und stimulierend auf die Motivation der Mitarbeiter einwirken. Diese Maßstäbe müssen durch konkrete wissenschaftlich-technische und ökonomische Kennziffern sowie gezielte soziale Anforderungen in anspruchsvollen und stabilen Zielstellungen gesichert werden.

Zweitens: Für die Beschleunigung des wissenschaftlich-technischen Fortschritts ist die enge Verbindung der Pläne Wissenschaft und Technik sowie der Investitionstätigkeit von entscheidender Bedeutung, weil viele wissenschaftliche Ergebnisse und insbesondere hochproduktive Verfahren und Technologien erst über Investitionen wirksam werden können.

Eine grundlegende Aufgabe besteht darin, einerseits auf der Grundlage von Intensivierungskonzeptionen und langfristigen Plänen den erforderlichen wissenschaftlich-technischen Vorlauf für die Durchführung von Investitionen zu schaffen, andererseits müssen die vorhandenen wissenschaftlichen Erkenntnisse bei der Rekonstruktion und Modernisierung des Produktionsapparates voll genutzt werden. Erst dadurch kann das erforderliche technisch-ökonomische Niveau der Produktion gesichert werden. Ein Kernproblem besteht darin, die Planung der Produktionsentwicklung, der Erneuerung der Erzeugnisse und Modernisierung der Grundfonds sowie die Umsetzung der wissenschaftlich-technischen Ergebnisse mit höherer Realität und Aussagefähigkeit vorzubereiten, insbesondere hinsichtlich der materiell-technischen Konsequenzen und der erforderlichen Investitionsmittel.

Es ist notwendig, sowohl das Forschungs- und Entwicklungspotential als auch die verfügbaren Investitionskapazitäten für die gleichen Schwerpunktaufgaben konzentrierter einzusetzen. Das bedeutet gleichzeitig eine Rang- und Reihenfolge festzulegen und bestimmte Aufgaben zeitweilig zurückzustellen.

Drittens: Bei der wirkungsvolleren Proportionierung des wissenschaftlich-technischen Potentials geht es in der Volkswirtschaft der DDR insbesondere um die Stärkung des Forschungs- und Entwicklungspotentials in der Zuliefer- und Konsumgüterindustrie und um bessere Voraussetzungen für die weitere Erhöhung des technisch-ökonomischen Niveaus der Produktion einschließlich der Qualität der Erzeugnisse.

Um die wissenschaftliche Durchdringung der Produktion zu verstärken und die Entwicklungs- und Überleitungsfristen zu verkürzen, sind die noch vorhandenen Engpässe: Projektierung, Technologie, Musterbau und Erprobung durch gezielte Kaderzuführungen zu beseitigen bzw. einzuschränken.

Für die volle Ausnutzung der geplanten Kaderzuführungen in den Betrieben sind auch die entsprechenden Bedingungen zu schaffen, damit ein gezielter und rationeller Einsatz gewährleistet werden kann.

Viertens: Die internationale wissenschaftlich-technische Zusammenarbeit ist eine entscheidende Reserve zur Beschleunigung des wissenschaftlich-technischen Fortschritts. Es ist notwendig, bereits bei der Festlegung der wissenschaftlich-technischen Hauptrichtungen die Möglichkeiten der wissenschaftlich-technischen Zusammenarbeit zu bestimmen und auf dieser Basis die künftige Produktionsspezialisierung und -kooperation zu organisieren.

Bei Entscheidungen über die wissenschaftlich-technische Zusammenarbeit sollten solche Fragen stärker in den Mittelpunkt des Entscheidungsprozesses rücken wie z. B.

- Wird im Ergebnis der wissenschaftlich-technischen Zusammenarbeit der wissenschaftlich-technische Höchststand mitbestimmt bzw. eine wesentliche Niveauerhöhung erreicht?
- Wird durch die wissenschaftlich-technische Zusammenarbeit die Produktionsspezialisierung vertieft und eine effektivere Produktionskooperation erzielt?

- Wird dadurch der Bedarf der sozialistischen Länder auf bedeutend höherem wissenschaftlich-technischem Niveau gedeckt?
- Wird im Interesse der beteiligten Länder ein höchstmögliches Tempo bei der Gewinnung und Umsetzung wissenschaftlich-technischer Ergebnisse erreicht?
- Wie werden gemeinsam die materiell-technischen Voraussetzungen für eine rasche und breite Anwendung wissenschaftlich-technischer Ergebnisse gesichert?

Es sind selbstverständlich noch weitere umfangreiche Arbeiten notwendig, um Wissenschaft und Technik noch besser leitungsmäßig zu beherrschen.

Unsere Konferenz wird über die hier skizzierten Aufgaben hinaus einen Beitrag leisten, um die Beschlüsse unserer beiden Parteien auf diesem entscheidenden Gebiet erfolgreich zu lösen. Wir verfolgen in der DDR mit großem Interesse die Erfahrungen unserer sowjetischen Genossen und unterstützen mit Nachdruck die enge und konstruktive Zusammenarbeit der Spezialisten aus unseren beiden Ländern.

A. Braun

Zum Einfluß des wissenschaftlich-technischen Fortschritts auf die Effektivität der lebendigen und vergegenständlichten Arbeit

Weitere Fortschritte beim Übergang zur vorwiegend intensiv erweiterten Reproduktion werden vor allem davon bestimmt, wie es gelingt, den wissenschaftlich-technischen Fortschritt schneller und wirksamer als Hauptfaktor der Effektivitätssteigerung durchzusetzen. Diese generelle Aufgabenstellung wird durch die zunehmende Begrenztheit der Ressourcen, insbesondere der Arbeitskräfte und natürlichen Ressourcen, noch verstärkt und erhält dadurch spezifische Züge. Zukünftig wird die Frage noch mehr zu einem bestimmenden Faktor für die erweiterte Reproduktion, wie mit Hilfe des wissenschaftlich-technischen Fortschritts die Begrenztheit der Ressourcen überwunden werden kann. „Die planmäßige und konzentrierte Förderung von Wissenschaft und Technik war und ist die vom Gewicht her entscheidende Voraussetzung, um die Arbeitsproduktivität zu steigern, die Qualität der Erzeugnisse, der Produktionsmittel wie auch der Konsumgüter, und die gesamte Effektivität der Arbeit zu erhöhen."[1]

Der wissenschaftlich-technische Fortschritt ermöglicht es gegenwärtig, daß sich qualitativ neue Wege der Produktivitätssteigerung herausbilden. Wie sich unter diesen Bedingungen die materiellen Voraussetzungen für die Verbesserung der Arbeits- und Lebensbedingungen entwickeln, sich insbesondere die Wachstumsdynamik des Nationaleinkommens gestaltet, hängt im zunehmenden Maße davon ab, daß dauerhaft hohe Steigerungsraten der Arbeitsproduktivität erreicht werden, die auch höhere Konsumtionseffekte sichern. Materielle Grundlage dafür ist die wissenschaftlich-technische Revolution, die auch mit der Nutzung neuer Naturstoffe und -kräfte, mit der Erhöhung des Wirkungsgrades ihrer Nutzung durch neue Technologien und Verfahren, mit grundlegenden Veränderungen der Technologien in der verarbeitenden Industrie, mit Veränderungen am Erzeugnis und der Verbesserung seiner Qualität verbunden ist. Insbesondere die Kombination neuer, nichtmechanischer Technologien im unmittelbaren Arbeitsprozeß mit dem Prinzip der Automatisierung erlaubt qualitative Umwälzungen in den Leistungen der Ausrüstungen und damit eine schnelle Steigerung der Produktivität der gesellschaftlichen Arbeit. Dadurch bilden sich neue Ausgangspositionen für die Steigerung der Arbeitsproduktivität heraus. Insbesondere wird die gleichzeitige relative Einsparung sowohl von Arbeitszeit als auch von Rohstoffen und Grundfonds möglich. Hinweise darauf gibt z. B. die Anwendung der Mikroelektronik, wie u. a. die Einführung der Quarzuhren, die Ablösung des Bleisatzes in den Druckereien durch den Fotosatz, der aber bereits wieder durch Laser-Lichtsatzmaschinen überholt wird.

Bei der Einschätzung der Möglichkeiten neuer Wege zur Produktivitätssteigerung und der dafür zu schaffenden Voraussetzungen muß berücksichtigt werden, daß sich gegenwärtig im internationalen Maßstab neue technologische Entwicklungstendenzen

[1] Bericht des Zentralkomitees der Sozialistischen Einheitspartei Deutschlands an den IX. Parteitag der SED, Berichterstatter: Genosse Erich Honecker, Berlin 1976, S. 73.

noch in den Anfängen befinden. So wird z. B. damit gerechnet, daß selbst in hochindustrialisierten kapitalistischen Ländern sich gegenwärtig etwa 80 % der Produktionen noch der traditionellen Technik bedienen.

Im Prozeß der Ablösung alter Technologien durch neue wird die Steigerung der volkswirtschaftlichen Effektivität vor allem dadurch bestimmt, wie sich folgende Tendenzen ausbreiten und zueinander verhalten: die Verlangsamung der Produktivitätssteigerung der gesellschaftlichen Arbeit als Ausdruck der objektiv herangereiften Notwendigkeit zur Ablösung veralteter Technologien und die Beschleunigung der Produktivitätssteigerung, nachdem es gelungen ist, neue Entwicklungstendenzen der Produktivkräfte in der notwendigen Breite durchzusetzen. Fortschritte in der Intensivierung sind deshalb daran zu messen, inwieweit die beschleunigende Tendenz das Übergewicht erhält, Verteuerungen ausgleicht und insgesamt einen höheren Grad von Kontinuität in der volkswirtschaftlichen Effektivitätssteigerung sichert. Grundlegende wissenschaftlich-technische Umwälzungen als Kern qualitativ neuer Wege zur Produktivitätssteigerung setzen zur Sicherung der notwendigen Vorleistungen die bessere Ausnutzung aller vorhandenen Ressourcen voraus und erfordern ein höheres Niveau in der Organisation der gesellschaftlichen Arbeit. Inwieweit die Erschließung von Effektivitätsreserven durch bessere Ausnutzung des Vorhandenen möglich ist und in welchem Tempo sie in die Wirklichkeit umgesetzt werden, hängt wesentlich davon ab, daß die genannten Seiten der Intensivierung in ihrer Einheit durchgesetzt werden. Der massenhafte Einsatz neuer Technologien erfordert letztlich die organische Verbindung von Errungenschaften der wissenschaftlich-technischen Revolution mit den Vorzügen des Sozialismus. Damit entwickeln sich neue Wechselbeziehungen zwischen lebendiger und vergegenständlichter Arbeit. Es geht dabei um die Lösung des Widerspruchs zwischen der wachsenden Bedeutung der lebendigen Arbeit und der raschen Erweiterung ihrer Reproduktionsbedingungen sowie dem zunächst noch steigenden Anteil der vergegenständlichten Arbeit an den Reproduktionsaufwendungen, der sogar noch beschleunigt zunehmen kann. Dem liegt zugrunde, daß neue Quellen der Produktivitätssteigerung hohe und rasch wachsende Vorleistungen verlangen. Diese sind insbesondere durch eine schnelle Entwicklung der technischen Ausstattung der Arbeit, der Aufwendungen für die Energie- und Rohstoffsicherung sowie die Erhaltung der Umwelt bei gleichzeitig rascher Steigerung der Bildungs- und Wissenschaftsintensität der Arbeit bestimmt. Diese Vorleistungen müssen hauptsächlich durch die Steigerung der Produktivität der gesellschaftlichen Arbeit gesichert werden. Bewußte Ausnutzung neuer Möglichkeiten zur Produktivitätssteigerung erfordert, die Veränderungen in den Wegen und im Wirkungsbereich der Effektivitätssteigerung zu analysieren, die sich mit dem Übergang zu vorwiegend intensiv erweiterter Reproduktion ergeben.[2] Dazu gehören die Veränderungen in den Reproduktionsbedingungen der Produktionselemente, in der Aufwandsstruktur, in den Wechselbeziehungen von Effektivitätssteigerung und Sicherung volkswirtschaftlicher Grundproportionen, die sich auf Grundlage und im Gefolge des überwiegenden Wachstums des Nationaleinkommens durch Produktivitätssteigerung herausbilden.

Die Wechselbeziehungen lebendiger und vergegenständlichter Arbeit werden aus volkswirtschaftlicher Sicht vor allem durch die Reserven und Wege der Produktivitätssteigerung, die damit verbundene Entwicklung der jeweiligen Teilkriterien der Effektivität und ihren Beitrag zur gesamten volkswirtschaftlichen Effektivitätssteige-

[2] Vgl. Gesetzmäßigkeiten der intensiv erweiterten Reproduktion bei der weiteren Gestaltung der entwickelten sozialistischen Gesellschaft, hg. von W. Heinrichs und H. Maier, Berlin 1976, S. 121.

rung, die Proportionen des gesellschaftlichen Gesamtprodukts in Abhängigkeit von den sich verändernden Reproduktionsbedingungen bestimmt. Wesentliche Konsequenzen resultieren gegenwärtig vor allem daraus, daß das Wachstum des Nationaleinkommens überwiegend durch Steigerung der Arbeitsproduktivität hervorgebracht wird und diese immer stärker durch wissenschaftlich-technischen Fortschritt beeinflußt wird. In dem Maße, wie sich der wissenschaftlich-technische Fortschritt als Hauptfaktor der Produktivitätssteigerung entwickelt, kann die notwendige Steigerung der Produktivität gesellschaftlicher Arbeit immer weniger durch beschleunigte Raten der Produktivitätssteigerung lebendiger Arbeit bei langsamerer Zunahme oder sogar Verringerung des Effektivitätsbeitrags vergegenständlichter Arbeit sowie der Konsumtionseffekte erreicht werden. *Die mit qualitativ neuen Wegen der Produktivitätssteigerung verbundenen Veränderungen in den Reproduktionsbedingungen der Produktionselemente bedingen deshalb eine höhere Stufe in der Ökonomie vergegenständlichter Arbeit, die vielfach auch als Kriterium einer höheren Entwicklungsstufe der Intensivierung angesehen wird.* Unter diesen Bedingungen ist das Erreichen dauerhaft hoher Steigerungsraten der Arbeitsproduktivität langfristig an höhere Einsparungen vergegenständlichter Arbeit gebunden, wenn die Wachstumsdynamik des Nationaleinkommens gleichbleiben soll. *Für die Einschätzung der zukünftigen Wachstumsdynamik des Nationaleinkommens und ihrer Proportionalitätsbedingungen ist deshalb von großer Bedeutung, wie sich die Effektivität lebendiger und vergegenständlichter Arbeit bei vorwiegendem Wachstum des Nationaleinkommens infolge von Steigerung der Arbeitsproduktivität entwickelt.*

Eine höhere Stufe in der Ökonomie vergegenständlichter Arbeit ist gegenwärtig sowohl auf Grund des hohen technischen Niveaus der Ausstattung der Arbeit als auch des Entwicklungsniveaus der Wissenschaft und der Qualifikation des gesellschaftlichen Gesamtarbeiters herangereift. Beim gegenwärtigen Niveau des Grundfondsbestandes beispielsweise, der in der materiellen Produktion etwa das 2,6fache der Nettoproduktion beträgt, würde ein Sinken der Grundfondsquote um 1 % direkte Mehraufwendungen von 1,3 Mrd. Mark nach sich ziehen. Zugleich können die Bedingungen und Wege einer höheren Stufe der Ökonomie vergegenständlichter Arbeit nur in Verbindung mit der Ökonomie lebendiger Arbeit und damit der generellen Erweiterung der Wirkungsbedingungen für die Effektivitätssteigerung bei der Gestaltung der entwickelten sozialistischen Gesellschaft verwirklicht werden. Das ist nicht nur dadurch zu erklären, daß qualitativ neue Wege der Produktivitätssteigerung schnellere Entwicklung der Bildungs- und Wissenschaftsintensität der Arbeit bei gleichzeitig rascher Entwicklung der Grundfondsausstattung und des Materialverbrauchs sowie der Aufwendungen für die Reproduktion und Nutzung der natürlichen Umwelt erfordern. Wichtig ist auch, daß die Produktivitätswirksamkeit gewachsener Bildungs- und Wissenschaftsintensität der Arbeit wesentlich mit davon abhängt, wie die unmittelbaren Lebensbedürfnisse aller Werktätigen schrittweise besser befriedigt werden.

Ausdruck der objektiven Notwendigkeit neuer Wege zur Produktivitätssteigerung sind insbesondere Tendenzen zur Verteuerung der Steigerung der Produktivität der lebendigen Arbeit. Diese kann sich in Entwicklungsproblemen der Intensivierung zeigen, wie beispielsweise in Widersprüchen zwischen der Intensivierung auf Teilgebieten und bei einzelnen Faktoren und den Anforderungen der Aufrechterhaltung der Dynamik des gesamten volkswirtschaftlichen Reproduktionsprozesses, die Allseitigkeit der Intensivierung bedingen. Sie kann sich auch darin ausdrücken, daß der Druck zunimmt, zeitweilige und nur kurzfristig mögliche Wachstumsquellen verstärkt zu nutzen. Charakteristisch dafür ist z. B. ein Sinken der Rate der produktiven Akkumulation bei sinkender Fondsquote und annähernd gleichem Wachstumstempo des Nationaleinkommens. Die Einstellung auf die sich mit der Intensivierung verändernden Reproduktionsbedingungen ist zweifellos ein widerspruchsvoller Prozeß, der zur Beschleunigung des wissenschaftlich-technischen Fortschritts führen muß. *Entscheidend ist letztlich, inwieweit sich bereits tatsächliche Veränderungen in den Wegen der Produktivitätssteigerung durch wissenschaftlich-technischen Fortschritt realisieren.*

Da zunehmendes Gewicht der Produktivitätssteigerung zwangsläufig auch mit einer zunehmenden Substitution lebendiger Arbeit durch Fonds verbunden ist, ergibt sich zunächst die Frage, inwieweit sich dadurch die Steigerung der Produktivität lebendiger Arbeit verteuern muß und inwieweit die Wirkungen einer eventuellen Verteuerung auf die langfristige Wachstumsdynamik des Nationaleinkommens durch beschleunigte Steigerungsraten der Produktivität lebendiger Arbeit ausgeglichen werden können. Mit der Untersuchung dieser Fragen müßte zugleich indirekt mit gezeigt werden können, unter welchen Bedingungen die Effektivitätssteigerung Proportionen sichern kann, die Lenin in seinen Schemata der sozialistischen erweiterten Reproduktion zugrunde legte. Er ging dabei davon aus, daß im Sozialismus der Anteil des Ersatzfonds am Gesamtprodukt weiter zunimmt und die Konsumtion schneller wächst.[3]

Zunächst muß man berücksichtigen, daß steigende Fondsausstattung der Arbeit und steigender relativer Freisetzungsaufwand pro Arbeitskraft keineswegs von vornherein bedeuten, daß die Produktivitätssteigerung teurer geworden ist.

Teurer wird die Produktivitätssteigerung lebendiger Arbeit nur in dem Fall, wenn der Freisetzungsaufwand für die durch Produktivitätssteigerung relativ eingesparten Arbeitskräfte schneller steigt als sein Grenzwert, d. h. der Freisetzungsaufwand bei angenommen gleichbleibender Effektivität.[4] In einem solchen Fall würden sich die Reproduktionsbedingungen für die vergegenständlichte Arbeit schneller entwickeln als die Reproduktionsbedingungen für die lebendige Arbeit. Eine solche Entwicklung würde noch nicht bedeuten, daß die Steigerung der Produktivität lebendiger Arbeit volkswirtschaftlich uneffektiv war,[5] würde aber langfristig die Wachstumstempi des Nationaleinkommens senken bzw. bei noch ausreichend großen Möglichkeiten zur primären Substitution lebendiger Arbeit durch Fonds mit einer ständigen Zunahme der Rate der produktiven Akkumulation verbunden sein.

In Richtung einer Verteuerung der Produktivitätssteigerung wirkt beim Übergang zum vorwiegenden Wachstum des Nationaleinkommens durch Produktivitätssteigerung der zunehmende Fondseinsatz anstelle von Arbeitskräften.[6] Dem kann aber grundsätzlich durch höhere Leistungsfähigkeit der Fonds und ihre rationellere Nutzung entgegengewirkt werden. *Ob sich die Steigerung der Produktivität lebendiger Arbeit*

[3] Vgl. Leninskij sbornik, Bd. XXXVIII, Moskva 1975, S. 86 ff.

[4] Der Grenzwert des Freisetzungsaufwandes drückt aus, welche Aufwendungen für die Steigerung der Produktivität lebendiger Arbeit bei gleichbleibender Effektivität notwendig gewesen wären. Dabei wird zugrunde gelegt, daß die Verwendung des Nationaleinkommens für die erweiterte Reproduktion bei gleichbleibender Effektivität lebendiger und vergegenständlichter Arbeit sowie dem für die Reproduktion der lebendigen Arbeit erwirtschafteten Teil der Nettoproduktivität (der Basisperiode) bestimmt wird.

[5] Volkswirtschaftlich effektiv ist die Steigerung der Produktivität lebendiger Arbeit so lange, wie der Freisetzungsaufwand seinen Grenzwert nicht übersteigt.

[6] Das drückt sich beispielsweise in einer Zunahme des Anteils der Fondsausstattung am Grenzwert des Freisetzungsaufwandes aus.

verteuert, hängt deshalb bei sonst gleichbleibenden Bedingungen davon ab, wie sich die Einflüsse primärer Substitution lebendiger Arbeit und steigender Leistungsfähigkeit der Fonds zueinander verhalten. Das heißt, ob die Verteuerung der Produktivitätssteigerung gesetzmäßig ist[7], läßt sich letztlich nur in Verbindung mit den Bedingungen für die Herausbildung qualitativ neuer Wege der Produktivitätssteigerung einschätzen.

In der DDR war mit dem Übergang zur vorwiegend intensiv erweiterten Reproduktion[8] die Produktivitätssteigerung lebendiger Arbeit bisher mit einer zunehmenden Materialverbrauchs- und Grundfondsintensität verbunden. Seit etwa 1960 überwog in der Grundfondsintensität der Nettoproduktion eine insgesamt steigende Tendenz. Nur in einigen Bereichen, wie z. B. Verkehrs- und Nachrichtenwesen, Chemie, Leichtindustrie war 1976 der Grundfondsaufwand pro Einheit Nettoproduktion niedriger als 1960. Im produzierenden Bereich war die Grundfondsintensität der Nettoproduktion 1976 um etwa 16 % höher als 1960, in der Industrie um etwa 8 %. Diese Tendenz würde noch deutlicher werden, wenn die Struktureffekte aus Zweigstrukturveränderungen, die bisher relativ stark dem Steigen der Grundfondsintensität entgegenwirkten, bereinigt werden. Sie setzte sich auch seit 1970 fort. Relative Grundfondseinsparungen in einzelnen Jahren konnten sich noch nicht dauerhaft durchsetzen. So erhöhten sich beispielsweise bei einer Steigerung der Nettoproduktivität um angenommen 1 % (bezogen auf den Zeitraum von 1971 bis 1976) im produzierenden Bereich die Grundfondsausstattung um 1,14 % (in der Industrie um 1,09 %), der Materialverbrauch pro Arbeitskraft um 1,22 % (in der Industrie um 1 %). Daran wird deutlich, daß bisher mit zunehmendem Einfluß des wissenschaftlich-technischen Fortschritts auf die Produktivitätssteigerung fondsaufwendigere Wege zur Produktivitätssteigerung überwogen. Das wirkte sich im relativ langsamer wachsenden Beitrag der Produktivitätssteigerung lebendiger Arbeit zur volkswirtschaftlichen Effektivitätssteigerung aus. Zugleich nahm der quantitative Mehreinsatz von Fonds ein verhältnismäßig größeres Gewicht bei den materiellen Voraussetzungen für die Produktivitätssteigerung ein.

Wichtige Anzeichen dafür waren insbesondere:

– Die Vorleistungen für die Produktivitätssteigerung wuchsen nicht nur absolut, sondern auch relativ.[9] Jedoch können die zunehmenden relativen Vorleistungen der Produktivitätssteigerung nicht allein aus dem wachsenden Einfluß der Substitution

7 Auf Probleme der relativen Verteuerung des intensiven Typs der Reproduktion haben vor allem Notkin und Čečeleva hingewiesen. Vgl. A. Notkin, Tip rasširennogo vosproizvodstva pri razvitom socialisme, in: Voprosy ėkonomiki, 8/1975, S. 3; T. V. Čečeleva, Intensifikacija proizvodstva i ee ėkonomičeskaja suščnost' in: Izvestija Akademii Nauk SSSR, Serija ėkonomičeskaja, 1/1975, S. 43.

8 Dabei muß berücksichtigt werden, daß das Wachstum des Nationaleinkommens bereits seit 1955 größtenteils durch Produktivitätssteigerung der lebendigen Arbeit hervorgebracht wurde (so betrug der Anteil der Produktivitätssteigerung am Wachstum des Nationaleinkommens 1955 bis 1960 95 %, 1961 bis 1965 113 %, 1966 bis 1970 96 %, 1971 bis 1975 97,5 %). Während jedoch von 1955 bis 1960 neben gewissen Möglichkeiten der Zunahme der Zahl der Arbeitskräfte das Schließen von Engpässen durch bessere Proportionssicherung ein wesentlicher Faktor der Produktivitätssteigerung war und der technische Fortschritt relativ schwach wirkte (was sich u. a. daran zeigt, daß die Grundfondsausstattung der Arbeit lediglich jahresdurchschnittlich um 3,4 % stieg), war seit etwa 1960 die Produktivitätssteigerung vorwiegend mit dem wissenschaftlich-technischen Fortschritt verbunden. Der Übergang zur Intensivierung begann etwa Anfang der 60er Jahre.

9 Wenn die gegenwärtige wertmäßige Widerspiegelung des Reproduktionsprozesses zugrunde gelegt wird, die zwar im absoluten Ausdruck durch unterschiedliche Abweichun-

lebendiger Arbeit auf die Produktivitätssteigerung erklärt werden. So sank z. B. die relative Effektivitätssteigerung aus besserer Ressourcennutzung[10] schneller, als der Anteil der Fondsausstattung am Grenz-Freisetzungsaufwand (insbesondere im Ergebnis der wachsenden primären Substitution lebendiger Arbeit) zunahm. Das bedeutet, daß noch Reserven bestehen, um die durch die Substitution lebendiger Arbeit geschaffenen Möglichkeiten zur Effektivitätssteigerung wirksamer zu nutzen.

– Der quantitative Mehreinsatz von Grundfonds wirkte im wachsenden Maße als Faktor volkswirtschaftlicher Effektivitätssteigerung. Da er zur einfachen Substitution lebendiger Arbeit dient, trägt er aus der Sicht des Gesamtaufwandes extensiven Charakter. Während nach experimentellen Berechnungen im Zeitraum von 1956 bis 1960 47,5 % der Grundfondsveränderungen extensive Merkmale trugen (davon 5 % für die Beschäftigung zusätzlicher Arbeitskräfte, 42,5 % für die einfache Substitution lebendiger Arbeit), waren es seit 1960 70 % und mehr.

Der quantitative Mehreinsatz von Grundfonds für die Effektivitätssteigerung wird vor allem durch das Niveau der Grundfondsausstattung, den Anteil der Grundfondsausstattung am Grenzwert des Freisetzungsaufwandes sowie die Entwicklung der Grundfondsquote beeinflußt. Ihr Verhältnis zueinander bestimmt, inwieweit dem zunehmenden Einfluß des quantitativen Mehreinsatzes von Fonds auf die volkswirtschaftliche Effektivitätssteigerung entgegengewirkt werden kann.

– Volkswirtschaftliche Effektivitätssteigerung aus besserer Ressourcennutzung[11] und Selbstkostensenkung waren bisher *überwiegend* durch die *Ökonomie lebendiger Arbeit* bestimmt (auf diese entfielen z. B. zwischen 95 % und 99 % der gesamten Effektivitätssteigerung aus besserer Ressourcennutzung).

Das bedeutet, daß der Beitrag der vergegenständlichten Arbeit zur volkswirtschaftlichen Effektivitätssteigerung überwiegend indirekt als *Mittel* zur Produktivitätssteigerung lebendiger Arbeit wirkte und noch verhältnismäßig unbedeutend direkt zur Effektivitätssteigerung beitrug.

Wie die Analyse wichtiger Einflußfaktoren der Grundfondsquote zeigt, kann bereits mit dem vorhandenen Grundfondsbestand (vor allem durch seine rationellere Nutzung und intensive Erneuerung) der direkte Beitrag relativer Einsparungen vergegenständlichter Arbeit zur Effektivitätsentwicklung erhöht werden. Langfristig hängt dieser jedoch von der Ausdehnung qualitativ neuer Wege zur Produktionssteigerung ab, ist also nicht allein aus den Faktoren der Ökonomie vergegenständlichter Arbeit, sondern nur aus ihrem Zusammenwirken mit der Ökonomie lebendiger Arbeit zu erklären.

– Mit dem stärkeren Einfluß der Produktivitätssteigerung auf das Wachstum des Nationaleinkommens veränderte sich die Struktur der Aufwendungen für die erweiterte Reproduktion zugunsten der vergegenständlichten Arbeit, insbesondere der Grundfondserweiterung. Während z. B. seit etwa Anfang der sechziger Jahre mehr als 50 % der Aufwendungen für die intensive Erweiterung[12] aus dem Gesamtprodukt für die Grundfondsreproduktion[13] verwendet wurden, dienten etwas mehr als 30 % dem zu-

gen der Preisentwicklung von der Wertentwicklung beeinflußt wird, müßte die *Entwicklungstendenz* aber annähernd richtig wiedergegeben werden.

[10] Die relative Differenz zwischen dem tatsächlichen Freisetzungsaufwand und seinem Grenzwert, die 1966 bis 1970 26,9 % betrug, sank 1971 bis 1975 auf 23,7 %.

[11] Diese wird durch die Produktivitätssteigerung der lebendigen Arbeit unter Berücksichtigung der vergleichbar gemachten Vorleistungen vergegenständlichter Arbeit bestimmt.

[12] Das heißt für den Produktionszuwachs durch Produktivitätssteigerung.

[13] Das heißt in diesem Falle für Investitionen, die dem Zuwachs der Grundfondsausstattung pro Arbeitskraft dienten.

sätzlichen Materialverbrauch und rund 15 % zur Erweiterung der Reproduktionsbedingungen für die lebendige Arbeit. Dabei muß berücksichtigt werden, daß sich die effektivere Reproduktion des Ersatzfonds ebenfalls mit in der Veränderung der Zuwachsgrößen ausdrückt.

Insgesamt zeigt aber die Struktur der Aufwendungen für die Produktivitätssteigerung relativ eindeutig, daß Reserven für eine Verbilligung der Produktionssteigerung gegenwärtig vor allem in der höheren Wirksamkeit und Nutzung neuer Grundfonds sowie einer Beschleunigung des Erneuerungsprozesses zu sehen sind. Damit würden sich auch die materiellen Möglichkeiten verbessern, um Investitionen im stärkeren Maße beispielsweise auch dafür einzusetzen, materialsparende Effekte zu sichern.

Die genannten Faktoren bestätigen, *daß vorwiegendes Wachstum des Nationaleinkommens infolge von Produktivitätssteigerung bedeutet, daß die volkswirtschaftliche Effektivitätsentwicklung in relativ stärkerem Maße als früher von der Ökonomie vergegenständlichter Arbeit, darunter auch der Entwicklung der Grundfondsquote beeinflußt wird.* Zugleich kann der Einfluß der Grundfondsquote auf die volkswirtschaftliche Effektivitätssteigerung stets nur in Verbindung mit der Produktivitätssteigerung der lebendigen Arbeit und ihr untergeordnet beurteilt werden.

Die Entwicklungstendenz der Grundfondsquote einzuschätzen, ist ohne Faktorenanalyse relativ kompliziert, weil sich in ihr sowohl die Veränderung der organischen Zusammensetzung der Produktionselemente (insbesondere über langfristige Zeiträume) als auch die höhere Effektivität der Grundfondsnutzung niederschlagen.

Auf die Entwicklung der Grundfondsquote wirken vor allem solche Faktoren ein, wie das Gewicht der Substitution lebendiger Arbeit durch Grundfonds, das Gewicht des vorhandenen Grundfondsbestandes, des wissenschaftlich-technischen Niveaus seiner Erneuerung und Rekonstruktion, die extensive und intensive Ausnutzung der Grundfonds, die Entwicklung der gesellschaftlich notwendigen Arbeit für die Herstellung der Produktionsmittel, insbesondere für die Rohstoffsicherung, die Bauwirtschaft und die Erzeugnisse von Maschinenbau und Elektronik, die Leistungsfähigkeit der Grundfonds, die jeweils anfallenden Aufwendungen für die Reproduktion gegenständlicher Produktionsbedingungen mit sehr langer Nutzungsdauer (wie z. B. Straßen, Kanäle, Brücken, generelle Naturbedingungen), Struktureffekte u. a. Für die Beurteilung der Reproduktionsdynamik bei vorwiegendem Wachstum des Nationaleinkommens durch Produktivitätssteigerung ist es notwendig zu untersuchen, inwieweit bei den teilweise entgegengesetzt wirkenden Einflußfaktoren der Grundfondsquote solche Faktoren noch mehr aktiviert werden können, die zu einer Verbilligung der Produktivitätssteigerung beitragen.

Diese Orientierung wird auch nicht dadurch aufgehoben, daß es unter bestimmten Bedingungen zeitweilig möglich ist, die Auswirkungen relativ steigender Fondsvorleistungen auf das Wachstum des Nationaleinkommens durch beschleunigte Steigerungsraten der Produktivität lebendiger Arbeit auszugleichen. Beispielsweise entwickelte sich trotz Unterschieden in der Veränderung der Grundfondsquote der intensive Zuwachs des gesellschaftlichen Endprodukts in den letzten 10 Jahren relativ gleichmäßig.

Für die Wachstumsdynamik des Nationaleinkommens ist von einiger Bedeutung, inwieweit relativ wachsende Fondsvorleistungen zur Produktivitätssteigerung durch beschleunigte Steigerungsraten der Produktivität lebendiger Arbeit ausgeglichen werden können.

Das wird letzten Endes vor allem durch die Wirksamkeit von Organisations-, Struktur- u. a. investitionsarmen und teilweise auch kurzfristig wirksamen Faktoren der Produktivitätssteigerung bestimmt. Zweifellos bestehen hier noch Produktivitäts- und Effektivitätsreserven, wie beispielsweise durch bedarfsgerechtere Struktur der Produktion, durch stärkere Abstimmung der quantitativen und qualitativen Entwicklung verschiedener Produktionselemente, durch noch bessere Beherrschung der Verflechtungen innerhalb der Wirtschaftseinheiten und darüber hinaus, durch weitere Gestaltung produktivitäts- und persönlichkeitsfördernder Arbeitsplätze im Rahmen der wissenschaftlichen Arbeitsorganisation u. a. m. Das heißt, daß die Bedeutung verhältnismäßig investitionsarmer Faktoren der Produktivitätssteigerung zukünftig weiter wachsen wird. Zugleich muß aber berücksichtigt werden, daß diese Faktoren sich langfristig ebenfalls in enger Verbindung mit dem Einsatz von Investitionen entfalten. Vor allem aber stellen die Veränderungen in den Reproduktionsbedingungen der Produktionselemente Anforderungen, die in Richtung eines wachsenden Beitrags der Grundfonds- und Materialökonomie zur Verbilligung der Produktivitätssteigerung wirken. Letztere bestimmt auf die Dauer in zunehmendem Maße, inwieweit es möglich wird, sowohl die wachsenden Akkumulations- als auch Konsumtionsbedürfnisse zu befriedigen.

Ob und inwieweit ein höherer direkter Beitrag der Ökonomie vergegenständlichter Arbeit zur volkswirtschaftlichen Effektivitätssteigerung möglich ist, wird nicht von der Notwendigkeit oder vom Wunsch allein bestimmt, sondern dafür ist letztlich entscheidend, daß die objektiven und subjektiven Bedingungen für Veränderungen in den Wegen zur Produktivitätssteigerung zugunsten höherer Wirksamkeit der Leistungsfähigkeit der Fonds herangereift sind und bewußt ausgenutzt werden.

Bereits gegenwärtig sind noch Effektivitätsreserven zu erschließen, indem Voraussetzungen geschaffen werden, um vorhandene Grundfonds besser zu nutzen (sowohl durch weitere Ausdehnung der Schichtarbeit als auch durch rationellere Nutzung in der Schicht), das wissenschaftlich-technische Niveau der Grundfonds weiter zu erhöhen und den intensiven Erneuerungsprozeß der Grundfonds spürbar zu beschleunigen. Reserven bestehen auch in höheren Beiträgen der Produktivitätssteigerung bei der Herstellung von Investitionsgütern.

Gleichzeitig müssen aber komplizierter werdende Bedingungen für die Nutzung von Naturressourcen, zeitweilige Probleme der Bevölkerungsreproduktion u. a. berücksichtigt werden, die den Grundfondseinsatz relativ erhöhen und auch mit negativen Struktureffekten der Grundfondsquote verbunden sein können. Deshalb ist die breitere Wirkung material- und grundfondssparender Wege zur Produktivitätssteigerung eine wichtige Voraussetzung, um gesamtvolkswirtschaftliche Auswirkungen von Verteuerungen auf Teilgebieten noch stärker entgegenwirken zu können und damit insgesamt zumindest eine annähernd gleichbleibende Grundfondsquote zu sichern.

Zu den objektiven Voraussetzungen für qualitativ neue Wege zur Produktivitätssteigerung gehört vor allem das Niveau der technischen Ausstattung der Arbeit sowie der damit verbundenen Arbeitsteilung im einzelnen. Gegenwärtig hat die technische Ausstattung der Arbeit in einigen Zweigen, insbesondere in der Energiewirtschaft, in der chemischen Industrie, im Verkehrswesen bereits ein solch hohes Niveau erreicht, daß zwar die primäre Substitution lebendiger Arbeit als Faktor der Produktivitätssteigerung auch weiterhin von Bedeutung bleibt, sich aber die objektiven Bedingungen für einen größeren Einfluß steigender Leistungsfähigkeit der Fonds erweitern.

Eine Hypothese über sich damit herausbildende neue Wirkungsbedingungen für die Entwicklung der Grundfondsquote läßt sich aufstellen, wenn von den Beziehungen zwischen technischer Ausstattung der Arbeit und Grundfondsquote ausgegangen wird. Grundlage dafür ist die komplexe Effektivitätsbeurteilung besserer Ressourcennutzung, wie sie sich insbesondere aus der Steigerung der Produktivität lebendiger Arbeit unter Berücksichtigung der Vorleistungen vergegenständlichter Arbeit ergibt.

Aus der komplexen Effektivitätsbeurteilung besserer Ressourcennutzung[14] ergeben sich Anhaltspunkte dafür, daß sich in Abhängigkeit von einem verhältnismäßig hohen Niveau der Grundfondsausstattung Bedingungen entwickeln, unter denen die steigende Leistungsfähigkeit der Grundfonds größeres Gewicht erhält. *Ausgangspunkt dafür kann insbesondere die Analyse des Spielraums sein, den bei gegebener Produktivitätssteigerung der lebendigen Arbeit die Grundfondsquote noch zum Sinken besitzt, wenn eine Steigerung bzw. zumindest ein Gleichbleiben der Effektivität aus besserer Ressourcennutzung gesichert werden soll.*

Dieser Spielraum für das Sinken der Grundfondsquote, der grundsätzlich durch den Grenzwert des Freisetzungsaufwandes und sein Verhältnis zur Fondsausstattung bestimmt ist, verringert sich mit steigendem Niveau der Fondsausstattung und ihrem zunehmenden Anteil am Grenzwert des Freisetzungsaufwandes.

Experimentelle Berechnungen zeigten beispielsweise, daß bei den gegenwärtigen Preisrelationen bei einer angenommenen Steigerung der Nettoproduktivität um 5 % die Grundfondsquote in der Grundstoffindustrie nur noch um weniger als 0,9 %, in der Leichtindustrie dagegen noch um mehr als 2,6 % sinken könnte, wenn die Effektivität nicht absolut abnehmen soll.

Aus diesen differenzierten Spielräumen für das Sinken der Grundfondsquote lassen sich Schlußfolgerungen darüber ableiten, inwieweit sich materiell-technische Grundlagen für qualitativ neue Wege der Produktivitätssteigerung herausbilden. In dem bereits relativ klein gewordenen Spielraum für das Sinken der Grundfondsquote in fondsintensiven Bereichen[15] drückt sich mit aus, daß der quantitative Mehreinsatz von Grundfonds als wesentlicher Faktor der Produktivitätssteigerung hier in seiner Wirksamkeit abzunehmen beginnt. Die weitere Produktivitätssteigerung wird im wachsenden Maße durch die steigende Leistungsfähigkeit der Grundfonds beeinflußt.

Wenn auch der Prozeß der Herausbildung qualitativ neuer Wege zur Produktivitätssteigerung in einzelnen Zweigen und Gebieten differenziert und widerspruchsvoll verläuft, so gibt die Analyse des noch vorhandenen Spielraums für das Sinken der Grundfondsquote doch wichtige Anhaltspunkte, inwieweit sich grundfondssparende Wege der Produktivitätssteigerung auf die Dauer relativ stärker ausbreiten können. Damit vergrößern sich auch die realen Möglichkeiten, verteuernden Tendenzen der Produktivitätssteigerung entgegenwirken zu können.

Zunehmende Wirksamkeit steigender Leistungsfähigkeit der Fonds bedeutet zugleich schneller wachsende Konsumtionseffekte[16] und ist eng mit der steigenden Bildungs- und Wissenschaftsintensität der Arbeit und der stärkeren Verschmelzung

[14] Diese Effektivitätsbeurteilung beruht auf den weiter oben genannten Beziehungen zwischen Freisetzungsaufwand und seinem Grenzwert.

[15] Dabei muß jedoch berücksichtigt werden, daß die Berechnungen zu Preisen von 1967 erfolgten. Mit weiterer Angleichung der Preise an die Wertentwicklung kann sich deshalb die absolute Höhe des Spielraums etwas verändern. Die grundsätzliche Aussage aber bleibt, da die Grundfonds ebenfalls in ihrer Bewertung von den Preisveränderungen beeinflußt werden.

[16] In dieser Richtung wird auch die Forderung verstanden, die Messung der Produktionsergebnisse stärker mit dem Kriterium der gesellschaftlichen Nützlichkeit zu verbinden, die u. a. von Ančiškin erhoben wird. Vgl. A. Antschischkin, Die erweiterte Reproduktion unter den Bedingungen des Sozialismus, in: Sowjetwissenschaft, Gesellschaftswissenschaftliche Beiträge, 3/1977, S. 225/238.

sozialer und ökonomischer Wirkungen des wissenschaftlich-technischen Fortschritts verbunden.

Unter Berücksichtigung der damit verbundenen Anforderungen an die Werktätigen und der wachsenden Möglichkeiten, ihre Reproduktionsbedingungen immer besser zu sichern, erweitern sich dadurch die materiellen Bedingungen für die weitere Ausprägung sozialistischer Persönlichkeiten.

Zugleich zeigen aber die in verschiedenen Zweigen noch relativ großen Spielräume für das Sinken der Grundfondsquote, die Anteile von Handarbeit und geistiger Routinearbeit an der gesellschaftlichen Gesamtarbeit (vorwiegende Handarbeit wird gegenwärtig beispielsweise noch von etwa einem Drittel aller Produktionsarbeiter geleistet), daß die primäre Substitution lebendiger Arbeit als Faktor der Produktivitätssteigerung weiterhin von Bedeutung bleibt. Auf bestimmten Gebieten, wie z. B. der Ablösung relativ einfacher Arbeit in Hilfs- und Nebenprozessen der Produktion, in der Montage, in der Verwaltung, wächst sogar noch die Bedeutung der primären Substitution lebendiger Arbeit für die Produktivitätssteigerung. Das heißt, daß der wissenschaftlich-technische Fortschritt nur allmählich durch qualitativ neue Wege der Produktivitätssteigerung gekennzeichnet sein kann. Voraussetzung dafür ist insbesondere ein hohes Niveau der technischen Ausstattung der Arbeit.

Deshalb muß berücksichtigt werden, daß die objektiven Bedingungen für einen größeren Einfluß steigender Leistungsfähigkeit der Fonds auf die Produktivitätssteigerung in den verschiedenen Bereichen unterschiedlich heranreifen. Hieraus ergeben sich Hinweise auf *Differenzierungen in den Reserven und Wegen der Produktivitätssteigerung und damit in der wirtschaftspolitischen Orientierung* auf Entwicklungsrichtung und -tempo von Teilkriterien der Effektivität.

Wenn beispielsweise die Produktivitätssteigerung weniger von der weiteren primären Substitution lebendiger Arbeit und mehr von der Leistungsfähigkeit der Fonds abhängt, nimmt die Aussagekraft der unmittelbaren Arbeitszeiteinsparung über die Effektivität des wissenschaftlich-technischen Fortschritts ab (wie z. B. in vielen Bereichen der Energiewirtschaft und chemischen Industrie, wo die rationelle Fahrweise der Aggregate entscheidend die Produktivität und Effektivität bestimmt). Das bedeutet nicht, daß die Arbeitsproduktivität durch die Fondsquote abgelöst wird, sondern macht die Notwendigkeit einer komplexen Effektivitätsbeurteilung noch deutlicher.

Insgesamt verstärkt sich bei vorwiegendem Wachstum des Nationaleinkommens durch Produktivitätssteigerung die Notwendigkeit, der Verteuerung der Produktivitätssteigerung entgegenwirkende Faktoren noch mehr zu aktivieren. Das bedeutet vor allem schnellere Erhöhung der Leistungsfähigkeit der Fonds, rationellere Kombination und Nutzung der eingesetzten Arbeitskräfte und Fonds, die damit verbundene stärkere Nutzung von Organisations-, Struktur- u. a. relativ investitionsarmen Faktoren sowie die verstärkte Wirksamkeit des wissenschaftlich-technischen Fortschritts auch über schneller zunehmende Konsumtionseffekte.

Inwieweit den sich herausbildenden objektiven Bedingungen einer höheren Stufe in der Material- und Grundfondsökonomie tatsächlich entsprochen werden kann, hängt auch davon ab, wie die Wirkungsbedingungen für die Effektivitätssteigerung generell erweitert werden. Dazu gehört u. a., die Material- und Grundfondsökonomie mit dem ihr zukommenden Gewicht konsequenter in die komplexe volkswirtschaftliche Effektivitätsbeurteilung, -planung und -stimulierung einzubeziehen. Auf diese Weise können Effektivitätsreserven aufgedeckt werden. Um die Voraussetzungen ihrer Erschließung zu sichern, steigen zugleich die Anforderungen an die weitere Vervollkommnung der Leitung und Planung des sozialistischen Reproduktionsprozesses, insbesondere an den

Grad der Planmäßigkeit und Langfristigkeit bei der Proportionierung und Bilanzierung. Auch daran wird deutlich, daß eine höhere Stufe der Material-und Grundfondsökonomie letztlich nur als Bestandteil allseitiger Intensivierung des gesamten Produktionsprozesses real ist.

G. FRIEDRICH

Zur Leitung und Planung von Neuerungsprozessen in den Kombinaten und Betrieben

Durch Wissenschaft und Technik zur Intensivierung der Produktion beizutragen, ist mit hohen Ansprüchen an die Leitung, Planung und ökonomische Stimulierung sowohl der wissenschaftlich-technischen Arbeiten selbst als auch des gesamten Reproduktionsprozesses verbunden. Bei der Leitung der wissenschaftlich-technischen Arbeiten stehen die Bestimmung anspruchsvoller, aus den gesellschaftlichen Erfordernissen und den wissenschaftlich-technischen Bedingungen abgeleiteter Aufgaben sowie die Sicherung einer solchen Arbeitsorganisation, die das Ringen um hohe Leistungen und den reibungslosen Ablauf der wissenschaftlich-technischen Arbeiten unterstützt, im Vordergrund. Bei der Leitung des Reproduktionsprozesses insgesamt kommt es darauf an, jene Bedingungen zu sichern, die es gestatten, die Errungenschaften von Wissenschaft und Technik rasch und mit hohem Effekt in der Produktion umzusetzen. Die hohe Verantwortung aller Leitungsglieder für die Fragen von Wissenschaft und Technik resultiert nicht zuletzt daraus, daß der wissenschaftlich-technische Fortschritt häufig erst in Verbindung mit weiteren Faktoren der Intensivierung – zum Beispiel der Konzentration und Spezialisierung der Produktion, der Durchführung von Investitionen, der weiteren Erhöhung der Qualifikation der Werktätigen – ökonomisch wirksam wird und mit allen Seiten der sozialistischen Betriebswirtschaft verbunden ist.

So sind die auf dem wissenschaftlich-technischen Fortschritt basierenden Neuerungsprozesse der Entwicklung von Erzeugnissen und Verfahren, der Reproduktion der Arbeitsmittel, der Umgestaltung der Arbeitsbedingungen usw. in der Regel komplexer Natur. Ihre gründliche Vorbereitung bietet vielfältige Möglichkeiten, bewußt den inneren Zusammenhang der mit der Intensivierung der Produktion verbundenen Faktoren herzustellen.

Das heißt beispielsweise, die Erzeugnisentwicklung über die technologische Arbeit, die Vorbereitung und Durchführung von Investitionen , die weitere Verbesserung der Arbeitskultur und Produktionsorganisation bis hin zum Produktionsanlauf und der Sicherung des Absatzes auf vielfältigste Weise in ihren Verbindungen zu den verschiedensten Seiten des Betriebsgeschehens zu erfassen und planmäßig zu gestalten. Diese komplizierten Prozesse werden erfahrungsgemäß in jenen Betrieben am erfolgreichsten gemeistert, in denen der Leiter sie als wichtigsten Gegenstand seiner eigenen Tätigkeit betrachtet. Die zunehmende Verantwortung der Leiter an der Spitze großer Wirtschaftseinheiten für die auf höhere Effektivität der Produktion gerichteten Neuerungsprozesse widerspiegelt objektive Veränderungen der Bedingungen des Wirtschaftens im Übergang zu einer vorwiegend intensiv erweiterten Reproduktion der sozialistischen Volkswirtschaft.

Untersuchungen, die in Betrieben verschiedener Industriezweige unter dem Gesichtspunkt der Verallgemeinerung von Leitungserfahrungen bei der Intensivierung der Produktion durchgeführt wurden, zeigen insbesondere in jenen Betrieben, die eine positive Bilanz in der Beschleunigung des wissenschaftlich-technischen Fortschritts vorweisen können, daß die volle Orientierung der Leitung sowohl auf die kurzfristig zu mobilisierenden Reserven der Produktion als auch auf die längerfristig wirkenden Faktoren der Effektivitätssteigerung in starkem Maße an drei Bedingungen geknüpft ist:

– Planmäßigkeit und Kontinuität der Produktion. Kann die Planmäßigkeit der Produktion nicht gesichert werden, so verlagert sich das Schwergewicht der Leitung auf kurzfristige, meist nicht sehr effektive, aber zur Verminderung noch größerer ökonomischer Verluste notwendige Maßnahmen. Wenn damit nicht in relativ kurzer Zeit die Stabilität wiedergewonnen werden kann, prägt sich Hektik im Stil der Leitung aus, die vorausschauende Arbeit wird vernachlässigt – mit allen negativen Konsequenzen für die langfristige und stabile Entwicklung des technisch-ökonomischen Niveaus der Produktion.

– Kenntnisvorlauf über die Entwicklungstendenzen in Wissenschaft und Technik, das internationale Niveau der Produktion und den volkswirtschaftlichen Bedarf. Dieser Kenntnisvorlauf, der in der Regel durch die Kombinate und Betriebe selbst geschaffen werden muß, ist wesentliche Bedingung, um die wissenschaftlich-technische und die Produktionsentwicklung nach hohen Effektivitätsmaßstäben vorausschauend leiten zu können. Er ermöglicht rechtzeitige und effektive Entscheidungen, zum Beispiel zur Hebung des wissenschaftlich-technischen Niveaus der Erzeugnisse und der Technologien, zur Erschließung neuer Exportmöglichkeiten, zum komplexen Wirken der qualitativen Wachstumsfaktoren. Die Erfahrungen der Betriebe wiesen darauf hin, daß eine kontinuierliche analytische und vorausschauende Arbeit ein Grundpfeiler für eine auf Erhöhung der Effektivität der Produktion ausgerichtete Leitungstätigkeit ist.

– Eine positive Grundeinstellung von Leitern und Arbeitskollektiven zu wissenschaftlich-technischen und ökonomischen Neuerungsprozessen, die ja zunächst als „Störgrößen" gegenüber der eingefahrenen Produktion wirken. Eine solche Grundeinstellung, die schöpferische wissenschaftlich-technische Leistungen fördert und die Massenbasis für die Neuerer- und Rationalisatorenbewegung erweitert, ist Bedingung für die hochgradige Ausschöpfung vorhandener Reserven und für die Meisterung solcher Umstellungsprozesse mit der Kraft der Kollektive, die die Grundlage für die planmäßige Entwicklung der Effektivität der Produktion bilden.

Eine spezielle Funktion der Leitung in den Kombinaten und Betrieben bei der Gestaltung von Neuerungsprozessen ist die vorausschauend konzeptionelle Arbeit, mit deren Hilfe die Entwicklungsstrategie der Wirtschaftseinheit herausgearbeitet und begründet wird. Ausgangspunkte hierfür werden durch den kompromißlosen Vergleich des technisch-ökonomischen Niveaus der eigenen Erzeugnisse und Herstellungsverfahren mit dem internationalen Niveau, durch die Auswertung von Ergebnissen der Vorlaufforschung und der weiteren Tendenzen von Wissenschaft und Technik auf dem jeweiligen Gebiet und durch das systematische Studium der Anwenderbedürfnisse gesetzt. Dabei kann es bereits in dieser ersten Phase der planmäßigen Leitung von Wissenschaft und Technik im Betrieb bzw. Kombinat nicht allein um technische Parameter gehen; die ökonomische Seite, der Aufwand an Arbeitszeit, Material und Energie, die Einordnung in den volkswirtschaftlichen Reproduktionsprozeß sind für Vergleich und Analysen von nicht geringer Bedeutung. Jedes Erzeugnis und jedes Verfahren steht in einer arbeitsteiligen Kette, die vom Rohstoff bis zum Endprodukt reicht. Der hohe Verflechtungsgrad zwingt, Weltstandsvergleiche einzelner Erzeugnisse und Verfahren auf technologisch oder bedürfnisseitig miteinander verbundene Komplexe auszudehnen, mögliche Substitionsprozesse genau zu analysieren. Dort, wo diese Untersuchungen mit der tiefen analytischen Durchdringung des eigenen Reproduktionsprozesses verbunden werden, ergeben sich in der Regel gute Ansatzpunkte, um Erzeugnis- und Verfahrensentwicklung, Weiterentwicklung der Produktionsorganisation und Verbesserung der Arbeitsbedingungen als Einheit zu betreiben.

Die Aufgabenstellung für komplexe Neuerungsprozesse erfordert ein sorgfältiges Abwägen der Ziele, der Realisierungszeiträume und Realisierungsbedingungen. Es kommt darauf an, den Zeitfaktor zu beherrschen. Jeder Neuerungsprozeß umfaßt einen bestimmten Zeitraum seiner Vorbereitung und seiner Wirksamkeit. Bereits bei der Vorbereitung der Entscheidungen ist zu berücksichtigen, daß der Weltstand eine dynamische Größe ist und die Resultate und Effekte eines Neuerungsprozesses vom Zeitpunkt seiner Wirksamkeit abhängen. Unter diesem Gesichtspunkt muß auch das Verhältnis von angestrebten Leistungsparametern zu Realisierungszeiträumen bewertet werden. Geprüft werden müssen die verfügbaren wissenschaftlich-technischen Vorleistungen des In- und Auslandes und die materiell-technischen Voraussetzungen der Realisierung, die Möglichkeiten der Kräftekonzentration im gesamten Zyklus „Wissenschaft-Technik-Produktion".

Diese erste Phase wissenschaftlich-technischer Vorhaben, deren wichtigstes Resultat die exakte Bestimmung der Ziele und des Einsatzes der Kräfte ist, wird noch häufig unterschätzt. Das führt im ungünstigsten Falle zum Abbruch wissenschaftlich-technischer Arbeiten, hat in der Mehrzahl der Fälle Korrekturen im Verlaufe des Neuerungsprozesses, Zeitverlust und Fehlleitung von Mitteln zur Folge. Untersuchungen zeigen, daß Unzulänglichkeiten in Neuerungsprozessen zu einem nicht geringen Teil auf Mängel und Unterlassungen im Prozeß der Entscheidungsvorbereitung zurückzuführen sind. Hier ist umfangreiche Gemeinschaftsarbeit, allein schon zur Sicherung der notwendigen Informationsbasis erforderlich: Aufbereitung wissenschaftlich-technischer Informationen aus einer Vielzahl von Quellen, Auswertung der Bedarfs- und Marktforschung, der Informationen der Außenhandelsorganisationen, Konsultationen von Verbrauchern und Zulieferern, Einholung von Expertenurteilen und anderes mehr.

Einen bedeutenden Teil wird der Leiter hierfür selbst beisteuern: Eindrücke von Messen und Fachtagungen, vom Besuch ausländischer Unternehmen, Kenntnis der einschlägigen Fachliteratur, Gedankenaustausch mit Fachleuten des In- und Auslandes.

Die Schwierigkeit für den Leiter besteht unter anderem darin, daß es nicht genügt, ein möglichst genaues Bild über die notwendige Zielstellung zu gewinnen. Er muß mit seiner Entscheidung den gesamten Verlauf des Neuerungsprozesses „geistig vorwegnehmen", das heißt die Konsequenzen der wissenschaftlich-technischen Aufgabenstellung für den gesamten Produktionsprozeß erfassen. Die Problematik besteht hier nicht allein in der Sicherung der Informationen, eines Erkenntnisstandes, der sachkundige Entscheidungen ermöglicht; von nicht minderer Bedeutung ist die Risikobereitschaft, das Anspruchsniveau und die Kampfposition des Leiters. Mangelt es hieran, befürchtet der Leiter, bei auftretenden Schwierigkeiten, die bei hohen Zielstellungen unausbleiblich sind, durch die übergeordneten Organe bzw. durch die Kooperationspartner im Stich gelassen zu werden, so kommt es zu Aufgabenstellungen, die unter den objektiv vorhandenen Möglichkeiten bleiben, Mittelmaß breitet sich aus, technisch-ökonomisches Zurückbleiben ist die Folge.

Aus der hohen Verantwortung des Leiters für die richtige Bestimmung der Ziele und des Ablaufs komplexer Neuerungsprozesse ergibt sich die Forderung, nach neuen Methoden der Führungstätigkeit zu suchen, die dem Leiter helfen, diese Aufgabe zu bewältigen.

Als eine wichtige Arbeitsgrundlage haben sich in den letzten Jahren die Pflichtenhefte erwiesen. Sie enthalten die Charakteristik der zu lösenden Aufgaben, den Themenablauf (Balkendiagramme – zeitlich und finanziell), die technisch-ökonomische und soziale Zielstellung (einschließlich der hierfür wesentlichen Kennziffern und Normative). Sie schließen Weltstandsvergleiche, Aussagen über den Bedarf, die zu schaffenden Kapazitäten, die materiell-technische Sicherstellung (wissenschaftlich-technische Kooperation, Lizenznahme, Musterbau; Investitionen und andere Anforderungen für den Produktionsanlauf) sowie Preis- und Kostenvorgaben ein. Das bestätigte Pflichtenheft gilt mit seiner Zielstellung als Auftrag für die an der Realisierung Beteiligten. Es wird als Leitungs- und Kontrollinstrument im Bereich der wissenschaftlich-technischen Vorbereitung genutzt.

Dem sozialistischen Leiter stehen heute mehr Methoden zur Verfügung, die es ihm ermöglichen, komplizierte Entscheidungen besser zu analysieren und zu koordinieren, als es noch vor wenigen Jahren der Fall war. Methoden der Netzwerkplanung werden benutzt, um den Ablauf komplizierter Vorhaben zu planen. Moderne Methoden der Ablaufplanung gestatten der Leitung, die Schwerpunkte der Leitungstätigkeit zu bestimmen, was für die Konzentration der Kräfte, die Orientierung im sozialistischen Wettbewerb und für den gezielten Einsatz von Mitteln der ökonomischen Stimulierung von nicht zu unterschätzender Bedeutung ist. Neue leitungsorganisatorische Lösungen wurden gefunden – zum Beispiel in Gestalt des Einsatzes von Auftragsleitern –, um die in einem bestimmten Zeitpunkt am Vorhaben Beteiligten, unabhängig von ihrer Fachbereichszugehörigkeit und disziplinarischen Unterstellung, unter ein einheitliches Kommando zusammenzuführen. Ohne die bestehende Leitungsstruktur zu verändern, ermöglichen solche Organisationsformen, die Kooperation vieler Beteiligter bei der Lösung komplizierter Aufgaben zu sichern, eine größere Sicherheit in den Ablauf komplexer Neuerungsprozesse zu bringen und Reibungsverluste bei der Kooperation zu vermindern.

Natürlich bilden solch methodische Hilfsmittel und organisatorische Regelungen nur den Rahmen für das praktische Geschehen. Die Resultate sind von der Leistungsbereitschaft, dem Können der Menschen und ihrem Einsatz in der tagtäglichen Arbeit abhängig. Andererseits muß man feststellen, daß sich unklare leitungsorganisatorische Regelungen wegen „unscharfer" Verantwortungsfestlegung mit dem Auseinanderfallen von Rechten, Pflichten und Verantwortung auf den effektiven Einsatz des Forschungs- und Entwicklungspotentials auswirken.

Die Flexibilität insbesondere bei solchen Wirtschaftseinheiten, die rasch auf Bedarfsveränderungen bei einzelnen Produkten oder Produktgruppen reagieren müssen und zugleich neben der laufenden Produktion Neuerungsprozesse größeren Ausmaßes vollziehen, erfordert auch neue organisatorische Lösungen, vor allem in der Verbindung von Aufbau- und Prozeßorganisation. Eine Variante, die sich bereits heute abzeichnet, ist die sogenannte Matrixform der Organisation, die darauf abzielt, bereits von der Leitungsstruktur her, gewissermaßen durch „institutionalisierte" Auftragsleiter für wichtige Objekte oder übergreifende Aufgabenstellungen die Leitung und Koordinierung der Arbeiten über die einzelnen Fachbereiche hinweg vorzunehmen. Hier entsteht ein Netz doppelter Unterstellungen, bei dem die eine Leitungslinie fachbezogen verläuft (zum Beispiel Forschung und Entwicklung, Technologie, Absatz, Versorgung), während die zweite Linie (einzelne Produktgruppen oder Vorhaben), ausgehend von bestimmten Zielen, prozeßbezogen aufgebaut ist. Für dieses Vorhaben, das man auch als Programm-Ziel-Prinzip der Leitung bezeichnet, gibt es zur Zeit in der DDR noch keine praktischen Erfahrungen. Das Setzen anspruchsvoller Ziele, die Bestimmung der für das Erreichen der Ziele zu lösenden Einzelaufgaben, die darauf aufbauende moralische und materielle Stimulierung hoher Leistungen, sind die wesentlichen Eckpfeiler für eine schöpferische Atmosphäre des Wetteiferns um beste Arbeitsresultate.

Kernstück für die Wettbewerbsführung im Bereich der wissenschaftlich-technischen Vorbereitung der Produktion ist die durchgängige Leistungsbewertung aller Kollektive, gerichtet auf die Endresultate in der Produktion, das heißt auf jene vorgegebenen Parameter und Normative, deren Einhaltung und Überbietung einen entsprechenden volkswirtschaftlichen Effekt ergeben bzw. die es gestatten, den Zyklus „Wissenschaft-Technik-Produktion" zu verkürzen.

Für die Leitung und Planung der wissenschaftlich-technischen Arbeiten, einschließlich des Überleitungsprozesses in die Produktion, ergeben sich einige neuralgische Punkte, denen besonderes Augenmerk geschenkt werden muß:

- die Organisation der wissenschaftlich-technischen Kooperation mit Einrichtungen außerhalb des eigenen Verantwortungsbereiches;
- die Beherrschung der „Nahtstellen" im Zyklus „Wissenschaft–Technik–Produktion";
- die Sicherung der materiell-technischen Bedingungen insbesondere für den Prozeß der Überleitung der Ergebnisse der wissenschaftlich-technischen Arbeiten in die Produktion.

Industrielle Forschung in den Grenzen der eigenen Wirtschaftseinheit (Betrieb, Kombinat) zu betreiben, erweist sich zunehmend als unzureichend. Vielfältige Kooperationsbeziehungen zwischen der betrieblichen Forschung und Entwicklung und den Instituten der Akademie und der Hochschulen bilden sich heraus. Gleichzeitig hat ein neuer entscheidender Prozeß der Arbeitsteilung und Kooperation begonnen, der in Zukunft immer mehr das Tempo des wissenschaftlich-technischen Fortschritts bestimmen wird: überbetriebliche und internationale Spezialisierung und Kooperation in Forschung und Entwicklung. Diese Erscheinung tritt zunächst vorwiegend in wissenschaftsintensiven Zweigen der Industrie (Elektronik, Elektrotechnik, Chemie, wissenschaftlicher Gerätebau usw.) zutage, erfaßt aber allmählich alle Bereiche der Volkswirtschaft. Sie erfordert neue Formen der Planung (vor allem auf der Grundlage der Methoden der Programmplanung), der ökonomischen Bewertung wissenschaftlich-technischer Leistungen (nicht zuletzt in Verbindung mit wachsender Lizenznahme und Lizenzvergabe) und der Organisation (zum Beispiel in Gestalt von Wissenschafts-Produktionsvereinigungen).

Als nicht minder bedeutsam wie die gute Organisation der Wissenschaftskooperation erweist sich die Beherrschung der Nahtstellen, etwa im Übergang von der Forschung und Entwicklung zur unmittelbaren Produktionsvorbereitung, für die Beschleunigung des wissenschaftlich-technischen Fortschritts.

So sind Verzögerungen bzw. unzureichende ökonomische Resultate bei der Einführung neuer Erzeugnisse in der Produktion häufig ungenügender Beachtung technologischer Erfordernisse in der konstruktiven Arbeit bzw. einem relativ späten Einsatz der technologischen und Fertigungsvorbereitung geschuldet. Hier vornehmlich durch sozialistische Gemeinschaftsarbeit das frühzeitige und beständige Zusammenwirken von Konstrukteuren, Technologen und Neuerern aus der Produktion zu sichern, rechtzeitig mit der Vorbereitung und Realisierung des Baus erforderlicher Muster, Pilotanlagen, Betriebsmittel u. a. m. zu beginnen und die bei Neuerungsprozessen mit fortschreitender Annäherung an den Produktionsbeginn notwendig werdende Umgruppierung der Kräfte und Mittel zu gewährleisten – das sind wesentliche Anliegen bei der Leitung wissenschaftlich-technischer Arbeiten und komplexer Neuerungsprozesse in den Betrieben und Kombinaten.

Erfahrungsgemäß nehmen die Engpässe zu, je weiter die wissenschaftlich-technische Arbeit in die Nähe der Produktion vorrückt: Die Kapazitäten von Prüffeldern, Technika und Pilotanlagen, Musterbauwerkstätten u. ä. m. begrenzen die Geschwindigkeit des Neuerungsprozesses; zusätzliche Schwierigkeiten erwachsen aus analogen Prozessen und entsprechenden Produktionsumstellungen bei Zulieferern und Abnehmern der jeweiligen Produktion. Noch komplizierter wird es, wenn der betroffene Neuerungsprozeß mit entsprechenden Investitionen verbunden ist: Projektierungs-, Bau- und Ausrüstungsleistungen müssen rechtzeitig gebunden und durch entsprechende Planentscheidungen gesichert werden. Hier liegen gegenwärtig die größten Risiken für Betriebe und Kombinate bei der Inangriffnahme von Neuerungsprozessen – Risiken, die wesentlich die laufende Planerfüllung, die termingerechte Überführung von wissenschaftlich-technischen Ergebnissen in die Produktion und die Einhaltung der ursprünglich gestellten Ziele beeinträchtigen können.

Die Entwicklung und Festigung der Kombinate muß unter anderem darauf gerichtet sein, diese Risiken zu lindern, bessere Voraussetzungen für die Verbindung von Wissenschaft und Produktion, für die Beschleunigung des wissenschaftlich-technischen Fortschritts zu schaffen. Die Kombinate bilden in der Industrie der DDR eine wirtschaftsorganisatorische Grundform der Vergesellschaftung der Produktion, die bessere Bedingungen für die Intensivierung der Produktion besitzen als der einzelne sozialistische Industriebetrieb. Ihre Effektivität ist in starkem Maße von der Reproduktionskraft und der Geschlossenheit ihres Reproduktionsprozesses abhängig, durch die sie in die Lage versetzt werden, ständig die Rekonstruktion und die technische Erneuerung der Betriebe sowie die systematische Verbesserung der Arbeits- und Lebensbedingungen der Werktätigen zu sichern und die Proportionalität zwischen den Phasen des Reproduktionsprozesses sowie bei der Durchsetzung des wissenschaftlich-technischen Fortschritts zu gewährleisten. Die Geschlossenheit des Reproduktionsprozesses hat nichts mit Autarkiebestrebungen der einzelnen Kombinate zu tun, aber bereits bei der Kombinatsbildung galt und gilt der Grundsatz, das zusammenzuführen, was zusammengehört: das wissenschaftlich-technische Potential zur Sicherung des Zyklus „Wissenschaft–Technik–Produktion"; die Haupt-, Hilfs- und Nebenprozesse der Produktion, die für die Gesamtproportionalität des Reproduktionsprozesses entscheidend sind; vertikal zusammenhängende Produktionsstufen (soweit das nicht zu einem Hemmnis für rationelle Produktionsmaßstäbe in den Stufen wird); wichtige Zulieferbetriebe, soweit sie ausschließlich oder fast ausschließlich für das betreffende Kombinat arbeiten. Damit werden zugleich die materiell-technischen Bedingungen für die wissenschaftlich-technischen Arbeiten und die Überleitung ihrer Ergebnisse in die Produktion verbessert, und es wächst die Fähigkeit, die Struktur des wissenschaftlich-technischen Potentials der jeweiligen Aufgabenstellung anzupassen.

Von besonderer Bedeutung ist der eigene Rationalisierungsmittelbau (spezielle Werkzeuge, Vorrichtungen, Sondermaschinen u. ä. m.) und der Aufbau eigener Bauabteilungen in den Kombinaten, um Maßnahmen der Rationalisierung und Rekonstruktion mit hoher Effektivität durchführen zu können. Der zweigspezifische Rationalisierungsmittelbau muß sich auf die Herstellung solcher Rationalisierungsmittel konzentrieren, die den spezifischen technologischen Bedingungen entsprechen (spezifische Baugruppen und Sonderausrüstungen für Mechanisierung und Automatisierung).

Bei den produktionsvorbereitenden Prozessen sollte eine stärkere Konzentration grundlegender Tätigkeiten – und damit auch des entsprechenden Potentials und der dazu notwendigen Fonds – in der Regel beim Stammbetrieb, bei der Kombinatsleitung vonstatten gehen. Diese Konzentration betrifft vor allem die langfristige Vorlaufforschung (zweigspezifische Grundlagenforschung und angewandte Forschung) für die Erzeugnis- und Verfahrensentwicklung, die zielgerichtete Investitionstätigkeit im

Interesse einer ständigen Modernisierung und Rekonstruktion der Produktion, den zweigspezifischen Rationalisierungsmittelbau und eine leistungsfähige Bauabteilung. Mit der Verantwortung für den konzentrierten Einsatz des wissenschaftlich-technischen Potentials ist die Kombinatsleitung auch verantwortlich für die Organisation der Forschungskooperation mit anderen Einrichtungen. Die Kombinatsleitung verfügt über die entscheidenden Potenzen, um ihrer Verantwortung für die Vorbereitung und Durchführung von Neuerungsprozessen gerecht zu werden. Andere Funktionen der Produktionsvorbereitung, die der unmittelbaren Produktionsdurchführung dienen, wie die Produktenpflege, die Operativtechnologie, der betriebsspezifische Werkzeugbau, die laufende Instandhaltung sollten dagegen bei den Kombinatsbetrieben verbleiben, um eine unmittelbare Einflußnahme auf eine stabile und kontinuierliche Produktionsdurchführung zu sichern. Die Entwicklung des wissenschaftlich-technischen Potentials ist in die Grundorientierung für die Festigung der Kombinate eingeordnet, nämlich in diesen Wirtschaftseinheiten alle Voraussetzungen zu schaffen, den eigenen Reproduktionsprozeß vorausschauend und im Komplex immer besser zu beherrschen.

H. HANSPACH

Probleme der Wechselbeziehungen von wissenschaftlich-technischem Fortschritt und Arbeitsinhalten

Der in der DDR erreichte Stand der Beherrschung der Probleme auf dem Gebiet der Arbeit ist nicht zu trennen von den Erkenntnissen und Erfahrungen der sowjetischen Wissenschaft. Zu Grundfragen der gesellschaftlichen Entwicklung, wie z. B. der Theorie und Praxis bei der Verwirklichung der wissenschaftlichen Arbeitsorganisation, studierten und nutzten wir die Lehren Lenins, der dafür die Strategie in der sozialistischen Gesellschaft entwickelte. Ihre Bedeutung wurde in der sowjetischen Wirtschaftspraxis tausendfach bewiesen. In der DDR trägt ihre schöpferische Anwendung inzwischen reiche Früchte. Gemeinsam bearbeiten wir heute neue herangereifte Fragen, wie die „Veränderungen des Charakters, des Inhalts und der Bedingungen der Arbeit im Zusammenhang mit dem wissenschaftlich-technischen Fortschritt", eine Aufgabe des RGW-Forschungsplanes der Institute für Arbeit, für die die Partnerinstitute der UdSSR und der DDR gemeinsam federführend sind.

Ich möchte in meinen Darlegungen vor allem auf die Seite dieser letztgenannten Problematik eingehen, die sich auf den Inhalt der Arbeit bezieht.

1. Zu gesellschaftlichen Wirkungsbedingungen des wissenschaftlich-technischen Fortschritts

Unsere Partei „geht davon aus, daß die Arbeit die wichtigste Sphäre des gesellschaftlichen Lebens ist".[1] Sie hat in ihrem auf dem IX. Parteitag beschlossenen Programm die Aufgabe gestellt, den sozialistischen Charakter der Arbeit allseitig auszuprägen.[2] Das ist eine der grundlegenden gesellschaftlichen Erfordernisse zur Lösung der Hauptaufgabe, der weiteren Erhöhung des materiellen und kulturellen Lebensniveaus des Volkes. Der Hauptweg dazu, die Intensivierung der gesellschaftlichen Produktion auf der Grundlage der organischen Verbindung der Errungenschaften der wissenschaftlich-technischen Revolution mit den Vorzügen des Sozialismus, wird vor allem im Arbeitsprozeß beschritten.

Der sozialistische Charakter der Arbeit, wie er sich nach dem Sieg der sozialistischen Produktionsverhältnisse herausgebildet hat, versetzte die Arbeiterklasse und alle Werktätigen in die Lage, hohe schöpferische Leistungen zu vollbringen, eine leistungsfähige materiell-technische Basis zu schaffen und sich selbst in diesem Prozeß der Auseinandersetzung mit den ständig anspruchsvolleren und komplizierteren Aufgaben als Persönlichkeiten und Kollektive zu vervollkommnen. In Verbindung mit den vom sozialistischen Staat geschaffenen Bildungs- und Qualifizierungsmöglichkeiten verfügen unsere Länder heute über eine Arbeiterklasse, die in der Lage ist, wissenschaftlich-tech-

[1] Programm der Sozialistischen Einheitspartei Deutschlands, Berlin 1976, S. 23/24.
[2] Ebenda, S. 24.

nische Erkenntnisse anzuwenden und die auch über die notwendige politische Reife und Einsicht in gesellschaftliche Zusammenhänge verfügt, um die ökonomischen, organisatorischen und sozialen Prozesse immer vollständiger zu beherrschen.

Der Mensch wird so im Sozialismus in einer gegenüber der kapitalistischen Gesellschaft neuen Qualität als Hauptproduktivkraft wirksam. Er verwirklicht diese Eigenschaft im unmittelbaren Produktionsprozeß wie auch in allen anderen Bereichen des gesellschaftlichen Lebens bis zur Mitwirkung an der Leitung und Planung gesellschaftlicher Prozesse. Es entsteht ein neuer sozialistischer Produzententyp, der die Funktionen des Eigentümers und Machtausübenden in sich vereinigt. Dieser entscheidende Vorzug des Sozialismus läßt gesellschaftliche Triebkräfte wirksam werden, die unter kapitalistischen Bedingungen objektiv nicht erschließbar sind. Sie bilden eine immer bedeutsamere Quelle für die Sicherung eines hohen Wachstums der Produktion, ihrer Effektivität und Qualität.

Ausgehend vom komplexen Wirken aller Intensivierungsfaktoren, unterstrich deshalb unsere Parteiführung die Notwendigkeit, alle „qualitativen Faktoren des Wachstums der Produktion, angefangen von der Beschleunigung des wissenschaftlich-technischen Fortschritts bis zur immer wirkungsvolleren Entwicklung der schöpferischen Fähigkeiten der Werktätigen, auf noch breiterer Basis und noch weitaus gründlicher vorbereitet und durchdacht als bisher in den Vordergrund der gesamten Arbeit zu rücken.[3]

Die Aufgabe besteht darin, den bewußten und massenhaften Vormarsch zu einer höheren Arbeitsproduktivität als unter dem Kapitalismus auf die dem Sozialismus gemäße Art, mit seinen Methoden zu verwirklichen.[4]

Als marxistische Ökonomen gehen wir davon aus, daß das Tempo des gesellschaftlichen Fortschritts und der Erfolg in der Klassenauseinandersetzung letztlich erst dann auf dem erforderlichen Niveau stehen, wenn die potentiellen Vorzüge des Sozialismus auch effektiv materiell und ideell wirksam werden. Wissenschaftlich-technischer Fortschritt ist nicht von vornherein identisch mit gesellschaftlichem Fortschritt. Die durch ihn hervorgerufenen qualitativen Veränderungen in den Produktivkräften werden über die menschliche Arbeit wirksam, und zwar in zweierlei Hinsicht:[5]

Erstens entstehen qualitativ neue Grundlagen und Bedingungen für die Steigerung der Arbeitsproduktivität.

Zweitens ergeben sich qualitative Veränderungen im Inhalt der Arbeit, vor allem in den konkreten Arbeitsfunktionen.

In beiden Richtungen ist der Unterschied zwischen den Gesellschaftsordnungen vor allem in der Rolle des Menschen in der Produktion begründet. Dabei geht es sowohl um die Ziele der Produktion generell wie auch um die konkrete Art und Weise der Durchführung dieser Produktion.

Hinsichtlich der auf dem sozialistischen Eigentum an den Produktionsmitteln beruhenden Interessenübereinstimmung mit den Zielen der Produktion und dem daraus resultierenden Verhalten der Werktätigen als sozialistische Eigentümer sind die Vorzüge des Sozialismus eindeutig ausgeprägt. Masseninitiative, Neuerertum, Teilnahme an der Leitung und Planung der Produktion sind typisch sozialistische Erscheinungsformen des Charakters der Arbeit. Differenziert und widersprüchlich ist jedoch noch die Ausprägung des sozialistischen Charakters der Arbeit auf dem Gebiet des Arbeits-

3 Bericht des Zentralkomitees der Sozialistischen Einheitspartei Deutschlands an den IX. Parteitag der SED, Berichterstatter: Genosse Erich Honecker, Berlin 1976, S. 71.

4 Vgl. W. I. Lenin, Die nächsten Aufgaben der Sowjetmacht, in: Werke, Bd. 27, Berlin 1960, S. 238.

5 Vgl. Autorenkollektiv, Wissenschaft und Produktion im Sozialismus, Berlin 1976, S. 28.

inhalts, durch den für den Werktätigen der wissenschaftlich-technische Fortschritt unmittelbar am eigenen Arbeitsplatz spürbar wird, der seine unmittelbare persönliche Stellung im Arbeitsprozeß widerspiegelt.

Mit wachsenden ideologischen und qualifikationsbedingten Leistungsvoraussetzungen müssen die qualitativen Anforderungen an die konkrete Ausgestaltung der Stellung des Werktätigen im Produktionsprozeß, die Art und Weise seiner Mitwirkung am wissenschaftlich-technischen Fortschritt auf ständig höherer Stufe realisiert werden. Sie sind als gleichwertige Anforderungen mit den technischen und ökonomischen Zielen zu erfüllen.

Die subjektive Einstellung der Werktätigen und ihr objektives Leistungsvermögen werden vor allem von solchen qualitativen Merkmalen der Arbeitstätigkeit beeinflußt wie

- geistiges Anspruchsniveau,
- Entscheidungsfeld bzw. Möglichkeiten zur Wahrnehmung der übertragenen Verantwortung,
- Verhältnis von körperlicher und geistiger Tätigkeit,
- Vielseitigkeit und Umfang der körperlichen und geistigen Beanspruchung,
- Spielraum für die Nutzung und Erweiterung der Qualifikation,
- Grad der Einbeziehung im Arbeitskollektiv.

Je nach dem Grad der optimalen Gestaltung dieser Merkmale im einzelnen und in ihrer Gesamtheit ist der Arbeitsinhalt der Werktätigen leistungsfördernd, persönlichkeitsförderlich und beanspruchungsoptimierend, entspricht er also den Bedürfnissen der Werktätigen und den Erfordernissen der sozialistischen Gesellschaft.

Jede technische, technologische oder auch nur organisatorische Veränderung beeinflußt den Arbeitsinhalt von Werktätigen, und es gibt keinen Automatismus in bezug auf einen von vornherein positiven Einfluß. In der Gesamtheit der Volkswirtschaft verändert sich täglich der Inhalt der Arbeit tausender Werktätiger, oft nur ganz geringfügig, oft grundlegend. Dafür gibt es eine Vielzahl von Einflußfaktoren und Einflußebenen.

Auf der Ebene der Volkswirtschaft ist durch das erreichte Niveau der materiell-technischen Basis und den Grad der gesellschaftlichen Arbeitsteilung eine bestimmte Grundstruktur der Arbeitsinhalte, ihre Differenziertheit und ihr durchschnittliches Anspruchsniveau gegeben. Grundlegende Veränderungen z. B. im Verhältnis von vorwiegend geistigen und vorwiegend körperlichen Tätigkeiten treten hier erst in historisch längeren Zeiträumen in Erscheinung. Auf betrieblicher Ebene sind es vor allem die Beschaffenheit der Arbeitsmittel und Arbeitsgegenstände, die technologischen Verfahren und innerbetriebliche Teilung und Kombination der Arbeit, die den Arbeitsinhalt bestimmen bzw. seine Veränderung bewirken. Dazu kommen in wachsendem Maße solche Einflußfaktoren zur Wirkung wie Grad der Beteiligung an der Leitung und Planung, der Neuerer- und Rationalisierungstätigkeit, das Niveau der Kollektivbeziehungen und der kollektiven Arbeitsorganisation.

Nach unserer Auffassung besteht die Aufgabe nicht nur darin, die Einflüsse des wissenschaftlich-technischen Fortschritts auf den Arbeitsinhalt zu registrieren, so wichtig diese Seite zum Erkennen objektiver Entwicklungstendenzen auch ist. Es geht vor allem darum, vorausschauend die Konsequenzen aus technisch-technologischen und organisatorischen Veränderungen für den Arbeitsinhalt abzuleiten, um zu sichern, daß die Werktätigen eine möglichst aktive, bewußte mitgestaltende Position zum wissenschaftlich-technischen Fortschritt in ihrer täglichen Arbeit einnehmen können. Vor allem „durch die Anwendung der Methoden, Verfahren und normativen Grundlagen der wissenschaftlichen Arbeitsorganisation sind bereits bei der konstruktiven, technologischen und organisatorischen Vorbereitung von Erzeugnissen und Verfahren sowie der Investitionen die Grundlagen für eine effektive und persönlichkeitsfördernde Arbeit zu schaffen".[6]

2. Zu einigen Problemen und Widersprüchen in den Wechselbeziehungen von wissenschaftlich-technischem Fortschritt und Arbeitsinhalten

Der wissenschaftlich-technische Fortschritt stellt Wissenschaft und Praxis ständig vor neue Fragen und Aufgaben. Sie beziehen sich nicht nur auf die technischen, sondern auch auf die ökonomischen und sozialen Komponenten dieses Prozesses.

Wirkungsvoller Einfluß auf den gesellschaftlichen Fortschritt wird dann gewährleistet, wenn es gelingt, diese Komponenten in ihrer Einheit progressiv, d. h. mit höchstem gesellschaftlichen Effekt, zu entwickeln.

Mit dem Sieg der sozialistischen Produktionsverhältnisse wurde der für den Kapitalismus typische Antagonismus zwischen technischer, ökonomischer und sozialer Seite des wissenschaftlich-technischen Fortschritts überwunden. Für uns besteht die Aufgabe jetzt darin, vor allem die Entwicklungswidersprüche zu erkennen und zu lösen, die sich aus der wachsenden Rolle des subjektiven Faktors einerseits und den technischen Möglichkeiten und ökonomischen Ressourcen andererseits ergeben.

Diese unter unseren Bedingungen nichtantagonistischen Widersprüche sind natürlich grundsätzlich objektiver Natur und Ausdruck des erreichten Entwicklungsstandes der materiell-technischen Basis, des Erkenntnisstandes der Wissenschaft und der Realisierungsbedingungen wissenschaftlicher Erkenntnisse der gesellschaftlichen Organisation der Arbeit, der ökonomischen Leistungsfähigkeit der Volkswirtschaft und des ideologischen und Bildungsniveaus der Werktätigen. Innerhalb dieser objektiven Bedingungen gibt es einen beträchtlichen Spielraum für die Beeinflussung der Widersprüche in Abhängigkeit vom Grad ihrer Aufdeckung, der ideologischen Vorbereitung und leitungsmäßigen Beherrschung ihrer Lösung.

a) Zu Widersprüchen zwischen Qualifikation und Arbeitsanforderungen

Prinzipiell gibt es sowohl die Erscheinung, daß die Qualifikation von Werktätigen für die Erfüllung der gestellten Arbeitsanforderungen nicht ausreicht als auch die, daß die gegebenen Arbeitsanforderungen den Einsatz der vorhandenen Qualifikation nur teilweise ermöglichen. Von grundlegender gesellschaftlicher Bedeutung ist vor allem die Frage, daß noch vielfach Potenzen der Effektivitäts- und Persönlichkeitsentwicklung ungenutzt bleiben, deren Herausbildung mit erheblichem ökonomischem Aufwand sowie bildungs- und erziehungsseitigen Anstrengungen betrieben wurde.

Bildungsvorlauf ist objektiv erforderlich, vor allem auch für die immer bessere Beherrschung des wissenschaftlich-technischen Fortschritts durch die Werktätigen selbst. Darüber hinaus werden die Bildungsanforderungen an die Werktätigen im Sozialismus nicht nur durch die unmittelbaren Arbeitsanforderungen bestimmt, sondern sie resultieren generell aus deren Macht- und Eigentümerfunktion.

[6] Direktive des IX. Parteitages der SED zum Fünfjahrplan für die Entwicklung der Volkswirtschaft der DDR in den Jahren 1976–1980, Berlin 1976, S. 34.

Offensichtliche Widersprüche und demzufolge Reserven sind vor allem dadurch entstanden, daß die Beschaffenheit der materiell-technischen Basis und die Gestaltung der Beziehungen Mensch – Technik oft nicht den gesellschaftlichen Anforderungen und Möglichkeiten entsprechen. Wir verfügen heute in der DDR über eine generelle Schulausbildung auf hohem Niveau, die 98 % aller Kinder und Jugendlichen erfaßt. 1980 werden ca. 80 % der Arbeiter eine abgeschlossene Berufsausbildung bzw. Oberschulbildung besitzen. Demgegenüber erfordert heute noch ca. ein Drittel aller Arbeitsplätze keine Berufsausbildung, 16,5 % aller Arbeitsplätze sind noch durch körperlich schwere Arbeit oder andere erschwerte Arbeitsbedingungen gekennzeichnet. Etwa ein Drittel der Arbeiter in der Industrie ist nicht an Maschinen und Anlagen tätig.

Natürlich gibt es eine objektive Grenze für die Beseitigung dieser Widersprüche in Abhängigkeit von den realen Möglichkeiten. Der XXV. Parteitag der KPdSU und der IX. Parteitag der SED haben klare Aufgaben zur schrittweisen Beseitigung körperlich schwerer und gesundheitsgefährdender Tätigkeiten sowie für den planmäßigen „Einsatz der Arbeitskräfte entsprechend der Qualifikation, der Kenntnisse und Fertigkeiten"[7] gestellt. Große Anstrengungen sind vor allem hinsichtlich einer bewußten und planmäßigen Gestaltung der Arbeitsinhalte erforderlich. Solange noch Arbeitsaufgaben von Werktätigen im Zusammenhang mit technisch-technologischen Veränderungen als mehr oder weniger zufällige Folgeerscheinung entstehen, schöpfen wir bei weitem noch nicht die mit der sozialistischen Rationalisierung und auch die bei bereits bestehenden Prozessen vorhandenen Effektivitätspotenzen aus.

Wir haben die Erfahrung gesammelt, daß die Bedürfnisse der Werktätigen in bezug auf ihren Arbeitsinhalt sehr wohl den differenzierten Möglichkeiten auf diesem Gebiet angepaßt sind. Typisch sind nicht Wunschbilder eines idealisierten Arbeitsinhalts, sondern in der Regel recht konkrete Vorstellungen darüber, was unter den jeweiligen Bedingungen möglich ist. Es ist sicher kein Zufall, daß z. B. in Betrieben der Textilindustrie bei entsprechenden soziologischen Untersuchungen ca. 90 % der Werktätigen das Bedürfnis nach abwechslungsreicher Arbeit in den Vordergrund stellen. Zweifellos gibt es hier auch bei den bestehenden Produktionsprozessen bedeutende Möglichkeiten, besonders auf dem Gebiet der betrieblichen Arbeitsteilung und -kooperation, durch Verstärkung der kollektiven Arbeitsweise, durch Zusammenlegung und den Wechsel von Arbeitsfunktionen bzw. Arbeitsplätzen u. a. m., diesem Anliegen besser zu entsprechen. Einstellung zur Arbeit, Arbeitszufriedenheit und Leistungsbereitschaft der Werktätigen hängen vor allem davon ab, in welchem Maße mit ihnen gemeinsam das jeweils Mögliche getan wird, um ansprechende Arbeitsinhalte zu entwickeln. Das ist eine entscheidende Reserve der weiteren Intensivierung, die bei der Veränderung bestehender Arbeitsprozesse und bei Neuerungen genutzt werden muß.

b) Zu Widersprüchen, die sich aus technisch-technologischen Problemen ergeben

Hier handelt es sich vor allem um Widersprüche, die in der Entwicklung der materiell-technischen Basis selbst liegen. Sie resultieren aus nicht vollständig gelösten oder derzeit nicht lösbaren konstruktiven, technologischen und organisatorischen Problemen. In diesem Zusammenhang sind aber auch Probleme zu sehen, die leitungsmäßig noch nicht beherrscht werden. Dazu gehören:

[7] Programm der Sozialistischen Einheitspartei Deutschlands, a. a. O., S. 27.

- die Nichtübereinstimmung des Technisierungsniveaus der Haupt-, Hilfs- und Nebenprozesse,
- der noch nicht in allen Bereichen geschlossene Reproduktionszyklus der materiell-technischen Fonds (z. B. die ungenügende Aussonderung alter Technik und die ungenügende Auslastung neuer hochproduktiver Technik),
- unterschiedliches Technisierungsniveau in der Volkswirtschaft, zwischen den Industriezweigen und innerhalb dieser, teilweise auch bei gleichen Produktionsaufgaben.

Aus derartigen Widersprüchen ergeben sich Konsequenzen für den Arbeitsinhalt der Werktätigen. Sie führen vor allem zu einer ungerechtfertigten Differenzierung der Arbeitsinhalte und -bedingungen, die vielfach noch durch die Beibehaltung aus dem Kapitalismus stammender Formen der Arbeitsteilung konserviert bzw. verstärkt wird.

Durch die ungenügende Aussonderung überalteter Grundfonds wird z. B. etwa ein Viertel der Beschäftigten der Instandhaltung an alte Technik gebunden. In den Prozessen des innerbetrieblichen Transports und der Lagerwirtschaft ist der Anteil körperlich schwerer Arbeit noch unverhältnismäßig hoch. Der zurückgebliebene Technisierungsgrad der Hilfsprozesse bindet Arbeitskräfte an Tätigkeiten ohne oder mit geringen technischen Arbeitsmitteln, führt zu ideologischen Problemen und Produktivitätsverlusten. Die Aufgabe besteht hier vor allem darin, durch eine differenzierte Analyse des Niveaus und der Entwicklungsrichtungen technischer und technologischer Prozesse die Schwerpunkte herauszuarbeiten, die für die Produktivitätssteigerung und die progressive Entwicklung der Arbeitsinhalte und -bedingungen die größten Reserven bzw. die größten Probleme aufweisen und ihre Realisierungsbedingungen zu bestimmen.

c) Zu Widersprüchen, die sich aus der Begrenztheit der ökonomischen und materiell-technischen Ressourcen ergeben

Die objektiv bedingte Begrenztheit der Reserven führt zu Widersprüchen zwischen bereits vorhandenen technischen, technologischen und organisatorischen Lösungen sowie dem Umfang ihrer tatsächlichen Anwendung. So werden Werktätige mit Arbeitsmitteln, Verfahren und Arbeitsbedingungen konfrontiert, für die es bereits bessere, d. h. produktivere und persönlichkeitsförderliche Lösungen gibt. Ihre Anwendung überhaupt bzw. ihre massenhafte Anwendung ist zum gegebenen Zeitpunkt nicht möglich, da die Leistungsfähigkeit der materiell-technischen Basis dafür nicht ausreicht bzw. bestimmte Rohstoffe oder Energieträger nur begrenzt zur Verfügung stehen.

Analoge Probleme ergeben sich aus der Tatsache, daß der wissenschaftlich-technische Fortschritt im wesentlichen ein kontinuierlicher Prozeß ist, der nur an bestimmten Schwerpunkten zu revolutionären Lösungen führt. Daraus folgt, daß es z. B. im Prinzip nicht möglich ist, bestimmte Technisierungsstufen zu überspringen, auch wenn sie Probleme für den Inhalt und die Bedingungen der Arbeit der Werktätigen mit sich bringen. So ist z. B. in bestimmten Entwicklungsetappen eine Ausweitung der Fließarbeit erforderlich, obwohl hier die Gefahren von Dequalifikation, Monotonie und einseitiger Beanspruchung nicht restlos ausgeschlossen werden können.

Die zu lösenden Probleme liegen insbesondere darin, bereits in der Vorbereitungsphase alle Möglichkeiten zu durchdenken, um auch unter diesen komplizierten Bedingungen ökonomische Effektivität und Leistungsvoraussetzungen und -bedingungen der Werktätigen in Übereinstimmung zu bringen. Es geht um die Ausarbeitung differenzierter arbeitsorganisatorischer und arbeitsgestaltender Lösungen gerade für solche Technisierungsstufen und Prozesse, die für die Arbeit des Menschen besondere Probleme aufwerfen. In der DDR sind das vor allem Montageprozesse in der metallverarbeitenden Industrie und der Elektrotechnik/Elektronik sowie manuelle Arbeitsprozesse in der Leichtindustrie, besonders der Konfektionsindustrie. Eine große Differenziertheit der Arbeitsinhalte und -bedingungen bei gleichen Technologien und Erzeugnissen weist auf bedeutende Reserven auf dem Gebiet der Arbeitsorganisation hin.

Gegenwärtig wird z. B. durch Anwendung von Typenlösungen der wissenschaftlichen Arbeitsorganisation für Arbeitsplätze, vor allem für Massenberufe, die Voraussetzung geschaffen, die Differenziertheit der Arbeitsinhalte und -bedingungen bei gleichen oder ähnlichen Produktionsaufgaben und Verfahren zu verringern und auf dieser Grundlage einen ständig wachsenden Produktivitätszuwachs zu sichern. Mit dem Plan 1978 sind diese Aufgaben in die Planung von Wissenschaft und Technik einbezogen worden.

3. Zu einigen Grundpositionen für die Lösung der anstehenden Widersprüche und Probleme

In bezug auf die Wechselwirkung von wissenschaftlich-technischem Fortschritt und Arbeitsinhalt geht es vor allem um das Erkennen und die praktische Bewältigung folgender Probleme:

a) Die planmäßige Gestaltung progressiver Arbeitsinhalte im Zusammenhang mit dem wissenschaftlich-technischen Fortschritt ist eine gesellschaftliche Aufgabenstellung und erfordert eine entsprechende Vorgehensweise. Bei der Einflußnahme auf den Arbeitsinhalt geht es darum, immer mehr Werktätige in die Lage zu versetzen, den wissenschaftlich-technischen Fortschritt selbst schöpferisch mitzugestalten, die übertragene Technik effektiv zu nutzen, die Organisation der Arbeit und die Arbeitsbedingungen ständig zu vervollkommnen und sich in diesem Prozeß ständig zu qualifizieren, als Persönlichkeiten zu entwickeln und die sozialistische Gemeinschaftsarbeit zu entfalten. Der Inhalt der konkreten Arbeitstätigkeit im Betrieb bestimmt wesentlich den Anteil der Werktätigen an der Einführung, Bewältigung und Vervollkommnung der Technik, Technologie und Organisation.

Jede Entscheidungsvorbereitung und -findung auf wissenschaftlich-technischem Gebiet muß die Konsequenzen für den Arbeitsinhalt, für die Qualifikationsanforderungen und für die Arbeitsbedingungen einschließen. Dauerhafte Effektivitätswirksamkeit der Technik ist nicht zu trennen vom Niveau der Arbeitsinhalte, von der wirklich beherrschenden Position des Menschen gegenüber der Technik. Auf diesem Gebiet gibt es keinen Automatismus für eine positive, von vornherein den sozialistischen Produktionsverhältnissen entsprechende Entwicklung.

So wichtig die Nutzung arbeitswissenschaftlicher Erkenntnisse z. B. bei der Wahl der zweckmäßigsten Formen der Arbeitsteilung und -kooperation auch ist, zunächst ist die Problematik des Arbeitsinhalts eine Leitungsfrage und eine Aufgabe der gesellschaftlichen Kräfte unter Führung der Partei. Die gesellschaftlichen Kräfte haben komplizierte ideologische Probleme zu lösen, damit die planmäßige Gestaltung des Arbeitsinhalts nicht als „soziales Anhängsel", sondern als Voraussetzung und Bestandteil des wissenschaftlich-technischen Fortschritts behandelt wird.

b) Die planmäßige Einflußnahme auf den Arbeitsinhalt muß auf wissenschaftlicher Grundlage erfolgen und auf Schwerpunkte orientiert sein. Im Maßstab der gesamten

Gesellschaft sind tiefgründigere Analysen zu den Hauptrichtungen des wissenschaftlich-technischen Fortschritts erforderlich, um diesen Prozeß in seiner ganzen Vielfalt und Differenziertheit zu erfassen und die damit verbundenen bzw. erforderlichen Veränderungen in der Arbeit vorausschauend ableiten zu können. Für solche Entwicklungsrichtungen wie die weitere Verringerung der Unterschiede von geistiger und körperlicher Arbeit und von landwirtschaftlicher und industrieller Arbeit, die Beseitigung der körperlich schweren und gesundheitsgefährdenden Arbeit sind strategische Konzeptionen erforderlich, die Bestandteil der technischen Politik sein müssen. Die gegenwärtigen und künftigen Schwerpunkte der Einflußnahme auf den Arbeitsinhalt sind vor allem unter zwei Gesichtspunkten zu ermitteln:

– Es sind diejenigen Prozeß- und Technisierungsstufen abzugrenzen, die besonders schwierige Probleme und Widersprüche aufweisen und spezifischer Lösungswege bedürfen.

– Vorausschauend sind solche Tätigkeiten bzw. Tätigkeitsgruppen zu bestimmen, die in Zukunft im Massenumfang auftreten bzw. die besondere volkswirtschaftliche Schwerpunkte darstellen werden, deren planmäßige Gestaltung also an Bedeutung gewinnen wird und rechtzeitig vorzubereiten ist.

c) Der Prozeßcharakter von Veränderungen des Arbeitsinhalts im Zusammenhang mit dem wissenschaftlich-technischen Fortschritt verlangt die verstärkte Einbeziehung dieser Problematik in die längerfristige Planung und in die strategische Leitungsarbeit vor allem der großen Wirtschaftseinheiten. Die generelle Forderung der Erhöhung der Langfristigkeit und Komplexität der Planung wird durch die Notwendigkeit der verstärkten Einbeziehung sozialer Komponenten des wissenschaftlich-technischen Fortschritts und längerfristig wirkender Intensivierungsfaktoren noch besonders unterstrichen. Die analytische Erfassung solcher Veränderungen im Zeitraum nur eines Jahres liefert in den wichtigsten Fällen ausreichend exakte Planungsgrundlagen. Beim weiteren Ausbau des Fünfjahrplanes zum Hauptinstrument der Leitung der Wirtschaftstätigkeit müssen jedoch die o. g. Fragen eine entsprechende Rolle spielen. Der gegenwärtige Wissensstand reicht auf dem Gebiet der Analyse und der Planung der Entwicklung der qualitativen Seiten der Arbeit, insbesondere des Arbeitsinhalts, noch nicht aus. Andererseits vergrößern sich die Anforderungen, aber auch die Möglichkeiten zur Lösung dieser Probleme, vor allem im Rahmen der wissenschaftlichen Arbeitsorganisation.

Eine entscheidende Frage ist in diesem Zusammenhang die Ebene, auf der die Widersprüche auf dem Gebiet der Arbeit analysiert und ihre Lösung in Angriff genommen wird. Infolge der objektiv zunehmenden Spezialisierung und Konzentration, der ständigen Vergrößerung der Produktionsmaßstäbe kommt dabei den Kombinaten und anderen Produktionsvereinigungen eine wachsende Bedeutung zu. Vielfach verfügen erst diese Wirtschaftseinheiten über eine ausreichende langfristige Konzeption der wissenschaftlich-technischen Entwicklung und über die wissenschaftlichen Kapazitäten, um interdisziplinäre Forschungen durchführen zu können, wie sie zur Strategiebildung auf solchen komplexen und komplizierten Gebieten der Wechselwirkungen von Mensch und Technik im Arbeitsprozeß erforderlich sind. Das ist die Grundlage dafür, in langfristigen Dokumenten, z. B. Intensivierungs- bzw. Rationalisierungskonzeptionen, konkrete Maßnahmen der wissenschaftlichen Arbeitsorganisation festlegen zu können.

Neue Anforderungen an die Wissenschaft ergeben sich auch aus der Notwendigkeit, die behandelten Probleme verstärkt als Bestandteil der sozialistischen ökonomischen Integration zu betrachten. Mit dem rasch wachsenden Austausch von Maschinen, Anlagen und kompletter Produktionsstätten tauschen wir gleichzeitig wichtige Faktoren des

Arbeitsinhalts und der Arbeitsbedingungen aus. Die auf dem Gebiet des Arbeitsschutzes und der technischen Sicherheit eingeleitete Entwicklung zur Vereinheitlichung der Standards berührt offensichtlich erst einen Teil der auf dem Gebiet der Arbeit anstehenden Probleme. Deshalb gilt es auch auf dem Gebiet der Wissenschaftskooperation, die Vorzüge unserer sozialistischen Gesellschaftsordnung immer besser zu nutzen.

W. Heinrichs

Einige Aspekte des wechselseitigen Zusammenhangs von wissenschaftlich-technischem Fortschritt, Reproduktionsbedingungen und Freizeit

1. Problemstellung

In allen Ländern der sozialistischen Staatengemeinschaft wurden besonders in den letzten zwei Jahrzehnten zum Teil bedeutende Verkürzungen der Arbeitszeit wirksam. In den längerfristigen sozialpolitischen Programmen, die auf den Parteitagen beschlossen wurden, spielen die Bemühungen um mehr Freizeit im Gesamtkonzept jener Maßnahmen eine wachsende Rolle, die auf die weitere Ausprägung der sozialistischen Lebensweise gerichtet sind. Im Programm der SED wird die sozialistische Lebensweise als die für die entwickelte sozialistische Gesellschaft charakteristische Art und Weise des gesellschaftlichen Lebens und individuellen Verhaltens in allen Lebensbereichen definiert.[1]

Die Art und Weise des gesellschaftlichen Lebens und individuellen Verhaltens hängt maßgeblich von der Arbeits- und Freizeit ab, die die Gesellschaft ihren Mitgliedern einräumt. In der sozialistischen Gesellschaft haben diese quantitativen Proportionen und mehr noch ihre qualitative Nutzung und inhaltliche Ausgestaltung im Vergleich zur Ausbeutergesellschaft einen unvergleichbar höheren ökonomischen und sozialen Stellenwert. Während der Arbeits- und der Freizeit werden in regelmäßigen und in unregelmäßigen Zeitabständen Beziehungen zur Gesellschaft durch den Einzelnen, durch Arbeitskollektive, durch die Familie usw. hergestellt. In welchen zeitlichen Proportionen die einzelnen Mitglieder der Gesellschaft im Arbeitskollektiv oder in der Familie sich diesen Lebensbereichen aktiv oder rezeptiv widmen können und im Interesse des gesellschaftlichen Fortschritts auch widmen müssen, davon hängen die Bedingungen für das allseitige Ausreifen seiner Persönlichkeit ab, seiner produktiven, geistigen, ästhetischen und anderen sozialen Anlagen, Fähigkeiten und Bedürfnisse. Im Zentrum steht die gewissenhafte, ehrliche und nützliche Arbeit für die Gesellschaft als Kern aller jener Lebensäußerungen, in denen sich die menschlichen Fähigkeiten, Anlagen und Bedürfnisse als *soziale* Verhaltens- und Daseinsweisen entwickeln. Bei solchen sozialökonomischen Bedingungen ist der Antagonismus zwischen Arbeitszeit und Freizeit, zwischen Arbeit und sinnerfülltem Leben, zwischen Anpassung an ein bestimmtes technologisches Regime und Selbstverwirklichung usw. überwunden.

Das Fehlen des Antagonismus schließt hingegen nicht aus, daß zwischen Arbeitszeit und Freizeit, namentlich in der ersten Phase der kommunistischen Formation, noch widersprüchliche Erscheinungen auftreten können und auch real auftreten. Sie wirken auf die Entfaltungsmöglichkeiten sozialistischer Persönlichkeiten ein und beeinträchtigen zum Teil auch ihre materielle und geistig-kulturelle Realisierung im Arbeitsprozeß. Daraus resultieren zeitweilig bestimmte Störungen im materiellen Reproduktionsprozeß selbst. Derartige Widersprüche haben ihre primäre Wurzel im erreichten

[1] Vgl. Programm der Sozialistischen Einheitspartei Deutschlands, Berlin 1976, S. 53.

Entwicklungsstand der Produktivkräfte im Vergleich zu den Bedürfnissen. Als die wichtigste materielle Voraussetzung für die schrittweise Lösung dieser Widersprüche erweist sich die Beschleunigung des wissenschaftlich-technischen Fortschritts und ihre verstärkte Orientierung auf die Lösung der mit der arbeitsfreien Zeit zusammenhängenden ökonomischen und sozialen Probleme.

In der wissenschaftlichen Literatur wird auf diese wechselseitigen Zusammenhänge zwischen wissenschaftlich-technischem Fortschritt und Freizeit verwiesen. Hingegen findet die Untersuchung der *vermittelnden Glieder* dieser Zusammenhänge unserer Auffassung nach noch nicht die ihr gebührende Aufmerksamkeit. Diese Zusammenhänge sind mehr oder weniger reproduktiver Art und müßten deshalb unter dem Aspekt des realen Verlaufs der intensiv erweiterten Reproduktion gesehen werden. Ihre Resultate sollten einen Beitrag zur schöpferischen Weiterentwicklung der Reproduktionstheorie leisten. Solche Untersuchungen wären schließlich geeignet, bestimmte Richtungen des wissenschaftlich-technischen Fortschritts noch wirksamer an langfristigen Reproduktionserfordernissen zu orientieren und für die technische Politik im gesamtstaatlichen Rahmen konkrete Entscheidungshilfen zu liefern.

2. Einige Reproduktionszusammenhänge, die die materiellen Voraussetzungen für Arbeitszeitverkürzungen betreffen

Anknüpfend an die von Karl Marx erarbeitete Methodologie, münden alle materiellen Voraussetzungen für Arbeitszeitverkürzungen in der sozialistischen Gesellschaft in die Grundbedingung ein, „... daß möglichst viel values in use (Gebrauchswerte) ... in möglichst kurzer Arbeitszeit" geschaffen werden, denn die Arbeitszeit „... bleibt immer die schaffende Substanz des Reichtums und das Maß der Kost, die seine Produktion erheischt. Aber ... disposable time ist der Reichtum selbst – teils zum Genuß der Produkte, teils zur freien Betätigung".[2]

Mit der weiteren Gestaltung der entwickelten sozialistischen Gesellschaft wächst die Abhängigkeit der realen Freizeit von der Länge der Arbeitszeit in den produzierenden Bereichen der Gesellschaft, vom Niveau der gesellschaftlichen Arbeitsproduktivität sowie nicht zuletzt von den Effektivitätsbedingungen in den nichtproduzierenden Bereichen selbst. Diese Abhängigkeit ist zugleich durch Komplexität und wachsende Verflechtung von Erweiterung und Vergrößerung des Produktionssortiments und den Bedingungen ihrer Konsumtion bei wachsendem Bedürfnisniveau gekennzeichnet. Eine spezifische Seite dieser Komplexität ist das wechselseitige Verhältnis von erreichtem Niveau in der Befriedigung materieller und kultureller Bedürfnisse einerseits und wachsenden Bedürfnissen nach Freizeit andererseits. Letztlich ist diese wachsende Komplexität in der Dialektik von notwendiger und Mehrarbeitszeit bei wachsender Arbeitsproduktivität und wachsendem Niveau in der Befriedigung materieller und kultureller Bedürfnisse begründet. In jeder Etappe der gesellschaftlichen Entwicklung muß immer wieder erneut darüber entschieden werden, in welchem Ausmaß ein Teil der wachsenden Mehrarbeitszeit nicht mehr vollständig in Mehrprodukt, sondern in mehr zunächst arbeitsfreie Zeit umgesetzt werden kann und im Interesse des sozialen Fortschritts auch umgesetzt werden muß. Karl Marx sprach von der

[2] K. Marx, Theorien über den Mehrwert, Dritter Band, in: MEW, Bd. 26.3, Berlin 1974, S. 253.

Aufgabe der sozialistischen Gesellschaft, die Schaffung von Mehrarbeit mit einer größeren Beschränkung der der materiellen Arbeit überhaupt gewidmeten Zeit zu verbinden. Ursprünglich als ein der Befriedigung lebensnotwendiger Bedürfnisse untergeordnetes Bedürfnis entwickelt sich das Bedürfnis nach Freizeit im Einklang mit der Befriedigung materieller und geistig-kultureller Bedürfnisse. Dabei prägt die geistig-kulturelle Komponente im Bedürfnissystem das Bedürfnis nach Freizeit in zunehmendem Maße. Schon heute und noch mehr in der Zukunft haben wir es mit Prozessen zu tun, bei denen sich das Bedürfnis nach Freizeit relativ von anderen Bedürfnissen zu verselbständigen und eine spezifische Stellung im Bedürfnissystem einzunehmen beginnt. In der Rang- und Reihenfolge rückt das Bedürfnis nach Freizeit beim Einzelnen und in der Familie immer mehr auf einen der vorderen Plätze. Das liegt auch im Interesse der Gesellschaft. Das wachsende Bedürfnis nach Freizeit reflektiert nicht mehr nur allein das Streben, mehr Zeit für den Genuß von Konsumgütern zu gewinnen, während der Freizeit werden schon heute wichtige soziale Bedürfnisse befriedigt, die in besonderer Weise auf die Persönlichkeitsentwicklung und auf die Reife der sozialen Beziehungen untereinander einwirken (Qualifizierung, Wahrnehmung gesellschaftlicher Verpflichtungen usw.). Diese sozial determinierten Bedürfnisse entstehen und entwickeln sich meist in der Sphäre der Arbeit, werden hier stimuliert und stellen in spezifischer Weise objektive Anforderungen an die Bedingungen der Freizeit, die sich in spezifischen Bedürfnissen geltend machen. Gerade von diesen Bedürfnissen und ihrer Befriedigung gehen wichtige Impulse aus, die Karl Marx in ihrer rückkoppelnden Wirkung als die größte Produktivkraft auf die Produktivkraft der Arbeit ansah.[3]

Diese Reproduktionsbedingungen haben sich im Verlaufe der Entwicklung und verstärkt durch den Einfluß des wissenschaftlich-technischen Fortschritts zum Teil erheblich verändert. Diesen Veränderungen muß bei künftigen Entscheidungen auch wegen ihrer volkswirtschaftlichen Dimensionen und sozialen Folgen Rechnung getragen werden. So wurden in der DDR von der Industrie im Jahre 1955 durchschnittlich 72 Arbeitsstunden (einschließlich Überstunden) aufgewandt, um 1000 Mark Bruttoproduktion (zu festen Preisen berechnet) herzustellen; 1976 waren es nur noch 17 Stunden. In den einzelnen Industriezweigen verlief diese Entwicklung differenziert, besonders schnell sank der Arbeitsaufwand in der verarbeitenden Industrie.[4] Auf unsere Problematik bezogen, bedeutet das, daß jede Stunde Arbeitszeiteinsparung hypothetisch als ein Abzug von der Zeit angesehen werden kann, die entweder als ein größeres Volumen des gleichen Produkts oder für die Herstellung anderer Produkte zur Verfügung gestanden hätte. Sieht man von allen Unzulänglichkeiten ab, die solchen und ähnlichen Rechnungen stets anhaften, so würde beispielsweise eine Reduzierung der gesetzlichen Arbeitszeit um 2 Stunden (jährlich würde das eine Minderung des Arbeitszeitfonds pro Beschäftigten von 92 Stunden bedeuten) gegenwärtig zu einem Ausfall von 1000 Mark Nationaleinkommen pro Beschäftigten in den produzierenden Bereichen führen. Das sind bei gegebenem Stand der gesellschaftlichen Arbeitsproduktivität etwa 6,8 Milliarden Mark Nationaleinkommen. Das ist eine Summe, die weit über dem realen jährlichen Nationaleinkommenszuwachs der letzten Jahre in der DDR liegt. Berücksichtigt man noch den Produktionsverbrauch, dann würde eine Summe von 6,7 Milliarden Mark Nationaleinkommen einer Bruttoproduktion von rund 17,9 Milliarden Mark entsprechen. Vor 10 oder 20 Jahren hätte die Verkürzung der

[3] K. Marx, Grundrisse der Kritik der Politischen Ökonomie, Berlin 1953, S. 599.
[4] Vgl. Statistisches Jahrbuch der DDR 1977, Berlin 1977, S. 131.

Arbeitszeit von 2 Stunden bei dem damaligen Niveau der Arbeitsproduktivität einen bedeutend geringeren „Verzicht" von Nationaleinkommen und Bruttoprodukt zugunsten von mehr arbeitsfreier Zeit bedeutet. Deshalb bewirkt die Beschleunigung des wissenschaftlich-technischen Fortschritts und die weitere Steigerung der Arbeitsproduktivität eine höhere „soziale Wertigkeit" einer Stunde Arbeitszeit, die in den produzierenden Bereichen der Volkswirtschaft geleistet wird.

Ein anderer Aspekt, der in diesem Zusammenhang nicht übersehen werden darf, liegt in den *unterschiedlichen Auswirkungen der erreichten und sich entwickelnden Bedürfnisstruktur* auf das Verhältnis von notwendiger und Mehrarbeitszeit und auf die Gestaltung optimaler Bedingungen, den Zuwachs von Mehrarbeitszeit mit einer schrittweisen Einschränkung der Arbeitszeit überhaupt zu verbinden. Es handelt sich um recht komplexe und zugleich widersprüchliche Wirkungen des wissenschaftlich-technischen Fortschritts. Einerseits stellt, wie wir sehen, der wissenschaftlich-technische Fortschritt die hauptsächliche materielle Voraussetzung dafür dar, die sich ausdehnende Mehrarbeit schrittweise mit der Reduzierung der Arbeitszeit zu verbinden (vgl. Anhang, Tabelle 1). Andererseits bewirkt der wissenschaftlich-technische Fortschritt, daß die vorhandenen Bedürfnisse und neu entstehenden Bedürfnisse durch mehr und qualitativ bessere Erzeugnisse und Leistungen befriedigt werden. Die Variantenbreite der Produkte und Leistungen, womit das gleiche Bedürfnis auf unterschiedliche Art und Weise befriedigt werden kann, nimmt zu. Dieser Prozeß ist von Strukturveränderungen im Verbrauch begleitet. Meist sind diese Verbrauchsveränderungen, beispielsweise bei Konsumgütern, mit einem höheren gesellschaftlichen Effekt der Bedürfnisbefriedigung verbunden. Zu diesen gesellschaftlich nützlichen Effekten gehört in wachsendem Maße auch die Einsparung an Zeit, die beispielsweise für hauswirtschaftliche Dienste im Rahmen der Ernährungs-, Bekleidungs- und Wohnungsbedürfnisse bisher aufgewandt werden mußte. Zur Zeit ist die verlängerte arbeitsfreie Zeit und das Bedürfnis, diese arbeitsfreie Zeit in Freizeit umzuwandeln, ein sehr wichtiger und künftig noch an Intensität zunehmender Faktor, der künftige Bedürfnisstrukturen nicht nur nach Leistungen, sondern auch nach Produkten mitprägen wird. Aus Sorge um den pfleglichen Umgang mit nichtregenerierfähigen Naturressourcen für das künftige wirtschaftliche Wachstum werden hin und wieder Vorschläge unterbreitet, das Tempo des wirtschaftlichen Wachstums und die Produktivitätsfortschritte in wachsendem Maße in Arbeitszeitverkürzungen umzusetzen. Sie würde die natürliche Umwelt nicht in gleichem Maße beeinträchtigen wie das ausschließliche produktbezogene Wachstum. Derartige Vorschläge werden durch die praktischen Erfahrungen nicht gestützt. Außerdem gehen sie von der fehlerhaften Annahme aus, daß ein Mehr an Freizeit nur dazu benutzt wird, die *vorhandenen* Güter besser zu nutzen. Das aber ist nicht der Kern der Dinge. Viel bedeutsamer für den Verlauf der Reproduktion ist aber, daß mehr Freizeit selbst neue und anspruchsvollere Bedürfnisse im Massenumfang auslöst, die auch durch hochwertige Konsumgüter, mehr Leistungen und nicht zuletzt durch eine leistungsfähige, moderne Infrastruktur befriedigt werden müssen. Alles das wird aber mit höheren Ansprüchen an das Wachstum des Mehrprodukts verknüpft.

Angesichts des gegenwärtig relativ hohen Ausstattungsgrades mit hochwertigen Konsumgütern (vgl. Anhang, Tabelle 3) wird der wissenschaftlich-technische Fortschritt neben der Erweiterung der Produktionspalette vor allem auf die Erneuerung der Erzeugnisse mit höheren technisch-ökonomischen Parametern (Ersatzbedarf) bzw. in einzelnen Fällen zu Lösungen hin tendieren, die Zweitausstattungen bzw. Mehrfachausstattungen zur Folge haben. In jedem Fall wird sich dieser Erneuerungsprozeß beschleunigen, bei dem die qualitativen Komponenten die ausschlaggebende Rolle spielen müssen. Wie noch später näher zu erläutern sein wird, muß dieser Prozeß ganz entscheidend die ökonomischen Bedingungen zur Umwandlung von arbeitsfreier Zeit in Freizeit mitbestimmen.

Die Reproduktion dieser Bedürfnisse auf einer höheren Stufenleiter kann mit der Bindung eines größeren gesellschaftlichen Arbeitsaufwandes verbunden sein. Berechnungen des Zentralinstituts für Wirtschaftswissenschaften der Akademie der Wissenschaften der DDR ergaben, daß die durchschnittliche Grundfondsintensität der zu den Bedürfniskomplexen Ernährung und Bekleidung gehörenden Endprodukte 0,92 betrug bei einer durchschnittlichen Grundfondsintensität des Endproduktes von 1,00 (für das Endprodukt der Konsumtion von 1,05 und das Endprodukt für Investitionen von 0,98). Für den Bedürfniskomplex Wohnen wurde ein Intensitätsfaktor von 1,16, den Bedürfniskomplex Verkehr und Kommunikation von 1,46, der Bildung, Erziehung, Körper- und Gesundheitspflege sowie der Kultur und Erholung ein Intensitätsfaktor von 1,14 ermittelt. Mit anderen Worten: Jene Endprodukte, deren Anteil im Prozeß der Veränderung der Bedürfnisstruktur an der Gesamtheit der Endprodukte zunehmen wird, *weisen eine überdurchschnittliche Grundfondsintensität auf.*

Ein wichtiges Anliegen besteht deshalb darin, durch wissenschaftlich-technische Entwicklungen diesen möglichen, aus strukturellen Veränderungen der Bedürfnisse erwachsenden Aufwandstendenzen entgegenzuwirken. Andernfalls wird der Spielraum, innerhalb dessen mehr Arbeitszeit auch in arbeitsfreie Zeit umgewandelt werden kann, nicht größer, sondern geringer.

Auf diesen Spielraum werden künftig außerdem wachsende Anforderungen an die Reproduktion natürlicher Ressourcen einwirken, die sich als ein begrenzter Faktor der Wirtschaftsentwicklung und damit auch der Bedingungen für mehr arbeitsfreie Zeit erweisen. Von besonderem Interesse ist eine nähere Analyse des Zusammenhanges von Strukturveränderungen in den Bedürfnissen und möglicher künftiger Belastung der Umwelt. Beim jetzigen technologischen Entwicklungsstand und bei gegebener Anwendungsbreite umweltfreundlicher Technologien ist bei einem mengenmäßigen Wachstum der industriellen Produktion mit zusätzlichen, zum Teil umweltschädlichen Emissionen und zusätzlichen Belastungen der Rezirkulation von Abfällen aus der Produktions- und Konsumtionssphäre zu rechnen. Diese tendenziellen Wirkungen werden noch verstärkt oder abgeschwächt, je nachdem, ob die jeweiligen zu einem Bedürfniskomplex gehörenden Endprodukte entweder eine überdurchschnittliche oder unterdurchschnittliche *Emissionsintensität* aufweisen. Erste Ergebnisse zu Forschungsarbeiten, die am Zentralinstitut für Wirtschaftswissenschaften zu diesem Fragenkomplex aufgenommen wurden, besagen, daß bei gegebenen Technologien künftig mit einer zusätzlichen Emissionsintensität und zusätzlichen Belastungen zu rechnen ist, die aus der Rezirkulation des Abfalls resultieren. Das hängt damit zusammen, daß die zu den Bedürfniskomplexen Personentransport, Kommunikation und Information, Bildung, Kultur, Sport u. a. gehörenden Endprodukte sehr stark mit Erzeugnissen der Grundstoffindustrie verflochten sind, die Grundstoffindustrie hingegen mit zu den *emissionsintensivsten Zweigen* der Volkswirtschaft gehört. Der wachsenden Bindung von Arbeitskräften und Grundfonds, die wegen des geringen stoffwirtschaftlichen Wirkungsgrades (Abprodukte und Abfälle) zu einem wesentlichen Teil unproduktiver Natur ist, kann auf längere Sicht nur durch die Entwicklung und Anwendung energie- und materialsparender Technologien, durch die Herstellung geschlossener Stoffkreisläufe und nicht zuletzt durch die Erschließung weiterer Anwendungsgebiete für Sekundärrohstoffe begegnet werden. Diese „stoffwirtschaftliche" Orientierung des wissenschaftlich-technischen Fortschritts entwickelt sich zu einer seiner Hauptrichtungen und verlangt bedeutende Vorleistungen im Forschungs- und Investitionsbereich. Damit werden die Möglichkeiten, einen Teil der Mehrarbeitszeit zugunsten arbeitsfreier Zeit umzuverteilen, begrenzt. Sie sind aber notwendig, um die vorhandene arbeitsfreie Zeit umweltfreundlich zu gestalten, denn die Qualität der Umweltbedingungen beeinflußt den größten Teil der Bedürfnisse, die während der Arbeits- und Freizeit (Arbeitsbedingungen, Naherholung, Urlaub) befriedigt werden.

Wegen dieser Veränderungen in den Reproduktionsbedingungen unterliegt die Reduzierung der Arbeitszeit einer fortlaufenden Beschränkung, die immer wieder erneut durch die Erhöhung der sozialen und ökonomischen Wirkungen des wissenschaftlich-technischen Fortschritts überwunden werden muß. Weder die schrittweise Reduzierung von Arbeitszeit noch die Vermehrung der Freizeit sind die eigentlichen Zielsetzungen. Vielmehr geht es um reichere Bedingungen für die Entwicklung allseitig gebildeter Persönlichkeiten.[5] Zwar ist die entscheidende Voraussetzung für die Vermehrung von Freizeit stets die Reduzierung von Arbeitszeit. Wie die Erfahrungen in der DDR und in anderen sozialistischen Ländern aber lehren, besteht zwischen der Verkürzung der Arbeitszeit und Vermehrung der Freizeit kein automatischer Zusammenhang. Entwickeln sich beispielsweise jene Bereiche nicht in angemessener Weise proportional zur Entwicklung der Bedürfnisse während der Freizeit, was sich nicht nur in defizitären Erscheinungen von Konsumgütern und Leistungen zeigt, sondern auch am Grad der Versorgungsbereitschaft (Öffnungszeiten der Einrichtungen des Handels, des Gesundheitswesens usw., Fahrzeiten im Berufsverkehr usw.), dann werden jene durch die Verringerung der Arbeitszeit beabsichtigten Effekte nicht oder nicht in ausreichendem Maße in vermehrter Freizeit wirksam, sie können sich deshalb auch nicht in konkreten Tätigkeiten während der Freizeit niederschlagen, an denen die Gesellschaft ein besonderes Interesse hat. Angesichts der schon erreichten Arbeitszeitregelungen in der DDR *wird die Vergrößerung der Freizeit aus der gegebenen arbeitsfreien Zeit immer mehr zur Hauptquelle vermehrter Freizeit.* Es handelt sich um eine „intensivere" Nutzung von arbeitsfreier Zeit für die Realisierung des höchsten Ziels der gesellschaftlichen Produktion. Diese intensivere Nutzung der arbeitsfreien Zeit korrespondiert mit der intensiven Nutzung der produktiven Arbeitszeit, in die ein gesellschaftlich notwendiges Maß an Arbeitsintensität eingeschlossen ist. Dieser Zusammenhang resultiert nicht nur

[5] Die Freizeit existiert stets als Teil der arbeitsfreien Zeit. Die Grenzen zwischen arbeitsfreier Zeit und Freizeit sind fließend und gesellschaftlich determiniert. So zählen Wege- und Wartezeiten zweifellos zur arbeitsfreien Zeit, nicht aber zur Freizeit. Auch die Mehrzahl hauswirtschaftlicher Tätigkeiten wird nicht in der Freizeit, sondern in der arbeitsfreien Zeit geleistet. Fließend sind die Grenzen hingegen bei jenem Zeitaufwand, der für die Erziehung der Kinder in der Familie aufgewandt wird. Als Freizeitbeschäftigungen sind die Qualifizierung (außerhalb der Arbeitszeit), die Wahrnehmung gesellschaftlicher Verpflichtungen (außerhalb der Arbeitszeit), aktive und rezeptive kulturelle Betätigung, Sport, Unterhaltung usw. anzusehen. Das erklärt, weshalb arbeitsfreie Zeit und Freizeit sich stets real aus der Zeit zusammensetzen, innerhalb derer konkrete Tätigkeiten geleistet werden. Diese Tätigkeiten sind im unterschiedlichen Ausmaß aufschiebbar. Zum Teil kann auch auf sie gänzlich zugunsten anderer Tätigkeiten verzichtet werden. Daraus ergibt sich bei gegebener Arbeitszeit eine bestimmte Rang- und Reihenfolge, die sich im Anteil des Zeitaufwandes für konkrete Tätigkeiten an der gesamten arbeitsfreien oder der Freizeit äußert. Reicht die arbeitsfreie Zeit nicht aus, so wird gewöhnlich auf zusätzliche Fonds der Arbeitszeit (längerfristige Freistellung, verkürzte Arbeitszeit usw.) zurückgegriffen. Verkürzte Arbeitszeit ist deshalb ein bestimmter Indikator für die Rangfolge jener Bedürfnisse, die außerhalb der Arbeit befriedigt werden.

aus den durch den erreichten Produktivitäts- und Effektivitätsgrad gesetzten Restriktionen für die weitere Reduzierung der Arbeitszeit, sondern auch aus *sozialen Gegebenheiten.* Analysen der Verwendung der arbeitsfreien Zeit besagen, daß die Differenzen zwischen arbeitsfreier Zeit und Freizeit bestimmte soziale Gruppen sehr unterschiedlich betreffen (z. B. Schichtarbeiter, berufstätige Frauen und Mütter, Wohnbevölkerung in kleinen, mittleren und größeren Städten usw.).

Damit arbeitsfreie Zeit sich in reale Freizeit verwandeln kann, sind *zusätzlich* materielle Bedingungen erforderlich. In der Literatur wird zu Recht auf diesen Zusammenhang mit der Entwicklung der Investitionen und Arbeitskräfte in den nichtproduzierenden Bereichen hingewiesen, deren Zuwachsraten zum Teil erheblich die allgemeinen Zuwachsraten übersteigen. Doch sind dies *quantitative Charakteristika,* die das ökonomische Feld umreißen, auf dem nunmehr in stärkerem Maße qualitative Wachstumsfaktoren auch in nichtproduzierenden Bereichen zur Wirkung gebracht werden müssen. Welche Reserven noch vorhanden sind, zeigen Untersuchungen des Instituts für Marktforschung Leipzig.[6]

Tabelle 1

Theoretisch mögliche Zeiteinsparung in einem durchschnittlichen Haushalt durch Nutzung verschiedener zeitsparender Konsumgüter

Verringerung des Zeitaufwandes für Hausarbeiten durch Einsatz von	Theoretisch mögliche Verringerung Stunden/Jahr
Speisenzubereitung	
Nahrungsmittel mit hoher Konsumreife	50–100
Küchenmaschinen	25– 50
Küchenmaschine und Tiefkühltruhe	50
Geschirrspülautomat	100
Kühlschränke	10– 30
andere Hilfsmittel	50
gesamt	285–380
Reinigung der Wohnung	
Einrichtungsgegenstände	50
chemische Reiniungsmittel	80
technische Gebrauchsgegenstände	25
gesamt	155
Reinigung der Wäsche	
pflegeleichte Bekleidung und Wäsche	40– 80
Waschvollautomaten und chemische Reinigungsmittel	115
gesamt	155–195
Einkaufen	
Kühlmöbel	75
Sonstige Hausarbeiten	
Gas- und elektrische Heizgeräte	100
Hausarbeit insgesamt	770–905

Als eine Hauptrichtung des wissenschaftlich-technischen Fortschritts, die für die weitere Vervollkommnung der materiell-technischen Basis von Bedeutung ist, erweist sich die Gesamtheit jener wissenschaftlich-technischen Maßnahmen, die geeignet sind, aus der gegebenen arbeitsfreien Zeit noch mehr Zeit für jene Tätigkeiten außerhalb der Arbeit freizusetzen, an denen die Gesellschaft ein wachsendes Interesse hat. Der Bedarf an solchen Konsumgütern und „kommunalen Technologien" ist in allen sozialistischen Ländern sehr groß. Um ihn schrittweise zu decken, bedarf es hier verstärkt der Industrialisierungsprozesse, die am effektivsten durch die Nutzung der internationalen sozialistischen Arbeitsteilung erschlossen werden können.

3. Einige Schlußfolgerungen für künftige Forschungsarbeiten

Somit ergibt sich, daß die Verflechtungen zwischen notwendiger und Mehrarbeit sowie zwischen wachsendem Anteil der Mehrarbeitszeit und ihrer vollständigen Verwendung als Mehrprodukt oder teilweise als arbeitsfreie Zeit an Komplexität zunehmen. Für die Zwecke alternativer Entscheidungsvorbereitung muß das Instrumentarium der volkswirtschaftlichen Analyse und langfristigen Planung weiter vervollkommnet werden. Mit seiner Hilfe wird es dann eher möglich sein, noch zielstrebiger bestimmte Richtungen des wissenschaftlich-technischen Fortschritts auf die Lösung wichtiger ökonomischer und sozialer Probleme zu lenken. Von diesen Erwägungen sind auch die Arbeiten bestimmt, die im Zentralinstitut für Wirtschaftswissenschaften begonnen wurden. Es wurde der Versuch unternommen, die Ergebnisse der Verflechtungsbilanz und die der Zeitbudgeterhebungen nach Bedürfniskomplexen zu gruppieren und den Zeitaufwand in der Produktion, Zirkulation und Konsumtion für die nach Bedürfniskomplexen geordneten Endprodukte zu ermitteln. Der Zeitaufwand für die Zirkulation und Konsumtion wurde aus den unterschiedlichen Zeitangaben für die Durchführung hauswirtschaftlicher Tätigkeiten ermittelt, wie sie in den Zeitbudgets ausgewiesen werden. Bei der Berechnung der Gesamtzeit für Produktion und Konsumtion wurde ein Verhältnis von Arbeitszeit zu arbeitsfreier Zeit von etwa 1/5 : 4/5 zugrunde gelegt. Folgende erste Ergebnisse konnten ermittelt werden:[7]

Ohne Zweifel steht die Senkung des Arbeitsaufwandes für die *Herstellung* der Endprodukte im Vordergrund. Gleichzeitig werden aber auch exakte Informationen über den Zeitaufwand, der während der Zirkulation und Konsumtion nach Bedürfniskomplexen benötigt wurde, und seine sozialen Wirkungen immer wichtiger, um über wissenschaftlich-technische Maßnahmen soziale und ökonomische Probleme zu lösen.

Wie aus der folgenden Tabelle 2 hervorgeht, führt eine einseitige Analyse der Zeitbindung – *nur* der Produktion oder *nur* der Zirkulation und Konsumtion – zu unbefriedigenden Resultaten und verschließt wichtige Einsichten in *reproduktive* Zusammenhänge. Die Zeitaufwandstendenzen für die Herstellung und für die Zirkulation und Konsumtion pro Bedürfniskomplex verlaufen sehr unterschiedlich, zum Teil gegenläufig. Diese Berechnungen müssen weiter vervollkommnet werden, und zwar in bezug auf die Gliederung der Bedürfniskomplexe und die Zuordnung bestimmter Endprodukte zu ihnen, hinsichtlich der Vergleichbarkeit der Angaben der Verflechtungsbilanz mit denen der Zeitbudgetrechnung. Eine wichtige Aufgabe besteht auch in der methodischen Bewältigung der Vergleichbarkeit im Zeitverlauf wie überhaupt auch in der Er-

[6] Nach Untersuchungen des Instituts für Marktforschung Leipzig.

[7] Entnommen aus einem unveröffentlichten Arbeitsmaterial des Zentralinstituts für Wirtschaftswissenschaften, das von Erhard Gans ausgearbeitet wurde.

Tabelle 2

Reproduktionsaufwand in Zeiteinheiten für die Konsumtionsbedürfnisse der Bevölkerung der DDR 1974 (Strukturanteile)[1]

Bedürfniskomplexe (BK)	Anteil der BK an der arbeitsfreien Zeit lt. Zeitbudgetuntersuchungen	Anteil der BK an der Arbeitszeit lt. Verflechtungsbilanz[2]	Anteil der BK insges.[3]
Ernähren	15[4]	43	21
Bekleiden	4	12	6
Wohnen	9	16	10
Körper- und Gesundheitspflege	50[5]	8	42
Bildung u. Erziehung	2	9	3
Kultur und Erholung	11	5	10
Verkehr und Kommunikation	9	7	8

1 Die Befragungsergebnisse erfassen die erwachsenen Personen (von 18 bis zum Rentenalter) in Arbeiter- und Angestelltenhaushalten.

2 Ohne Investitionen und übrige Bedürfnisse

3 Gewichtet nach dem Verhältnis von Arbeitszeit zu arbeitsfreier Zeit lt. Zeitbudgetuntersuchungen (1/5 : 4/5)

4 Einschließlich der physiologisch bedingten Essenszeiten von 1¼ Stunden täglich pro Person

5 Einschließlich der physiologisch bedingten Schlafenszeiten von fast 8 Stunden täglich pro Person

höhung des Aktualitätsgrades aller statistischen Erhebungen für diese Zwecke, um sie künftig auch für die langfristige Planung mehr zu nutzen. Letztlich geht es aber um die Bereicherung unseres empirischen und theoretischen Wissens über die Funktion vermittelnder Glieder in der erweiterten sozialistischen Reproduktion unter den Bedingungen des wissenschaftlich-technischen Fortschritts.

Anhang

Tabelle 1

Übersicht über sozialpolitische Maßnahmen zur Verkürzung der Arbeitszeit

1957 – Verkürzung der Wochenarbeitszeit auf *45 Stunden* für die Beschäftigten der Industrie, des Bau-, Verkehrs- und Nachrichtenwesens.

1966 – Senkung der gesetzlichen Normalarbeitszeit auf 45 Wochenstunden für weitere 3 Millionen Werktätige des Handels, Gesundheitswesens, der Volksbildung, Kultur, staatlichen Organe, Sparkassen, Banken und Versicherungen, wissenschaftlichen Institute, örtlichen Versorgungswirtschaft, des Handwerks, der volkseigenen Betriebe der Land- und Forstwirtschaft u. a.; Einführung der 5-Tage-Arbeitswoche für jede *zweite* Woche.

1967 – Generelle Einführung der 5-Tage-Arbeitswoche bei gleichzeitiger Verkürzung der Arbeitszeit auf wöchentlich 43¾ Stunden.

1972 – Für vollbeschäftigte Mütter mit drei und mehr Kindern wurde die 40-Stunden-Arbeitswoche und 21 Tage Mindesturlaub wirksam, im Mehrschichtsystem 24 Tage Mindesturlaub. Für Mütter mit zwei Kindern 18 Tage Mindesturlaub, im Mehrschichtsystem 21 Tage und 40-Stunden-Arbeitswoche. Der Schwangerschafts- und Wochenurlaub wurde auf 18 Wochen erhöht.

1975 – Für mehr als 1,5 Millionen Werktätige wurde der Mindesturlaub von 15 auf 18 Tage erhöht. Für Werktätige im Drei- und durchgehenden Schichtsystem auf 21 Tage.

1976 – Ende Mai wurde der Schwangerschafts- und Wochenurlaub von 18 auf 26 Wochen erhöht. Berufstätige Mütter erhielten darüber hinaus bei Geburt des zweiten und jedes weiteren Kindes die Möglichkeit der bezahlten Freistellung bis zur Vollendung des ersten Lebensjahres des Kindes. Am 1. September trat im Bereich der Volksbildung eine Senkung der wöchentlichen Pflichtstundenzahl für Lehrer, Hort- und Heimerzieher sowie Kindergärtnerinnen in Kraft.

1977 – Werktätigen, die regelmäßig Schichtarbeit leisten, wird mit Jahresbeginn ein Zusatzurlaub von 3 Tagen gewährt. Außerdem erhalten vollbeschäftigte alleinstehende Frauen ab 40. Lebensjahr mit eigenem Haushalt, auch ohne Kinder, einen monatlichen Haushaltstag.
Ab 1. Mai erhöhte sich die Zahl der Werktätigen, die nach der 40-Stunden-Arbeitswoche arbeiten, auf 1,1 Millionen.
Für 600 000 Zweischichtarbeiter verkürzte sich die wöchentliche Arbeitszeit auf 42 Stunden – alles ohne Lohnminderung.

Tabelle 2

Jährliche Steigerungsraten des Einzelhandelsumsatzes in den Warenhauptgruppen der sonstigen Industriewaren im Zeitraum 1966–1975 in der DDR
– in Prozent –

Warenhauptgruppe	1966–1970	1971–1975
Möbel, Musikinstrumente, Spielwaren, Sportgeräte, Papierwaren	5,7	7,1
Haushalts- und Wirtschaftswaren	4,1	6,5
Elektroakustik, Foto-Kino-Optik, Schmuck, Straßenfahrzeuge	5,4	9,7
Artikel für die Körper- und Gesundheitspflege, chemische Erzeugnisse	6,2	5,1
Baustoffe, Nutzholz, Brennstoffe	6,5	9,4

Quelle: Berechnet nach dem Statistischen Jahrbuch der DDR 1976, Berlin 1976, S. 252.

Tabelle 3/1

Ausstattung mit langlebigen Konsumgütern
(Ausstattungsgrad je 100 Haushalte)
– in Prozent –

Im Jahr	Haushalts-kühl-schränke	Haushalts-waschma-schinen	Fernseh-empfänger	PKW	Motor-räder und -roller
1955	0,4	0,5	1,2	0,2	.
1960	6,1	6,2	16,7	3,2	.
1965	25,9	27,7	48,5	8,2	16,5
1970	56,4	53,6	69,1	13,6	19,4
1975	84,7	73,0	81,6	26,2	19,5
1976	89,7	75,7	83,6	28,8	19,1

Quelle: Statistisches Jahrbuch der DDR 1977, Berlin 1977, S. 33.

Tabelle 3/2

Ausstattungsgrad nach Anschaffungsjahren 1976 je 100 Arbeiter- und Angestelltenhaushaltungen
– in Prozent –

Anschaf-fungsjahr	Haushalts-kühl-schränke	Haushalts-waschma-schinen	Fernseh-empfänger	PKW
vor 1960	1,9	2,2	2,0	0,9
1960/61	4,8	4,7	4,9	0,9
1962/63	6,4	6,0	6,8	1,2
1964/65	11,4	10,5	10,6	2,1
1966/67	12,3	11,5	10,1	4,4
1968/69	14,8	12,7	10,9	8,6
1970/71	17,1	14,3	13,2	13,9
1972/73	13,6	14,9	16,1	22,5
1974/75	12,9	16,8	18,7	31,7
1976	4,9	6,4	6,8	13,9

Quelle: Statistisches Jahrbuch der DDR 1977, Berlin 1977, S. 305.

W. Kunz

Theoretische Probleme der wissenschaftlich-technischen Zusammenarbeit als eine Kernfrage der sozialistischen ökonomischen Integration

Für das Erreichen der hochgesteckten sozialpolitischen Ziele und die Befriedigung der wachsenden Bedürfnisse der Bevölkerung in den RGW-Ländern ist ein hohes und zunehmendes Leistungsvermögen von Wissenschaft und Technik erforderlich. Der Generalsekretär des ZK der SED, Genosse Erich Honecker, charakterisierte diesen Zusammenhang auf dem IX. Parteitag der SED folgendermaßen:

„Entwicklung von Wissenschaft und Technik und Verbesserung des Lebensniveaus des Volkes sind bereits zu einem einheitlichen untrennbaren Prozeß geworden. Man kann sagen, daß hohe wissenschaftlich-technische Leistungen ein grundlegendes gesellschaftliches Bedürfnis unserer gesamten Vorwärtsentwicklung verkörpern. Gerade von dieser Warte aus tut unsere Partei alles, um die Entwicklung von Wissenschaft und Technik in unserem Land an der Seite der Sowjetunion im Interesse der Menschen zu bechleunigen und mit hoher Wirksamkeit gesellschaftlich zu nutzen."[1]

Die gemeinsamen Anstrengungen zur Bewältigung der wissenschaftlich-technischen Probleme sowie zur Spezialisierung und Kooperation der Produktion beschleunigen das Entwicklungstempo von Wissenschaft und Technik der sozialistischen Länder und die praktische Nutzung ihrer Ergebnisse.

Bereits Karl Marx hat die entscheidende Rolle von Wissenschaft und Technik für die Konzentration und Steigerung der Produktion und die Erhöhung ihrer Effektivität begründet. Er wies darauf hin, daß die Entwicklung der „großen Industrie ... abhängt vom allgemeinen Stand der Wissenschaft und dem Fortschritt der Technologie, oder der Anwendung dieser Wissenschaft auf die Produktion".[2]

W. I. Lenin hob den engen Zusammenhang zwischen der Entwicklung der neuen sozialistischen bzw. kommunistischen Gesellschaftsordnung und der Meisterung von Wissenschaft und Technik hervor. Er unterstrich, daß der Kommunismus „nicht aufgebaut werden (kann) ohne Wissen, Technik und Kultur ..."[3] In seiner Rede auf dem 1. Kongreß der Volkswirtschaftsräte unterstrich er die Aufgabe der siegreichen Arbeiterklasse, nachdem sie die Macht erobert hat, die „... historisch unumgänglich notwendigen Schätze an Kultur, Wissen und Technik ... zu einem Werkzeug des Sozialismus zu machen".[4]

Für die weitere Gestaltung der entwickelten sozialistischen Gesellschaft ist die schnelle Entwicklung von Wissenschaft und Technik von ausschlaggebender Bedeutung. Die Beschleunigung des wissenschaftlich-technischen Fortschritt ist in allen

[1] Bericht des Zentralkomitees der Sozialistischen Einheitspartei Deutschlands an den IX. Parteitag der SED, Berichterstatter: Genosse Erich Honecker, Berlin 1976, S. 73.

[2] K. Marx, Grundrisse der Kritik der Politischen Ökonomie, Berlin 1974, S. 592.

[3] W. I. Lenin, Rede auf der I. Konferenz über die Parteiarbeit auf dem Lande, in: Werke, Bd. 30, Berlin 1974, S. 132.

[4] W. I. Lenin, Rede auf dem I. Kongreß der Volkswirtschaftsräte, in: Werke, Bd. 27, Berlin 1960, S. 408.

RGW-Ländern zum Eckpfeiler der intensiv erweiterten Reproduktion geworden. Das Niveau der Produktion und deren Wachstumstempo werden in hohem Maße durch Wissenschaft und Technik bestimmt. Für die Entwicklung von Wissenschaft und Technik werden in den RGW-Ländern große Anstrengungen unternommen. So geben zum Beispiel die UdSSR, die DDR und die ČSSR jährlich zwischen 4 und 5 % ihres Nationaleinkommens für die Forschung aus. Das ist in internationalem Vergleich ein sehr hoher Anteil. Auch in den anderen RGW-Ländern fließt ein beträchtlicher und stets wachsender Anteil des verwendeten Nationaleinkommens in die Forschung.

Internationale wissenschaftlich-technische Zusammenarbeit und Intensivierung der gesellschaftlichen Produktion

Grundlegende Voraussetzung für die Intensivierung der wissenschaftlich-technischen Arbeit und des gesamten Reproduktionsprozesses in den RGW-Ländern ist die volle Nutzung aller Vorzüge der sozialistischen internationalen Arbeitsteilung, vor allem die planmäßige Vertiefung der Spezialisierung und Kooperation in Forschung und Produktion.[5]

Die RGW-Länder haben folgerichtig den Weg beschritten, auf der Grundlage des RGW-Komplexprogramms die internationale Forschungskooperation zu entwickeln und zu erweitern. Diese Zusammenarbeit in Wissenschaft und Technik hat sich als nutzbringend für das wirtschaftliche Wachstum und den sozialen Fortschritt in den beteiligten Ländern erwiesen.

Zunehmende gemeinsame Anstrengungen zur Bewältigung wissenschaftlich-technischer Aufgaben beschleunigen die wissenschaftlich-technische Entwicklung in allen Bruderländern und die Nutzung der Ergebnisse in der Produktion. Die planmäßige wissenschaftlich-technische Zusammenarbeit zwischen den RGW-Ländern entwickelt sich immer stärker zu einem bedeutenden Impulsgeber für die Gewinnung führender Positionen auf wichtigen Gebieten von Wissenschaft, Technik und Produktion, für die Stärkung der materiell-technischen Basis des Sozialismus in den beteiligten Ländern, für eine schnelle Steigerung der Arbeitsproduktivität und die Erhöhung der Qualität der Erzeugnisse, ihrer Gebrauchseigenschaften, Lebensdauer usw., für die Erarbeitung und Anwendung neuer, progressiver Technologien. Die Ziele und Maßstäbe der wissenschaftlich-technischen Errungenschaften und der Produktion sind dabei immer stärker auf den wissenschaftlich-technischen Höchststand in der Welt und die daraus abgeleitete hohe ökonomische Effektivität der Produktion und ihrer Ergebnisse ausgerichtet.

In logischer Konsequenz hat die DDR die wissenschaftlich-technische Zusammenarbeit mit Einrichtungen in der Sowjetunion und anderen RGW-Ländern weiter vertieft. Diese Zusammenarbeit ist zu einer Kernfrage der sozialistischen ökonomischen Integration und des weiteren eigenen Leistungsanstiegs geworden. Aus diesem Grunde wurde „die Vertiefung der Spezialisierung und Kooperation in Forschung und Produktion auf der Grundlage gemeinsamer langfristiger Programme"[6] auf dem IX. Parteitag der SED als eine entscheidende Aufgabe gestellt.

Die größten und lohnendsten Maßnahmen der Intensivierung in der DDR sind bereits gegenwärtig fast ohne Ausnahme eng mit der planmäßigen internationalen Spe-

5 Vgl. W. Kunz, Socialističeskaja ėkonomičeskaja integracija i intensifikacija proizvodstva v stranach SĖV, in: Voprosy ėkonomiki, 7/1977, S. 80.

6 Programm der Sozialistischen Einheitspartei Deutschlands, Berlin 1976, S. 33.

zialisierung und Kooperation von Wissenschaft, Technik und Produktion im RWG, vor allem mit der Sowjetunion, verbunden.

Eine größere und zunehmende Zahl von Wissenschaftlern, Technikern und anderen Werktätigen in der DDR arbeitet an der Realisierung bedeutender Regierungsabkommen und anderer Verträge, die beträchtliche Aufgaben für Wissenschaft und Technik enthalten. Diese Verflechtung eines bedeutenden geistigen Potentials in arbeitsteiliger bzw. gemeinsamer Forschung, Entwicklung und Konstruktion erfolgt zum Nutzen der beteiligten Länder.

Der Entwicklungsstand der sozialistischen Gesellschaft in der Deutschen Demokratischen Republik, die erreichten Dimensionen der Volkswirtschaft der DDR, der Umfang ihrer Fonds und die wachsende Rolle von Wissenschaft und Technik bieten wesentliche Voraussetzungen dafür, diesen Weg konsequent weiter zu beschreiten. Der IX. Parteitag der SED legte deshalb fest, daß die „Vorzüge der internationalen sozialistischen Arbeitsteilung für die Intensivierung des gesellschaftlichen Produktionsprozesses immer vollständiger zu nutzen ..."[7] sind.

Dazu zählt der weitere planmäßige Ausbau einer produktionswirksamen zwei- und mehrseitigen internationalen Forschungs- und Wissenschaftskooperation, eine abgestimmte arbeitsteilige und gemeinsame Forschung sowie eine hocheffektive internationale Spezialisierung und Kooperation der Produktion.

In der wissenschaftlich-technischen Zusammenarbeit zwischen Forschungs- und Produktionseinrichtungen der DDR mit der UdSSR und den anderen RGW-Ländern schälen sich dabei immer mehr drei Hauptrichtungen heraus:

1. die stärkere Konzentration des wissenschaftlich-technischen Potentials zur Schaffung eines wissenschaftlich-technischen Vorlaufs auf ausgewählten Gebieten;
2. die gemeinsame Verwirklichung von Maßnahmen zur Erhöhung der Effektivität der wissenschaftlich-technischen und technologischen Forschung;
3. die komplexe Verbindung der wissenschaftlich-technischen Zusammenarbeit mit der internationalen Spezialisierung und Kooperation der Produktion.

Konzentration des wissenschaftlich-technischen Potentials und Schaffung eines wissenschaftlich-technischen Vorlaufs

Die wissenschaftlich-technische Revolution hat zu qualitativ neuen Entwicklungen und Erscheinungen in der Ergänzung und Verflechtung (Konzentration) der wissenschaftlich-technischen Potentiale der RGW-Länder geführt. Während die Entwicklung von Wissenschaft und Technik sich früher in den Ländern weitgehend isoliert vollzog, werden gegenwärtig in zunehmendem Maße Erkenntnisse ausgetauscht bzw. wissenschaftlich-technische Potentiale direkt vereinigt.

So gibt es in den RGW-Ländern gegenwärtig über 10 000 Forschungsinstitute und -sektionen, die in vielfältigen Formen miteinander verbunden sind. Im Zeitraum 1971–1975 haben 1800 Organisationen davon gemeinsam wissenschaftliche Aufgaben bewältigt. Das ist eine Steigerung auf 300 % gegenüber dem vergangenen Planjahrfünft. Dabei wurde in knapp 10 Jahren in den RGW-Ländern eine leistungsfähige EDV-Industrie geschaffen. In über 80 Betrieben und Vereinigungen mit 320 000 Wissenschaftlern, Arbeitern und Ingenieuren wird die EDV-Technik produziert.

[7] Direktive des IX. Parteitages der SED zum Fünfjahrplan für die Entwicklung der Volkswirtschaft der DDR in den Jahren 1976–1980, Berlin 1976, S. 36.

Mehr als 20 % aller Neuentwicklungen in den RGW-Ländern sind heute bereits Ergebnisse des engen Zusammenwirkens der Forschungs- und Projektierungsorganisationen der RGW-Länder.[8]

Das wissenschaftlich-technische Potential der DDR ist durch internationale Spezialisierung und Kooperation in hohem Maße mit dem Potential der Sowjetunion und der anderen Bruderländer verflochten. Das betrifft rund 80 % der zentralen Vorhaben des Staatsplanes Wissenschaft und Technik der DDR und eine große Zahl von Vereinbarungen bzw. Abkommen über die wissenschaftlich-technische Zusammenarbeit zwischen den Akademien der Wissenschaften, anderen Forschungseinrichtungen sowie Betrieben und Kombinaten.

Auf einer Reihe von ausgewählten, in volkswirtschaftlicher und wissenschaftlich-technischer Hinsicht bedeutsamen Gebieten wird der erforderliche wissenschaftlich-technische Vorlauf nur durch die internationale Forschungskooperation mit der UdSSR gewährleistet. Sie erschließt der DDR den Zugang zu wichtigen Errungenschaften der wissenschaftlich-technischen Revolution für ganze Komplexe in der Kohleindustrie, der Energiewirtschaft, der chemischen Industrie und im Chemieanlagenbau, im Werkzeugmaschinenbau, in der Elektrotechnik/Elektronik, dabei in zunehmendem Maße in der Mikroelektronik, im Bauwesen und in der Baumaterialienindustrie.

Für die wissenschaftlich-technische Zusammenarbeit der DDR mit der UdSSR ist dabei kennzeichnend, daß sie auf allen Ebenen immer mehr den Charakter einer abgestimmten Planungstätigkeit annimmt. Mit der Koordinierung der Fünfjahrpläne 1976–1980 erfolgte eine umfassende Abstimmung der Pläne zur Entwicklung von Wissenschaft und Technik. Das geschah in großen Teilen bereits bei der Erarbeitung der ersten Planansätze und wurde in den verschiedenen Phasen der Planausarbeitung in den Jahren 1973 bis 1975 weiter konkretisiert und verfeinert.

Mit den Beschlüssen der XXX. und XXXI. RGW-Tagungen zur Erarbeitung gemeinsamer langfristiger Zielprogramme für entscheidende Gebiete der materiellen Produktion für einen Zeitraum, der weit über den nächsten Fünfjahrplan hinausgeht, wird die Vertiefung der wissenschaftlich-technischen Zusammenarbeit zwischen den RGW-Ländern, und dabei besonders mit der UdSSR, kontinuierlich und planmäßig fortgesetzt und zugleich auf ein höheres Niveau gebracht. Das erfolgt vor allem durch ein komplexeres Herangehen an die gesamte Verflechtung wichtiger Teile der Volkswirtschaften der RGW-Länder, angefangen mit der weiteren Vertiefung der wissenschaftlich-technischen Zusammenarbeit über die Koordinierung von Investitionen (einschließlich gemeinsamer Investitionen), die Konzentration (internationale Spezialisierung und Kooperation) der Produktion bis hin zum Absatz der Erzeugnisse auf der Grundlage langfristiger Verträge und Handelsabkommen.

Die wissenschaftlich-technische Zusammenarbeit mit dem Ziel höherer Effektivität des Reproduktionsprozesses

Die Schaffung eines wissenschaftlich-technischen Vorlaufs – zunehmend mit Hilfe der wissenschaftlich-technischen Zusammenarbeit mit der UdSSR und den anderen Bruderländern – und seine schnelle Nutzung in der Produktion bilden entscheidende Grundlagen für die vom IX. Parteitag der SED beschlossenen Steigerungsraten der

[8] Vgl. dazu auch: Sozialistische Gemeinschaft: Entwicklung des wissenschaftlich-technischen Potentials, in: Probleme des Friedens und des Sozialismus, 8/1977, S. 1146 ff.

Arbeitsproduktivität in der DDR bis 1980. Dem liegen folgende Erfahrungen und Überlegungen zugrunde:

1. In der Produktionsvorbereitung, vor allem auf den Gebieten von Forschung und Technik, wird weitgehend über die Effektivität des gesamten Reproduktionsprozesses entschieden.

2. Das Tempo, in dem neue wissenschaftlich-technische Erkenntnisse für die Produktion entstehen, hat sich in bisher unbekanntem Maße beschleunigt (das wird besonders deutlich in den Industriezweigen, die bestimmend für den wissenschaftlich-technischen Fortschritt sind, zum Beispiel im wissenschaftlichen Gerätebau, in der elektrotechnischen und elektronischen sowie in der chemischen Industrie, im Werkzeugmaschinenbau und in anderen Bereichen).

3. Das Spektrum in Wissenschaft und Technik erweitert sich ständig, neue Spezialgebiete wie die Biochemie und die Biophysik entstehen und führen zu neuen technologischen Verfahren und immer effektiveren Lösungen in der Produktion.

4. Ausgehend von den Punkten 1 bis 3, ist der konzentrierte Einsatz der beträchtlichen Forschungspotentiale in den RGW-Ländern auf Schwerpunktaufgaben in vielen Bereichen mit der erforderlichen hohen Effektivität nur auf der Grundlage internationaler Wissenschaftskooperation möglich (das betrifft neben solchen langfristigen und aufwendigen Projekten wie der Weiterentwicklung der Kernenergetik, der Lösung der Brennstoff- und Rohstoffprobleme, der Erhaltung und dem Schutz der Umwelt in zunehmendem Maße auch andere Gebiete, wobei die jeweils effektivste Variante aus einer Vielzahl technischer Lösungen nur durch internationale Zusammenarbeit erzielt werden kann).

Dabei können bedeutende ökonomische Wirkungen bzw. Effekte erzielt werden, für die es eine zunehmende Zahl positiver Beispiele gibt. Dazu gehören vor allem:

– die *Vermeidung unnötiger Parallelarbeiten* in der Forschung und technischen Entwicklung in den einzelnen Ländern (positive Beispiele dafür sind das multilaterale Abkommen über die gemeinsame Planung der Produktion einiger Arten von programmgesteuerten Metallverarbeitungsmaschinen, das die Zusammenarbeit bei Forschungs- und Entwicklungsarbeiten, bei der Aufnahme der Produktion sowie die gegenseitigen Lieferungen von Werkzeugmaschinen, Bauteilen und Systemen betrifft, sowie das Abkommen über die internationale Spezialisierung der Wälzlagerproduktion. Für beide Bereiche sind Doppelentwicklungen weitgehend ausgeschaltet bzw. reduziert);

– die *planmäßige Erzielung von Zeitgewinn* für die Beteiligten durch Wissenschaftskooperation, um in kürzerer Zeit internationale wissenschaftlich-technische Spitzenleistungen mit günstigeren ökonomischen Ergebnissen zu erreichen (herausragende Beispiele in der bilateralen Zusammenarbeit zwischen der DDR und der UdSSR sind hier u. a. die Herstellung von Hochdruckpolyäthylen nach einem neuen technologischen Verfahren „Polymir 50", die Konstruktion der Multispektralkamera MKF-6 und ihr Einsatz beim Flug von Sojus 22 und die Entwicklung der Plasmaschmelztechnologie mit der Konstruktion und dem Einsatz des Schmelzaggregats in Freiberg).

In der wissenschaftlich-technischen Zusammenarbeit der RGW-Länder spielt die gemeinsame technologische Forschung eine zunehmende Rolle. Einen besonderen Schwerpunkt bildet dabei die gemeinsame Forschung auf den Gebieten von Material und Energie, für die Konstruktion von Maschinen und Anlagen mit besseren Leistungskennziffern sowie für eine rationelle Organisation der Produktion. Dabei geht es vor allem darum, das Verhältnis zwischen technologischer Forschung und anderen Forschungsaufgaben günstiger zu gestalten und die Wirksamkeit der technologischen Forschung insgesamt zu erhöhen.

In der DDR sind im laufenden Fünfjahrplan (1976–1980) im Durchschnitt der Volkswirtschaft 60 bis 70 % der notwendigen Steigerung der Arbeitsproduktivität durch die Nutzung wissenschaftlich-technischer Ergebnisse zu erbringen. In Bereichen wie der Elektrotechnik/Elektronik liegt der Prozentsatz mit 80 bis 90 % beträchtlich höher. Da diese Ergebnisse schwerpunktmäßig nur erreicht werden können durch die Mechanisierung und Automatisierung, die Anwendung arbeitszeit- und materialsparender Technologien sowie durch die Anwendung der wissenschaftlichen Arbeitsorganisation, d. h. vor allem durch die Nutzung wissenschaftlich-technischer Ergebnisse, ist damit zugleich in hohem Maße die Bedeutung der wissenschaftlich-technischen Zusammenarbeit im RGW für die DDR unterstrichen.

Rund 75 % des gesamten Wissenschaftspotentials der DDR befinden sich im Verantwortungsbereich der Wirtschaftseinheiten, der Kombinate, VVB oder Betriebe bzw. in Instituten, die den Wirtschaftseinheiten unterstellt sind. Die Wirtschaftseinheiten tragen somit eine hohe Verantwortung für die effektive Nutzung dieser Potentiale und ihre teilweise Einbeziehung in die internationale wissenschaftlich-technische Zusammenarbeit. Vor den Wirtschaftseinheiten steht dabei die Aufgabe, jede Maßnahme der sozialistischen internationalen Arbeitsteilung mit dem Ziel vorzubereiten und auch zu realisieren, den wachsenden Bedarf der RGW-Länder und des eigenen Landes zu befriedigen, die Qualität der Erzeugnisse und technologischen Verfahren zu erhöhen und den Aufwand zu senken.

Wichtig für die Entscheidung über die Zweckmäßigkeit einschließlich der konkreten Formen der Zusammenarbeit ist es, daß ein gegebenes Vorhaben in der internationalen Zusammenarbeit effektiver, d. h. mit einem geringeren Aufwand an gesellschaftlich notwendiger Arbeit gelöst wird, als es mit der Kraft der einzelnen Volkswirtschaft möglich wäre. Dabei sind folgende Kriterien für die Ermittlung des Nutzens von Vorhaben der wissenschaftlich-technischen Zusammenarbeit von Bedeutung:
- Senkung des Aufwandes für Forschung und Entwicklung,
- Zeitgewinn, Verkürzung der Forschungszeit und Schaffung eines Forschungsvorlaufs,
- schnellere Überleitung der Ergebnisse in die Produktion, und zwar in solchen Größenordnungen, daß unter den Bedingungen einer modernen Produktion effektiv (mit geringen Kosten) produziert werden kann.

Im Vordergrund steht dabei die Vertiefung der Zusammenarbeit in Forschung und Entwicklung zur Ausarbeitung moderner Technologien und Verfahren und zur Herstellung der für ein schnelles Wirtschaftswachstum notwendigen kompletten Anlagen, Ausrüstungen und Rationalisierungsmittel mit besten Gebrauchseigenschaften und Leistungskennziffern. Das bildet die Grundlage für eine stabile und langfristige Kooperation und Spezialisierung, die dazu dient, optimale Seriengrößen zu erreichen, den gegenseitigen Bedarf der RGW-Länder weitestgehend zu decken und einen größeren ökonomischen Nutzen für die Beteiligten zu erzielen.

Die Zielstellung, die Forschungspotentiale durch internationale Wissenschaftskooperation zu konzentrieren, unnötige Parallelarbeiten einzuschränken, den Zyklus Forschung – Produktion – Absatz zu verkürzen, besteht auch deshalb, um den Anteil der Erzeugnisse von hohem wissenschaftlich-technischem und ökonomischem Niveau an unserer Produktion weiter zu erhöhen.

Zur Einheit von Forschungs- und Produktionskooperation[9]

Eine zielstrebige wissenschaftlich-technische Zusammenarbeit zwischen der DDR und der UdSSR wie auch mit den anderen RGW-Ländern schafft günstige Voraussetzungen und zieht eine internationale Produktionsspezialisierung und -kooperation nach sich. Die Arbeitsteilung in den Vorstufen der materiellen Produktion, vor allem in der Forschung und Entwicklung, wird zunehmend zur Schlüsselfrage der Spezialisierung und Kooperation der Produktion mit entsprechend hoher Effektivität.

Die wirksame Verbindung von Forschung und Produktion ist kein spezifisches Problem der sozialistischen internationalen Zusammenarbeit. Es steht auch im Rahmen der einzelnen Volkswirtschaften und ist mit der Lösung vieler komplizierter Aufgaben verbunden.

Die Koordinierung der Pläne für den Zeitraum 1976–1980 und die ersten Konsultationen für den Zeitraum nach 1980 sowie erste Überlegungen zu den langfristigen Zielprogrammen des RGW zeigen, daß auch in der Praxis der internationalen wissenschaftlich-technischen und ökonomischen Zusammenarbeit zunehmend das Prinzip der Einheit von Forschungs- und Produktionskooperation verwirklicht wird. Dabei kristallisiert sich immer mehr das Erfordernis und zugleich die Erkenntnis heraus, vor allem bei Vorhaben der internationalen Spezialisierung und Kooperation neuer Erzeugnisse und Leistungen mit der Forschung und Entwicklung zu beginnen. Die Zweckmäßigkeit eines solchen Herangehens ist vor allem durch folgende Gründe bedingt:

1. Es besteht ein enger Zuammenhang zwischen der Forschungs- und Produktionsstruktur. Vom Niveau der planmäßig abgestimmten, arbeitsteiligen bzw. Gemeinschaftsforschung hängt es dabei vor allem ab, ob die Volkswirtschaften der RGW-Länder tatsächlich ihre Produktionsstrukturen stärker ergänzen bzw. miteinander verflechten.

Wenn im Zuge längerfristiger Integrationspolitik Entscheidungen über volkswirtschaftliche Strukturentwicklungen vorbereitet werden, so wird die internationale Zusammenarbeit auf dem Gebiet von Wissenschaft und Technik immer mehr zu einem bedeutenden Ausgangspunkt für die Effektivität der ökonomischen Beziehungen zwischen den RGW-Ländern überhaupt und ebenso für die Effektivität volkswirtschaftlicher Strukturpolitik. Es erweist sich als günstig, die internationale Spezialisierung und Kooperation bei der planmäßigen Erneuerung der Produktion von vornherein zu berücksichtigen. Den Erfordernissen der sozialistischen ökonomischen Integration hier erst zu einem späteren Zeitpunkt, gewissermaßen im Nachhinein gerecht werden zu wollen, führt zwangsläufig zu Verlusten bzw. ist gleichbedeutend mit entgangenem Nutzen. Je früher Vereinbarungen zur arbeitsteiligen Forschung und Produktion getroffen werden, um so vorteilhafter ist es, diese Maßnahmen mit allen Konsequenzen und Verflechtungsbeziehungen in die lang-, mittel- oder kurzfristigen Pläne der jeweiligen Länder und in die abgestimmten Pläne der Mitgliedsländer des RGW aufzunehmen.

2. Die Forschungstätigkeit übt einen großen Einfluß auf die später erreichten Produktionsmaßstäbe aus. Die Effektivität der Produktion wird in hohem Maße durch die optimalen Produktionsmaßstäbe bestimmt. Vorentscheidungen in der Forschung und Entwicklung haben wesentlichen Einfluß auf den Produktionsmaßstab. Untersuchungen zeigen, daß – differenziert nach Industriezweigen – weit über die Hälfte

[9] Vgl. hierzu: Autorenkollektiv, Sozialistische ökonomische Integration und Betrieb, Schriften zur sozialistischen Wirtschaftsführung, Berlin 1977, S. 47 ff.

der Maßnahmen zur Erhöhung der Produktionsmaßstäbe von der Produktionsvorbereitungsphase und nur ein weit geringerer Teil von der Produktions- bzw. Realisierungsphase beeinflußt werden.

3. Planmäßige wissenschaftlich-technische Zusammenarbeit kann dazu genutzt werden, Parallelforschung und als Folge davon unnötige und damit uneffektive Parallelproduktion mehrerer Staaten auszuschalten. Die Praxis zeigt, daß in der Regel Parallelforschung auch zu einer Parallelproduktion führt, wenn es keine andere Abstimmung im Maßstab des RGW gibt. Hier soll keineswegs ein objektiver Automatismus abgeleitet werden. Zwischen Forschung und Produktion eines Landes besteht auch nicht in jedem Falle unbedingte Übereinstimmung. Wie der Zusammenhang zwischen Forschung und Produktion im Maßstab des RGW realisiert wird, hängt von den jeweiligen konkreten Bedingungen und Voraussetzungen ab. So können zum Beispiel gleiche Erzeugnisse in optimalen Losgrößen in verschiedenen Ländern produziert werden, während nur in einem Land die wissenschaftlich-technischen Voraussetzungen dafür geschaffen werden. Andererseits ist eine bestimmte Forschungskapazität zur Pflege laufender Produktion erforderlich. Gerade diese Zusammenhänge setzen jedoch voraus, daß bereits bei Entscheidungen über Forschungskooperation auch Überlegungen zur künftigen Produktion und Ausschaltung unnötiger Parallelarbeiten in die Entscheidungsfindung einbezogen werden.

4. Der Austausch von Forschungsergebnissen führt zunehmend zur Lieferung technischer Erzeugnisse. In zunehmendem Maße werden Anlagenlieferungen mit der Lieferung von Wissen, das heißt von know how und umgekehrt verbunden. Der Käufer von know how erwartet in vielen Fällen eine Lieferung von Anlagen. Das erfordert in hohem Maße ein komplexes Herangehen und frühzeitige Entscheidungen über die Produktionsspezialisierung gemeinsam mit dem Maschinen- und Anlagenbau und dessen Zulieferern (Metallurgie, Elektronik usw.).

5. Viel hängt von der Vereinbarung geeigneter Organisationsformen der wissenschaftlich-technischen Zusammenarbeit ab. Ausgangspunkt für die Organisation sind die zu lösenden Aufgaben. Dabei spielen u. a. solche Fragen und Überlegungen eine Rolle wie:

- Wird arbeitsteilig auf der Grundlage koordinierter Pläne geforscht?
- Wird gemeinsam geforscht und dabei ein internationales Forschungskollektiv gebildet?
- Wird die Forschung nur in einem Land durchgeführt, das Lizenzen an andere produzierende Länder verkauft?

Die Zusammenarbeit bei der Lösung von Forschungs- und Entwicklungsaufgaben, die unterschiedliche Formen haben kann, bedingt auch ein unterschiedliches Herangehen an die Organisation. Dabei haben sich für die arbeitsteilige Koordinierung der Forschung und Entwicklung die Durchführung von Koordinierungsberatungen der beteiligten Länderinstitutionen, wissenschaftlichen Räte bzw. Koordinierungszentren bewährt. Die Gemeinschaftsforschung bzw. -entwicklung kann dagegen über zeitweilige internationale Forschungskollektive (zum Beispiel zur Entwicklung konkreter neuer Technologien), in gemeinsamen Laboratorien, durch internationale wissenschaftlich-technische Organisationen bzw. in internationalen Wirtschaftsorganisationen erfolgen. Als eine neue Organisationsform der wissenschaftlich-technischen und Produktionszusammenarbeit sind in letzter Zeit gemeinsame Intensivierungsbrigaden von Interesse, deren Bildung sich bei der Rationalisierung ähnlich gelagerter Betriebsabschnitte, in Abteilungen bzw. Partnerbetrieben des gleichen Industriezweiges mit analogen technologischen Prozessen von zwei- oder mehreren RGW-Ländern bewährt hat (zum Beispiel in der Chemiefaserindustrie der DDR und der UdSSR).

6. Die Arbeit auf dem Gebiet der Standardisierung als wichtiger Bestandteil der wissenschaftlich-technischen Zusammenarbeit kann effektiver gestaltet werden. Auch im Zusammenhang mit der Standardisierung in den RGW-Ländern erweist sich ein komplexes Herangehen an die internationale Spezialisierung und Kooperation der Forschung und Produktion als günstig. Bisherige Erfahrungen zeigen, daß wesentliche Fortschritte in der Standardisierung vor allem bei der Neu- bzw. Weiterentwicklung von Erzeugnissen möglich sind. Wenn bei der Entwicklung neuer Erzeugnisse und Verfahren konsequent mit der Vereinheitlichung begonnen und auf standardisierte Teile und Elemente zurückgegriffen wird, so ist das für die beteiligten Länder bzw. Industriezweige am effektivsten. Dadurch kann auch die Vielfalt der Bauteile reduziert und eine Erhöhung der Losgrößen in der Fertigung erreicht werden.

Wenn eine internationale Vereinheitlichung der Standards bereits mit der Forschung und Entwicklung beginnt, kann sukzessive die gesamte Produktion erfaßt werden, da die Erneuerung der Produktion als Folge des wissenschaftlich-technischen Fortschritts relativ schnell vonstatten geht. Seit 1974 hat sich das Tempo auf diesem Gebiet erheblich beschleunigt. Entscheidend ist dabei, daß der RGW-Standard für die Länder als verbindlicher nationaler Standard gilt.

Trotz dieser positiven Ergebnisse schätzen Experten jedoch ein, daß bisher nur ein kleiner Prozentsatz aller Einzelteile und Baugruppen des Maschinenbaus für einen universellen Einsatz standardisiert ist. Es entstehen in allen Ländern noch zu hohe Kosten durch Umrüstung. Hier liegen noch bedeutende Reserven in der internationalen wissenschaftlich-technischen Zusammenarbeit. Die Aufgabe kann dabei letztlich nur in der Ausarbeitung eines für alle RGW-Länder einheitlichen Systems der Projektierungs- und Konstruktionsdokumentation sowie eines einheitlichen Systems der Standardrichtwerte für Stoffe und Materialien sowie eines einheitlichen Systems der technologischen Produktionsvorbereitung bestehen.

Innerhalb des RGW werden gegenwärtig die langfristigen Zielprogramme der Zusammenarbeit für wichtige Bereiche der Wirtschaftsentwicklung für die nächsten 10 bis 15 Jahre ausgearbeitet. Durch die weitere Vertiefung der wissenschaftlich-technischen Zusammenarbeit, besonders mit Partnereinrichtungen in der UdSSR, können dabei wesentliche Leistungsreserven für die Volkswirtschaft der DDR erschlossen werden. Das wird besonders überall dort möglich sein, wo es gelingt, in Zusammenarbeit mit den jeweiligen Partnern, auf der Grundlage der Plankoordinierung langfristig angelegte Maßnahmen einzuleiten, die auf ein hohes wissenschaftlich-technisches und ökonomisches Niveau gerichtet sind.

Konzentration und planmäßig vertiefte Kooperation auf wissenschaftlich-technischem Gebiet zwischen den RGW-Ländern dienen dabei sowohl der Rationalisierung der wissenschaftlich-technischen Arbeit selbst als auch der Intensivierung des gesamten Reproduktionsprozesses. Wichtige Voraussetzung dafür ist die konsequente Ableitung der Zielstellungen für die wissenschaftlich-technische Zusammenarbeit aus den volkswirtschaftlichen Gesamterfordernissen und Möglichkeiten sowie ihre engere inhaltliche Abstimmung mit der Produktionsspezialisierung und der Investitionstätigkeit. Die komplexe, abgestimmte Entwicklung auf diesen Gebieten ist erforderlich, um die Ergebnisse gemeinsamer Arbeit in Wissenschaft und Technik schneller und umfassender in einen realen Leistungszuwachs umzuwandeln, der für die weitere stetige Verbesserung des materiellen und kulturellen Lebensniveaus der Völker der RGW-Länder genutzt werden kann.

H. Maier

Wissenschaftlich-technischer Fortschritt und Entwicklung des Bildungs- und Qualifikationsniveaus der Werktätigen

Ein augenscheinliches Ergebnis der gegenwärtigen wissenschaftlich-technischen Revolution ist das wachsende Gewicht der qualifizierten Arbeit im Reproduktionsprozeß. War die industrielle Revolution des 18./19. Jahrhunderts verbunden mit einer massenhaften Dequalifikation der Arbeit, die schließlich dazu führte, daß die einfache, unqualifizierte Arbeit zum Grundpfeiler der Produktion wurde, so führt heute die wissenschaftlich-technische Revolution zu einer wachsenden Rolle der qualifizierten Arbeit bei der Erhöhung der gesellschaftlichen Arbeitsproduktivität und Effektivität. Ein wichtiger Vorzug des Sozialismus bei der Durchführung der wissenschaftlich-technischen Revolution liegt ohne Zweifel in seiner Fähigkeit, hierbei die Einheit von Persönlichkeits- und Produktivkraftentwicklung herzustellen und ständig Bildung und Qualifikation der Werktätigen zu erhöhen. Die sozialistischen Länder können sich hierbei auf die erzielten Ergebnisse der sozialistischen Kulturrevolution stützen, die den Werktätigen die Tore zu Bildung und Qualifikation weit öffnet, sie mit dem notwendigen Wissen und Können ausrüstet, um die politischen, ökonomischen und wissenschaftlich-technischen Aufgaben des sozialistischen Aufbaus immer besser zu meistern.

Dies ermöglichte es, in historisch kurzer Frist das Bildungsniveau der Werktätigen erheblich zu erhöhen und ihre Qualifikationsstruktur grundlegend zu verändern. Damit sind entscheidende Voraussetzungen für die Vertiefung der intensiv erweiterten Reproduktion und die umfassende Beschleunigung des wissenschaftlich-technischen Fortschritts geschaffen worden, die es immer besser zur Erhöhung von Qualität und Effektivität der Produktion zu nutzen gilt.

So stieg in der DDR der Anteil der Hoch- und Fachschulkader an den Beschäftigten der sozialistischen Wirtschaft von 6,8 % im Jahre 1962 auf 14,1 % im Jahre 1975, der Anteil der Facharbeiter und Meister erhöhte sich in diesem Zeitraum von 33,7 % auf 53 %, während sich der Anteil der angelernten und ungelernten Arbeitskräfte von 59,6 auf 32,9 % verringerte (vgl. Abbildung 1 und 2).

Bereits jetzt läßt sich voraussehen, daß sich bis 1990 der Anteil der Hoch- und Fachschulkader auf ca. 20 %, der Facharbeiter auf ca. 60 % erhöhen und der un- und angelernten Arbeitskräfte sich auf 20 % verringern wird.[1]

Von den Jugendlichen, die 1975 neu in den Arbeitsprozeß kamen, hatten 10 % einen Abschluß der Hochschule, 15 % der Fachschule, 60 % einen Facharbeiterabschluß, und etwa 15 % hatten keinen vollen Berufsabschluß.

Allein in der Zeit zwischen 1971 und 1975 sind über 220 000 Absolventen des Hoch- und Fachschulstudiums in der Volkswirtschaft und anderen Bereichen tätig geworden. Damit erhöhte sich der Bestand der Hoch- und Fachschulkader in unserer Volkswirtschaft um über 30 %.

[1] K. Korn/H. Maier, Ökonomie und Bildung im Sozialismus, Berlin 1977, S. 184.

In derselben Zeit wurden, aufbauend auf den Ergebnissen der zehnklassigen Oberschulbildung, über 920 000 Jungen und Mädchen zu Facharbeitern ausgebildet. Dies entspricht einem Wachstum von 35 % des Bestandes an Facharbeitern im Jahre 1970. Zugleich bilden sich die älteren, bereits im Arbeitsprozeß stehenden Werktätigen ständig weiter. Von 1971 bis 1975 eigneten sich 370 000 Werktätige die Facharbeiterqualifikation im Rahmen der Erwachsenenbildung an. Von den heute fünfzig- bis sechzigjährigen Facharbeitern bzw. Meistern haben 65 % ihre Qualifikation bereits untér den Bedingungen der Arbeiter- und Bauernmacht erworben.

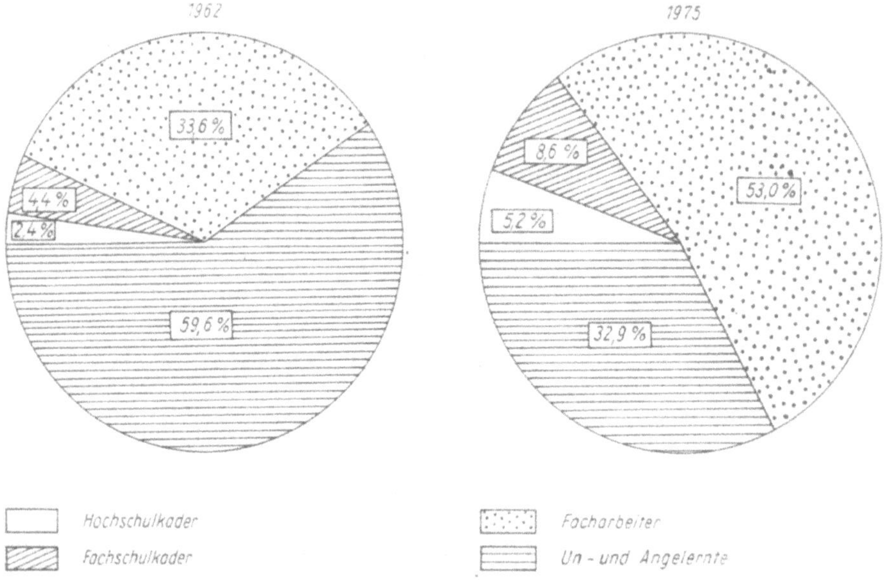

Abb. 1 und 2. Qualifikationsstruktur in der sozialistischen Wirtschaft – in Prozent –
Abb. 1 1962
Abb. 2 1975

Das wachsende Gewicht der qualifizierten Arbeit im Reproduktionsprozeß zeigt sich in dem wachsenden Umfang der Bildungsfonds in unserer Volkswirtschaft. Die Bildungsfonds – dies sind die im Qualifikationsniveau der Werktätigen realisierten Bildungsaufwendungen der sozialistischen Gesellschaft – erhöhten sich von 66,5 Mrd. Mark 1962 auf 150,8 Mrd. Mark 1975. Ihre Größe erreicht gegenwärtig über ein Viertel des Grundfondsbestandes der Volkswirtschaft (vgl. Abbildung 3, 4 und 5).

Im Zeitraum 1962 bis 1975 war das Wachstumstempo der Bildungsfonds wesentlich schneller als das der Grundfonds. Die Bildungsfonds wuchsen in dieser Zeit auf 227 %, während sich die Grundfonds auf 165 % erhöhten. Die Forschungsfonds in der materiellen Produktion – dies sind die im wissenschaftlich-technischen Niveau der Produktion materialisierten Forschungsaufwendungen – stiegen auf 333,5 %. Bildungsfonds, Produktionsfonds und Forschungsfonds bilden die technologischen Fonds der Gesellschaft, die bei der Durchführung der wissenschaftlich-technischen Revolution immer mehr an Bedeutung gewinnen. Die Produktionsfonds hatten 1972 in der DDR einen Anteil von 73 %, die Bildungsfonds von 21 % und die Forschungsfonds von 6 % an diesen technologischen Fonds.[2]

[2] H.-D. Haustein, Messung der volkswirtschaftlichen Intensivierung, Berlin 1976, S. 49.

Die hohe Effektivität der gesellschaftlichen Aufwendungen für die Bildung und Qualifikation wird unter anderem auch in dem engen Zusammenhang von gestiegenem Qualifikationsniveau und dem wachsenden Beitrag der Neuererbewegung zur volks-

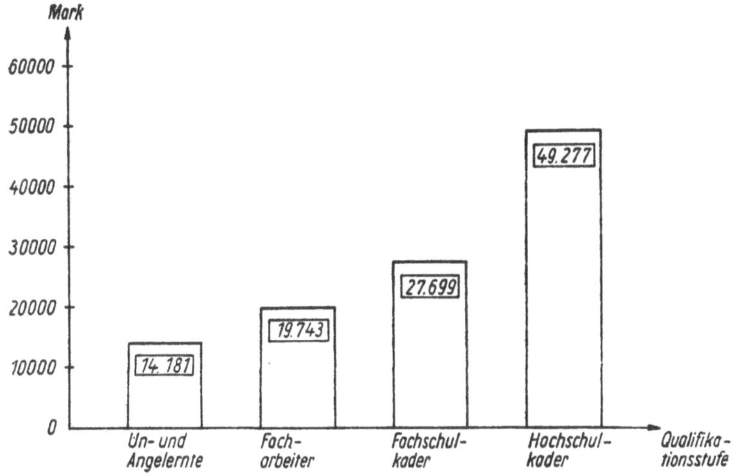

Abb. 3. Bildungsfonds je Absolvent
(spezifische Bildungskosten) – in Mark – 1975

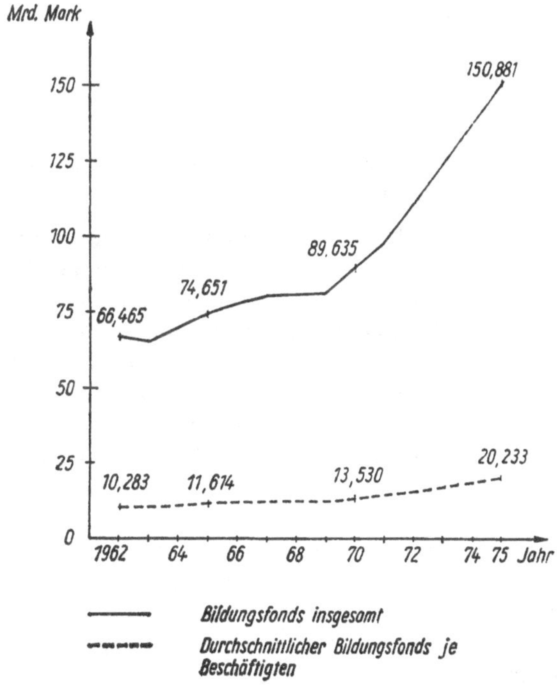

Abb. 4. Bildungsfonds in der sozialistischen Wirtschaft – in Mrd. Mark –

wirtschaftlichen Effektivität sichtbar. Wenn wir den Nutzen aus der Neuererbewegung (über 50 % der Selbstkosteneinsparung in der volkseigenen Wirtschaft resultiert hieraus) in Relation zu den Bildungsfonds setzen, so war dieser pro Einheit Bildungsfonds im Fünfjahrplan 1971 bis 1975 um 2,5mal höher als in der Zeit 1960 bis 1965. Allein 1976 haben 1,6 Mill. Werktätige Neuererleistungen erbracht. Hieraus ergab sich ein Nutzen von 3,6 Mrd. Mark.

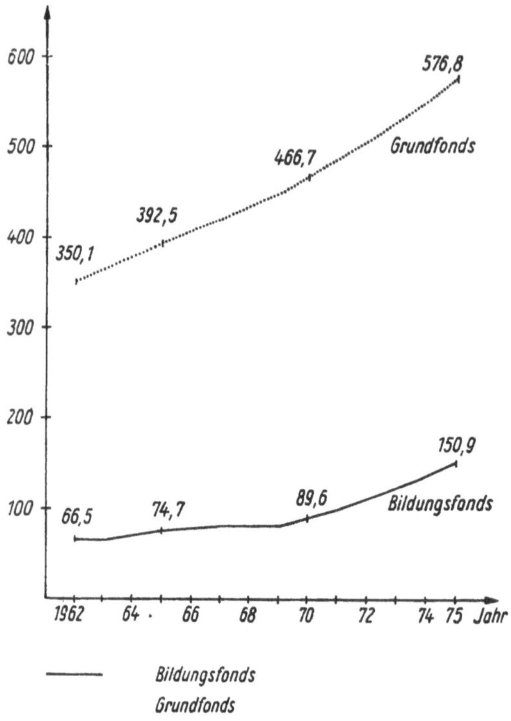

Abb. 5. Entwicklung der Bildungsfonds in der sozialistischen Volkswirtschaft und der Grundfonds in der Volkswirtschaft – in Mrd. Mark – 1975

Das zunehmende Gewicht der qualifizierten Arbeit im Reproduktionsprozeß ist eine wichtige produktive und soziale Potenz, die es sowohl bei der Entwicklung der sozialistischen Produktion wie bei der weiteren Ausprägung der sozialistischen Lebensweise besser als bisher zu nutzen gilt, wobei sich die Anforderungen von Produktions- und Lebensweise immer mehr durchdringen. Genosse Honecker hat auf dem 5. Plenum des ZK der SED darauf hingewiesen, daß die Vervollkommnung der Struktur der Volkswirtschaft, die höheren Ansprüche an die materiell-technische Basis bei der weiteren Entwicklung unserer Gesellschaft es erfordern, „die Vorteile unseres Landes, vor allem die Potenzen seiner erfahrenen und gebildeten Werktätigen, voll zur Geltung" zu bringen.[3]

Dies heißt eine Strukturpolitik zu verfolgen, die das hohe Qualifikationsniveau der Werktätigen nutzt, um durch einen hohen „Veredlungsgrad" die Rohstoff- und Energieintensität der Produktion zu senken. Ein wichtiges Problem ist hierbei die Vervollkommnung des Einsatzes der ausgebildeten Kader. Erst durch den effektiven Einsatz der ausgebildeten Kader wird das durch Bildung und Qualifikation geschaffene produktive Potential in reale Produktivkraftentwicklung verwandelt, erst im Prozeß der Arbeit kann sich die sozialistische Persönlichkeit voll entfalten. Deshalb kommt

[3] 5. Tagung des ZK, Aus dem Bericht des Politbüros an das Zentralkomitee der SED, Berichterstatter: Genosse Erich Honecker, Berlin 1977, S. 22.

dem zielgerichteten Einsatz der qualifizierten Kader in jenen Bereichen unserer Volkswirtschaft, wo das Nationaleinkommen geschaffen wird, also in der materiellen Produktion, eine so große Bedeutung zu. Hier wurden daher im letzten Fünfjahrplan 45,2 % des Zuwachses an Hochschulkadern, vor allem in der Industrie, eingesetzt. So stieg in der Zeit von 1971 bis 1975 der Bestand der Hochschulkader in der Industrie auf 180 %. In der gesamten materiellen Produktion erhöhte er sich auf 175 %. Der Bestand an Fachschulkadern wuchs in dieser Zeit in der Industrie auf 136,8 %, und in der gesamten materiellen Produktion erhöhte er sich auf 138,5 %.

Hierdurch konnte die Industrie ihren Anteil an der Gesamtzahl der Hochschulkader im Zeitraum von 1962 bis 1975 nahezu verdoppeln. War 1962 jeder 10. Hochschulkader unserer Volkswirtschaft in der Industrie tätig, so ist es jetzt mindestens jeder 5. Hochschulkader. Um mehr als das Doppelte erhöhte sich der Anteil der Bauwirtschaft und des Verkehrs-, Post- und Fernmeldewesens an der Gesamtzahl der Hochschulkader. Eine ähnliche Entwicklung können wir auch beim Einsatz der Fachschulkader beobachten (vgl. Abbildung 6 und 7).

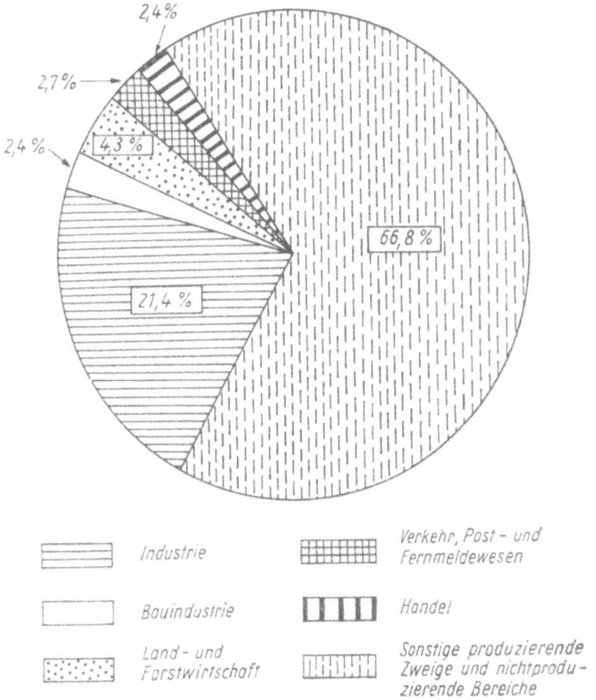

Abb. 6. Anteil der Bereiche an der Gesamtzahl der Hochschulkader – in Prozent – 1975

Der verstärkte Einsatz der hochqualifizierten Arbeitskräfte in der materiellen Produktion ermöglichte die kadermäßige Stärkung der Technologie, Konstruktion, Projektierung, Forschung, Entwicklung und Überführung, aber auch den Einsatz dieser Kader bei der Steuerung hochproduktiver Anlagen und Maschinen. Eine von uns durchgeführte Analyse ergab, daß sich seit 1971 in allen Qualifikationsstufen die qualifikationsgerechte Besetzung der Planstellen verbessert hat, so bei den Hochschulkadern um 8 %, den Fachschulkadern um 7 %, bei den Meistern um 21 %, den Facharbeitern um 11 %. Gleichzeitig werden hierbei auch eine Reihe von Reserven für die Verbesserung des qualifikationsgerechten Einsatzes der Arbeitskräfte sichtbar. So hat sich der Einsatz von Hochschulkadern – obwohl 29 % der Hochschulkaderplanstellen noch nicht mit Hochschulkadern besetzt sind – auf Fachschulkader- und Meisterplanstellen um mehr als verdoppelt. Eine ähnliche Situation haben wir bei den Facharbeitern, wo fast 20 % der Planstellen von Arbeitskräften ohne abgeschlossene Berufsausbildung besetzt sind. Andererseits werden – wie Untersuchungen in unserer Industrie zeigen – Arbeiten, die keine Berufsausbildung erfordern, zu einem wichtigen Teil von Facharbeitern ausgeführt (vgl. Abbildung 8).

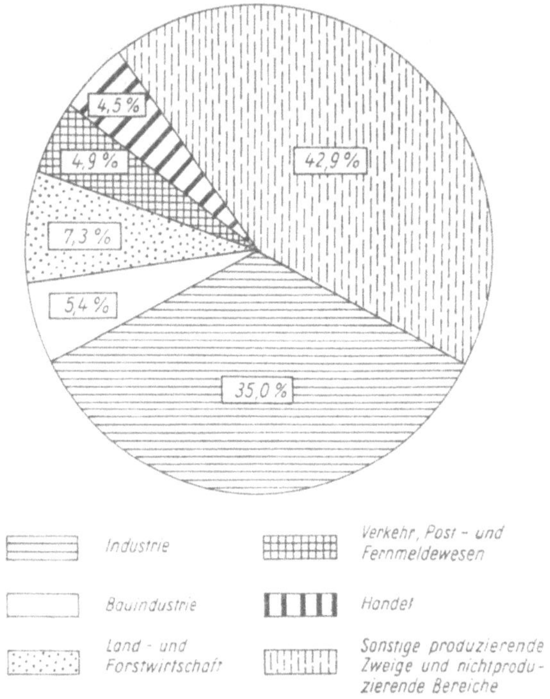

Abb. 7. Anteil der Bereiche an der Gesamtzahl der Fachschulkader – in Prozent – 1975

Natürlich wäre es falsch, in jedem speziellen Fall eine formale Übereinstimmung von erworbener Qualifikation und ausgeübter Tätigkeit anzustreben. Jedoch darf man nicht übersehen, daß in dem nichtqualifikationsgerechten Einsatz der Arbeitskräfte sich eine Reihe von Unzulänglichkeiten widerspiegeln, z. B. in der Qualität der Ausbildung, der Realistik der Bildungsplanung, der Mobilität und Einsatzbereitschaft der Arbeitskräfte für Aufgaben, die von großer gesellschaftlicher Bedeutung sind. Diese Unzulänglichkeiten rühren teilweise auch aus noch nicht voll überwundenen Disproportionen im Lohn- und Gehaltsgefüge und nicht ausreichender materieller und moralischer Stimulierung beim bedarfsgerechten Einsatz der Kader. Alle diese Momente haben natürlich gleichzeitig auch Einfluß auf die Lebensweise der Menschen, bestimmen ihre Arbeitszufriedenheit und ihre gesellschaftliche Aktivität. Hier liegen noch wichtige Reserven, die wir durch Verbesserung unserer Planungsarbeit, der Qualität der Arbeit im Bildungswesen sowie bei der politisch-ideologischen Erziehung schrittweise erschließen müssen. Nur auf diesem Wege werden wir alle im Bildungswesen herausgebildeten produktiven Potenzen in vollem Umfang in reale Erhöhung der gesellschaftlichen Arbeitsproduktivität verwandeln können.

Ein entscheidender Prozeß bei der schrittweisen Verringerung der unqualifizierten Arbeit ist der wissenschaftlich-technische Fortschritt, er ist zugleich der Schlüssel für die weitere Entwicklung der materiell-technischen Basis. Obwohl der wissenschaftlich-technische Fortschritt in der sozialistischen Gesellschaft das Gewicht der qualifizierten Arbeit im Reproduktionsprozeß erhöht, sind seine Wirkungen auf das Qualifikationsniveau der Werktätigen durchaus nicht widerspruchsfrei.

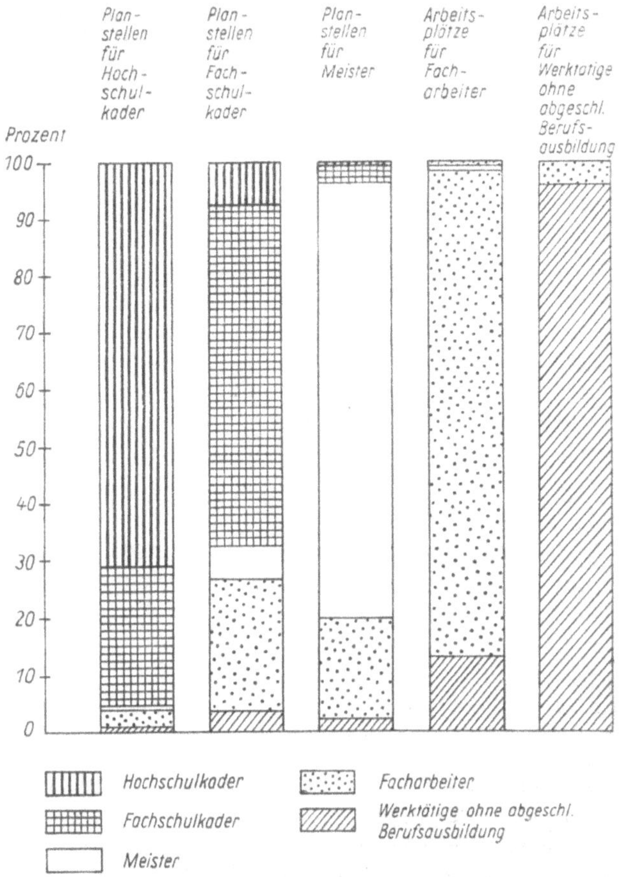

Abb. 8. **Besetzung der Planstellen in der sozialistischen Wirtschaft nach Qualifikationsstufen – in Prozent – 1975**

So ist z. B. der Anteil der an- und ungelernten Arbeitskräfte bei den manuellen Arbeitsplätzen, den vollmechanisierten und teilautomatisierten Arbeitsplätzen am höchsten. Der Anteil der Facharbeiter ist wiederum bei teilmechanisierten und vollautomatisierten Arbeitsplätzen am größten, während der Anteil der Teilfacharbeiter an vollmechanisierten und teilautomatisierten Arbeitsplätzen die höchsten Werte erreicht (vgl. Abbildung 9).

Dies zeigt, daß, obwohl die grundlegende Tendenz bei wachsendem Technisierungsgrad unserer Produktion die Erhöhung des Gewichts der qualifizierten Arbeit ist, die Anforderungen in den einzelnen Stufen der Qualifikation sehr stark wechseln.

Hierbei dürfen wir niemals übersehen, daß gegenwärtig erst etwa 12 % der Arbeitskräfte an automatisierten Anlagen arbeiten und der Anteil der Produktionsarbeiter in der Industrie, die nicht an Maschinen und Anlagen arbeiten, – davon übt ein Teil körperlich schwere Arbeit aus – noch relativ groß ist. Die Automatisierung führt zwar zu einer Erhöhung der Anforderungen an die Qualifikation der Arbeiter, setzt aber auch qualifizierte Arbeitskräfte frei, die dann zum Teil in Produktionsprozessen mit niedrigeren Anforderungen tätig werden müssen. Eine wesentliche Aufgabe besteht hierbei darin, die körperlich schwere Arbeit zu reduzieren. Im gegenwärtigen Fünfjahrplan 1976 bis 1980 soll die Zahl solcher Arbeitsplätze um 25 bis 30 % verringert werden, wobei es einen engen Zusammenhang zwischen der Erhöhung der Qualifikationsanforderungen und der Senkung der körperlich schweren Arbeit gibt. Der noch hohe Anteil

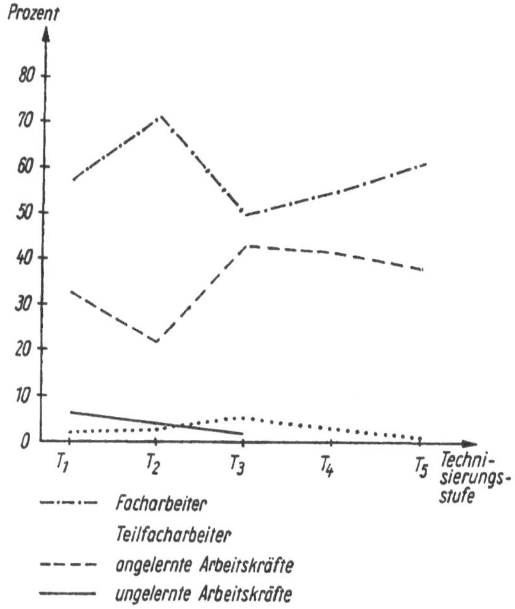

Abb. 9. Qualifikationsstruktur der Produktionsarbeiter in Abhängigkeit von den Technisierungsstufen – in Prozent – (erforderliche Qualifikation)

von Produktionsarbeitern, die nicht an Maschinen und Anlagen arbeiten, weist auf die große Bedeutung der Mechanisierung in der gegenwärtigen Entwicklungsphase hin. Sie trägt nicht nur wesentlich dazu bei, die körperlich schwere und unqualifizierte Arbeit aufzuheben, sondern schafft entscheidende Voraussetzungen für die Automatisierung. Der gegenwärtige Anteil der unqualifizierten Arbeitskräfte bei automatisierten Anlagen ergibt sich daraus, daß die Automatisierung noch nicht den gesamten Produktionszyklus komplex erfassen kann, sondern zum überwiegenden Teil nur die Bearbeitungsfunktion, so daß die Beschickung und Abnahme sowie die Verbindung zu anderen Abschnitten des Produktionszyklus noch durch manuelle Tätigkeit hergestellt werden muß.

Es zeigt sich, daß bei der Erhöhung des Gewichts der qualifizierten Arbeit nicht nur die Mechanisierung und Automatisierung der Hauptprozesse, sondern zunehmend auch die der Hilfs- und Nebenprozesse sowie die Montageprozesse eine Rolle spielen muß. Gerade hier ist es durch Mechanisierung und Automatisierung möglich, nicht nur in größerem Umfang Arbeitskräfte freizusetzen, sondern auch das Gewicht der qualifizierten Arbeit wesentlich zu erhöhen. Dies gilt vor allem für die Mechanisierung und Automatisierung der Transport- und Umschlagsprozesse.

Die zielgerichtete und systematische Aufhebung der unqualifizierten Arbeit ist ein wichtiges Erfordernis der weiteren Entwicklung unserer materiell-technischen Basis. Nur so kann das im Bildungsprozeß geschaffene Potential real bei der Erhöhung der Effektivität der Produktion wirksam werden. Diese Aufgabe muß von der Leitung und Planung als Vorgabe für Projektierung von neuen Anlagen verbindlich formuliert werden. Wie eine von uns angestellte Analyse in verschiedenen Zweigen unserer Volkswirtschaft zeigte, existieren solche Vorgaben bei weitem nicht bei allen Entwicklungsvorhaben. Eine nicht geringe Unterschätzung dieser Seite der Beschleunigung des wissenschaftlich-technischen Fortschritts ist nicht zu übersehen. Dies zeigt, daß die Gestaltung von Arbeitsplätzen, die in hohem Umfang das gestiegene Qualifikationsniveau der Werktätigen zu nutzen vermag, noch nicht die ihr gebührende Rolle in der Leitung und Planung der Produktionsprozesse spielt.

Unseres Erachtens kommt es gegenwärtig – um die Zielstellung der Direktive des Fünfjahrplanes 1976 bis 1980, jährlich mindestens 180 000 Arbeitsplätze um- bzw. neuzugestalten, zu erreichen – vor allem darauf an, die Leitung und Planung auf folgende Probleme zu konzentrieren:

1. Es muß alles getan werden, um bei der Projektierung und Realisierung von neuen Anlagen genau zu bestimmen, in welchem Umfang unqualifizierte, körperlich schwere Arbeit reduziert werden kann und welche Art von Qualifikation für ihre Beherrschung notwendig ist. Hier sind echte Reserven für die Effektivitätssteigerung vorhanden. Die richtige Bestimmung des Profils und der Breite der notwendigen Qualifikation kann wesentlich dazu beitragen, die Produktivität zu steigern.

2. Das für die Beherrschung der neuen Anlagen erforderliche Wissen, die notwendigen Fähigkeiten müssen bei der Planung und Realisierung der Investitionen rechtzeitig ermittelt und entsprechende Weiterbildungsprogramme den Betrieben nach Möglichkeit in programmierter Form geliefert werden. Die Unterschätzung dieser Seite der Investitionsvorbereitung führt zu ökonomischen Verlusten in Form von Havarien, Stillstandszeiten etc. Sie betragen meines Erachtens schätzungsweise immer noch einige hundert Mill. Mark jährlich.

3. Gleichzeitig muß verhindert werden, daß auf Grund der Tatsache, daß der Anteil der Frauen an den unqualifizierten Tätigkeiten recht hoch ist, die mit dem wissenschaftlich-technischen Fortschritt verbundene Tendenz zur Differenzierung der Qualifikationsanforderungen in ihrer negativen Tendenz einseitig die Frauen betrifft. Ebenso muß im Rahmen der WAO alles getan werden, um in Tätigkeiten, die noch einfache, unqualifizierte Arbeit erfordern, die Monotonie der Arbeit und einseitige psychische und physische Belastung zu mindern. Hier müssen Erfahrungen ausgewertet und verallgemeinert werden, wie innerhalb der Kollektive ein gesunder Wechsel der Arbeit organisiert werden kann, wie das geistige Klima im Kollektiv insgesamt erhöht werden kann. Insgesamt geht es auch darum, dort, wo die Produktionsanlagen noch in großem Umfang einseitige und unqualifizierte Tätigkeiten erfordern, Möglichkeiten für inhaltsreiche und anspruchsvolle Tätigkeiten durch Ausnutzung neuer Kombinationsformen der Arbeit, planmäßigen Arbeitsplatzwechsel und Erweiterung des Produktions- und Verantwortungsfeldes für den einzelnen Werktätigen zu schaffen.

4. Bei der besseren Nutzung des gestiegenen Bildungs- und Qualifikationsniveaus kann es nicht darum gehen, Entwicklungsrichtungen des wissenschaftlich-technischen Fortschritts, die zu einer Reduzierung der Anforderungen an die Qualifikation führen, zu blockieren und damit geistig komplizierte und schwer zu beherrschende Technologien zu konservieren. So war z. B. der Qualifikationsaufwand zur Bedienung der 1. Computer-Generation unvergleichlich höher als der heute erforderliche Aufwand für die Mikroprozessoren. Die Vereinfachung der Bedienung und die Reduzierung

der Anlernzeit stellen hier ohne Zweifel eine ganz entscheidende Seite des wissenschaftlich-technischen Fortschritts dar und tragen wesentlich zu ihrer schnellen Verbreitung und zur Erhöhung ihres ökonomischen Wirkungsgrades bei. Die Reduzierung der geistigen Anforderungen kann durchaus positive Konsequenzen für die Persönlichkeitsentwicklung haben. Sie erlaubt es, daß wesentlich mehr Werktätige in kürzester Zeit die Fähigkeit zur Beherrschung von automatisierten Anlagen erwerben und sich in einer Vielzahl von Fähigkeiten verwirklichen können. Das Problem besteht also nicht darin, „geistig anspruchsvolle" Tätigkeiten zu konservieren, sondern mit Hilfe einer der gestiegenen Qualifikation Rechnung tragenden Arbeitsorganisation den Werktätigen die Möglichkeit zu geben, ihre physischen, sozialen und geistigen Fähigkeiten in verschiedenen Tätigkeiten im Prozeß der Erhöhung der Effektivität ihrer Arbeit zu realisieren. Eine wissenschaftliche Arbeitsorganisation, die sowohl die Möglichkeiten der modernen Technologie wie das gestiegene Bildungs- und Qualifikationsniveau der Werktätigen für die Erhöhung der gesellschaftlichen Arbeitsproduktivität und Effektivität einzusetzen vermag, muß zielgerichtet durch die Leitung und Planung der Produktion gesichert werden.

Hierbei muß man die unterschiedlichen Bedingungen für das Wirksamwerden der Facharbeiterqualifikation unter den Bedingungen der Mechanisierung und denen der Automatisierung beachten. Bei der mechanisierten Produktion wird diese Qualifikation ständig beansprucht, da sie zur unmittelbaren Herstellung des Produkts erforderlich ist. Sie ist eine Voraussetzung für die Realisierung der Bearbeitungsfunktion in diesem Arbeitsprozeß. Bei der automatisierten Produktion ist die Facharbeiterqualifikation zwar eine unbedingte Voraussetzung dieser Produktion, sie kommt jedoch in der unmittelbaren Ausübung der typischen Arbeitsfunktionen dieser Technisierungsstufe – Steuern, Regeln, Überwachen – nicht ständig zum Einsatz. Die Qualifikation wird nur in relativ kurzen Zeitabschnitten abgefordert. Um der permanenten Unterforderung der Facharbeiter hier entgegenzuwirken, muß die wissenschaftliche Arbeitsorganisation durch Veränderung der Arbeitsteilung sowie durch Erweiterung des Tätigkeitsfeldes eine wesentliche Anreicherung des Arbeitsinhalts erreichen.[4]

Insgesamt geht es darum, durch wissenschaftliche Arbeitsorganisation (WAO) vor allem zu sichern:

- die Herausbildung von neuen Kombinationsformen der Arbeit zur Schaffung inhaltsreicher und anspruchsvoller Tätigkeiten,
- die Erhöhung der Verantwortung der einzelnen Werktätigen bei der Leitung und Planung des Produktionsprozesses,
- planmäßiger Arbeitsplatzwechsel,
- leichte Identifikation mit dem Endprodukt,
- Ausgeglichenheit von physischen und geistigen Anforderungen,
- Erweiterung des Tätigkeitsfeldes,
- Kommunikations- und Zusammenarbeitsmöglichkeiten,
- Entfaltungsmöglichkeiten für Ideen und Initiativen,
- angenehme Arbeitsumgebung.

Ein wichtiger Bestandteil der sozialistischen Lebensweise ist die ständige Weiterbildung der Werktätigen. Sie schafft wichtige Voraussetzungen für die allseitige Entwicklung der Werktätigen. Gegenwärtig nehmen ca. 2 Millionen Werktätige in der DDR an der systematischen Aus- und Weiterbildung (davon etwa 50 % Frauen)

[4] E.-M. Langen, Zum Zusammenhang zwischen der Entwicklung von Mechanisierung und Automatisierung und der Qualifikation der Produktionsarbeiter, Dissertation, Akademie der Wissenschaften der DDR, Berlin 1977, S. 184.

teil. Ohne Zweifel wird auch künftig die permanente Weiterbildung eine wichtige Rolle im System der Bedürfnisse der sozialistischen Gesellschaft und somit bei der weiteren Ausprägung der sozialistischen Lebensweise spielen. In den vergangenen Jahren hat die Erwachsenenbildung eine sehr wichtige Rolle bei der quantitativen Erhöhung der Zahl der Facharbeiter und der Hoch- und Fachschulkader gespielt. So erhielten 30 bis 40 % der Facharbeiter ihre Qualifikation über die Erwachsenenbildung. Jeder 3. Hochschulabsolvent und jeder 2. Fachschulabsolvent erhielt sein Diplom über das Fernstudium. Angesichts des bereits erreichten hohen Niveaus wird die Erwachsenenbildung sich stärker als bisher ihrer eigentlichen Funktion zuwenden, der Reproduktion des bereits vorhandenen Qualifikationsniveaus (vgl. Abbildung 10).

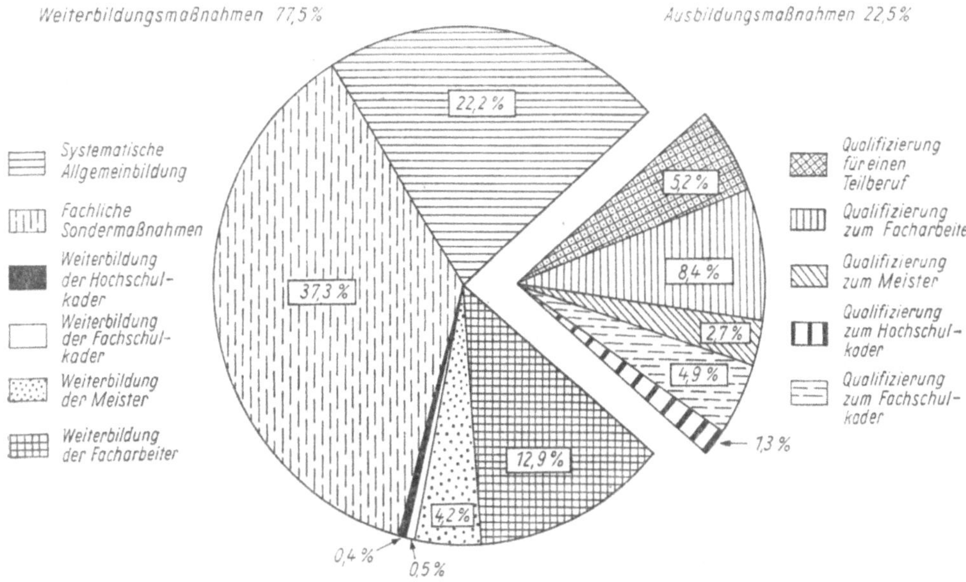

Abb. 10. Anteil der verschiedenen Qualifizierungsmaßnahmen an der Erwachsenenqualifizierung in der sozialistischen Wirtschaft (Industrie, Bauindustrie, Verkehr, Post- und Fernmeldewesen) – in Prozent – 1975

Unter den Bedingungen der Beschleunigung des wissenschaftlich-technischen Fortschritts sind wir mit der Veralterung des Wissens konfrontiert. Das Ausmaß der sich hieraus ergebenden Weiterbildungsanforderungen läßt sich aus folgender einfacher Überlegung veranschaulichen.

Wenn wir nur eine Fortschrittsrate des Wissens von 3 % annehmen würden, dann ergibt sich bei Facharbeitern für die gesamte Berufstätigkeit ein Weiterbildungsaufwand von 2,8 Jahren, bei Fachschulkadern von 6,7 Jahren und bei Hochschulkadern von 7,8 Jahren; das sind jeweils 10 % bei Facharbeitern, 24 % bei Fachschulkadern und 28 % bei Hochschulkadern der gesamten Arbeitsperiode (Schaubild 11). Natürlich gibt es kein „ehernes" Gesetz des wachsenden zeitlichen Weiterbildungsaufwands. Aber diese Größenordnungen zeigen, wie wichtig es ist, rechtzeitig Maßnahmen zu ergreifen, um dem Veralterungsprozeß des Wissens entgegenzuwirken, und dafür zu sorgen, daß sich die Bildungs- und Arbeitsprozesse durchdringen und die Weiterbildung den ihr gebührenden Platz in der sozialistischen Lebensweise einnimmt. Auch unterstreicht dies die Bedeutung der Allgemeinbildung, die die Voraussetzungen schafft für die ständige Verschmelzung des vorhandenen Wissens mit dem neuentstehenden Wissen, für die ständige Transformation des vorhandenen Wissens auf das gesellschaftlich notwendige Niveau im Prozeß der Weiterbildung.

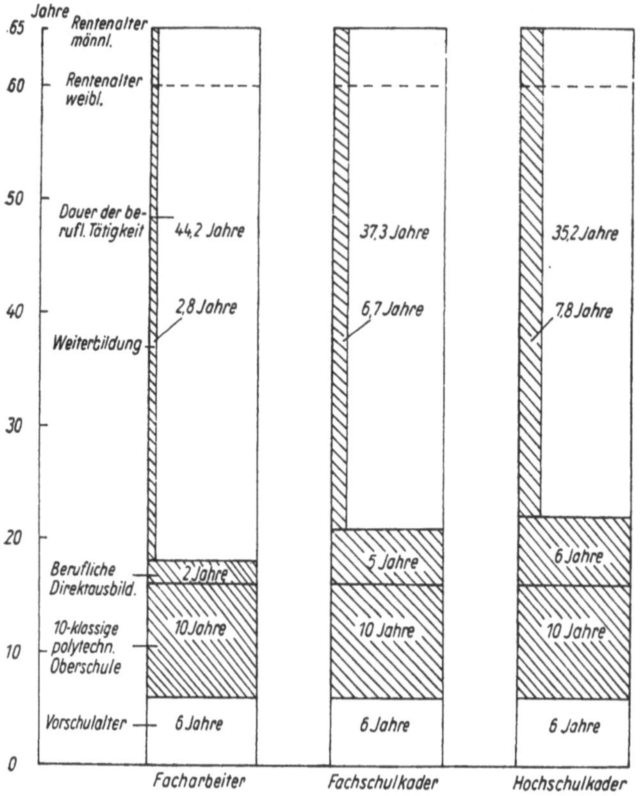

Abb. 11. Direktausbildung, Weiterbildung und Dauer der beruflichen Tätigkeit bei qualifizierten Kadern

Die Größenordnung der sich aus der Fortschrittsrate des Wissens ergebenden Anforderungen weist uns darauf hin, daß wir eine effektive Kombination zwischen den drei Komponenten der Weiterbildung brauchen:

- der organisierten Form der Weiterbildung,
- der Weiterbildung auf der Grundlage eigener Interessen und Initiativen,
- der Weiterbildung durch aktive Teilnahme an den verschiedensten Formen des geistig-kulturellen Lebens der sozialistischen Gesellschaft.

Natürlich existieren diese drei Formen nicht losgelöst voneinander. Sie beeinflussen einander in sehr starkem Maße. Die organisierte Form der Weiterbildung kann nur dann ihre eigentliche Aufgabe erfüllen, wenn sie auf den beiden anderen Formen aufbauen kann und sie wiederum in nachhaltiger Weise unterstützt. Gegenwärtig vollzieht sich die organisierte Form der Weiterbildung zu über 80 % in der Arbeitszeit, was nicht nur hohe ökonomische Aufwendungen in direkter und indirekter Form verursacht. Es besteht auch die Gefahr, daß sie durch enge Aufgabenbezogenheit ihre stimulierende Funktion auf die Weiterbildung auf Grund von Eigeninitiative und der

Teilnahme am geistig-kulturellen Leben nicht erfüllt. Deshalb muß die organisierte Weiterbildung neben der Vermittlung von anwendungsorientiertem Wissen auch dazu beitragen, das politisch-weltanschauliche Denken zu entwickeln und die geistige Kultur der Produzenten zu bereichern. Gleichzeitig müssen durch eine höhere Ökonomie der Freizeit Möglichkeiten erschlossen werden für die beiden anderen Formen der Weiterbildung.

D. Sachse

Die Entwicklung des wissenschaftlich-technischen Fortschritts in der Landwirtschaft und seine sozialen Wirkungen

Der IX. Parteitag der SED charakterisierte die Entwicklung der Land- und Nahrungsgüterwirtschaft als einen jener volkswirtschaftlichen Komplexe, von dessen effektiver Gestaltung die weitere Stärkung des Sozialismus in der DDR maßgeblich mitbestimmt wird. Die sich daraus ergebenden Maßnahmen richten sich darauf, „in der Land- und Nahrungsgüterwirtschaft die Produktion und deren Effektivität systematisch zu erhöhen, um eine stabile, sich stetig verbessernde Versorgung der Bevölkerung mit hochwertigen Nahrungsmitteln und der Industrie mit Rohstoffen zu sichern (und) die Lebensbedingungen des Dorfes denen der Stadt anzunähern, um die wesentlichen Unterschiede zwischen Stadt und Land allmählich zu überwinden".[1]

Diese strategischen Grundanliegen sind nur auf dem Wege der komplexen sozialistischen Intensivierung und des planmäßigen Übergangs zu industriemäßigen Produktionsverfahren zu realisieren. Das erfordert objektiv, auch in den kommenden Jahren den wissenschaftlich-technischen Fortschritt in großer Breite in die Landwirtschaft einzuführen.[2]

Zu Grundrichtungen des wissenschaftlich-technischen Fortschritts und seiner sozialökonomischen Charakteristik in der Landwirtschaft

Ausgehend von den generellen Aufgaben des IX. Parteitages der SED für die Beschleunigung des wissenschaftlich-technischen Fortschritts, geht es in der Landwirtschaft darum, sie in Übereinstimmung mit den konkreten Produktions- und Reproduktionsbedingungen vor allem über die umfassende Chemisierung, die komplexe Mechanisierung, die Melioration, die technische Trocknung und die Züchtung in Verbindung mit der weiteren Bildung und Qualifizierung der Werktätigen zu realisieren. Auf diesem Weg ist bis 1980 die pflanzliche Bruttoproduktion um etwa 20 % und die Tierproduktion um 9 % zu steigern.[3] Die komplexe, untereinander verflochtene Verwirklichung der Chemisierung, der Mechanisierung, der Melioration, der technischen Trocknung und

[1] Programm der Sozialistischen Einheitspartei Deutschlands, Berlin 1976, S. 30.

[2] Vgl. dazu Bericht des Zentralkomitees der Sozialistischen Einheitspartei Deutschlands an den IX. Parteitag der SED, Berichterstatter: Genosse Erich Honecker, Berlin 1976, S. 63.

[3] Als wesentliche Faktoren der sozialistischen Intensivierung der landwirtschaftlichen Produktion wurden die angeführten Hauptrichtungen des wissenschaftlich-technischen Fortschritts anläßlich der vorangegangenen Kommissionssitzung bereits charakterisiert. Im vorliegenden Beitrag erfolgt deshalb eine Konzentration auf einige Aspekte ihrer wissenschaftlichen Bearbeitung und konkreten Realisierung.

der Züchtung faßt die Erkenntnisse vieler Wissenschaftsdisziplinen zur gezielten Vervollkommnung der Produktionsgrundlagen und zur schrittweisen Veränderung der Art und Weise der Produktion zusammen.

Für die Beschleunigung des wissenschaftlich-technischen Fortschritts unter den nunmehr erreichten Bedingungen ist dabei charakteristisch, die neuesten Erkenntnisse – von der Grundlagen- über die angewandte Forschung bis zur Entwicklung von Maschinensystemen und Anlagen – zur Gestaltung geschlossener Technologien zu verdichten. Es geht darum, ganze Produktionsverfahren komplex zu erfassen, weitgehend alle diesbezüglichen wissenschaftlichen Erkenntnisse in entsprechende Parameter und Normative zu fassen und so den Zyklus Wissenschaft-Produktion immer wirksamer zu gestalten. Das ist die Grundlage dafür, die Intensivierungsfaktoren nach Produkt und Technologie zu realisieren. Damit ist es z. B. den spezialisierten Pflanzenproduktionsbetrieben möglich, eine Dezitonne Getreide mit einem Aufwand von etwa 0,5 Arbeitskraftstunden zu produzieren oder in den Anlagen mit einer Kapazität von 2000 Kühen 1 Dezitonne Milch mit einem Aufwand von 1 bis 1,2 Arbeitskraftstunden zu erzeugen. Aus all dem folgt:

– In der Landwirtschaft ist der wissenschaftlich-technische Fortschritt organisch mit dem Übergang zu industriemäßigen Produktionsverfahren verbunden. Die schrittweise Herausbildung der maschinellen Großproduktion auf dem Lande erfordert objektiv komplexe naturwissenschaftliche, technische, technologische und ökonomische Fundierung.

– Zur umfassenden Realisierung des wissenschaftlich-technischen Fortschritts formieren sich zunehmend industriemäßig organisierte LPG und VEG der Pflanzen- bzw. der Tierproduktion. Bestimmte Arbeits- und Produktionsprozesse werden in den spezialisierten Produktionseinheiten zusammengefaßt, neue industriemäßig organisierte Produktionszweige bilden sich schrittweise heraus.

– Die Verflechtung von Grundlagen- und angewandter Forschung, von Agrar- und Industrieforschung, von Natur- und Gesellschaftswissenschaften wird mehr und mehr zur Bedingung effektiver arbeitsteiliger Nahrungsgüterproduktion. Die komplexe Gestaltung des wissenschaftlich-technischen Fortschritts wird so maßgebliche Grundlage der planmäßigen volkswirtschaftlichen Verflechtung der Landwirtschaft.

– Schließlich basiert die Beschleunigung des wissenschaftlich-technischen Fortschritts auf der immer engeren Wissenschaftskooperation im Rahmen des RGW, insbesondere mit entsprechenden wissenschaftlichen Einrichtungen der UdSSR. Von der gemeinsamen Züchtung bis zur gemeinsamen Projektierung, Erprobung und Einführung industriemäßiger Anlagen der Pflanzen- und Tierproduktion bildet diese Zusammenarbeit die unentbehrliche Voraussetzung für die planmäßige Intensivierung der Agrarproduktion in der DDR.

All das findet konzentrierten Ausdruck darin, daß sich das Bündnis der Arbeiterklasse mit der Klasse der Genossenschaftsbauern um qualitativ neue Züge bereichert. Die Vorzüge und die Entwicklungspotenzen des Sozialismus erfahren ihre weitere Ausprägung.

Zu Problemen der Leitung und Planung des wissenschaftlich-technischen Fortschritts in der Landwirtschaft

Wie in der Volkswirtschaft insgesamt, so ist es auch für die Intensivierung der landwirtschaftlichen Produktion unerläßlich, die wissenschaftlich-technischen Arbeiten selbst zu intensivieren. Auf der Grundlage entsprechender Beschlüsse des ZK der SED wird hierzu vor allem das unmittelbare Zusammenwirken der zentralen staatlichen Leitung mit dem Zentrum der agrarwissenschaftlichen Forschung, der Akademie der Landwirtschaftswissenschaften, zielgerichtet vertieft. Das gestattet es, die staatliche Auftragserteilung für Forschung und Entwicklung eng mit der zweckmäßigen Profilierung des wissenschaftlich-technischen Potentials zu verbinden. Die wissenschaftliche Arbeit wird so noch wirksamer mit den Leitungsprozessen verflochten, die Überleitung neuer Erkenntnisse in die Praxis beschleunigt und der Verbindlichkeitsgrad der zu realisierenden wissenschaftlich-technischen Ergebnisse verstärkt.

Diese Arbeitsweise ist u. a. eng damit verknüpft, durch die wissenschaftlichen Institute regelmäßig einen breiten Kreis von Spezialisten auf den jeweiligen Gebieten weiterzubilden und damit die Überleitungsprozesse zu beschleunigen.

Eine wesentliche Leitungsaufgabe zur Beschleunigung des wissenschaftlich-technischen Fortschritts besteht weiter darin, das gesamte wissenschaftlich-technische Potential noch zielgerichteter und konzentrierter einzusetzen. Aus der Sicht der staatlichen Leitung und Planung des wissenschaftlich-technischen Fortschritts ergibt sich hieraus, die Systematik des Zusammenwirkens dieser Kräfte planmäßig weiter zu stärken. Damit werden bedeutende Kapazitäten für die Überleitung neuer wissenschaftlicher Erkenntnisse wirksamer ausgeschöpft.

Als organischer Bestandteil des Systems der staatlichen Planung der landwirtschaftlichen Produktion umfaßt ein spezieller Planteil die Staatsplanvorhaben für Wissenschaft und Technik sowie verbindliche Aufgaben und Normative für die Verwirklichung wissenschaftlich-technischer Maßnahmen in den Betrieben. Die systematische Qualifizierung dieses Planungsprozesses richtet sich darauf, den Plan wissenschaftlich-technischer Fortschritt bis in die Betriebe Schritt für Schritt weiter zu stärken, seine ökonomische Fundierung zu verbessern und seine Abrechnung noch wirksamer zu gestalten.

Die Vervollkommnung der Leitung des wissenschaftlich-technischen Fortschritts mündet in die Verwirklichung der vom IX. Parteitag der SED gestellten Aufgabe, alle „qualitativen Faktoren des Wachstums der Produktion, angefangen von der Beschleunigung des wissenschaftlich-technischen Fortschritts bis zur immer wirkungsvolleren Entwicklung der schöpferischen Fähigkeiten der Werktätigen, auf noch breiterer Basis und noch weitaus gründlicher vorbereitet und durchdacht als bisher in den Vordergrund der gesamten Arbeit zu rücken. Das heißt also, umfassend den Kampf um eine hohe Effektivität der gesamten wirtschaftlichen Tätigkeit zu führen."[4]

Zu sozialen Entwicklungsprozessen in der Landwirtschaft in Verbindung mit den Fortschritten von Wissenschaft und Technik

Der wissenschaftlich-technische Fortschritt in der Landwirtschaft findet zusammengefaßten Ausdruck vor allem darin, daß – basierend auf dem Übergang zur sozialistischen Produktion auf dem Lande – bei einem Rückgang der Arbeitskräfte von rund 2,2 Mill. 1950 auf gegenwärtig 830 000 – das staatliche Aufkommen bei Getreide auf das 1,7-fache, bei Schlachtvieh auf das 6,1fache, bei Milch auf das 4,4fache und bei Eiern auf das 13,7fache gesteigert werden konnte.

[4] Vgl. Bericht des Zentralkomitees der Sozialistischen Einheitspartei Deutschlands an den IX. Parteitag der SED, Berichterstatter: Genosse Erich Honecker, a. a. O., S. 71.

Mit dem planmäßigen Übergang zu industriemäßigen Produktionsverfahren auf der Grundlage der Kooperation findet die Einheit von Wirtschafts- und Sozialpolitik der SED in der Landwirtschaft ihre komplexe Realisierung. Unter dem Einfluß von Wissenschaft und Technik prägt sich der sozialistische Charakter der Arbeit weiter aus. Sie verbindet sich zunehmend mit der modernen Technik, sie wird spezialisierter, Arbeitsinhalte verändern sich, und neue Berufe finden Eingang in die landwirtschaftliche Produktion. Vor allem auch den Frauen und Jugendlichen eröffnen sich damit neue Tätigkeitsfelder. Der geistig-schöpferische Gehalt der Landarbeit wächst, sie verwandelt sich Schritt für Schritt in eine Art industrielle Arbeit. Prinzipielle Bedeutung hat folglich die weitere umfassende Bildung und Qualifizierung der Werktätigen der Landwirtschaft. Ausgehend vom erreichten Stand – rund 80 % von ihnen besitzen nunmehr eine abgeschlossene Berufsausbildung –, wird bis 1980 der Qualifizierungsgrad auf 90 % erhöht und sein Inhalt voll auf die Erfordernisse der Meisterung von Wissenschaft und Technik eingestellt. Die Lehrlingsausbildung wird verstärkt, der Anteil der Hoch- und Fachschulkader gesteigert und beschleunigt, die Aus- und Weiterbildung von Mechanisatoren der Pflanzen- und Tierproduktion verwirklicht.

Im Mittelpunkt der Vervollkommnung der Lebensbedingungen steht der Wohnungsbau, um für alle Werktätigen, die auf dem Lande leben, bessere Wohnbedingungen zu schaffen. Durch den Auf- und Ausbau von Landambulatorien und anderen Gesundheitseinrichtungen wird die medizinische Betreuung weiter verbessert. Mit der Erweiterung entsprechender Einrichtungen der Kinderbetreuung (Kinderkrippen, Kindergärten u. ä.) wird die umfassende Mitwirkung der weiblichen Werktätigen der Landwirtschaft an der Intensivierung der Produktionsprozesse immer wirksamer gefördert. Schließlich ergeben sich aus der zunehmenden Schichtarbeit neue Anforderungen an die weitere Vervollkommnung des Handelsnetzes, der Verkehrseinrichtungen und kommunaler Dienstleistungen, die in Übereinstimmung mit den Produktionserfordernissen planmäßig weiter ausgebaut werden.

Insgesamt kennzeichnen so bedeutende Errungenschaften die Entwicklung der sozialistischen Lebensweise auf dem Lande, die mit den Fortschritten der Intensivierung ihre weitere Ausgestaltung erfahren und auf die Beschleunigung des wissenschaftlich-technischen Fortschritts zurückwirken. Hierzu gehört nicht zuletzt, daß die Genossenschaftsbauern die gleichen Leistungen von der Sozialversicherung erhalten, wie sie den Werktätigen volkseigener Betriebe gewährt werden. Auch die Rentenansprüche sind in gleicher Weise wie für alle anderen Werktätigen geregelt. Für die weiblichen Beschäftigten auf dem Lande sind darüber hinaus spezielle Maßnahmen wirksam, so zur allseitigen Unterstützung von Mutter und Kind, zur Gewährung von Haushaltstagen u. ä.

Die organische Verbindung der Errungenschaften von Wissenschaft und Technik mit den Vorzügen des Sozialismus bewirkt somit maßgeblich, die notwendigen materiell-technischen, sozial-ökonomischen und geistig-kulturellen Bedingungen für die weitere Einschränkung und schließliche Überwindung der wesentlichen Unterschiede zwischen Stadt und Land zu schaffen.

W. Salecker

Aktuelle Probleme der Ausnutzung der angewandten Systemanalyse für die komplexe Vorbereitung von Maßnahmen zur Beschleunigung des wissenschaftlich-technischen Fortschritts und die Durchsetzung des Ziel-Programm-Herangehens

In der Deutschen Demokratischen Republik müssen im Fünfjahrplanzeitraum 1976 bis 1980 etwa 60 bis 70 % der Steigerung der Arbeitsproduktivität und etwa 80 % der Materialeinsparungen durch die Beschleunigung des wissenschaftlich-technischen Fortschritts erreicht werden. Wichtigste Voraussetzung dafür ist, daß die wissenschaftlich-technische Arbeit auf die vordringlichsten wirtschaftlichen Aufgaben gerichtet wird und sie sich am fortgeschrittenen internationalen Niveau orientiert, um es auf ausgewählten Gebieten zu übertreffen. Das stellt hohe Forderungen an die Leitung und Planung.

Es geht um die erfolgreiche Lösung der Aufgabe, den wissenschaftlich-technischen Fortschritt zu beschleunigen und seine ökonomischen und sozialen Wirkungen für die weitere Gestaltung der entwickelten sozialistischen Gesellschaft zu erhöhen. Das wird in allen Wirtschaftsbereichen bei einem gegebenen materiell-technischen und geistigen Potential von Forschung und Entwicklung vor allem davon bestimmt, wie gut es im jeweils konkreten Fall gelingt,

– durch hohe schöpferische Leistungen und gute Organisation das Niveau der wissenschaftlich-technischen Arbeit beständig weiter zu erhöhen;

– die wissenschaftlich-technische Arbeit bei der Entwicklung neuer Erzeugnisse, Technologien und Verfahren konsequent auf die Erreichung des ökonomisch wirksamen Endresultates einzustellen;

– der vorausschauenden Arbeit, insbesondere der langfristigen Vorbereitung und Planung der Rekonstruktion und technischen Erneuerung der Betriebe den entsprechenden Raum in der Leitungstätigkeit zu verschaffen und

– ausgehend von den sozialen und ökonomischen Entwicklungszielen, die Aufgaben in Wissenschaft und Technik nach einem einheitlichen Konzept zu bestimmen, die Planung von Wissenschaft und Technik zu qualifizieren sowie die Leitung und ökonomische Stimulierung des wissenschaftlich-technischen Fortschritts zu vervollkommnen.[1]

Die für die Beschleunigung des wissenschaftlich-technischen Fortschritts und die Erhöhung seiner ökonomischen und sozialen Effektivität notwendige Vervollkommnung der Leitung wird in hohem Maße von der Forderung nach höherer Komplexität geprägt. Diese Forderung hat ihren objektiven Hintergrund in dem Widerspruch zwischen

– der sich mit fortschreitender Vergesellschaftung immer stärker nach den Erfordernissen der Arbeitsteilung entwickelnden „zweigbezogenen" gesellschaftlichen Organisation von Produktion und Wissenschaft einerseits und

[1] Vgl. Bericht des Zentralkomitees der Sozialistischen Einheitspartei Deutschlands an den IX. Parteitag der SED, Berichterstatter: Genosse Erich Honecker, Berlin 1976, S. 74.

– der zunehmenden Zahl von inneren und äußeren Zusammenhängen und Wechselwirkungen, welche die ökonomische und soziale Effektivität der Maßnahmen zur Beschleunigung des wissenschaftlich-technischen Fortschritts bestimmen, andererseits.

Dadurch werden stetig neue Forderungen an eine höhere Qualität der Leitung und Planung der horizontalen Kooperation ausgelöst.

Wissenschaftlich-technischer Fortschritt, das sind die quantitativen und qualitativen Veränderungen in Wissenschaft und Technik, in deren Ergebnis neue Gebrauchswerte entstehen, die materiellen und geistigen Ressourcen der Gesellschaft immer effektiver im Sinne der Marxschen Ökonomie der Zeit[2] eingesetzt werden können.

In der Sphäre der materiellen Produktion geht es bei der Beschleunigung des wissenschaftlich-technischen Fortschritts insbesondere

– um die Vervollkommnung der Produktionsprozesse, die Einführung bereits bekannter technischer Lösungen, die eine höhere Arbeitsproduktivität und Ressourcenausnutzung sowie eine Qualitätsverbesserung der Produkte ermöglichen, und

– um die Entwicklung prinzipiell neuer Lösungen auf dem Gebiet der technischen Ausstattung und der Technologien, die neben einer höheren Arbeitsproduktivität und anderen qualitativ meßbaren ökonomischen Kenndaten zugleich auch zu quantitativen Veränderungen im Produktions- und Arbeitsprozeß führen.

Die Beschleunigung des wissenschaftlich-technischen Fortschritts ist unter sozialistischen Bedingungen untrennbar mit der Verbesserung der Arbeits- und Lebensbedingungen der Werktätigen verbunden, ist der Hauptaufgabe in ihrer Einheit von Wirtschafts- und Sozialpolitik untergeordnet. Sie vollzieht sich in hohem Maße über die Erneuerung der technischen Basis, die Mechanisierung, die Teilautomatisierung und die Automatisierung ausgewählter volkswirtschaftlich bedeutsamer Vorhaben. Die kontinuierliche Entwicklung des wissenschaftlich-technischen Fortschritts wird zugleich von solchen Erscheinungsformen der wissenschaftlich-technischen Revolution vorangetrieben, wie der Chemisierung, der Entwicklung der Lasertechnik, der Leichtbauweise und der Mikroelektronik. Nicht übersehen werden dürfen auch die zunehmende Mathematisierung vieler Wissenschaftsgebiete, die Entwicklung der technischen Kybernetik und das Entstehen neuer wissenschaftlicher Disziplinen, die der Beschleunigung des wissenschaftlich-technischen Fortschritts beständig neue Impulse geben (z. B. der Robotertechnik).

Die praktische Notwendigkeit, Formen und Methoden der Leitung zu entwickeln, die der zunehmenden Komplexität der bei der Beschleunigung des wissenschaftlich-technischen Fortschritts zu lösenden Probleme voll gerecht werden, ergibt sich vor allem aus drei großen Aufgabenkomplexen:

1. Die ökonomische und die soziale Effektivität des wissenschaftlich-technischen Fortschritts hängen zunehmend davon ab, wie gut es gelingt, die Beschleunigung des wissenschaftlich-technischen Fortschritts harmonisch in den Gesamtprozeß der weiteren Gestaltung der entwickelten sozialistischen Gesellschaft einzuordnen und planmäßig die Wechselwirkungen zwischen den Errungenschaften der wissenschaftlich-technischen Revolution und den Vorzügen der sozialistischen Ordnung gleichermaßen für den sozialökonomischen wie für den technischen Fortschritt zu nutzen.

Höhere Forderungen an die Komplexität der Leitung und Planung des wissenschaftlich-technischen Fortschritts ergeben sich in der DDR zum Beispiel im Zusammenhang mit der Herausbildung solcher volkswirtschaftlicher Komplexe zur weiteren Stärkung der materiell-technischen Basis wie des Energie- und Rohstoffkomplexes, des Kom-

[2] Vgl. K. Marx, Grundrisse der Kritik der Politischen Ökonomie, Berlin 1953, S. 89.

plexes Konsumgüterproduktion–Dienstleistungen–Handel, des Agrar-Industrie-Komplexes u. a. m.[3]

Aber auch die territoriale Rationalisierung, insbesondere die ökonomischen und sozialen Auswirkungen großer Automatisierungsprojekte auf die Gesamtheit der örtlichen Bedingungen, erfordern eine neuen Qualität der Leitung und Planung. Zum Beispiel bei der Einstellung der Infrastruktur auf den Übergang zum Drei- oder Vierschichtbetrieb bei großen, hochautomatisierten Industriekomplexen, die für eine Stadt oder einen Kreis profilbestimmend sind.

Die Vielzahl der für diese oder andere Komplexaufgaben charakteristischen Zusammenhänge und Wechselwirkungen zwischen politischen, sozialen, ökonomischen, technischen und anderen Faktoren kann von einer überwiegend nach dem Zweigprinzip organisierten Leitung und Planung allein nicht mehr beherrscht werden. Deshalb entsteht auf allen Leitungsebenen bei Aufgaben dieser Art objektiv die Notwendigkeit, in geeigneter Weise zur Arbeit mit Programmen oder programmähnlichen Leitungsinstrumenten überzugehen und eine harmonische Verbindung des Zweig-, Territorial- und Programmprinzips der Leitung und Planung zu sichern.

Die Komplexität des wissenschaftlich-technischen Fortschritts in seiner Verbindung mit dem gesellschaftlichen Fortschritt zu beherrschen, das bedeutet auch, rechtzeitig die sogenannten „Fernwirkungen" des wissenschaftlich-technischen Fortschritts zu fixieren. Zum Beispiel die Konsequenzen revolutionierender Elemente des wissenschaftlich-technischen Fortschritts, die in alle Bereiche der Wirtschaft oder möglicherweise in alle Lebensbereiche der Gesellschaft hineinreichen. Ein aktuelles Beispiel hierfür sind die gegenwärtig noch in ihrer Vielfalt kaum abzusehenden „Fernwirkungen", welche die forcierte Entwicklung und Produktion von Mikroprozessoren bzw. Mikrorechnern für die Automatisierung und Teilautomatisierung in allen Lebensbereichen der Gesellschaft, für die Freisetzung von Arbeitskräften in der Landwirtschaft und der Industrie zugunsten des Dienstleistungsbereiches und anderes mehr haben werden.[4]

2. Die Beschleunigung des wissenschaftlich-technischen Fortschritts und eine hohe ökonomische Verwertung von Wissenschaft und Technik werden in allen Wirtschaftsbereichen in hohem Maße davon bestimmt, wie gut es gelingt, die Maßnahmen zur Beschleunigung des wissenschaftlich-technischen Fortschritts in die Gesamtheit der Intensivierungsfaktoren einzuordnen und diese Gesamtheit der Intensivierungsfaktoren *im Komplex* wirksam zu machen.[5] Der Beschleunigung des wissenschaftlich-technischen Fortschritts kommt in diesem Prozeß die Rolle des Hauptkettengliedes zu.

Höhere Anforderungen an die Komplexität der Leitung und Planung ergeben sich zum Beispiel auf der Ebene der Betriebe und Kombinate hinsichtlich der vollen Beherrschung des Zusammenhanges „Objektive Leistungsanforderungen – formulierte Planziele – Ressourceneinsatz – Vervollkommnung der Leitung". In der Leitungspraxis kommt es darauf an, diesen Zusammenhang vor allem in den langfristigen Intensivierungskonzeptionen wirksam zu machen.

[3] Vgl. G. Mittag, Der Fünfjahrplan für die Entwicklung der Volkswirtschaft 1976 bis 1980. Der weitere Ausbau der materiell-technischen Basis. Die Notwendigkeit der Beschleunigung des wissenschaftlich-technischen Fortschritts, Berlin 1977, insbesondere S. 12.

[4] 6. Tagung des ZK, Zur weiteren Verwirklichung der Beschlüsse des IX. Parteitages der SED auf dem Gebiet der Elektrotechnik und Elektronik, Beschluß der 6. Tagung des Zentralkomitees der SED, Berlin 1977, insbesondere Abschnitt III.

[5] Vgl. Bericht des Zentralkomitees der Sozialistischen Einheitspartei Deutschlands an den IX. Parteitag der SED, Berichterstatter: Genosse Erich Honecker, a. a. O., S. 71.

Zusammenhänge und Wechselwirkungen bestehen bei der Planung und Realisierung komplexer Neuerungsprozesse zwischen folgenden Aktivitäten:

– dem vollen und rechtzeitigen Erkennen und Verdeutlichen der volkswirtschaftlichen, zweiglichen und territorialen Anforderungen an die wirtschaftlichen und sozialpolitischen Leistungen des Betriebes;

– der vollen Einstellung der Planziele und der Ressourcenausstattung auf die volkswirtschaftlichen, zweiglichen und territorialen Anforderungen an die wirtschaftlichen und sozialpolitischen Leistungen der wirtschaftenden Einheit;

– der konsequenten Orientierung aller Maßnahmen der sozialistischen Intensivierung, insbesondere der Maßnahmen zur Beschleunigung des wissenschaftlich-technischen Fortschritts, auf die Realisierung der Planziele bei gleichzeitiger Ausnutzung aller Möglichkeiten, die sich aus dem komplexen Wirksammachen der Intensivierungsfaktoren für die Freisetzung von Produktivitäts- und Effektivitätsreserven ergeben;

Entscheidend ist dabei die Beherrschung der Zusammenhänge und der Wechselwirkungen, die objektiv zwischen folgenden Hauptkomponenten der betrieblichen Intensivierung bestehen:

erstens, der wissenschaftlich-technischen und ökonomischen Orientierung sowie personellen, materiell-technischen und finanziellen Ausstattung des Forschungs- und Entwicklungspotentials;

zweitens, der Entwicklung des Umfanges, des technischen Niveaus und des Ausnutzungsgrades des Produktionsgrundfonds, was eine entsprechende effektive Beherrschung des Investitionsgeschehens einschließt;

drittens, der Entwicklung des Umfanges, der Qualität und des Ausnutzungsgrades der Produktionsumlauffonds, der Orientierung der betrieblichen Energie-, Material- und Rohstoffwirtschaft;

viertens, der Entwicklung des Umfanges, der Qualifikationsstruktur und des Grades der Ausschöpfung des betrieblichen Arbeitsvermögens; und

fünftens, der Stand und die Hauptrichtungen der Vervollkommnung der innerbetrieblichen, der überbetrieblichen und der internationalen Arbeitsteilung und Kooperation auf dem Gebiet der Forschung und Entwicklung ebenso wie im Bereich der Produktion und die sich aus ihnen ergebenden Formen der Produktions- und Arbeitsorganisation.)

– der vollen Einstellung des Systems der Leitung auf die Erfordernisse des komplexen Wirksammachens aller Intensivierungsfaktoren. (Dabei kommt es nicht zuletzt darauf an, zu sichern, daß *alle* Elemente des Leitungssystems gleichermaßen auf die Intensivierung eingestellt und vervollkommnet werden, d. h. die Organisationsstruktur der Leitung ebenso wie die Arbeits- und Verhaltensweisen der Leitungskader, die Planung und die Planabrechnung, die wirtschaftliche Rechnungsführung und die Leistungsbewertung der Kollektive, das System der ideellen und materiellen Stimulierung, der sozialistische Wettbewerb und die konkreten Formen der Einbeziehung der Werktätigen in die Leitung und Planung, die technische Basis der Leitung und die rechtliche Normierung der innerbetrieblichen Arbeitsteilung und Kooperation durch die Betriebsordnung, Funktionspläne, Organisationsanweisungen u. a. m.

Beherrschung der Komplexität heißt zugleich auch stets Erfassen des jeweiligen Hauptkettengliedes. Darin besteht die Dialektik eines jeden Systemherangehens.

Das Haupthemmnis für das volle konzeptionelle und praktische Beherrschen des Zusammenhanges zwischen „Objektiven Leistungsanforderungen – formulierten Planzielen – Ressourceneinatz – Vervollkommnung der Leitung" ist in Theorie und Praxis seine *scheinbare* Selbstverständlichkeit. Die Realität des Wirtschaftslebens zeigt jedoch tausendfach, daß jede Vernachlässigung des jeweiligen Hauptkettengliedes, jede Nichtbeachtung wesentlicher Wechselbeziehungen zwischen den Intensivierungsfaktoren sich in „verschenkten" Produktivitäts- und Effektivitätszuwachs verwandelt. Deshalb wächst die Bedeutung von Methoden der komplexen Analyse und Planung, die systematisch die intuitiv nicht mehr erfaßbare Vielfalt von Zusammenhängen und Wechselwirkungen bei der Beschleunigung des wissenschaftlich-technischen Fortschritts überschaubarer machen.

3. Die volle Beherrschung des Zyklus „Wissenschaft–Technik–Produktion" wird mit zunehmender Vergesellschaftung von Produktion und Wissenschaft bei vielen wichtigen Projekten immer mehr zu einer Frage der auf das Endergebnis (Endprodukt) orientierten Zusammenarbeit von Institutionen unterschiedlicher leitungsmäßiger Unterstellung nach einem *einheitlichen* Plan. Der Verbindlichkeit eines solchen einheitlichen Plans sind jedoch durch das Zweigprinzip der Leitung und Planung bestimmte Grenzen gesetzt. Deshalb vollzieht sich die planmäßige Zusammenarbeit von wissenschaftlich-technischen Projekten vielfach auf der Grundlage einer den konkreten Bedingungen angepaßten Verbindung des Zweig- und des Programmprinzips der Leitung und Planung.

In der DDR wird in diesem Zusammenhang die Frage diskutiert, welche Voraussetzungen geschaffen werden müßten, um bei der Planung von Wissenschaft und Technik stärker von dem gegenwärtigen Stil der „Themenplanung" zu einem Stil der „Programmplanung" überzugehen. Das würde bedeuten, daß in diesem Planungsbereich, beginnend bei der Stufe der angewandten Forschung und der ersten Schritte der Erzeugnis- und Verfahrensentwicklung, die Verbindung zu den Investitionen, der Produktionsstruktur, der Seite der Materialversorgung, der Absatzsicherung u. a. m. besser als bisher erfaßt werden. Es wäre auch erforderlich, den Staatsplan Wissenschaft und Technik noch stärker auf volkswirtschaftlich bedeutende Vorhaben zu konzentrieren, vor allem auf solche, die für die Entwicklung der Produktionsstruktur und den Export ein besonderes Gewicht haben und durch ein hohes Maß an volkswirtschaftlichen Verflechtungen gekennzeichnet sind.[6]

Die drei vorstehend genannten Aufgabenkomplexe lassen das Ziel-Programm-Herangehen stärker als bisher in das Blickfeld treten.

Das Ziel-Programm-Herangehen ist ein Prinzip der komplexen Leitung und Planung, das bereits seit dem Leninschen GOELRO-Plan in allen sozialistischen Ländern vom Grundsatz her vielfach praktiziert wurde. Es ist aus der praktischen Notwendigkeit entstanden, bei ausgewählten Komplexaufgaben das angestrebte wissenschaftlich-technische, wirtschaftliche oder sozialpolitische *Endergebnis* (Ziel) bereits von der Planung her in seiner ganzen Komplexität voll zu erfassen und durch entsprechende Formen der Leitungsorganisation als Komplex mit höchstmöglicher Effektivität zu realisieren.

Das Ziel-Programm-Herangehen soll die erfolgreiche Verwirklichung eines komplexen Endergebnisses (Zieles) auch unter der Bedingung gewährleisten, daß zur Realisierung dieser Komplexaufgabe mehrere oder viele eigenständige Organisationen mit spezifischen Aufgabenstellungen bei straffer Koordinierung ihrer Tätigkeit zusammenarbeiten müssen, ohne daß ihre Eigenständigkeit oder ihre Verantwortung für ihre spezifischen Aufgaben aufgehoben werden.

Das jeweils angestrebte komplexe Endergebnis (Ziel) und die Hauptwege seiner

[6] Vgl. Autorenkollektiv, Zur weiteren Vervollkommnung der Leitung, Planung und ökonomischen Stimulierung der gesellschaftlichen Produktion. Die Entwicklung und die Festigung der Kombinate in der sozialistischen Industrie (Thesen), in: Wirtschaftswissenschaft, 8/1977, S. 1127.

Realisierung werden zum Teil in *Zielprogrammen* fixiert. Die Zeithorizonte dieser Zielprogramme gehen in der Regel über den Zeitraum der Jahres- und Fünfjahrplanung hinaus.

Ihrem ökonomischen Inhalt nach sind die Methoden des Ziel-Programm-Herangehens letztlich auf eine höhere Komplexität der Leitung und Planung bei der Beherrschung der horizontalen Kooperation zwischen gleichberechtigten Partnern gerichtet.

Der Übergang zu einer verstärkten Anwendung des Ziel-Programm-Herangehens vollzieht sich in der sozialistischen Leitungspraxis schrittweise und über eine Vielfalt von hinsichtlich ihrer Konsequenz abgestuften konkreten Formen der Programmplanung. Diese Vielfalt wird auch in der ersten, seit Anfang 1977 vorliegenden, Analyse des Standes der Programmplanung in den Ländern des RGW deutlich.[7] Die konsequente Verwirklichung des Ziel-Programm-Herangehens dokumentiert sich in der DDR auf nationaler Ebene z. B. im Wohnungsbauprogramm der DDR bis 1990.

Für die bisherige Entwicklung des Ziel-Programm-Herangehens in der DDR ist unter anderem charakteristisch, daß es nicht zuerst von der Methode als solcher, sondern vom inhaltlichen Sachzwang zur Vervollkommnung der komplexen Leitung und Planung bestimmt wurde. Daraus resultiert auch, daß in der DDR bestimmte Formen des Ziel-Programm-Herangehens nicht unter der Bezeichnung „Zielprogramm" oder „Komplexprogramm" verwirklicht werden, sondern unter solchen Bezeichnungen wie „langfristige Konzeption", „Komplexe Aufgabe" u. a. m.

Beispiele dafür sind unter anderem die „Konzeption der langfristigen Entwicklung der naturwissenschaftlichen und mathematischen Grundlagenforschung sowie der Grundlagenforschung ausgewählter technischer Richtungen bis zum Jahre 1990"[8] sowie die „langfristigen Intensivierungskonzeptionen" der Betriebe, Kombinate und Zweigleitungen in der Wirtschaft der DDR.

Das Hauptproblem der weiteren Entwicklung des Ziel-Programm-Herangehens ist und bleibt die Sicherung einer harmonischen Verbindung von Zweig-, Territorial- und Programmplanung im Rahmen der einheitlichen sozialistischen Volkswirtschaftsplanung. Eine wichtige Bedingung dafür ist, daß die Gesamtheit der in Zielprogrammen für komplexe Aufgaben gebundenen Ressourcen nur einen bestimmten Teil der Gesamtheit der Ressourcen ausmachen darf, die den am Zielprogramm beteiligten Zweigen, Bereichen usw. insgesamt zur Verfügung stehen.

Wie in allen sozialistischen Ländern, so wurde auch in der DDR die Erfahrung gemacht, daß der komplexen analytisch-prognostischen Vorbereitung von Programmen und Konzeptionen für die Maßnahmen zur Beschleunigung des wissenschaftlich-technischen Fortschritts eine besondere Bedeutung zukommt. Das gilt für die großen gesamtstaatlichen Aufgabenkomplexe ebenso wie für die langfristigen Intensivierungskonzeptionen und Rekonstruktionsprogramme der Betriebe und Kombinate. Dabei geht es nicht nur schlechthin um die „analytisch-prognostische Basis" dieser Programme.

Immer stärker macht sich das Problem bemerkbar, daß in der Realisierungsphase von Programmen Veränderungen der Ausgangsbedingungen, neue Aspekte und Einflußgrößen und andere Faktoren bewältigt werden müssen. Das ist oft mit Verlusten an Zeit und ökonomischen Effekten verbunden. Diese können um so geringer gehalten werden, je besser in der Vorbereitungsphase diese Probleme untersucht, Optimierungsrechnungen vorgenommen, Ersatzstrategien geprüft und bereitgestellt werden.

7 Vgl. Komleksnye programmy razvitija v stranach SĖV, Institut ėkonomiki mirovoj socialističeskoy sistemy Akademija Nauk' SSSR, Moskva 1977.

8 K. Hager, Wissenschaft und Technologie im Sozialismus, Berlin 1974, S. 21.

Damit wird die Frage einer gezielteren Nutzung der *Systemanalyse* für die analytisch-prognostische Vorbereitung und wissenschaftliche Prüfung möglicher Risiken von Programmen zur Beschleunigung des wissenschaftlich-technischen Fortschritts schärfer gestellt als bisher. Die angewandte Systemanalyse gilt gegenwärtig als eine der wirksamsten wissenschaftlichen Methoden zur Lösung von komplexen Problemen, die durch den wissenschaftlich-technischen Fortschritt hervorgebracht werden und vielfach unter den Bedingungen der Unbestimmtheit vieler Einflußgrößen und widersprüchlicher Informationen gelöst werden müssen.[9]

Hinter dem heute international gebräuchlichen Begriff der „angewandten Systemanalyse" für interdisziplinäre und bei weitgehender Nutzung der elektronischen Rechentechnik durchzuführende wissenschaftliche Untersuchungen komplexer Problemstellungen steht nicht nur ein ganzes Arsenal von konkreten Methoden der materialistisch-dialektischen Analyse und Synthese von Ganzheiten, der logischen und mathematischen Modellierung, der Optimierungsrechnung u. a. m. Dahinter steht auch die Frage der Ausnutzung von Mathematik und Systemtheorie für die Vervollkommnung der Leitung, Planung und Organisation.

Es ist in diesem Zusammenhang jedoch wesentlich, darauf hinzuweisen, daß die angewandte Systemanalyse nicht schlechthin Anwendung mathematischer Methoden bedeutet. Die angewandte Systemanalyse beschäftigt sich in hohem Maße auch mit sogenannten „schwachstrukturierten" Entscheidungsproblemen, d. h. komplexen Problemen, die der traditionellen Anwendung mathematischer Methoden in der Ökonomie bisher nicht zugänglich waren.

Für die ausgewogene wissenschaftliche Einordnung der Bedeutung, welche die angewandte Systemanalyse für die komplexe Vorbereitung von Maßnahmen zur Beschleunigung des wissenschaftlich-technischen Fortschritts und die Durchsetzung des Ziel-Programm-Herangehens hat, sind folgende Feststellungen wichtig:

1. Die angewandte Systemanalyse ist die gegenwärtig am weitesten entwickelte Form der Synthese wissenschaftlicher Analysemethoden und der Ausnutzung von Mathematik und Rechentechnik für die umfassende *interdisziplinäre wissenschaftliche Analyse* komplexer Objekte sowie die Ermittlung effektivster Lösungswege für komplexe Aufgabenstellungen auch unter den Bedingungen der Nichtüberschaubarkeit bestimmter Einflußgrößen und unvollständiger Information.

Bezeichnend für die angewandte Systemanalyse sind das kritische Prüfen der Ziele und der Wege zu einem komplexen Endergebnis, die Simulation möglicher Problementwicklungen, die Optimierung und die Bereitstellung von Ersatzstrategien für den Fall, daß sich wesentliche Ausgangsbedingungen oder Einflußgrößen im Verlauf der Entwicklung verändern.

Damit kann die Systemanalyse auch einen wesentlichen Beitrag zur Lösung des immer stärker in das Blickfeld tretenden Problems leisten, das Risiko von Maßnahmen zur Beschleunigung des wissenschaftlich-technischen Fortschritts in vertretbaren Grenzen zu halten.[10]

2. Die auf der Grundlage des dialektischen und historischen Materialismus angewandte Systemanalyse ist als solche selbst ein Ausdruck für die Ausnutzung von Errungenschaften der wissenschaftlich-technischen Revolution für die erkenntnisseitige

[9] Vgl. D. M. Gwischiani, Über das Internationale Institut für angewandte Systemanalyse, in: Neue Zeit, 9/1973, S. 12/13.

[10] Vgl. z. B. H. Nick, Bedingungen und Maßstäbe für den wissenschaftlich-technischen Fortschritt und die Erhöhung seiner ökonomischen und sozialen Wirkungen, in: Die Wirtschaft, 16/1977, S. 5/6.

Beherrschung von komplexen Systemen in Natur, Technik und Gesellschaft und die wissenschaftliche Vorbereitung von Projekten zur Beschleunigung des wissenschaftlich-technischen Fortschritts.

Dieser prinzipiellen Bedeutung der angewandten Systemanalyse entsprechen auch die wissenschaftlichen und wissenschaftsorganisatorischen Aktivitäten, die in der UdSSR, der DDR und anderen sozialistischen Ländern entfaltet wurden, insbesondere seit 1972 im Zusammenhang mit der Beteiligung dieser Länder an der Arbeit des Internationalen Institutes für angewandte Systemanalyse.

So gibt es zum Beispiel gegenwärtig in den Forschungsbereichen der Akademie der Wissenschaften (AdW) der DDR und im Wirkungsbereich des Komitees für angewandte Systemanalyse beim Präsidenten der AdW der DDR eine zunehmende Zahl von Ansätzen, rechnergestützte interdisziplinäre Untersuchungen von komplexen Problemen der Intensivierung und der Beschleunigung des wissenschaftlich-technischen Fortschritts im strengen Sinne der angewandten Systemanalyse durchzuführen (Energie- und Rohstoffproblematik, wasserwirtschaftliche Probleme u. a. m.).

3. Jede auf der Grundlage der Erkenntnisse des Marxismus-Leninismus durchgeführte interdisziplinäre wissenschaftliche Analyse komplexer Erscheinungen in Natur, Technik und Gesellschaft beinhaltet wesentliche Merkmale der angewandten Systemanalyse und nähert sich in dem Maße den konsequenten Formen dieser Systemanalyse, wie die Mathematik und die moderne Rechentechnik für die Simulation von realen Prozessen und die wissenschaftliche Begründung von Strategien bei der Lösung komplexer Aufgaben eingesetzt werden.

Daraus folgt unter anderem, daß es letztlich nicht darum geht, die Systemanalyse als solche zu favorisieren: Die Mehrzahl der prognostisch-analytischen Vorarbeiten, die zum Beispiel von zeitweiligen Arbeitsgruppen von Wirtschaftsfunktionären und Wissenschaftlern immer schon in der Vorbereitungsphase wichtiger Dokumente der Partei und Regierung, der Programme und Konzeptionen der wirtschaftsleitenden Organe und Betriebe und Kombinate geleistet wurden und auch weiterhin geleistet werden, entsprechen wesentlichen Merkmalen der angewandten Systemanalyse.

Was in der überwiegenden Zahl der konkreten Fälle jedoch noch ungenügend entwickelt ist, das ist die Seite der vollen Ausnutzung der theoretisch vorhandenen Möglichkeiten, durch den Einsatz logischer und mathematischer Hilfsmittel zu einer höheren Stufe der wissenschaftlichen Begründung von Entscheidungen zu kommen und Zielprogramme, langfristige Entwicklungskonzeptionen und andere Leitungsinstrumente zur Durchsetzung der Intensivierung und Beschleunigung des wissenschaftlich-technischen Fortschritts durch Optimierungsrechnungen, Ersatzstrategien, Risikoabwägungen und Effektivitätsrechnungen „sicherer" zu machen.

Die für die Qualifizierung des Ziel-Programm-Herangehens bei der Beschleunigung des wissenschaftlich-technischen Fortschritts und der Erhöhung seiner ökonomischen und sozialen Effektivität erforderliche höhere Qualität der wissenschaftlichen *Vorbereitung* von Entscheidungen läßt damit zugleich Grundfragen einer höheren Ausnutzung von Mathematik und elektronischer Rechentechnik für die Vervollkommnung der Leitung und Planung des wissenschaftlich-technischen Fortschritts in das Blickfeld treten. Die Vervollkommnung der Leitung und Planung des wissenschaftlich-technischen Fortschritts bedingt selbst die stärkere Nutzung des wissenschaftlich-technischen Fortschritts in der Leitung und Organisation, verkörpert in einem höheren Grad der Mathematisierung und einem höheren Ausnutzungsgrad der elektronischen Rechentechnik für die Entscheidungsvorbereitung.

Die für diesen Entwicklungsprozeß notwendigen wirtschaftswissenschaftlichen Erkenntnisse zu erarbeiten, wird zunehmend zu einem konkreten Beitrag der wirtschaftswissenschaftlichen Forschung für die Beschleunigung des wissenschaftlich-technischen Fortschritts in der Praxis sozialistischer Wirtschaftsführung.

4. Eine von den realen qualitativen Erfordernissen der Intensivierung und der Beschleunigung des wissenschaftlich-technischen Fortschritts ausgehende verstärkte Orientierung auf die angewandte Systemanalyse könnte zugleich wesentlich zu einer schrittweisen Überwindung eines in der Wirtschaftspraxis vorhandenen Widerspruchs führen. Dieser Widerspruch besteht in der Diskrepanz, die zwischen dem theoretisch vorhandenen Arsenal auf dem Gebiet der mathematischen Modellierung ökonomischer und technischer Prozesse einerseits und dem tatsächlichen Stand der Nutzung dieses Arsenals klafft.

Neueste Analysen des Standes der Breitenwirkung mathematischer Modelle und Methoden in der Wirtschaftspraxis der DDR[11] zeigen die Dringlichkeit einer beschleunigten Erschließung der potentiellen Produktivitäts-und Effektivitätsreserven, die in einer umfassenderen Einbeziehung vorliegender mathematischer Modelle und Methoden in die EDV-Projekte liegen. Setzt man die Zahl der in der DDR bis 1976 registrierten EDV-Projekte und -Programme mit einem Aufwand von mehr als 10 000 Mark gleich 100, so beträgt der Anteil der Programme und Projekte mit mathematischem Charakter 9 %.

An Bedeutung gewinnt die angewandte Systemanalyse auch auf einem anderen Gebiet: Sie wird zunehmend zum methodologischen Ausgangspunkt für die Entwicklung von relativ einfachen Algorithmen, die zu zweckbestimmten Methoden der Intensivierung der geistig-schöpferischen Arbeit oder der Intensivierung von Produktionsabschnitten führen.

Ein sich zunehmend in der UdSSR durchsetzendes und inzwischen auch in der DDR bekanntgewordenes Beispiel für die Modifizierung der angewandten Systemanalyse, welche wesentlich zur Intensivierung von Forschung und Entwicklung beitragen kann, ist das System ARIS, ein Algorithmus zur Lösung der Aufgaben des Erfindungswesens.[12]

In der DDR wurden ähnliche Algorithmen im Rahmen der Ausnutzung der Systematischen Heuristik entwickelt. In der chemischen Industrie der DDR wurden gerade in den letzten Jahren durch sogenannte „Prozeßanalysen", die nach Prinzipien der Systemanalyse organisiert sind, beachtliche Produktivitäts- und Effektivitätsreserven freigesetzt.[13]

In diesem Zusammenhang sei auf ein sich abzeichnendes neues Anwendungsgebiet der Systemanalyse hingewiesen:

Mikrorechner/Mikroprozessoren werden in absehbarer Zukunft eine nicht zu unterschätzende Bedeutung für die Automatisierung von Prozessen erlangen, die aus technischen und wirtschaftlichen Gründen der herkömmlichen Prozeßsteuerung und damit

[11] Z. B. Hans Fischer, Verallgemeinerung von Erfahrungen bei der Anwendung mathematischer Modelle in der Leitung und Planung der Wirtschaft der DDR, Zentralinstitut für sozialistische Wirtschaftsführung beim ZK der SED, Berlin 1977, unveröffentlichtes Manuskript.

[12] Vgl. insbesondere N. Linkowa, Das System ARIS – die Organisierung schöpferischer Prozesse im Erfindungswesen; G. Altschuller, Was bedeutet ARIS? sowie ARIS-Studenten kommen zu Wort, in: Presse der Sowjetunion, 36/1977 und 37/1977.

[13] Siehe in diesem Zusammenhang auch S. Tannhäuser, Wissenschaftlich-technischer Fortschritt und Grundfondsreproduktion – betriebswirtschaftliche Probleme, im vorliegenden Heft.

auch der Automatisierung nicht zugänglich waren. Das gilt insbesondere für viele betriebsspezifische Hilfs- und Nebenprozesse der Produktion, die gegenwärtig noch eine beständig steigende Zahl von Arbeitskräften binden. Damit werden auch der Eigenproduktion betriebsspezifischer Rationalisierungsmittel neue Perspektiven eröffnet. Der Einsatz von Mikroprozessen für betriebsspezifische Automatisierungen wird sich jedoch im Verhältnis zur Einsatzvorbereitung der herkömmlichen elektronischen Datenverarbeitung sehr „dezentralisiert" und in einer Vielfalt von „kleinen" Automatisierungsvorhaben vollziehen.

Der ökonomische Effekt des Einsatzes von Mikroprozessoren für die betriebliche Automatisierung wird sich also letztlich vielfach nicht zuerst aus dem konzentrierten Einsatz, sondern aus der Summe vieler „kleiner" Automatisierungsvorgänge ergeben. Damit werden das „Aufspüren" und die Schaffung von Systemunterlagen, insbesondere für Hilfs- und Nebenprozesse, für die es sich lohnt, betriebsspezifische Automatisierungsmittel auf der Basis von Mikroprozessoren einzusetzen, zu einer entscheidenden Voraussetzung für die höchstmögliche ökonomische Verwertung des Mikroprozessors als eines Zugpferdes für die Beschleunigung des wissenschaftlich-technischen Fortschritts in der Produktion.

Die notwendige Breitenwirkung eines solchen Herangehens als Voraussetzung für hohe ökonomische Effekte der Anwendung von Mikroprozessoren kann jedoch nur erreicht werden, wenn den Neuerern der Produktion, den Technologen und Produktionsorganisatoren im unmittelbaren Produktionsbereich zugleich auch die notwendigen Methoden für die Erarbeitung bzw. zumindest für die Vorbereitung von Sytemunterlagen für Mikroprozessoren/Mikrorechner vermittelt werden.

Für die Theoretiker der Systemforschung und der angewandten Systemanalyse stellt sich damit die Aufgabe, zweckbestimmte und zugleich möglichst vielseitig anwendbare Methoden der Systemanalyse zu entwickeln, die es einem möglichst großen Kreis von Neuerern, Technologen und Organisatoren ermöglichen, Systemunterlagen für Mikroprozessoren zu erarbeiten. Das bedeutet, methodisch ein neues Feld der Systemanalyse bei der Einsatzvorbereitung der elektronischen Informationsverarbeitung zu erschließen und einen entsprechenden zeitlichen Vorlauf dieser Arbeiten zu sichern.

Zusammenfassend läßt sich feststellen:

Die offensichtlich zunehmende Bedeutung der angewandten Systemanalyse für die Qualifizierung des Ziel-Programm-Herangehens bei der Beschleunigung des wissenschaftlich-technischen Fortschritts läßt folgende Probleme Gewicht gewinnen:

1. Eine schrittweise *Überwindung* der gegenwärtig noch vorhandenen *„Ressortschranken"* zwischen denjenigen wissenschaftlichen Einrichtungen, welche auf die angewandte Systemanalyse spezialisiert sind, einerseits und denjenigen wirtschaftswissenschaftlichen Einrichtungen, die sich mit den ökonomischen und sozialen Problemen des wissenschaftlich-technischen Fortschritts beschäftigen, andererseits. Diese „Ressortschranken" haben ihren realen Hintergrund auch in der Entwicklungsgeschichte der Systemanalyse, insbesondere in dem Einfluß, den bis heute die technische Systemanalyse(als wesentliches Anwendungsgebiet der Kybernetik) auf bestimmte Methoden der angewandten Systemanalyse hat und auch weiterhin haben wird.

2. Eine *tiefere wirtschaftswissenschaftliche Durchdringung* der Gesamtproblematik „Vervollkommnung der komplexen Leitung und Planung – Ziel-Programm-Herangehen – angewandte Systemanalyse".[14] Entscheidend ist dabei, die Erkenntnis durchzu-

[14] Die Forderung, die Systemanalyse stärker in das Blickfeld der wirtschaftswissenschaftlichen Forschung zu rücken, wurde von H. Koziolek bereits Mitte 1973 gestellt. Vgl.

setzen, daß es sich hier nicht zuerst um die Frage dieser oder jener Leitungsmethode handelt, sondern um das Ringen um eine *neue Qualität der Beherrschung der horizontalen Kooperation in Wissenschaft und Wirtschaft sowie bei der Verbindung von Wissenschaft und Leitungspraxis.* Von einer solchen Position her wird es auch möglich sein, mit einem Problem fertig zu werden, dessen praktische Bedeutung für die Durchsetzung des Ziel-Programm-Herangehens durch die sozialistischen Wirtschaftswissenschaftler nicht unterschätzt werden darf.

Die theoretische Arbeit auf dem Gebiet der Ziel-Programm-Methode und der Systemanalyse wurde bisher überwiegend durch praxisorientierte Mathematiker und Vertreter technischer und anderer nichtökonomischer Disziplinen vorangetrieben. Das hat nicht nur zu einer teilweise sehr einseitigen Orientierung auf die mathematisch-systemtheoretischen Aspekte der Systemanalyse und die technischen Probleme der Vorbereitung automatisierter Systeme für die Leitung und Planung geführt. Es gab auch Beispiele für eine unkritische Übernahme von bürgerlichen „Konzeptionen der Regulierung der sozialistischen Wirtschaft", die für die sozialistische Wirtschaft völlig untauglich sind und im Widerspruch zu der im entwickelten Sozialismus gesetzmäßig zunehmenden Rolle des subjektiven Faktors stehen. Die wirtschaftswissenschaftliche Durchdringung der Gesamtproblematik Ziel-Programm-Methoden/Systemanalyse muß deshalb auch die permanente marxistisch-leninistische Auseinandersetzung mit den Ergebnissen der Arbeit bürgerlicher Systemanalytiker und bürgerlicher Interpretationen der Rolle der Systemanalyse für den gesellschaftlichen und technischen Fortschritt einschließen.

3. Eine *konstruktive Denkhaltung* der Ökonomen in Theorie und Praxis *zur Mathematisierung* der ökonomischen Analysentätigkeit und zur Ausnutzung formallogischer und mathematischer Verfahren bei der Entscheidungsfindung über „schwachstrukturierte" komplexe Probleme des wissenschaftlich-technischen Fortschritts und der sozialistischen Intensivierung überhaupt.

Das schließt auch eine neue Denkhaltung zur vollen Ausschöpfung des geistig-schöpferischen Potentials ein, welches nicht nur die in der Wirtschaftspraxis tätigen Absolventen mathematischer Disziplinen, sondern auch die in den letzten Jahren beständig besser mit mathematischen Kenntnissen ausgestalteten Absolventen wirtschaftswissenschaftlicher Ausbildungseinrichtungen verkörpern.

Dieses wissenschaftliche Potential wird gegenwärtig nur zu einem Teil für die anstehenden Aufgaben genutzt. Viele Mathematiker sind nicht ihrer Ausbildung und ihren Fähigkeiten entsprechend eingesetzt u. a. m. Auch zeigt sich, daß von den Industriebetrieben der DDR mit einer Beschäftigtenzahl von über 1000 Personen 1976 nur etwa ein Drittel mathematische Modelle und Methoden für die Vervollkommnung der Leitung und Planung, die technische Produktionsvorbereitung und die Grundlagenforschung ausnutzten.[15]

Mit der Forderung nach stärkerer Nutzung der angewandten Systemanalyse werden zugleich potentielle geistig-schöpferische Reserven in das Blickfeld gerückt, deren planmäßige Mobilisierung mit gesellschaftlich relativ geringem Aufwand einen nicht zu unterschätzenden Beitrag zur Beschleunigung des wissenschaftlich-technischen Fortschritts und zur Erreichung der Planziele für die Steigerung der gesellschaftlichen Arbeitsproduktivität erbringen könnte.

H. Koziolek, Wie steht es um unsere wirtschaftswissenschaftliche Forschung, in: Einheit, 6/1973, S. 667.

15 H. Fischer, Verallgemeinerung von Erfahrungen bei der Anwendung mathematischer Modelle in der Leitung und Planung der Wirtschaft der DDR, a. a. O.

G. SCHOLL

Zu einigen Problemen der Planung des Zusammenhangs zwischen Wissenschaft und Technik und den Grundfonds

Der IX. Parteitag der Sozialistischen Einheitspartei Deutschlands widmete den Fragen der Planung von Wissenschaft und Technik, der schnellen und breiten Einführung ihrer Ergebnisse in die Produktion sowie der Erhöhung des Nutzeffekts des wissenschaftlich-technischen Fortschritts große Aufmerksamkeit. Es wurde betont, daß „eine reale Analyse ergibt, daß die Hauptreserven für die Beschleunigung des wissenschaftlich-technischen Fortschritts der Volkswirtschaft in der raschen Umsetzung der Ergebnisse von Forschung und Entwicklung in die Produktion bestehen".[1]

Die inhaltliche Richtung der weiteren Arbeit läßt sich in vier Punkten zusammenfassen:

1. Im Interesse des volkswirtschaftlichen Nutzeffektes, der Güte, des Gebrauchswertes, der Lebensdauer, der Funktionssicherheit und der Kosten der Erzeugnisse ist das Niveau der wissenschaftlich-technischen Arbeit durchgängig weiter zu erhöhen. In den Plänen müssen die dazu erforderlichen ökonomischen und wissenschaftlich-technischen Ziele und Realisierungsfristen umfassender und zwingender zum Ausdruck gebracht werden.

2. Eine Forschungs- und Entwicklungsaufgabe ist erst dann als beendet anzusehen, wenn sich der Gebrauchswert des Erzeugnisses in der Produktion oder Konsumtion voll bewährt hat und seine Herstellung ökonomisch effektiv ist. Die mit der Überleitung von Forschungsergebnissen erforderlich werdenden Rekonstruktions- und Investitionsmaßnahmen, einschließlich der Vorbereitung der Kader, müssen rechtzeitig geplant und vorbereitet werden.

3. Der vorausschauenden Arbeit ist eine erhöhte Bedeutung beizumessen. Alle Erfahrungen zeigen, daß die Produktion langfristig durch wissenschaftlich-technische Leistungen auf höchstem Niveau über mehrere Jahre hinaus vorbereitet werden muß. Die ständige Rekonstruktion und technische Erneuerung der Betriebe muß – in ständiger Übereinstimmung mit der geplanten wissenschaftlich-technischen Entwicklung – nach einem exakten Plan erfolgen.

4. Es ist notwendig, ausgehend von den sozialen und ökonomischen Entwicklungszielen, die Aufgaben von Wissenschaft und Technik nach einem einheitlichen Konzept zu bestimmen. Die Grundrichtung hierfür sind die beschlossenen „Konzeptionen über die langfristige Entwicklung der naturwissenschaftlichen und mathematischen Grundlagenforschung sowie zur Entwicklung der Naturwissenschaft und Technik bis 1990 für wichtige Bereiche der Volkswirtschaft"[2].

Da die Überleitung neu- bzw. weiterentwickelter Erzeugnisse in die Produktion, die Anwendung neuer Technologien in den weitaus meisten Fällen mit Investitionen verbunden ist, ist die Klärung der objektiven Zusammenhänge zwischen der Entwicklung

[1] Bericht des Zentralkomitees der Sozialistischen Einheitspartei Deutschlands an den IX. Parteitag der SED, Berichterstatter: Genosse Erich Honecker, Berlin 1976, S. 57.

[2] Ebenda, S. 73.

von Wissenschaft und Technik und den Investitionen – damit den Fragen der Reproduktion der Grundfonds – sowie die daraus zu ziehenden Schlußfolgerungen für die Planung ein entscheidendes Problem für die Erhöhung der Effektivität des volkswirtschaftlichen Reproduktionsprozesses überhaupt.

Im Verlaufe des sozialistischen Aufbaues sind die Grundfondsbestände in den Ländern des RGW bedeutend gewachsen. In der Industrie der DDR stiegen sie im Zeitraum von 1960 bis 1975 in vergleichbaren Preisen auf 212,6 %. Im gleichen Zeitraum erhöhte sich der Grundfondsbestand pro Beschäftigten in der Industrie auf 191,5 %.

Diese quantitativen Beziehungen allein genügen jedoch nicht für die Charakterisierung der materiell-technischen Basis in der Industrie. Entscheidend ist die qualitative Charakterisierung der Grundfonds, die Leistungsfähigkeit des Maschinenparks sowie die angewendete Technologie, wie sie sich mit der weiteren Verwirklichung der wissenschaftlich-technischen Revolution ergeben hat. In der Industrie der DDR sind im Ergebnis einer planmäßigen Investitionstätigkeit heute über 40 % aller Ausrüstungen (wertmäßig gerechnet) nicht älter als 5 Jahre. 1976 waren 43,2 %[3] der klassifizierbaren Ausrüstungen der Industrie automatisiert.

Gleichzeitig muß jedoch beachtet werden, daß durch eine relativ geringe Aussonderung ein erheblicher Anteil physisch verschlissener und damit auch technisch veralteter Ausrüstungen noch in Betrieb ist. Das belastet die Effektivitätsentwicklung der Industrie durch eine relativ niedrigere Arbeitsproduktivität und von Jahr zu Jahr wachsende Reparaturaufwendungen für die Erhaltung der Leistungsfähigkeit dieser Ausrüstungen. Waren 1965 noch 14,8 % aller Produktionsarbeiter der Industrie im Reparaturwesen eingesetzt, so erhöhte sich dieser Anteil bis 1975 auf 16,6 %[4]. Sowohl der XXV. Parteitag der KPdSU als auch der IX. Parteitag der SED haben deshalb dem weiteren Ausbau der materiell-technischen Basis große Aufmerksamkeit gewidmet.

Die weitere Durchsetzung des wissenschaftlich-technischen Fortschritts stellt uns Ökonomen die Aufgabe, für die Volkswirtschaftsplanung nach zweckmäßigeren Wegen und Verfahren zu suchen, um den Prozeß der Erneuerung der Grundfonds einschließlich der Herausbildung einer effektiveren Struktur auf der Basis ständig effektiverer Ergebnisse von Wissenschaft und Technik immer besser zu beherrschen. Die wachsenden Effektivitätsanforderungen an die Volkswirtschaft erfordern, die Planung so zu gestalten, daß erstens Wissenschaft und Technik schwerpunktmäßig auf die Gebiete konzentriert werden, wo

- vom Standpunkt des kurz- und langfristigen Bedarfs der Volkswirtschaft und der Bevölkerung besonders schnelle quantitative und qualitative Entwicklungstempi notwendig sind,
- sowohl hinsichtlich der Erzeugnisse als auch der angewendeten Technologie ein Maximum an volkswirtschaftlicher Effektivitätsentwicklung erreicht werden kann.

Zweitens müssen die objektiv in der Wirtschaft bestehenden Zusammenhänge zwischen Wissenschaft und Technik, Überführung ihrer Ergebnisse (sowohl konstruktiver als auch technologischer Art), dafür erforderliche Investitionen, Kader sowie materielle Fonds und die Organisation der Produktion so erfaßt werden, daß

- der Gesamtablauf dieses Prozesses zeitlich minimiert,
- ein reibungsloser Übergang von einer in die folgende Phase gesichert wird und
- die bei der Einführung neuer wissenschaftlich-technischer Ergebnisse entstehenden

[3] Statistisches Jahrbuch der DDR 1977, Berlin 1977, S. 133.
[4] Ebenda, S. 133.

neuen Proportionalitätsbeziehungen weitestgehend erfaßt und von vornherein geplant werden.

Die Lösung dieser Aufgaben erfordert weitergehende Überlegungen insbesondere hinsichtlich der Qualifizierung der langfristigen Planung sowie der Komplexität der Planung, insbesondere in der Richtung des Zusammenhangs zwischen Wissenschaft und Technik, Investitionen und Effektivität der vorhandenen und der neu zu schaffenden Grundfonds.

Maßnahmen auf dem Gebiet der langfristigen Planung

Der Ausbau der materiell-technischen Basis kann nur als langfristiger Prozeß durchgesetzt werden. Das ergibt sich in erster Linie aus der Länge des Reproduktionszyklus der Grundfonds und der Höhe der notwendigen Fondsaufwendungen. In den letzten Jahren wurde in allen Ländern des RGW die langfristige Planung verstärkt. Solche Planungsmethoden wie die Ausarbeitung der internationalen Zielprogramme sowie damit verbundener nationaler Programme – in der DDR z. B. das Energieprogramm oder das Wohnungsbauprogramm – schufen Voraussetzungen, grundlegende Fragen der materiell-technischen Basis, insbesondere ihrer Produktionsstruktur, planmäßig immer besser zu beherrschen. Zu den entscheidenden Grundfragen der planmäßigen Gestaltung der materiell-technischen Basis gehört im Interesse einer stabilen Effektivitätsentwicklung ihre systematische Erneuerung auf einem hohen technischen Niveau. Dabei geht es um die planmäßige Erhöhung des Niveaus ganzer technologischer Prozesse vom Finalprodukt zu den vorgelagerten Produktionsstufen, weil auf diesem Wege, mit dieser Komplexität, ein hoher Effektivitätsfortschritt und ein schnelles Wachstumstempo erreichbar ist. Gerade das gegenwärtige Nebeneinander zwischen moderner Technik, traditioneller und zum Teil verschlissener, technisch veralteter, relativ unproduktiver Technik im technologischen Gesamtablauf bei der Herstellung eines Enderzeugnisses führt dazu, daß die der neuen Technik innewohnenden Effektivitätsmöglichkeiten durch die vor- und nachgelagerten Produktionsstufen häufig nicht voll zur Wirkung gebracht werden können. Das gilt auf betrieblicher Ebene genauso wie auf zweiglicher Ebene und zwischen den Industriezweigen. Die Qualität (das technische Niveau) eines Finalerzeugnisses und die volkswirtschaftliche Effektivität seiner Herstellung hängen nicht nur von Technologie und Konstruktion in der Endstufe der Produktion ab, sondern gleichermaßen von Konstruktion und Technologie aller Zulieferungen.

Über solche – vom technologischen Prozeß her komplex zusammenhängenden – analytischen Kenntnisse (einschließlich notwendiger Schlußfolgerungen insbesondere für Wissenschaft und Technik sowie Investitionen) verfügt meines Erachtens die Planung der DDR gegenwärtig noch nicht in ausreichendem Maße. Es gibt Intensivierungskonzeptionen der Kombinate und Betriebe, die diese Probleme zum Teil mit erfassen. Aber sie hören vielfach an den Kombinats- bzw. Betriebsgrenzen auf und erfassen nicht ganze, objektiv zusammenhängende Prozesse oder ganze Zweige, unabhängig von den leitungsmäßigen Verantwortungsbereichen.

Es erscheint deshalb dringend notwendig, in der künftigen wissenschaftlichen Arbeit den Problemen der Herausarbeitung einer langfristigen volkswirtschaftlichen Strategie des Erneuerungs- und Modernisierungsprozesses der materiell-technischen Basis größere Aufmerksamkeit zu widmen.

Bei der Ausarbeitung solcher langfristiger Konzeptionen müßte meines Erachtens von einer komplexen Bestimmung des Inhalts der materiell-technischen Basis ausgegangen werden. Eine solche Konzeption muß mehr sein als nur eine Grundfonds- bzw. Investitionskonzeption. Die Konzeptionen müßten sich auf eine Analyse des technisch-ökonomischen Niveaus der Produktionsbasis gründen, deren Effektivität und Proportionalität sowie die Reserven widerspiegeln. Sie müßten perspektivische Einschätzungen der qualitativen (wissenschaftlich-technischen) Weiterentwicklung der betreffenden Erzeugnisse – sowohl in Konstruktion als auch in Technologie – enthalten. Insbesondere wäre zu prüfen, ob perspektivisch mit prinzipiellen technologischen Veränderungen gerechnet werden muß. Aus allen solchen Überlegungen abgeleitet, müßten die Erneuerungserfordernisse der vorhandenen materiell-technischen Basis eingeschätzt werden. Gleichzeitig wäre die Ausarbeitung konkreter Zielstellungen für die perspektivische Gestaltung der materiell-technischen Basis notwendig, um den Übergang in die Fünfjahrplanung zu sichern.

Aus der Gesamtheit solcher Untersuchungen und Schlußfolgerungen würden sich wichtige Aspekte für das inhaltliche Herangehen und für die Schwerpunkte der Planung ergeben, insbesondere auf den Gebieten Wissenschaft und Technik, Investitionen sowie sozialistische ökonomische Integration. Es könnten so z. B. Grundlagen geschaffen werden, damit mehr wissenschaftlich-technische Ergebnisse hervorgebracht werden, die von vornherein darauf ausgerichtet sind, der Modernisierung vorhandener Grundfonds im Interesse der Intensivierung zu dienen – eine Richtung der wissenschaftlich-technischen Entwicklung, die oft noch zu wenig im Vordergrund der Forschung steht.

Verstärkung der Komplexität der Planung

Umfang, technisches Niveau und Grad der Verflechtung der materiell-technischen Basis stellen wachsende Anforderungen an die Komplexität der Planung. Dabei ist es notwendig, verschiedene Seiten bzw. Gruppen der Komplexität zu beachten.

1. Wesentliche Fortschritte konnten in der DDR dadurch erzielt werden, daß 6 volkswirtschaftliche Problembereiche festgelegt wurden, die im Komplex in die Pläne eingeordnet werden. Solche Komplexe sind z. B. die Energie- und Rohstoffbasis, die Konsumgüterproduktion (einschließlich Dienstleistungen und Handel), die Bauwirtschaft usw. Da 5 dieser Komplexe mit den Themen der Zielprogramme des RGW identisch sind, stellen sie gleichzeitig eine Grundlage der nationalen Planung für die weitere Durchsetzung der sozialistischen ökonomischen Integration dar.

Wissenschaftlich muß weiter erarbeitet werden, was vom Standpunkt der volkswirtschaftlichen Verflechtung einem solchen Komplex zugeordnet werden kann und muß, um einerseits die volkswirtschaftliche Proportionalität besser zu sichern, andererseits diese Komplexe so abzugrenzen, daß in der praktischen Planung noch eine ausreichende Übersichtlichkeit gewahrt wird. Bestimmte Teilergebnisse konnten schon beim Agrar-Industrie-Komplex erreicht werden.

2. Zur weiteren Erhöhung der Proportionalität der materiell-technischen Basis ist vor allem die Komplexität im Sinne von Querschnittskomplexen (z. B. Beziehungen zwischen Wissenschaft und Technik einerseits und den Investitionen andererseits, Komplexität zwischen den Zweigen oder auch zwischen Zweig und Territorium) von Bedeutung.

Es kann nicht davon ausgegangen werden, daß bei der weiteren Verwirklichung der wissenschaftlich-technischen Revolution die Proportionen zwischen den Zweigen und Bereichen stabil bleiben. Die Proportionalität der Volkswirtschaft ist als Prozeß ständiger qualitativer und quantitativer Veränderungen zu sehen. Mit der Realisierung jeder wissenschaftlich-technischen Aufgabe, mit jeder neuen Investition werden objektiv neue volkswirtschaftliche Proportionen im Sinne der Beziehungen zwischen den Zweigen, zwischen den Kombinaten, zwischen den Betrieben geschaffen. Daraus ergeben sich Schlußfolgerungen für die weitere Verbesserung der Planung von Wissenschaft und Technik und der Investitionen sowie ihres gegenseitigen Zusammenhangs im Sinne ihrer besseren Einordnung in die bestehende volkswirtschaftliche Proportionalität.

In der DDR wurde vor mehreren Jahren damit begonnen, für die in den zentralen staatlichen Plänen enthaltenen volkswirtschaftlich wichtigen wissenschaftlich-technischen Aufgaben einen speziellen Koordinierungsplan auszuarbeiten. Das Grundanliegen dieses Koordinierungsplanes besteht darin, alle Aktivitäten für die Komplexe und Aufgaben des Staatsplanes Wissenschaft und Technik zu koordinieren und unabhängig von der Unterstellung abgestimmt in einem Plandokument zu erfassen. Zweifellos hat dieses Verfahren bei der Sicherung der inneren Verflechtung Fortschritte gebracht. Die Analyse zeigt aber, daß der Prozeß nicht in allen Fällen vollständig beherrscht werden konnte. Analysen haben ergeben, daß die Hauptmängel der Arbeit mit diesem Koordinierungsplan in folgendem bestehen:

1. Nur ein geringer Teil der in den Staatsplan Wissenschaft und Technik aufgenommenen Aufgaben ist auf ein einheitliches volkswirtschaftliches Problem oder Objekt mit zusammenhängenden und koordinierbaren Einzelaufgaben gerichtet. Daraus ergab sich, daß eine Vielzahl einzelner Koordinierungspläne ausgearbeitet werden mußte und der Planungsaufwand im Vergleich zum Ergebnis zu hoch war.

2. Die Koordinierungspläne wurden zusammen mit dem Fünfjahrplan ausgearbeitet. Die verfügbare Zeit war relativ kurz, und es konnten nicht immer alle Beteiligten (VVB und Kombinate) in den Prozeß der Ausarbeitung eingeschaltet werden.

Bei den Koordinierungsplänen geht es in erster Linie darum, die mit wissenschaftlich-technischen Ergebnissen im Zusammenhang stehenden Investitionen verbindlich in den Plan aufzunehmen. Hierbei zeigten sich Koordinierungsschwächen und -lücken. In einigen Fällen kam hinzu, daß auf Grund der Begrenztheit der Investitionsfonds einige wirtschaftsleitende Organe zuerst die Investitionen in die Pläne aufgenommen haben, die für ihren eigenen Produktionsprozeß von besonderer Wichtigkeit sind. Sie haben weniger solche Investitionen berücksichtigt, die mit Zulieferungen für andere Verantwortungsbereiche zusammenhängen.

3. Die Lösung wissenschaftlich-technischer Aufgaben sowie die Überleitung der Ergebnisse in die Produktion erfordert in der Regel mehrere Jahre. Große wissenschaftliche Komplexe reichen häufig über einen Fünfjahrplanzeitraum hinaus. Nicht in allen Fällen gelang es bei den gegenwärtig in der DDR angewendeten Verfahren, den gesamten Realisierungszeitraum und alle in dieser Periode auftretenden Aktivitäten in die einzelnen Plandokumente aufzunehmen.

4. Der hohe Verflechtungsgrad wissenschaftlich-technischer Aufgaben beim heutigen Entwicklungsstand der Technik, der erreichte hohe Grad der Spezialisierung und Kooperation in der Produktion erfordern bei der Überleitung der Ergebnisse eine Vielzahl größerer und kleinerer Investitionen. Bei der Ausarbeitung einer Reihe von Koordinierungsplänen wurden zum Teil nur die Investitionen aufgenommen, die gleichzeitig in der zentralen Titelliste des Staatsplanes verzeichnet waren. Eine Anzahl kleinerer Investitionen, die aber objektiv mit der komplexen Realisierung der wissen-

schaftlich-technischen Aufgabe zusammenhängen, wurde nicht erfaßt, so daß Schwierigkeiten auftraten bei der Aufnahme dieser Investitionen in die Pläne der wirtschaftsleitenden Organe anderer Verantwortungsbereiche.

Ein weiterer Mangel der Koordinierungspläne besteht meines Erachtens darin, daß notwendige territoriale Investitionen nicht Bestandteil dieser Pläne wurden. Das bezieht sich besonders auf territoriale Investitionen der Rationalisierung, die der Freisetzung von Arbeitskräften dienen. Da in der DDR keine zusätzlichen Arbeitskräfteressourcen vorhanden sind, ist es im Interesse der volkswirtschaftlichen Porportionalität und Effektivität unabdingbar, alle Maßnahmen der arbeitskräftemäßigen Sicherung bei der Herstellung neuer Erzeugnisse mit in die Koordinierung einzubeziehen. Die praktischen Erfahrungen zeigen, daß sich sonst Schwierigkeiten in der Anlaufphase dieser neuen Produktionen ergeben und die Einlaufkurve verlängert wird.

Die Probleme der planmäßigen Beherrschung des Zyklus Wissenschaft und Technik im Zusammenhang mit den Investitionen erfordern deshalb weitergehende Überlegungen im Sinne eines komplexeren Herangehens. Meines Erachtens muß davon ausgegangen werden, daß beim heutigen Entwicklungsstand der gesellschaftlichen Arbeitsteilung neue wissenschaftlich-technische Leistungen in der Regel nur möglich sind durch das Zusammenwirken der Forschungs- und Konstruktionseinrichtungen des Finalproduzenten gemeinsam mit den entsprechenden Organen der Zulieferbetriebe. Gleichgültig, ob es sich um ein neues oder weiterentwickeltes Erzeugnis oder um ein neues Verfahren oder eine Technologie handelt, höhere volkswirtschaftliche Effektivität ist nur erreichbar, wenn alle wissenschaftlich-technischen Arbeiten der Zulieferbetriebe und des Finalproduzenten sowohl in der wissenschaftlich-technischen Vorbereitung als auch bei der Vorbereitung und Durchführung der Investitionen und der Organisation der späteren Produktion koordiniert verlaufen. Ein Finalerzeugnis ist wissenschaftlich-technisch nur so gut, wie es das schwächste Glied in seinem Entstehungsprozeß ist. Ein vollständig konstruiertes Erzeugnis kann nur dann in der entsprechenden Menge produziert werden, wenn die Investitionen der Zulieferbetriebe und des Finalproduzenten von vornherein planmäßig koordiniert und terminlich abgestimmt in die Pläne aufgenommen werden, wenn die festgelegte Menge an Finalprodukten mit dem produzierten Volumen der Zulieferteile (einschließlich des Ersatz- bzw. Verschleißbedadfs) mengenmäßig und hinsichtlich der Liefertermine in Übereinstimmung stehen.

Wissenschaft und Technik als unmittelbar wirkende Produktivkraft zu nutzen, setzt also unabdingbar die immer engere wechselseitige Verbindung von Wissenschaft, Investitionen und Produktion voraus und erfordert die aktive Beherrschung dieses Prozesses mit der Autorität des Staatsplanes selbst. Dabei geht es um die rationelle Verbindung von Wissenschaft und Technik sowohl mit der Nutzung des vorhandenen Produktionspotentials als auch der ständigen Erneuerung und qualitativen und quantitativen Entwicklung der materiell-technischen Basis in den betreffenden volkswirtschaftlichen Bereichen.

Die Orientierung unserer Partei auf die vertiefte Intensivierung, die objektive ökonomische Notwendigkeit, alle Möglichkeiten zu nutzen, um das Produktionsfeld nicht extensiv zu erweitern, erfordert vor allem, sich bei der Organisierung der Produktion neuer oder weiterentwickelter Erzeugnisse auf das *vorhandene* Produktionspotential zu konzentrieren, also durch seine Rationalisierung und Modernisierung, Ergänzung oder technologische Umstellung die Herstellung neuer Erzeugnisse zu sichern.

Alle diese neuen Anforderungen an die zentrale staatliche Planung sollten m. E. in folgender Richtung schrittweise gelöst werden:

1. Der Staatsplan Wissenschaft und Technik sollte künftig immer weniger ein Plan von Einzelthemen sein, sondern in einem möglichst hohen Maße nach Komplexen aufgebaut werden. Sofern es sich nicht um Themenkomplexe der Grundlagenforschung handelt, sollte der Ausgangspunkt für den komplexen Aufbau des Staatsplanes Wissenschaft und Technik das Finalerzeugnis sein. Ausgehend vom Finalerzeugnis und den an dieses Erzeugnis gestellten Forderungen zur Erreichung des Weltstandes, ist es unabdingbar, exakt zu bestimmen, welche technischen Parameter erforderlich sind, welche Ökonomie zu erreichen ist und mit welcher Technologie das Erzeugnis zu produzieren ist. Von diesen Zielstellungen abgeleitet, sind zugleich die technischen und ökonomischen Anforderungen für alle wichtigen Zulieferungen auszuarbeiten. Diese Aufgaben müssen integrierender Bestandteil des Planes Wissenschaft und Technik sein und als *ein einheitlicher Komplex* im Plan aufgenommen werden.

2. In der gleichen Weise, wie der Plan Wissenschaft und Technik nach Komplexen aufzubauen ist, um alle wichtigen korrespondierenden Aufgaben zusammengefaßt zu planen, müssen auch alle für die Umsetzung der Ergebnisse des Planes Wissenschaft und Technik in die Produktion erforderlichen Investitionsmaßnahmen Gegenstand des zentralen staatlichen Investitionsplanes sein und das unabhängig davon, ob es sich um notwendige Investitionen beim Finalproduzenten oder bei wichtigen Zulieferern handelt. Auch in diesem Plan muß in programmartiger Form der Gesamtkomplex erfaßt und inhaltlich und terminlich einheitlich geplant werden.

In volkswirtschaftlich zweckmäßigem Rahmen müssen auch notwendige territoriale Folgeinvestitionen in diese Planung einbezogen werden. Um die zentrale Titelliste des Investitionsplanes nicht zu überlasten und um auch die Verantwortung der einzelnen Leitungsebenen klar zu dokumentieren, wäre es zweckmäßig, die objektiv notwendigen territorialen Folgeinvestitionen im einzelnen in den Bezirksinvestitionsplänen zu erfassen und dort komplex zu planen. Dadurch entstehen auch günstigere Bedingungen für die Koordinierung zwischen Bezirksinvestitionsplan und territorialer Arbeitskräfteplanung.

3. Für jeden aufgenommenen Komplex muß in seiner Gesamtheit die ständige Übereinstimmung zwischen dem Staatsplan Wissenschaft und Technik und dem zentralen staatlichen Investitionsplan – in der DDR in der Form der zentralen Investitionstitelliste – bei der Vorbereitung, Ausarbeitung und Durchführung des Planes gesichert werden.

Ein solcher Aufbau der zentralen Pläne für Wissenschaft und Technik sowie Investitionen erfordert zweifelsohne für jeden einzelnen Komplex umfangreiche Vorbereitungsarbeiten, die nicht allein von den zentralen Staatsorganen wahrgenommen werden können. Meines Erachtens verfügen wir bereits heute über solche starken und leistungsfähigen Struktureinheiten, vor allem in Form der großen Kombinate, die im Auftrage des Staates diese wissenschaftlich-technischen Investitionskomplexe vorbereiten und der Regierung zur Entscheidung vorlegen können.

Ein solches komplexes Herangehen an die Planung von Wissenschaft und Technik und der zentral geplanten Investitionen würde insgesamt dazu beitragen, daß

– die im Reproduktionsprozeß objektiv bestehenden quantitativen, qualitativen und zeitlichen Zusammenhänge mit dem Plan besser erfaßt und mit der Autorität des Staatsplanes zu einer höheren Effektivität der gesellschaftlichen Produktion geführt werden können;

– die sich aus der Spezialisierung und Kooperation ergebenden Aufgaben unterschiedlicher Verantwortungsbereiche für die Herstellung eines Erzeugnisses und die damit verbundenen Proportionalitätserfordernisse bereits in der Phase der Planung von Wissenschaft und Technik sowie der Investitionen erfaßt und geplant werden;

– eine bessere Übersicht und Einflußnahme auf die Gestaltung der Beziehungen zwischen zweiglicher und territorialer Proportionalität erreicht wird.

Eine solche Planung komplexer Zusammenhänge zwischen Wissenschaft und Technik und Investitionen kann wesentlichen Einfluß nehmen auf die bessere Gestaltung des Verhältnisses von Erweiterungsinvestitionen und den Investitionen zur Modernisierung und Rekonstruktion der materiell-technischen Basis in den vorhandenen Betrieben entsprechend den Erfordernissen der Intensivierung der Produktion. Durch die stärkere Berücksichtigung aller Einzelelemente der Grundfondsreproduktion – Modernisierung, Ersatzinvestitionen, Instandhaltungen – stellt eine solche Planung zentraler Investitionen im Komplex, ausgehend von den Aufgaben zur Umsetzung der im Plan Wissenschaft und Technik fixierten Ergebnisse in die Produktion, gleichzeitig einen Beitrag zur Planung der Grundfondsreproduktion als einheitliches Ganzes dar.

Die stärkere Ausprägung der Komplexität in der Planung ist ein objektives Erfordernis, das sich ableitet aus den Gesetzmäßigkeiten und Zusammenhängen der einzelnen Elemente und Phasen des einheitlichen Reproduktionsprozesses. Zweifelsohne stellt dabei die planmäßige Beherrschung des engeren und komplexen Zusammenwirkens von Wissenschaft und Technik und Investitionen eine Kernfrage der Erreichung einer höheren Effektivität der gesellschaftlichen Produktion dar.

S. Tannhäuser

Wissenschaftlich-technischer Fortschritt und Grundfondsreproduktion – betriebswirtschaftliche Probleme –

Auf dem XXV. Parteitag der Kommunistischen Partei der Sowjetunion wies Genosse Breshnew darauf hin, daß die Endaufgabe der sozialen Revolution, die kommunistische Gesellschaft zu errichten, nur auf der Grundlage der beschleunigten Entwicklung von Wissenschaft und Technik gelöst werden kann.[1] In diesem Prozeß haben die Betriebe wichtige Aufgaben zu lösen.

Die Betriebe der sozialistischen Länder, vor allem in den hochkonzentrierten Formen wie Kombinaten, Vereinigungen oder Industriezentralen, verfügen über ein beträchtliches Forschungs- und Entwicklungspotential. In Chemiekombinaten der DDR arbeiten bis zu 10 % der Gesamtbeschäftigten im Bereich Forschung und Entwicklung.

Für die nach der wirtschaftlichen Rechnungsführung arbeitenden Kombinate ist der Effekt des Bereiches Forschung und Entwicklung von ausschlaggebender Bedeutung für die zukünftige Kombinatsentwicklung, für die Entwicklung der technischen Basis des Kombinates, für den Grad der Bedarfsdeckung an den von ihm hergestellten Erzeugnissen, für den Arbeitsinhalt der Werktätigen, für die sonstigen Arbeits- und Lebensbedingungen und für die ökonomische Effektivität. Die 6. Tagung des Zentralkomitees der SED hat die Forderung erhoben, „... mit der Vervollkommnung der Leitung der wissenschaftlich-technischen Arbeit entsprechend den volkswirtschaftlichen Erfordernissen höhere Ziele für Forschung und Technik zu stellen.[2]

Betriebliche Forschung und Entwicklung und Grundfondsreproduktion sind Bestandteil des Zyklus Wissenschaft-Technik-Produktion.

„Der Zyklus Wissenschaft-Technik-Produktion umfaßt den gesamten Prozeß von der Entstehung einer schöpferischen wissenschaftlichen Idee über die verschiedenen Stufen der Forschungs- und Entwicklungsarbeiten bis zur unmittelbaren praktischen Nutzung wissenschaftlich-technischer Ergebnisse in der materiellen Produktion oder in anderen Bereichen der gesellschaftlichen Praxis."[3]

Im einzelnen umfaßt der Zyklus: Grundlagenforschung, angewandte Forschung, Entwicklung, Anwendungsforschung und Überleitung, wobei die Überleitung ein Sammelbegriff für die verschiedensten Maßnahmen ist.

Es zählen zum Beispiel dazu:

- Einführung neuer und/oder weiterentwickelter Erzeugnisse,
- Einführung neuer und Umstellung vorhandener Verfahren,
- Einführung neuer konstruktiver Lösungen für Arbeitsmittel,
- Einführung neuer technologischer und organisatorischer Lösungen,

[1] Vgl. Rechenschaftsbericht des Zentralkomitees der KPdSU und die nächsten Aufgaben der Partei in der Innen- und Außenpolitik, Berichterstatter: L. I. Breshnew, Berlin 1976, S. 58.

[2] 6. Tagung des ZK, Aus dem Bericht des Politbüros an das Zentralkomitee der SED, Berichterstatter: Genosse Gerhard Grüneberg, Berlin 1977, S. 14.

[3] Autorenkollektiv (unter der Leitung von Wolfgang Heyde), Die Ökonomie der betrieblichen Forschung und Entwicklung, Berlin 1976, S. 23.

- Veränderung der Vorschriften für die Bedienung der Anlagen,
- Anwendung neuer Meß-, Analysen- und Prüfmethoden,
- Verbesserung der Arbeits- und Lebensbedingungen der Werktätigen,
- Verbesserung des Umweltschutzes.

Alle diese Maßnahmen sind Bestandteil der sozialistischen Betriebswirtschaft. Bei der traditionellen Organisation industrieller Forschung in der DDR wird in den Betrieben auch gezielte Grundlagenforschung durchgeführt. Ihr Anteil liegt in Chemiekombinaten zwischen 5 und 10 % des gesamten Forschungs- und Entwicklungsaufwandes.

Für den Erfolg der betriebswirtschaftlichen Arbeit ist es entscheidend, die Geschlossenheit des Zyklus Wissenschaft-Technik-Produktion zu erkennen und einzuhalten. Das gilt insbesondere für Betriebe, die eine hohe Gebundenheit (technologische Verkettung) der Grundmittel ausweisen. Unter der Gebundenheit der Grundmittel ist die gegenseitig abhängige Funktionsfähigkeit einzelner spezialisierter Grundmittel innerhalb eines Grundmittelsystems zu verstehen.[4] Besonders ausgeprägt ist die Gebundenheit in solchen Zweigen, wie der Metallurgie, der Energieerzeugung, der chemischen Industrie oder der Lebensmittelindustrie, wo die Produktionsanlagen die deutliche Verkörperung dieses Zustandes sind. Aber die Gebundenheit greift im Zuge der wissenschaftlich-technischen Revolution auch auf alle anderen Zweige über. Beredter Ausdruck dafür sind Angaben aus der Mitteilung der Zentralverwaltung für Statistik der UdSSR über die Ergebnisse der Durchführung des Staatsplanes 1977. Danach wurden 12 000 mechanisierte Fließlinien und automatisierte Linien installiert.[5]

Diese Bedingungen haben entscheidenden Einfluß auf die Geschlossenheit des Zyklus Wissenschaft-Technik-Produktion. In der Fachliteratur findet man dazu nicht selten eine einseitige Betrachtung aus der Sicht von Forschung und Entwicklung. Man hat mitunter den Eindruck, als ob nur von der schnelleren Ausdehnung des Bereiches Forschung und Entwicklung und von dem größeren Angebot und der höheren Qualität der Forschungsarbeiten der Zyklus Wissenschaft-Technik-Produktion bestimmt wird und die Effektivität der sozialistischen Betriebswirtschaft abhängt. Die praktische Analyse zeigt jedoch, daß der Erfolg des Gesamtzyklus vor allem von seinem schwächsten Glied abhängt. Deshalb muß der Überleitungsbereich, und hier wieder besonders der Bereich der Grundfondsreproduktion sehr aufmerksam analysiert werden.

Neben den nur selten exakt quantifizierbaren Forschungsergebnissen auf dem Gebiet der besseren Arbeits- und Lebensbedingungen und des Umweltschutzes lassen sich die verschiedensten Forschungs- und Entwicklungsarbeiten auf folgende *miteinander kombinierte ökonomische Ziele* zurückführen:

1. Gebrauchswert der Erzeugnisse: – gleichbleibend – weiterentwickelt – neu;
2. Menge der Erzeugnisse: – gleichbleibend – steigend;
3. Ressourcenverbrauch: – gleichbleibend – sinkend.

Diese Ziele sind an bestimmte Bedingungen gebunden, deren Erreichung ebenfalls Bestandteil von Forschung und Entwicklung sein kann. Zu diesen *Bedingungen* gehören:

- Neu- oder Weiterentwicklung von Verfahren und Technologien,
- Umbau vorhandener Arbeitsmittel oder Investitionen neuer Arbeitsmittel,
- Qualifizierung und Ausbildung von Arbeitskräften,
- Erschließung von natürlichen Ressourcen.

[4] Von den Bedingungen hoher Grundmittelgebundenheit wird im folgenden ausgegangen, wobei sich dieser Prozeß auch in allen anderen Zweigen weiter durchsetzt.

[5] Strana na marše pjatiletki, Soobščenie CSU SSSR, in: Pravda vom 28. Januar 1978, S. 1.

Es ergibt sich also eine Final-Modal-Kette, als deren Ergebnis neue oder weiterentwickelte Ressourcen zur Verfügung stehen. Von der Funktionsfähigkeit dieser Final-Modal-Kette, von ihrer Proportionalität und Synchronität hängt es ab, wieviel neue Ressourcen geschaffen werden und welche ökonomische Wirksamkeit diese Ressourcen erlangen. Ziel ist dabei, den Ressourcenverbrauch je Gebrauchswerteinheit zu minimieren.

Wenn man von Produktionsprozessen mit hoher Gebundenheit der Grundmittel ausgeht, so läßt sich mathematisch nachweisen, daß der größte Teil der Überleitungsaufgaben durch Reproduktion der Grundfonds realisiert werden muß. Diese Phase erweist sich oft als der schwächste Abschnitt im Zyklus Wissenschaft-Technik-Produktion.

Diese Situation zusammen mit der zu kurzfristigen Investitionsplanung bringt bei den Forschern eine gewisse Unsicherheit hervor. Sie wissen oft nicht, ob sich ihre wissenschaftlichen Erkenntnisse jemals in produktionswirksame Lösungen überführen lassen. Die Möglichkeit, eventuell nur für ein Archiv zu arbeiten, löst zuweilen psychologische Hemmnisse der Kreativität bei Werktätigen im Bereich Forschung und Entwicklung aus. So, wie die Grundfondsreproduktion auf Forschung und Entwicklung zurückwirkt, so müssen Forschung und Entwicklung ihrerseits einwandfreie Voraussetzungen für die Überleitung schaffen. Eine wichtige betriebswirtschaftliche Aufgabe besteht deshalb darin, die Nahtstelle zwischen Forschung und Entwicklung sowie Grundfondsreproduktion exakt zu leiten. Als eine wichtige Wettbewerbsmethode dafür hat sich im VEB Leuna-Werke „Walter Ulbricht" die Leistung von Forschungsgarantie durch die Forschungskollektive erwiesen.

Forschungsgarantie bedeutet, daß jedes Mitglied eines Forschungskollektivs, angefangen bei den Schlossern, den BMSR-Mechanikern, Laboranten bis hin zu den Chemikern, Ökonomen und Ingenieuren die Verantwortung für das von ihnen erarbeitete Forschungsergebnis übernehmen. Forschungsgarantie wird gewährt hinsichtlich:

- der Information für die Dokumente zur Investitionsvorbereitung,
- der Leistungsparameter (z. B. Durchsatz, Laufzeit pro Jahr, Menge der erzeugten Produkte, Arbeitskräftebesetzung, Material- und Energieverbrauchsnormen),
- der Produktqualität,
- des Verfahrens,
- der Rechtsmängelfreiheit und der Schutzgüte.

Diese schriftlich gegenüber dem Anwender gewährte und im Wettbewerb abgerechnete Forschungsgarantie hat geholfen, gute Voraussetzungen zu exakter Investitionsvorbereitung und -realisierung zu schaffen.

Viele Forschungsergebnisse müssen mit Hilfe von Maßnahmen zur Reproduktion der Grundfonds übergeleitet werden. Durch Veränderung der Arbeitsmittelsysteme müssen oft alle anderen Ressourcen, die erst als System die Durchführung von Leitungsprozessen ermöglichen, dem weiterentwickelten Arbeitsmittelsystem angepaßt werden.[6] Damit erhält die Reproduktion der Grundmittel eine zentrale Stellung im Prozeß der Reproduktion und damit der Entwicklung der Betriebe. Die Überleitung durch Maßnahmen der Grundfondsreproduktion erfolgt auf zwei Wegen:

1. durch Weiterentwicklung der Ressourcenpotenz[7] vorhandener Ressourcensysteme (z. B. Anlagen) und

6 „Die Tätigkeit des Arbeiters, auf eine bloße Abstraktion der Tätigkeit beschränkt, ist nach allen Seiten hin bestimmt und geregelt durch die Bewegung der Maschinerie, nicht umgekehrt."
(K. Marx, Grundrisse der Kritik der Politischen Ökonomie, Berlin 1974, S. 584).

7 Die Ressourcenpotenz ist die ökonomische Wirkungsfähigkeit einer Ressource. Sie drückt

2. durch Investition neuer Arbeitsmittel- und damit Ressourcensysteme, mit denen neue Verfahren und Technologien realisiert werden(was auf dem ersten Wege bei Gebundenheit der Grundmittel nur selten möglich ist).

Zum ersten Weg

Die meisten Produktionsprozesse vor allem der stoffumwandelnden Industrie werden empirisch betrieben, sind verfahrenstechnisch nicht exakt berechnet. Daraus und aus den neu gewonnenen Erfahrungen der Werktätigen während des Betriebs der Anlagen resultieren viele Möglichkeiten, die vorhandenen Ressourcenpotenzen besser auszunutzen, die Arbeitsmittelsysteme besser zu proportionieren oder technisch zu vervollkommnen. Ein Mittel um solche Möglichkeiten aufzudecken, sind Prozeßanalysen.

Mit Hilfe der Prozeßanalysen sollen durch komplexe naturwissenschaftlich-technische und technisch-ökonomische Untersuchungen der Ablauf eines kompletten Produktionsprozesses (einer Anlage oder eines anderen Ressourcensystems) von der Rohstoffanlieferung bis zum Fertigproduktversand Schwachstellen und Möglichkeiten zur Optimierung dieses Prozesses aufgedeckt werden. Schwerpunkte der Untersuchung sind:

- Aufdeckung der Ursachen für Material- und Energieverluste,
- Ermittlung der Produktionskapazität, der Kapazitätsengpässe und Kapazitätsreserven,
- Nachweis von Möglichkeiten zur Einsparung von Arbeitskräften,
- Aufdeckung von Ursachen für Störungen und Havarien,
- Feststellung von Mängeln in den Arbeits- und Lebensbedingungen der Werktätigen und des Umweltschutzes,
- Nachweis von Möglichkeiten zur Verbesserung der Produktionsqualität.

Prozeßanalysen können auch zur Formulierung neuer Ziel- und Aufgabenstellungen für Forschungsthemen führen. Die bisher durchgeführten Prozeßanalysen erforderten je nach Größe, Kompliziertheit und Dringlichkeit der zu lösenden Aufgaben den Einsatz von Kollektiven mit durchschnittlich 6 bis 33 Mitarbeitern. Das Charakteristikum dieser Arbeiten ist die umfassende Zusammenarbeit zwischen den Werktätigen des Produktionsbereiches und des Bereiches Forschung und Entwicklung, und zwar sowohl der Arbeiter als auch der Hochschulkader und der Vertreter der verschiedenen naturwissenschaftlich-technischen und ökonomischen Fachdisziplinen. Auf dieser Grundlage haben sich auch bestimmte Formen der Zusammenarbeit herausgebildet. Dazu gehören

- die gemeinsame Wettbewerbsführung der an solchen Prozeßanalysen beteiligten Bereiche,
- die Durchführung gemeinsamer Initiativschichten, in denen durch wissenschaftliche Vorbereitung der Produktion Hochleistungsschichten gefahren werden mit dem Ziel festzustellen, welche Voraussetzungen geschaffen werden müssen, damit diese Höchstleistungen ständig wiederholbare Normalleistungen ohne physische Überforderung der Werktätigen werden können,

das Ausmaß aus, in welchem der zur Herstellung der Ressource notwendig gewesene gesellschaftliche Arbeitsaufwand bei Gebrauch der Ressource während ihrer Nutzungsdauer andere Arten gesellschaftlicher Arbeit substituiert.

Vgl. S. Tannhäuser, Probleme der Intensivierung der Grundfondsreproduktion, in: Wirtschaftswissenschaft, 3/1977, S. 380.

- Bildung von sozialistischen Arbeitsgemeinschaften, Technologenkollektiven und Neuererkollektiven, die spezielle Probleme lösen.

Welche Erfolge durch solche Prozeßanalysen erzielt werden können, kann am Beispiel der Prozeßanalyse „Methylamin" der Leuna-Werke nachgewiesen werden:
- die Produktionskapazität konnte um 40 % gesteigert werden,
- der Materialverbrauch sank um 5 %,
- der Energieverbrauch sank um über 50 %,
- der Katalysatoreneinsatz sank um mehr als 50 % und
- die Arbeitsproduktivität stieg um 40 %.

Zur Realisierung der aus der Prozeßanalyse gewonnenen Erkenntnisse waren Investitionsmittel in Höhe von 1,5 Mill. Mark notwendig. Hätten diese Effekte durch Aufbau einer neuen Anlage erzielt werden sollen, so wären Investitionen von 20 Mill. Mark notwendig gewesen.

Die seit mehreren Jahren systematisch betriebenen Arbeiten lassen einige wichtige Verallgemeinerungen zu:

1. Man muß berücksichtigen, daß solche Arbeiten einen tiefen Einschnitt in die bisher gewohnten Arbeits- und Organisationsformen der Werktätigen bedeuten, und zwar sowohl für die Werktätigen des Produktionsbereiches als auch des Forschungsbereiches. Deshalb ist eine sehr sorgfältige politisch-ideologische Vorbereitung und wissenschaftlich-technische Aufklärungsarbeit mit detaillierter Erläuterung der anzustrebenden Ziele und der anzuwendenden Mittel und Methoden notwendig.

2. Unbedingt erforderlich ist es, bei diesen Arbeiten den Systemcharakter der Produktion zu erkennen und zu wahren. Der Produktionsprozeß ist ein System von Ressourcen, das nur im Komplex wirksam werden kann. Deshalb müssen Prozeßanalysen komplex alle Seiten des Produktionsprozesses erfassen. Partielle Analysen bringen unvergleichlich geringere Ergebnisse. Unter den Bedingungen der gesellschaftlichen Arbeitsteilung muß man aber den Systemcharakter in noch größeren Zusammenhängen sehen. Arbeitsteilung und Kooperation bringen es mit sich, daß in ganzen Systemen kooperierender Produktionsstufen zur Herstellung volkswirtschaftlicher Finalerzeugnisse, die oft über mehrere Betriebe reichen, Prozeßanalysen unter Einschluß der Kooperationsbeziehungen angefertigt werden sollen.

3. Da mit Prozeßanalysen vorhandene Ressourcensysteme ökonomisch wirksamer gemacht werden sollen, hängen die Erfolgsaussichten vom bisherigen Alter der Anlagen ab. Die durchgeführten Prozeßanalysen beweisen, daß sich mit zunehmendem Alter und Verschleiß der Anlagen das Aufwand-Nutzen-Verhältnis immer mehr verschlechtert. Es hat sich also als falsch erwiesen, physisch und moralisch verschlissene Anlagen mit Hilfe von Prozeßanalysen retten zu wollen. Gegen diese Erkenntnis wird jedoch oft verstoßen und z. T. sogar versucht, solchen uneffektiven Maßnahmen durch die Bezeichnung „sozialistische Rationalisierung" einen progressiven Anstrich zu geben. Prozeßanalysen sind keine Alternative zu Grundfondsaussonderungen und Ersatzinvestitionen. Aus anderen Untersuchungen zum Nutzeffekt von Reparaturen ist nachgewiesen, daß die Effektivität sonst gleicher Maßnahmen mit zunehmender Nutzungsdauer der Grundmittel geringer wird. Deshalb kann man verallgemeinert sagen, daß der Nutzeffekt von Reproduktionsmaßnahmen an vorhandenen Ressourcensystemen in funktionaler Abhängigkeit von der bisherigen Nutzungsdauer des Systems steht. Diese Erscheinung findet ihre theoretische Erklärung aus dem Systemcharakter der Ressourcen, dem ungleichen Verschleißtempo der Systemelemente und der Möglichkeit, durch Reproduktion eines verschlissenen Elementes vorhandene Ressourcenpotenzen anderer Elemente gewissermaßen als Sekundäreffekt wieder ökonomisch wirksam zu machen.

Diese Sekundäreffekte werden mit zunehmender Nutzungsdauer des Systems geringer. Die Anerkennung der funktionalen Abhängigkeit des Nutzeffekts der Reproduktionsmaßnahmen von der bisherigen Nutzungsdauer des Ressourcensystems schließt die sonst übliche statistische Nutzeffektsbetrachtung aus, die diese Seite des Zeitfaktors nicht beachtet.

4. Aus dem unter 3. genannten Zusammenhang folgt logisch, daß Prozeßanalysen vornehmlich an neuen Anlagen durchgeführt werden sollen. Dabei liegen erste positive Erfahrungen über Prozeßanalysen an Investitionsvorhaben vor, die sich erst in Realisierung befinden.

5. Prozeßanalysen können nicht in langfristigen Investitionskonzeptionen berücksichtigt werden, da die Ergebnisse ungewiß sind. Aber die bei solchen Analysen gewonnenen Erkenntnisse müssen unverzüglich praktisch realisiert werden. Unser gegenwärtiges System der Vorbereitung und Realisierung von Investitionen erweist sich dafür als zu unbeweglich. Da aber auch nicht mit Investitionsreserven gearbeitet wird, zeigt es sich als unbedingt notwendig, bei den Kombinaten eigene Kapazitäten für die Vorbereitung und Realisierung von kleineren Investitionsvorhaben zur Rationalisierung vorhandener Grundfonds einzurichten.

Schon die funktionale Abhängigkeit des Nutzeffekts der Maßnahmen zur Grundfondsreproduktion von der bisherigen Nutzungsdauer der Grundmittel zeigt deutliche Grenzen für die Überleitung wissenschaftlich-technischer Erkenntnisse in einen vorhandenen Grundfondsbestand. Trotzdem kann man bei der Größe unserer Betriebe nicht an dem Tatbestand vorbei, daß auch über ein einzelnes Ressourcensystem hinaus, im Maßstab des ganzen Betriebes solche Sekundäreffekte der Wiedernutzbarmachung brachliegender Ressourcenpotenzen durch Reproduktion einzelner Systemelemente erzielt werden können, wenn der Zeitfaktor dies noch mit ökonomischem Vorteil zuläßt. Das führt zur sozialistischen Rekonstruktion. Sie ist die grundlegende Umgestaltung von Ressourcensystemen möglichst bei gleichzeitiger Einführung neuer Verfahren und Technologien sowie oft bei Aufnahme neuer Produktionen durch Mischformen der Reproduktion (Reparatur und Ersatz- und Erweiterungsinvestitionen mit den dazu notwendigen Anpassungen aller anderen Ressourcen des Systems).

In sehr vielen Fällen ist die entscheidende Effektivitätsbedingung für Rekonstruktionsmaßnahmen die Möglichkeit, Verfahren und Technologie weiterentwickeln oder neu gestalten zu können. Wie bei der Rationalisierung geht es auch hier nicht um Rekonstruktion um jeden Preis.

Die Weiterentwicklung des ökonomischen Potentials vorhandener betrieblicher Ressourcensysteme verlangt eine hohe Reaktionsfähigkeit der Betriebe bei der Realisierung gewonnener wissenschaftlich-technischer Erkenntnisse. Aus diesem Grunde fordert die Parteiführung die Entwicklung von Kapazitäten zum Bau spezieller Rationalisierungsmittel und von Baukapazitäten für Rekonstruktionen in den Kombinaten. Entsprechende Erfahrungen liegen hierbei vor, und es wurden beachtliche Erfolge erzielt. Der Inhalt und die Formen vor allem des Rationalisierungsmittelbaus sind in den einzelnen Zweigen und Betrieben verschieden. Diese Eigenkapazitäten dürfen jedoch nicht zur Negation der ökonomischen Vorteile der gesellschaftlichen Arbeitsteilung führen und sind meines Erachtens auch nicht geeignet, Bilanzlücken bei Erzeugnissen, die nur in Großproduktion rationell hergestellt werden können, zu schließen. Oder wenn die in den Kombinaten aufgebauten Bauabteilungen in die zentralen Baubilanzen übernommen werden, so kann das nicht zu höherer Reaktionsfähigkeit der Kombinate führen. Es geht also weder um Autarkie der Kombinate noch um Aufhebung der Vorteile der Arbeitsteilung.

Aber die Kombinate müssen auf *den* Gebieten, auf denen der Erfolg der Arbeit vorrangig von den Anwenderkenntnissen abhängt, eigene Realisierungskapazitäten haben und über sie frei verfügen können. Eine dominierende Rolle spielen die Anwendererfahrungen bei der Überleitung von Erkenntnissen aus Prozeßanalysen zur Rationalisierung oder Rekonstruktion vorhandener Anlagen und bei der Errichtung von Klein- und Großversuchsanlagen. Für diese Zwecke müssen große Kombinate eigene Projektierungskapazitäten auf speziellen Entwicklungs- und Montagegebieten besitzen. Diese Kapazitäten dürfen nicht in die zentralen Investitions- und Montagebilanzen einbezogen werden. Das zwingt natürlich zur Arbeit mit Reserven in den Bilanzen.

Zum zweiten Weg

Die Investitionen berühren die Effektivität des Zyklus Wissenschaft-Technik-Produktion auf drei Gebieten:
1. beim Aufbau von Kleinversuchsanlagen,
2. beim Aufbau von Großversuchsanlagen und
3. beim Aufbau der Produktionsanlagen.

Der Aufbau von *Kleinversuchsanlagen* wird überwiegend nur dann zu einem Investitionsproblem, wenn der forschende Betrieb nach veralteten Konzeptionen vorgeht und für jede Kleinversuchsanlage gesondert Investitionen durchführt. Anstelle solcher individueller und meist auch sehr spezieller Investitionen hat es sich als richtig erwiesen, in Leichtbauweise größere Hallen, deren Wände mit einfachen Mitteln auch entfernt werden können, zu errichten und in diese Hallen Gerüste zu bauen, in denen nach Bedarf die jeweils benötigten Ausrüstungen eingehängt und auch einfach ausgewechselt werden können. Die Apparaturen sind in vielen Fällen mehrfach verwendbar. Es entstehen also bei einer genügend weitsichtigen und großzügigen Konzeption nur noch in Ausnahmefällen Investitionsprobleme und davon ausgehend Einflüsse auf den Gesamtzyklus Wissenschaft-Technik-Produktion.

Eine andere Problematik liegt bei *Großversuchsanlagen* vor. Die Größe solcher Anlagen liegt im allgemeinen zwischen 500 000 M und 1 Mill. M. Sie werden errichtet, um ein unvertretbares Risiko bei großer Maßstabübertragung aus Laborversuchen und Kleinversuchsanlagen in die Produktionsanlage auszuschalten, um Möglichkeiten zur Vervollkommnung des Verfahrens und der Technologie zu finden und um die Forschungsergebnisse zu bestätigen. Die Grobkonzeption für die Großversuchsanlage muß bereits in der Phase der Grundlagenforschung erarbeitet werden. Hier erweist es sich im Interesse eines Zeitgewinns als vorteilhaft, wenn die großen Kombinate auch gezielte Grundlagenforschung auf ihrem Spezialgebiet selbst durchführen. Der Erfolg des gesamten Forschungsvorhabens hängt entscheidend davon ab, daß die notwendige Großversuchsanlage in kürzester Frist errichtet werden kann. Jede Verzögerung ist gleichbedeutend mit wissenschaftlich-technischem und ökonomischem Rückstand.

Aber das Tempo der Errichtung von Großversuchsanlagen hängt von der Funktionsfähigkeit des Systems der Vorbereitung und Realisierung von Investitionen ab. Natürlich ist es möglich, mit vereinfachten Dokumentationen für die Intensivierungsvorbereitung zu arbeiten, aber die Beschaffung von Projektierungs- und Realisierungskapazitäten unterliegt voll und ganz dem Mechanismus der Leitung und Planung der Investitionen, den Bestellfristen beim Maschinenbau von durchschnittlich 3 Jahren und der Überbelastung unserer Investitionsbilanzen.

Deshalb stellen sich hier zahlreiche Einflüsse der Verzögerung von Forschungsarbeiten ein. Die Betriebe versuchen, mit den ihnen zu Gebote stehenden Mitteln gegen diese Hemmnisse anzukämpfen. Dazu gehören die Zahlung beachtlicher Preiszuschläge, die Übertragung von Prämienmittel an Betriebe oder an die Investitionsgüterindustrie oder auch die oft sehr aufwendige Eigenproduktion von benötigten Investitionsgütern. Neben der generellen Erhöhung der Rolle der Geldkategorien in unserem Wirtschaftssystem und der Schaffung von eigenen Projektierungs- und Realisierungskapazitäten ist zur Gewährleistung der Planmäßigkeit und schnellen Errichtung von Großversuchsanlagen meines Erachtens folgendes erforderlich:

1. Im volkswirtschaftlichen Rahmen wird es notwendig, Spezialbetriebe für die Errichtung von Großversuchsanlagen zu schaffen, die die Funktion des General- bzw. Hauptauftragnehmers übernehmen können und die nicht für die Schließung anderer Bilanzlücken eingesetzt werden dürfen.

2. Bei den Zulieferbetrieben für diese Spezialbetriebe müssen Bilanzreserven offen gehalten werden, damit eine hohe Reaktionsfähigkeit auf Bestellung für Großversuchsanlagen möglich wird.

3. Der Investitionsbedarf für Großversuchsanalgen muß generell als vordringlich vor jedem anderen Investitionsbedarf behandelt werden, weil hier über Zeitgewinn oder -verlust beim wissenschaftlich-technischen Fortschritt mitentschieden wird.

Die Überleitung von Forschungs- und Entwicklungsergebnissen durch *Errichtung neuer Produktionsanlagen* hängt überwiegend von den allgemeinen volkswirtschaftlichen Bedingungen und der Funktion des Mechanismus von Leitung und Planung der Investitionen ab. Die sowjetische Ökonomin N. Čertko hat mittlere Baufristen für die Errichtung von Großbetrieben der verschiedensten Industriezweige in den USA veröffentlicht.[8] Sie liegen zwischen 6 Monaten in der Bekleidungsindustrie und längstens 22 Monaten in der Erdölverarbeitung. In der Mehrzahl der Zweige liegt die mittlere Baudauer für Großbetriebe etwa bei 12 Monaten. Eine mittlere Baudauer von 3 Jahren wird bei uns vielfach noch als gut und normal angesehen, längere Baufristen sind nicht selten.

Allein dieser Vergleich zeigt, daß die Phase der Investitionsrealisierung gegenwärtig auf die Dauer des Zyklus Wissenschaft-Technik-Produktion den ungünstigsten Einfluß nimmt, daß hier große Reserven liegen.

Dabei darf man sich vor allem nicht mit der fatalistischen Meinung mancher Wirtschaftsfunktionäre abfinden, die in der Knappheit an Investitionsgütern und -kapazitäten eine unabwendbare „objektive" Erscheinung der sozialistischen Produktionsweise sehen. Vielmehr muß man davon ausgehen, daß durch bessere Organisation, Erhöhung der Eigenverantwortung der Betriebe, effektive Nutzung der Rolle der Geldkategorien, Abbau noch vorhandener bürokratischer Erscheinungen im Rahmen des Vertrags- und Bilanzsystems und Einführung eines Systems strenger Einzelleitung auf den Baustellen mit den gleichen Kräften und Mitteln wesentliche Verkürzungen der Baufristen bei sinkenden spezifischen Investitionskosten und, was damit identisch ist, ein bedeutend größeres Investitionsvolumen realisiert werden kann.

Zur Lösung des Problems gehören betriebswirtschaftliche und volkswirtschaftliche Aufgaben. Einige wichtige betriebswirtschaftliche Aufgaben sind nach meiner Auffassung:

1. Der Betrieb muß vor allem langfristige Konzeptionen der Grundfondsreproduktion als Bestandteil der komplexen Intensivierungskonzeption erarbeiten. Auf diese Weise ist er in der Lage, mit seinen Konzeptionen auch auf die zentralen langfristigen konzeptionellen Arbeiten zur Entwicklung der Industriezweige Einfluß zu nehmen.

[8] N. Čertko, Prodolžitelnost' kapitaloženii cikl v zagranice, in: Voprosy ėkonomiki, 4/1977, S. 114.

2. Der Betrieb muß, auf solchen langfristigen Konzeptionen aufbauend, Übereinstimmung der Grundrichtung von Forschung und Entwicklung mit der Grundfondsreproduktion gewährleisten.

3. Der Betrieb muß die Investitionskosten exakt berechnen. Die zum Teil übliche Praxis, die Investitionskosten möglichst niedrig anzusetzen, um in den Vorbereitungsdokumenten einen hohen Nutzeffekt auszuweisen und die Bestätigung der Investitionen beim vorgesetzten Organ zu erhalten, hat zwangsläufig zur Folge, daß die auf solchen Dokumenten aufbauenden Bilanzen in den späteren Etappen nicht mehr im Gleichgewicht sind. Hierher gehören auch exakte Prüfungen der von Anlagenbaubetrieben angebotenen Investitionspreise.

4. In der Vorbereitungsphase müssen die Betriebe als Investitionsauftraggeber die technischen, verfahrenstechnischen und technologischen Konzeptionen, die Kapazitätsgröße und den Standort klären sowie die benötigten Arbeitskräfte freisetzen und qualifizieren.

5. Der Betrieb muß eine sorgfältige und kompromißlose Kontrolle der Investitionsrealisierung ausüben.

Diese betriebswirtschaftlichen Erfordernisse sind relativ einfach zu realisieren. Schwieriger ist es, die volkswirtschaftlichen Bedingungen für eine bessere Vorbereitung und Realisierung der Investitionen zu verändern. Folgende Veränderungen halte ich im Interesse ordnungsgemäßer betriebswirtschaftlicher Arbeit für nötig:

1. Das Volumen der zu treffenden und zentral zu bestätigenden Investitionsentscheidungen darf nicht größer als die Investitionskapazität sein.

2. Die Entwicklungskonzeptionen und die Investitionsentscheidungen müssen möglichst stabil sein. Jede Änderung ist mit enormen unproduktiven Aufwendungen verbunden.

3. Die dominierende Rolle der Jahresbilanzen sollte durch langfristige Investitionsbilanzen ersetzt werden.

4. Es muß mit Bilanzreserven gearbeitet werden, deren Auflösung im Laufe eines Jahres über normale Ware-Geld-Beziehungen möglich ist.

5. Das im Prinzip richtige System der Generalauftragnehmerschaft bei der Investitionsrealisierung darf nur dort angewendet werden, wo es zu Vorteilen führt; das sind insbesondere Großvorhaben. Rekonstruktionen oder Investitionen, die bei laufendem Betrieb durchgeführt werden müssen, erfordern vor allem die Erfahrungen des Anwenders. Sie werden deshalb am zweckmäßigsten mit Hilfe von Aufbauleitungen von den Investitionsauftraggebern selbst geleitet.

6. Die jetzige Leistungsbewertung und Stimulierung der Bau- und Montagebetriebe nach der Höhe des Investitionsaufwandes (der für diese Betriebe Warenproduktion ist) hat zur Herausbildung übermäßig umfangreicher Kooperationssysteme und zu beträchtlichen Preissteigerungen im Investitionsgeschehen geführt. Leistungsbewertung und Stimulierung müssen in diesen Zweigen nach der Senkung der Investitionskosten und Verkürzung der Realisierungstermine bei Einhaltung der geforderten Qualität erfolgen.

7. Anstelle der heute üblichen Steuerung der Investitionsrealisierung über ein umfangreiches und außerordentlich detailliertes Vertragssystem zwischen den vielen an der Investitionsrealisierung beteiligten Kooperationspartnern sollte der Direktor des Generalauftragnehmers entsprechend dem Leninschen Prinzip der Einzelleitung, ausgehend von Globalverträgen, das direkte Weisungsrecht gegenüber allen an der Kooperation beteiligten Kapazitäten erhalten.

Die Bedeutung dieser Aufgaben liegt nicht allein darin, daß wir größere Leistungen im Investitionsbereich erreichen, sondern sie liegt auch darin, daß dann den Werktätigen in Forschung und Entwicklung größere Gewißheit über die Realisierbarkeit ihrer wissenschaftlichen Ideen und Erkenntnisse geschaffen wird, auf deren Basis sich die Kreativität in diesem Bereich bedeutend verstärkt und nicht nur das Tempo, sondern auch das Niveau des wissenschaftlich-technischen Fortschritts bedeutend erhöht werden kann. Eine zentrale Stelle nimmt dabei eine spürbare Erhöhung des Aussonderungsvolumens und damit des Anteils von Ersatzinvestitionen ein, besonders in der Form der Gesamtproduktion, der komplexen Anlagen bzw. Arbeitsmittelsysteme, womit auch Verfahren und Technologien reproduziert werden können. Daß wir ein zu geringes veraltetes Grundmittelvolumen aussondern, wurde bereits auf unserer 2. Tagung der Ökonomenkommission UdSSR/DDR im Vorjahr in Berlin herausgestellt. Der Grundmittelbestand in der DDR hat sich 1963 bis 1975 auf 203,4 % vergrößert. Die Zahl der Produktionsarbeiter hat sich nur um knapp 100 000 vergrößert, davon waren fast 76 000 notwendig, um den Reparaturbereich zu vergrößern. Das wird aus der folgenden Abbildung 1 sichtbar:

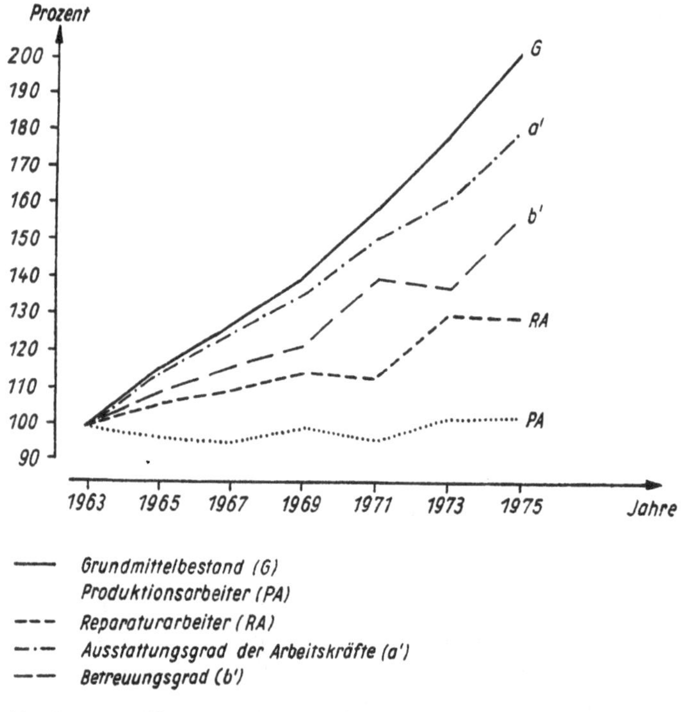

Abb. 1. Grundfonds- und Arbeitskräfteentwicklung in der Industrie der DDR 1963–1975 (1963 = 100)

Mit dieser Entwicklung war zwangsläufig ein bedeutender Anstieg des Ausstattungsgrades der Arbeitskräfte mit Grundmitteln verbunden (gestrichelte schwarze Kurve), aber ein starkes Anwachsen verzeichnet auch der auf einen Reparaturarbeiter entfallende Anteil Grundmittel (der Betreuungsgrad = b'). Er stieg auf 157,2 %. Da in diesem Zeitraum bei Aussonderungsquoten zwischen 1,0 und 1,5 % jedoch der Grad der Überalterung der Grundmittel zunahm, wuchs der Reparaturbedarf schneller, als es das Wachstum des Betreuungsgrades zum Ausdruck bringt. Auf Grund dieser Entwicklung wird es nicht mehr überall möglich, den objektiven Reparaturbedarf zu decken. Es wächst also in unseren Betrieben ein zusätzlicher Faktor heran, der die Fortschritte aus Wissenschaft und Technik auf ökonomischem Gebiet tendenziell, aber zunehmend stark eliminiert. In einzelnen Industriezweigen sind die Reparaturbedingungen unterschiedlich. Es gibt in der DDR, wie die beiden nächsten Bilder zeigen, zwei unterschiedliche Gruppen von Industriebereichen.

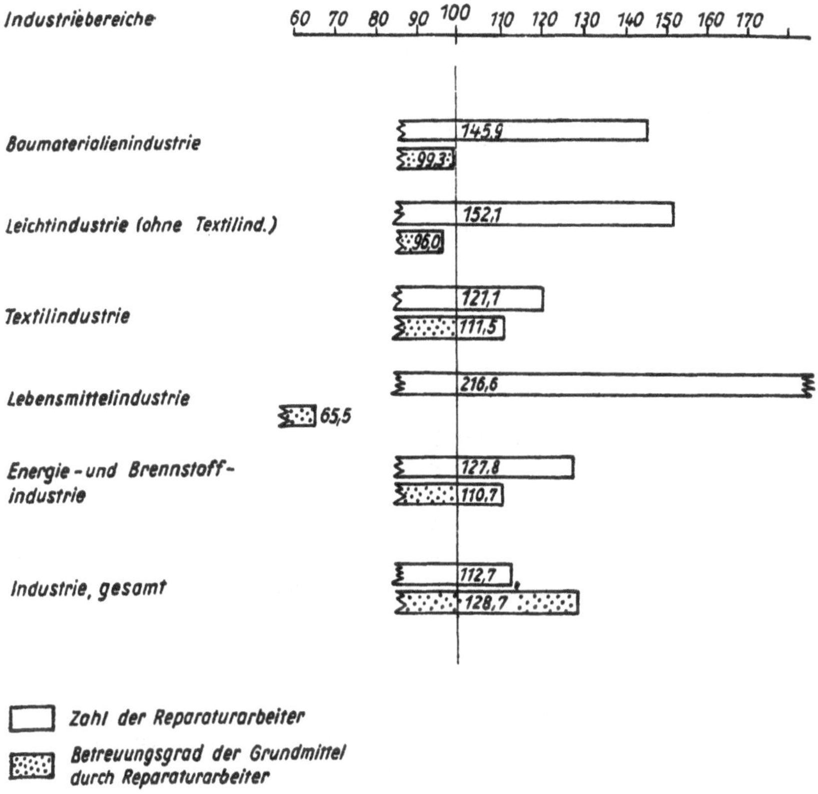

Abb. 2. Entwicklung der Zahl der Reparaturarbeiter und des Betreuungsgrades in Industriebereichen der DDR (1975 : 1969 in Prozent)

Abbildung 2 zeigt die Industriebereiche, in denen sich die Zahl der Reparaturarbeiter hinreichend stark vergrößert und sich damit der Betreuungsgrad nicht wesentlich verändert hat. Das sind die Baumaterialienindustrie, die Leichtindustrie, die Textilindustrie, die Lebensmittelindustrie und die Energie- und Brennstoffindustrie.

In dem jeweils oberen Balken wird die Veränderung der Zahl der Reparaturarbeiter und in dem gepunkteten Balken die Veränderung des Betreuungsgrades der Grundmittel durch Reparaturarbeiter wiedergegeben.

Auf der Abbildung 3 sind die Bereiche eingetragen, in denen sich der Betreuungsgrad stark erhöht hat und die Anzahl der Reparaturarbeiter zum Teil sogar absolut zurückgegangen ist.

In der chemischen Industrie haben sich die Grundfonds in diesem Zeitraum um 50 % vergrößert. Die Zahl der Produktionsarbeiter zur Bedienung der Grundmittel ist gleich groß geblieben, aber die Zahl der Reparaturarbeiter ist um 5670 reduziert worden.

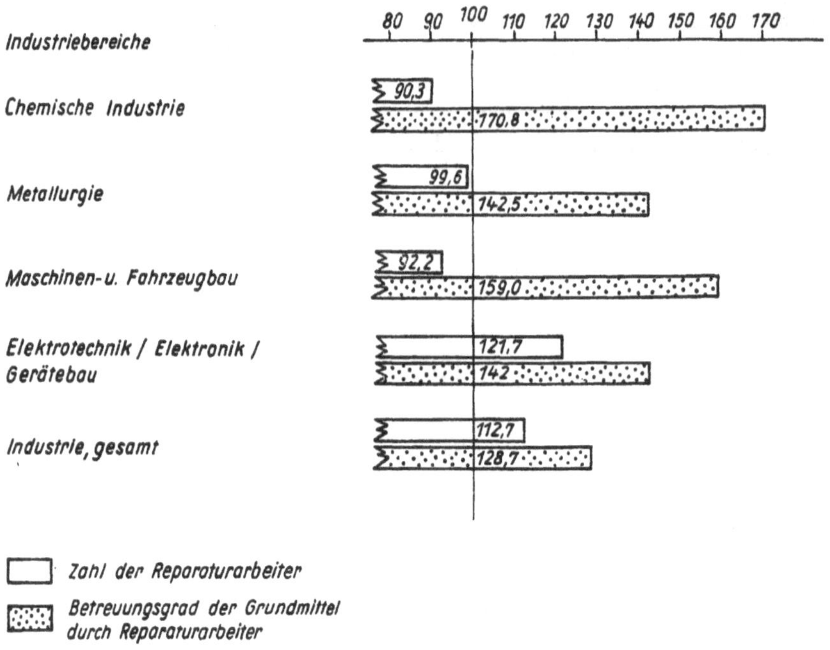

Abb. 3. Entwicklung der Zahl der Reparaturarbeiter und des Betreuungsgrades in Industriebereichen der DDR (1975 : 1969 in Prozent)

Das könnte als ein Erfolg der sozialistischen Rationalisierung hingestellt werden. Aus eigener Kenntnis heraus muß jedoch eine entgegengesetzte Meinung vertreten werden. Der Reparaturbedarf kann nicht mehr gedeckt werden, und es treten nicht nur negative ökonomische Einflüsse auf, sondern das hat in diesen Betrieben auch Auswirkungen auf die Arbeits- und Lebensbedingungen der Werktätigen.

Die Erhöhung des Aussonderungsvolumens ist jedoch nicht nur eine Bedingung, um den Instandhaltungsbereich, der nur etwa 40 % der Arbeitsproduktivität gegenüber dem Maschinenbau erreicht, unvertretbar hoch ausweiten zu müssen. Sie ist gleichzeitig Voraussetzung, um den unter den Bedingungen des wissenschaftlich-technischen Fortschritts für das Wirtschaftswachstum ausschlaggebenden Faktor der Verfahrens- und Technologieentwicklung wirksam zu machen. Die Produktionsbedingungen der stoffumwandelnden Industrie demonstrieren das deutlich. Nehmen wir die Ammoniakproduktion. Noch immer wird dieses Produkt in Anlagen produziert, die zwar über die Reproduktion einzelner Grundmittel erneuert wurden, aber mit vielen kleinen Reaktoren nach einem 60 Jahre alten Verfahren betrieben werden. Sehr viel Bedienungspersonal, noch mehr Reparaturpersonal ist nötig, die Material- und Energieausbeuten sind schlecht.

Jede Stoffumwandlung ist naturgesetzlich mit einer Energieumwandlung verknüpft. Während die alten Verfahren nur einseitig die Stoffumwandlung berücksichtigen, suchen neue Verfahren eine Kopplung beider Seiten. So sind die neuen Ammoniakanlagen, etwa in der Größenordnung der auch eben beschriebenen alten, nur noch mit einem einzigen Reaktor ausgestattet und erzeugen mit 1500 t Ammoniak täglich gleichzeitig Elektroenergie und Dampf. Die energieseitige Kapazität dieser Anlagen beträgt 70 MW Elektroenergie und 350 t Dampf je Stunde. Das ist mit einem mittleren Kraftwerk vergleichbar, was die modernen Ammoniakanlagen energieautark macht.

Solche modernen chemischen Produktionsverfahren, die zu integrierten, d. h. zumindest weitgehend energieautarken Anlagen führen, wurden in der Zwischenzeit für viele Produktionsgebiete entwickelt. So sind moderne Olefinerzeugungsanlagen mit einer Tageskapazität von 900 t Äthylen zu rund 85 % energieautark, erzeugen 250 t/h Tieftemperaturzerlegung her, womit sie die größten Kälteanlagen in der Industrie sind. Hochdruckdampf und stellen 60 MW mechanische Energie für die Kälteerzeugung zur Soweit einige Bemerkungen zur Grundfondsentwicklung in der chemischen Industrie.

Abschließend möchte ich noch einmal auf die große Bedeutung der betriebswirtschaftlichen Probleme für die Beschleunigung des wissenschaftlich-technischen Fortschritts hinweisen, sie sollten daher in der weiteren wirtschaftswissenschaftlichen Forschungsarbeit gemeinsam mit der Wirtschaftspraxis noch umfassender untersucht werden.

ABHANDLUNGEN DER AKADEMIE DER WISSENSCHAFTEN DER DDR
Abteilung Veröffentlichungen der Wissenschaftlichen Räte

Tagungen des Wissenschaftlichen Rates
für die wirtschaftswissenschaftliche Forschung

Erschienen:

16. Tagung vom 17.2.1976 Nr. W 3/1976
Probleme der Beschleunigung des wissenschaftlich-technischen Fortschritts

17. Tagung vom 13.4.1976 Nr. W 4/1976
Materialökonomie, Energie- und Rohstoffwirtschaft

19. Tagung vom 7.12.1976 Nr. W 2/1977
Theoretische Fragen der weiteren Vertiefung der sozialistischen ökonomischen Integration

20. Tagung vom 25.3.1977 Nr. W 5/1977
Probleme der sozialistischen Lebensweise

2. Tagung der Gemeinsamen Kommission der Ökonomen der UdSSR und der DDR Nr. W 6/1977
Probleme der Intensivierung der sozialistischen erweiterten Reproduktion

22. Tagung vom 10.6.1977 Nr. W 1/1978
Probleme der Leitung in der Wirtschaft

23. Tagung vom 1.11.1977 Nr. W 3/1978
Zur planmäßigen Entwicklung der sozialistischen Produktionsverhältnisse

3. Tagung der Gemeinsamen Kommission der Ökonomen der UdSSR und der DDR Nr. W 6/1978
Ökonomische und soziale Probleme des wissenschaftlich-technischen Fortschritts

In Vorbereitung:

Wirtschaftswissenschaftliche Konferenz der DDR vom 21.–22.4.1978 Nr. W 8/1978
Hauptwege zur Steigerung der Arbeitsproduktivität

4. Tagung der Gemeinsamen Kommission der Ökonomen der UdSSR und der DDR Nr. W 9/1978
Probleme der Leitung und Planung der sozialistischen Wirtschaft

FSC
www.fsc.org
MIX
Papier | Fördert
gute Waldnutzung
FSC® C083411

Kolibri 360 GmbH
Ferdinand-Jühlke-Straße 7
99095 Erfurt, Deutschland
produktsicherheit@kolibri360.de